策划编辑:孙兴民
责任编辑:孙兴民
装帧设计:徐　晖
版式设计:东昌文化

图书在版编目(CIP)数据

中国话语——中国社会科学报　对话(2009—2010)/高翔主编.
　-北京:人民出版社,2010.7
ISBN 978 - 7 - 01 - 009067 - 2

Ⅰ.①中…　Ⅱ.①高…　Ⅲ.①社会科学-文集　Ⅳ.①C53

中国版本图书馆 CIP 数据核字(2010)第 121025 号

中国话语——中国社会科学报　对话(2009—2010)
ZHONGGUO HUAYU ZHONGGUO SHEHUIKEXUE BAO DUIHUA

高　翔　主编

人民出版社 出版发行
(100706　北京朝阳门内大街166号)

保定市北方胶印有限公司印刷　新华书店经销

2010 年 7 月第 1 版·2010 年 7 月北京第 1 次印刷
开本:700 毫米×1000 毫米 1/16　印张:28
字数:426 千字　印数:0,001-7,000 册

ISBN 978 - 7 - 01 - 009067 - 2　定价:48.00 元

邮购地址 100706　北京朝阳门内大街 166 号
人民东方图书销售中心　电话 (010)65250042　65289539

序

　　又是初夏时节，绿树荫浓，风景无限。去年这些日子，是中国社会科学杂志社最忙碌的时候，同志们夜以继日地工作，内心充满了忐忑，急切地期待着、憧憬着一个新生命的到来。2009 年 7 月 1 日，它终于迎着朝阳喷薄而出：《中国社会科学报》诞生了！

　　回首报纸的创办过程，我们经历了两个"逆势而上"。一是在全球纸质媒体遭遇萧条、国内报业市场萎缩之际，我们逆势而上，不仅站稳了脚跟，而且发展势头可观；二是出版界多年的惯例是由报社办期刊，我们却逆势而上，先办刊，再出报，由一个纯粹的学术杂志社办报，创造了一个学术传媒的先例。

　　两个"逆势而上"的成功具有必然性。我们始终是在中国社会科学院党组书记、院长陈奎元同志，《中国社会科学报》编委会主任王伟光同志和院党组的坚强领导和大力支持下前进的。没有奎元同志和院党组，就没有这份报纸。中国社会科学杂志社深厚的学术传统、丰富的编辑经验，团队成员忠诚、敬业、奉献的精神，都是我们成功的保障。同时，我们与国内外学术界长期保持着紧密的沟通与互动，不断从学者们那里汲取智慧和营养。没有学术界的大力支持，就办不好这份报纸。

　　《中国社会科学报》到底是一份什么样的报纸？以什么为特色？按照奎元同志和院党组的指示，它必须是具有中国风格、中国气派、中国特色和国际视野、国际影响的学术理论大报。为体现报纸的定位与特色，创办伊始，我们即创立了"特别策划"与"对话"两个栏目。展现在读者面前的，就是一年来这两个栏目文章的结集。

　　"特别策划"主要围绕重大理论、学术或现实问题，邀请国内外著名专家学者，以三至四个版面的空间，展开深入的理论思辨、学术探讨或跨学科对话，全方位、多视角地彰显学术界对问题的认识水平。"对话"则刊登我们对世界一流学者、政界高层官员以及各界著名人士的独家专访，以高端、精英、权威为特点。这两个栏目追求以国际化的视野、前沿的理念来反映权威的声音，以学术的方式展现一流学者对重大理论和现实问题的看法。现在，将"特别策划"和"对话"集结成册。既是我们对一年工作的小结，也寄托着我们对所有关心和支持这份报纸的读者和作者的敬意。

转瞬一年过去了。在报纸周岁之际，中国社会科学杂志社告别后海王府，迁入颇具现代气息的京城 CBD 核心区。这是一次具有历史意义的迁徙，它意味着《中国社会科学报》将义无反顾地投身到现代社会变革的浪潮中，推动学术界在理论与实践的双重探索中，建构具有鲜明中国特色的现代学术体系，推动中国学者自觉参与世界范围内的争鸣，在同世界各种学术流派的对话、交流中发出我们自己的声音，展示中华民族独特的思想与智慧。

和报纸的创办相比，这是一次更加艰苦、更加漫长的创业，但我们充满了信心。刚刚告别"婴儿期"的《中国社会科学报》，正在步入活力与希望之季，在它前面是广阔无垠的原野，蕴藏着无限生机和可能。"诚重劳轻，求深愿达"，肩负着时代与学术的重托，我们敢不倾力为之？

文集付梓之际，聊草数语，权充序言。

高　翔

2010 年 6 月 18 日

于北京朝阳 CBD 泰达时代中心

目 录

中国话语

中国社会科学报

（2009—2010）

对话

中国、美国和世界

——访沈大伟教授

褚国飞　张小溪

　　沈大伟（David Shambaugh），美国密歇根大学政治科学博士，1983 年至 1985 年，作为最早在中国学习国际政治的美国学生，在北京大学国政系（现北京大学国际关系学院）学习。现任美国乔治·华盛顿大学政治学和国际关系学教授，主管该校亚洲研究中心，并担任中心的中国政策研究项目主任。从 1998 年至今，一直是美国布鲁金斯学会外交政策研究项目的高级研究员。他是美国著名的中国问题专家，在中国政治和中美关系等领域都有深入的研究。

沈大伟（David Shambaugh）　■王宙/摄

沈大伟出版了大量著作，最近的作品有：《亚洲的国际关系》（2008），《中国共产党：精简和适应》（2008），《中欧关系：认知、政策及前景》（2007），《看中国：欧洲、日本和美国的视角》（2007），《权力转移：中国及亚洲的新动态》（2005），《中国皇家艺术珍品的冒险旅程》（2005）。

沈大伟是美国著名的中国问题专家，在中国政治和中美关系等领域都有深入的研究。目前，他受美国富布赖特项目的资助，在中国社会科学院世界经济与政治研究所进行访问研究（2009—2010 年）。在该所会客室中，《中国社会科学报》特派记者采访了沈大伟教授。

回顾 60 周年庆典

褚国飞、张小溪（以下简称"褚、张"）：新中国成立 60 周年，您参加了国庆阅兵仪式。请谈谈阅兵仪式和 60 周年庆典给您留下了怎样的印象。

沈大伟（以下简称"沈"）：我非常荣幸地受中国外交部和中国人民外交学会的邀请，观看了阅兵仪式，这是一次非同寻常的体验！我上一次现场观看中国阅兵式是在 1984 年，当时我还是北京大学的博士研究生，后来我又通过电视观看了 1989 年和 1999 年的阅兵仪式。2009 年我的位置非常好，就在天安门广场旁边，所以我能清晰地看见胡锦涛主席、受阅士兵、受阅武器、彩车以及其他参加庆典的群众，并且拍了很多珍贵的照片。

其中，给我印象最深刻的是军乐队整齐划一的演奏、严密的安全防范和美丽的视觉享受。世界上只有部分国家有这种活动的传统，比如朝鲜、印度、俄罗斯和法国等。我在想，中国政府想通过阅兵传达一种什么样的信息？我觉得最主要的信息是让中国人民在新中国 60 周年生日时为祖国感到骄傲。但是，国际上也许会有一些持"中国威胁论"者，予以穿凿附会的解读，威武军队和先进武器的画面会被别有用心的媒体剪接夸大，使阅兵所体现的"硬实力"与中国"软实力"相矛盾。

我的另一个印象是中国政治文化中"口号"所起的重要作用，我称之为"口号政治"。受阅的队伍高举着巨大的标语口号，这些都是非常具有中国特色的东西，体现了语言和口号在中国政治文化中的重要性。

褚、张：感慨于盛大的国庆庆典之余，作为研究中国问题的专家，您认为新中国60年来取得了哪些非凡成就，存在哪些值得思考的问题？

沈：新中国成立60年来有很多值得骄傲的非凡成就，例如，中国的工业化和经济发展举世瞩目；中国已成为新科学技术的发明者；建立了世界水平的高等教育系统；中国智库获得了蓬勃发展，其中，中国社会科学院是典型的代表之一；军队越来越现代化；外交政策赢得世界赞誉，发展了与周边国家的睦邻友好关系；为国际组织的发展贡献越来越多力量等。

但是，肯定成绩的同时，我也注意到一些问题。我关注了很多国庆期间出版的回顾新中国60年的著作。这些作品洋溢着节日的庆典氛围，然而它们对新中国历史的总结却并不全面，一些重要的历史片断被忽视了。事实上，我并不认为新中国的历史中问题是主流，相反我一直怀着非常尊敬的态度看待新中国的成就。但是，正视过去的过失和错误有利于未来更好地发展，也是一个国家成熟和自信的体现。

中国智库　中国特色

褚、张：您谈到了中国智库的发展。作为美国知名智库布鲁金斯学会的资深研究人员，您是否可以谈一下对中国智库的看法？

沈：去年9月，在上海社会科学院庆祝成立50周年之际，我在上海浦东干部学院作过一次演讲，与会者来自全国各地的社会科学院。我演讲的主题就是智库在中国和美国所扮演的不同角色。几个月前，这个讲话稿在上海《社会科学报》上发表了。我在报告中讲了美国智库的特点，相比起来，中国智库最明显的特点就是它们是由政府资助、和政府联系紧密、为政府做研究以支持政府政策。美国、欧洲、日本等国家的智库是完全独立于政府的，不论是经费还是研究项目。

第二个特点是，在过去的25年中，也就是20世纪80年代中期以来，中国的智库越来越融入政策制定和执行的过程中，它们为政府贡献了很多很好的思想。这意味着中国的政策制定者可以得到以观察和实验为依据的研究工作的辅佐。这就是我们所说的归纳思考，而不是演绎思考；前者注重实事求是，后者更偏重理论延伸到实践。中国过去比较注重意识形态，但在过去的 25 年里，政策更多是出自实际，这中间智库发挥着至关重要的作用。

第三个特点是，中国智库开始全球联网，越来越多的智库专家到国外去访学，运用其他国家的语言和资料进行研究，在各自的领域推动全球的发展。

今后，我希望中国智库在汲取国外先进经验的基础上，突出中国特色，不仅要辅佐政府，也要有社会责任感；不仅要为政策服务，也要产生公共学者，对社会民众起到教育作用。我认为中国智库在未来应该相对增加社会角色的分量，减少政府角色的分量，并在这两者之间找到一个平衡。

中国是美国之外唯一的全球行为体

褚、张：您怎样理解中国的全球关系、外交政策以及中国今后的外交方向？

沈：新中国成立 60 年来的巨大成就之一是其非常成功的外交。从全球范围看，成功体现在以下几个方面：其一，与主要大国如美国、俄罗斯、日本和处于上升期的国家如巴西、伊朗等的外交关系都在稳步前进，只有与欧盟的关系近年来不是很理想。其二，中国外交正努力让中国在国际事务中成为负责任的大国。这是一个很大的改变。因为在国际社会中，过去有一些对中国的消极看法，有人认为中国给其他国家的印象比较自我。在这些年里，我们看到了中国的进步，它越来越多地担负起国际责任。其三，中国在联合国特别是在安理会中扮演着越来越重要的角色。其四，中国和周边国家的关系日渐改善，尤其是和一些历史上曾经关系紧张的国家（如俄罗斯、日本、印度、印度尼西亚等）的关系都处理得很好。其五，中国外交有了新的发展领域，比如中东、中亚和非洲。因此，今天的中国是除了美国之外唯一真正的全球行为体。其六，中国在国际上的形象也在大幅度提升，尽管其软实力还有待提高，但总的来说，中国在大多数国家和地区有着积极正面的形象。只是在美国、欧盟和日本，公众对中国的负面评价仍多于正面。

中国的外交政策有两方面的进步，一是决策层的进步，现在的中共中央对外办公室已经成为非常高效的机构。外交政策与外交关系不同。外交政策的制定部门是外交部，而外交关系则非常复杂，涉及很多部门，包括政府的一些部门和机构，同时也包括一些社会机构。现在决策者与社会部门的互动越来越多。进步的另一个方面是智库和学者更多、更积极地参与到外交政策制定中来。

但是，中国的外交政策仍存在三个问题，一是它在世界舞台上并没有完全放开，有时还有犹豫不决之处，而且中国对自己作为一个全球行为体和全球性大国的角色似乎还不是十分确定，仍在"摸着石头过河"。当然，与过去比起来，可以看出中国在外交方面的自信心更强了。二是中国的外交政策在很多方面仍然缺乏透明度，尤其是在对外援助和军事方面。中国外援的具体实施过程依然没有相关的公开数据，如援助的金额、受援助的国家或地区、援助的项目以及中国有哪些部门或机构参与了援助项目等。中国还不是经济合作与发展组织（OECD）的成员国，因此没有遵循该组织关于外援的规定。军事方面相对而言已经有很多进步，如前不久中国国防部开通了网站，而国庆阅兵也是一种对外公开的形式。最后，中国在理解海外的公共舆论以及发展软实力方面也还存在一些问题。但总体而言，我认为中国的外交做得很好，而且中国在世界上的形象也得到了较大改善。

中国与新兴国家合作不威胁任何人

褚、张：如您所说，中国与新兴国家的关系是中国外交的一个亮点，请谈谈您的具体看法。

沈：目前，中国和"金砖四国"中其他三国的关系都有所进展，比如中国和巴西的双边关系可以说是非常好的，两国刚刚庆祝了建交 35 周年。中国与俄罗斯的关系就不像表面看到的那么好，虽然两国首脑有定期对话。我于 2009 年 5 月份访问了俄罗斯，我认为两国深层次的关系在很多方面仍存在问题，特别是军方之间的关系。俄罗斯大量减少了出售给中国的武器，两国间也有一些贸易争端。在中国向远东地区移民、中亚地区的影响力竞争、在上海合作组织（SCO）中的意见分歧以及俄罗斯公共舆论对中国的消极印象等问题上，中俄之间还有诸多问题需要解决。

中国与印度的关系比较复杂，这其中有很多历史因素，因此两国仍需要时间去改善。美国确实曾经把印度当做战略筹码，尤其是在乔治·W. 布什在任期间。但是奥巴马政府对这一战略有所调整，希望与印度建立全面和独立的关系，而不是借一国制衡另一国。这方面，美国对俄罗斯也是一样。但是在印度国内，有很大一部分公共舆论视中国为一个特别的威胁，尤其是对中国与巴基斯坦的关系感到不安。但是，从总体看，印度与中国的关系正在改善与发展。

褚、张：中国重视与非洲、拉丁美洲国家发展合作关系，但是国际上有部分人士将这种新进展视为一种威胁，认为中国是在进行新的经济殖民，您是否同意这种观点？

沈：我并不认为中国发展与其他国家的关系，或者拓展其对外关系的领域威胁到了任何人。这是一种合作性的发展，而不应被视为中国为了封锁能源资源或者企图对其他国家进行控制的行为。中国与拉美国家之间的关系正在良性发展，特别是与巴西、阿根廷和智利这三个国家之间的关系在各个方面都取得了惊人的进展。

拉美在历史上曾被视为是美国的后院，至今仍有一些美国官员和智库抱着这样的看法，中国与拉美关系的积极发展使他们感到紧张。但这是一种冷战思维模式，已经不合时宜了。拉美不是任何国家的后院，拉美国家和更多的国家在发展友好关系，其中也包括亚洲其他国家。最重要的是，中国在发展与拉美国家关系时非常谨慎，尽量不去触动美国的神经。例如，中国在发展与委内瑞拉等国关系时，就一直注意避免给人留下中国加入所谓"反美阵营"的印象。

总之，虽然在美国政府内部有一些人为中国与拉美之间关系的发展感到紧张，但整体而言，无论是布什政府还是奥巴马政府，对此都没有表示过度的担忧。

中美关系的两个"i"

褚、张：作为中美关系问题专家，您对奥巴马政府的对华政策有何看法？

沈：我对中美关系和奥巴马政府的对华政策都感到十分乐观。可以说，两国关系处于近 20 年来最佳时期。美中关系是一种全球性关系，也是全球最重要的双边关系。如今中国在世界任何地方，包括拉美、中亚、东亚，乃至海洋和外太空，都与美国有着紧密互动。在气候变化和非传统安全如打击恐怖主义等方面，美国与中国都需要积极合作。

美中两国的关系可以总结为两个"i"："制度化"（institutional）和"相互依赖"（interdependent）。随着两国贸易和交往的不断加深，官方和民间的交流日益密切，使得两国命运相连，不得不同舟共济。但是两国的制度不一样，政府结构不一样，国家利益不一样，有着诸多差异。两国需要深入合作，建立"战略与经济对话"就是试图创造一个良好合作的基础。美中两国之间有分歧，也有冲突，我们必须正确认识到彼此之间的差异，尊重彼此的利益，才能更好地处理这些差异与分歧。回顾美中关系这些年的发展历程，最大的特征是两国关系的起伏不定。但是现在两国关系开始趋向稳定，这是在两国正确认识现实的前提下，在双边关系制度化和相互依赖这个基础上实现的。

当然，两国国内都存在反面的声音，对两国关系的发展持反对意见。在中国的一些网络上，我们经常可以看到言辞激烈的反美言论。美国也一样，新右派也反对两国关系的发展。当然，这种反面的声音影响有限，正如中国一句俗话说的，"雷声大雨点小"，这些负面声音就像雷声，但是它所产生的负面效应就像雨点。负面的声音只代表极少数人的意见，我们不应过分强调。

褚、张：美国政府对中美关系的主流态度是什么？

沈：奥巴马政府很大程度上延续了布什政府的对华政策。布什政府的对华政策是比较成功的，奥巴马政府在延续的基础上作了四个方面的改变：气候变化、能源、军备控制和全球经济稳定。在这四个方面，奥巴马政府都把中国视为一个世界性大国，但是世界依然在等待，看中国是否真的成为了一个负责任的世界性大国，是否会对解决这些方面的问题作出贡献。在全球经济和金融复苏方面，中国显示了强大的领导能力，并通过刺激国内经济的各种方案，为促进世界经济的复苏作出了贡献。从国际上看，无论是在"G20"还是"G8+"峰会上，中国都通过了"测试"。

关于气候问题，我们依然没有答案，要看2009年哥本哈根联合国气候变化大会上的会谈情况。在能源问题上也还没有答案。我们需要在能源问题上采取多边合作的方式，而不是企图控制能源的供应源，任何国家都不应该这么做。在军控方面，我们同样也还不能下结论。美国和俄罗斯正在进行谈判，等谈判进入一定阶段，会邀请中国加入其中。

对奥巴马政府而言，这四个方面都充满新的挑战。到目前为止，一切进展都比较顺利。两国在地区合作方面的成绩也很好，比如在中东、拉美、非洲、南亚和东北亚，中国都起了很重要的作用。特别是在朝鲜问题中，中国发挥了非常大的作用，中国在伊朗也发挥了较大作用，但是中国在巴基斯坦和阿富汗应进一步发挥应有的作用。这不是为了美国的利益，而是为了中国自己的利益。

乐观而冷静，中美关系方能"有所作为"

褚、张： 奥巴马总统将于11月中旬访华，请您谈谈这一次访问的重要意义。

沈： 一方面，这不仅是奥巴马以美国总统的身份第一次访华，也是他本人第一次来中国。因此，能亲自近距离地接触到中国（至少是北京和上海）并与中国领导人见面，对于奥巴马总统来说意义非凡。我认为，奥巴马总统对中国一直以来很有好感，没有恶意。他寻求与中国建立积极的、合作的和全面的关系。奥巴马总统希望和中国在全球范围内就一系列问题达成合作。奥巴马政府也希望在国际事务中与中国成为真正的全球伙伴。我不认为"G2"模式很好，美国政府也不这么认为，但是在有效解决大多数国际问题方面，中国和美国的合作是非常必要的。在这种形势下，我认为中国应该更积极地参与到国际事务中，成为真正意义上的"负责任大国"。现在的中国不应继续采取"韬光养晦,有所作为"的策略。中国在国际舞台上应该更积极,使中国的国际形象与中国的规模、力量和正在上升的影响力相匹配。

另一方面,对于奥巴马总统访华和中美两国的国际合作,我们都不应当过度期待。回顾过去30年的中美关系,波动和不稳定是其主要特征。今天,中美双边关系达到了相当的稳定度和成熟度,这是双方政府组织和非政府组织共同努力的结果,同时也是我所谈到的两个"i"的结果。我们两个社会从未如此深入地相互依赖,两国政府的关系也从未如此深入地制度化。这种制度化和相互依赖在两国关系的冲突中能起到缓冲的作用。但是,美中双方都不要对对方以及双边关系抱过高期望,因为我们有过这方面的教训。对中美关系的发展,我们必须在期望之中抱着实际、冷静而充满信心的心态,这样我们才能够真正"有所作为"。

中国"软实力"还比较弱

褚、张:中国一直在努力提高自己的软实力。但是在国际上,有些人对此存在看法,认为中国政府借软实力之名,在加强对外宣传,对此您是怎么看的?

沈:这个问题非常好。软实力与对外宣传完全不一样。对外宣传是一种公共外交,如国家新闻办通常所做的。中国政府强调对外宣传,在对外宣传方面投资很大,成就也颇大,但这不是真正的软实力。软实力正如约瑟夫·奈所说,是通过非军事等手段,通过社会文化、民间交往、商业往来等社会方方面面、各个层次的接触、交流与沟通,展现一国的价值与魅力,使本国对他国具有吸引力。软实力是一种吸引力而不是强制力,不是政府通过具体措施就可以实现的。今天,中国的软实力水平还比较低。2008年芝加哥全球事务委员会和韩国东亚研究所在亚太地区6个国家(美国、日本、韩国、越南、印尼和中国)进行了民意调查,并在此基础上发表了《亚洲软实力》报告。我担任了这次民意调查的顾问。报告中,"软实力"主要指教育、文化、外交和政治等非军事领域的实力。参与民意调查的这些国家并不认为中国的软实力很强,他们对中国政治体制、法律体制乃至教育体制的认同度都不够高。因此，中国软实力作为一个模型，在除了非洲等第三世界国家之外的其他国家和地区尚不具有很强的吸引力。

中国的发展具有弹性和潜力

褚、张：您最近新出版了一本书，《中国共产党：精简和适应》（China's Communist Party: Atrophy and Adaptation）。您对中国共产党的发展和前景抱何看法？

沈：这本书主要研究了中国共产党的发展、存在的问题与挑战以及多年来的经验与教训。随着经济的深入发展，中国共产党一直在开展党建工作，包括提出"三个代表"重要思想、对干部的培训、吸纳更多知识分子和其他人士参加共产党、加强党的领导以及党内民主等。中国共产党在政治领域也像其他领域一样，在向国外学习并有选择地借鉴国外经验，把国外的先进经验与中国实际相结合——中国共产党在经济、文化、科技、军事、教育和改革等领域一直都是这样做的。因此，我认为中国的政治体制正在逐渐变成一种统一的混合体制，吸取了东亚新权威主义、苏联的列宁主义、西欧社会民主主义、拉美社团主义等的优秀因素，与具有中国传统文化特征的列宁主义政治体制相结合。中国像一棵树，根是中国文化，主干是中国特色，各个枝干是借鉴其他国家的先进经验，非常有适应力和弹性，也有很大的发展潜力。总之，在过去 20 多年里，中国共产党经历了一个自我批评与吸取国外（其他政党与政府的）经验教训相结合的漫长而复杂的过程。

褚、张：最后，请您谈谈此次在中国访问期间的研究计划。

沈：在这一年的时间里，我的主要目标是完成一本新书的写作。这是一本关于中国走出去的书。到目前为止，有很多书是从国外角度看世界对中国的影响，而我的书是从中国的角度，看中国对世界的影响，这其中主要包括四个方面：全球文化存在、全球经济存在、对外援助和军事存在。全球文化存在包括中国的软实力、学生交流、中央电视台、电影、旅游者、名牌产品等。全球经济存在和商业存在包括海外贸易、跨国公司、对外投资等，目前最多的投资是在能源方面。此外，我特别有兴趣参加与中国学者的对话与思想交流，希望能和他们讨论关于中国对其全球角色，如"负责任大国"的看法。

（褚国飞、张小溪：中国社会科学杂志社编辑）

原载于《中国社会科学报》2009 年 11 月 5 日第 36 期第 3 版

中国、美国和世界

中国创造了奇迹　中国带来了希望

——访美国著名中国法研究专家孔杰荣教授

张冠梓

孔杰荣（Jerome A. Cohen），著名中国法研究专家，哈佛大学法学院原副院长、现纽约大学法学院教授。1951年，获耶鲁大学文科学士学位。1951—1952年，作为富布莱特学者在法国里昂大学学习，此后进入耶鲁大学法学院，于1955年以第一名的成绩毕业，获法博士（J.D.）学位。1955—1956年，孔杰荣先后担任美国联邦最高法院首席大法官厄尔·沃伦（Earl Warren）与大法官费利克斯·法兰克福特（Felix Frankfurter）的助理和法律秘书。1958年，他任美国加州大学伯克利分校法学院助理法学教授，从此开始了他的教学生涯。1960年，他开始学习和研究中国法，成为美国中国法研究的先驱者。1965年，他创建哈佛大学法学院东亚法律研究中心并担任首届主任，直至1981年离开哈佛法学院，期间曾任哈佛大学法学院副院长。1989年至今，他受聘美国纽约大学法学院，2005年初在纽约大学法学院创建亚洲法律研究中心并担任

孔杰荣（Jerome A. Cohen）
■ Joan Lebold Cohen／摄

首届主任，使其成为美国中国法研究的另一个学术重镇。他对中国现代法律的发展与完善也作出了重要贡献，如倡导中美之间在法律和其他方面的友好合作与交流、积极协助中国当代的法律改革、培养大量专长于中国法的海外学者和律师等。

2009 年 5 月 5 日，孔杰荣教授应邀接受了中国社会科学院研究员、哈佛大学肯尼迪政府学院访问学者张冠梓的采访。

三十而立：转向中国法律研究

张冠梓（以下简称"张"）：孔教授您好，感谢您接受访谈。作为美国较早进行中国法研究的开拓者，您是美国学界研究中国法的权威，而且在担任哈佛法学院副院长期间创建了哈佛东亚法律研究中心。您当时为什么选择中国法律作为研究对象？

孔杰荣（以下简称"孔"）：我是 1960 年开始学习和研究中国法的。从 1951 年自耶鲁大学政治学系毕业直到 1958 年进入美国加州大学伯克利分校法学院担任助理法学教授，我和中国法并无直接接触，也无太大兴趣。

一个机缘是，1958 年，加利福尼亚大学洛杉矶分校法学院的一位教授在一次工作面试中曾对我讲，应该有人去研究一下红色中国的法律。我对他说，"这是我听到过的最离奇的想法"，然后就继续去搞我所感兴趣的公法了。但出乎意料的是，两年后我的选择却与那位加州大学教授的提议不约而同。考虑到当时美国已经有几十位非常不错的宪法专家了，我可能也会做得不错，但不会是最杰出的，我开始寻思将来的发展。中国大圣人孔子说过"三十而立"，那时我也正步入而立之年，于是我尝试着去做一些不同的、有趣的、令人兴奋的事情。1960 年，我在伯克利开始潜心学习中文。洛克菲勒基金会恰好给我提供了这个研究当代中国法律与社会的机会，让我可以去尝试美国任何法律教师都从未做过的事情。那时，我预感中国将来会起很重要的作用，中国、美国将来应该有非常密切的关系，但在美国没有人了解中国的政法制度，应该需要专家专门研究、了解中国的法律发展。于是，我想在这方面下功夫。当时大多数人都觉得这不可思议，很不解我为什么扔掉那么好的前程，就像进修道院一样去研究中国法律制度。

关于开始学习中文的具体时间，我一直记得很清楚：1960 年 8 月 15 日 9 点钟。那时我已经决定将来要研究中国法律，尽管 20 世纪 60 年代的中国在美国还不太受重视，也被认为它在经历了"反右"和"大跃进"等一系列运动后，其政法系统遭到很大破坏。但我相信，那样一个庞大的、重要的国家应该有、也必将会有更好的法律制度。所以，我认为一是自己应该多学习、了解、研究法律；二是如果将来有机会跟中国的专家合作，也可以帮助美国的法官、政府了解中国法律。中国很重要也很有前途，应该抓住机会多了解一些中国的情况，而最大的问题是语言问题，对于西方人来说，学习中文是很难的。当然这和时代有关系。在早期，即使像费正清这样的著名老专家，毕业后在中国待了很长时间，中国话说得也不是很流利。可是，现在的年轻人，他们的中文水平就大不一样了。我 30 岁的时候才开始学习，对于学习外语而言，已经算大龄了。当时在加州大学伯克利分校有一个中文系开设中文课程，我因其学习进程太慢没有参加，而是选择自学。同时，我请学校的中国问题研究所给我介绍了两位来自中国的老师，他们俩都很有学问，普通话也非常标准。我还经常参加当地中国人的活动，每天跟他们交流，收获也很大。

材料不多　起步不易

张：20 世纪 60 年代，当时世界范围内，在社会主义和资本主义阵营之间是搞冷战的，中国大陆跟美国之间几乎没有什么来往。美国对中国的实际情况恐怕不会有一个很准确、很全面、很清晰的了解，研究起来难度可想而知。

孔：在那个时候，美国人不能去中国大陆，中国人不能来美国。这个研究实际上是有困难的。最大的困难是当时我们的中国法律材料不多，1957 年以后的中国法律材料更少。主要材料来源于 50 年代的中国报纸，其中有较多的法律材料，虽然内容不太丰富，但是 1959 年以后连报纸也很难找到。此外，我们还可以看到华东政法大学和东北大学办的两本法学杂志。它们的一些材料值得研究，但数量不多。由此带来的另一个问题是研究范围受到了很大限制。

虽然美国和中国大陆之间没有来往，但是我们可以去香港，因为很多中国内地的人可以来这里，香港人或是英国人有时也可以去内地。我花了一年（1963—1964年）时间在香港访问从内地来的中国人。我访问的对象主要有三种：一是一般的中国公民。我很详细地问他们：根据他们的经验理解，法律起什么样的作用？在社会主义社会，法律有没有作用？谁代表法律？他们跟法院有没有关系？他们跟警察、检察院有没有关系，有没有打交道？二是专家，专门负责法律机关的人。曾任法官、律师或警察的人对我来说是最宝贵的。我利用每天上午的4个小时与他们进行交流、访问，从中学到了很多。三是政法系统的对象——曾经成为被告、受过劳教或是蹲过监狱的人等。之前我已经收集了相对而言较多的材料，这一年的访问又积累了不少采访素材，进一步补充了我原有的知识。

1968年，我的一本关于中国50年代的刑事程序的书——《中华人民共和国刑事诉讼法：1949~1963》(The Criminal Process in the People's Republic of China:1949~1963)，由哈佛大学出版社出版。这本书主要介绍中国50年代的政法系统（1958年以后的材料比较少，最丰富的材料是1953—1958年间的），内容涉及正式法律系统、传统的影响、社会系统以及社会组织情况，例如，在城市有居民委员会、治安保护委员会和派出所，它们之间的关系是什么？它们与正式法律系统之间又有什么关系？

这些就是我开始学习中国语言、研究中国法律时的情形，再到后来就是我们大家都知道的我和费正清先生做的研究。

改革开放　中国法制建设艰难重启

张：1978年，您应北京市政府的邀请，成为第一个在中国大陆设立办公机构的外国律师，请您谈谈当时的情形？

孔：中国经过"文化大革命"以后社会不是很稳定，但邓小平主政后，情况有了很大改观。中国政府加强了法制建设，并着手完善政法系统。这对中国的发展当然是十分好的，因为国内的经济发展需要法律，国外的经济合作也需要法律；组织有效的政府机构需要法律，解决老百姓之间的日常纠纷也需要法律。

为此，每个政府机关都开始去了解法律是什么东西。例如，从1954年起，我们法学院的国际税收研究所每年都写信给中国财政部、税务总局，邀请他们派人到哈佛大学国际税收研究所来学习、研究，但是在24年的时间里，中国政府没有给我们答复。1978年12月初，我们收到一封信，回信的是税务总局局长刘志城，说收到我们的邀请了，并问道："我们应该做什么？我们很想参加。"我们很快给了他回复："如果你们有兴趣的话，孔杰荣明年1月份以后，在香港待半年，"——因为我有半年的休假时间，"你们可以跟他联系。"第二年1月份，我收到了他们的来信："我们有兴趣派人到哈佛大学去。"

1979年1月份，因为邓小平刚刚访问美国，所有的中国人都认为中美关系非常好。邓小平回国以后，中方说现在就希望美国派人来。为此我受邀去北京，和财政部、税务总局的人员交流，谈合作的可能性。2月初我去北京待了一周，除了谈派人去哈佛学习之外，我们还谈了如何在中国开展合作，他们当时有新任务，要准备新的法律——国际税收法律，因为中国马上会与外国投资者合作，他们要告诉外国投资者他们在中国的税收待遇。为设定相关法规，他们迫切需要了解国际税收法。换句话说，他们需要两条腿走路，一是考虑将来派人去哈佛，二是马上策划制定法律。我就问税务总局刘局长："你税务机关有多少人员？"他说全国税务系统，一共25万人左右。我问他有多少人懂英文？他说没有一个。我们是"落后分子"，当时只会英文，还没有学会中文。很自然的，我们应该培养新一代的专家。于是我们马上安排学习计划，他们在大连办了一个英文学习班，选择了二十几个十分优秀的年轻干部去学习英文。

可是这解决不了第二个问题——怎么制定法律，颁布法律以后又怎么执行。为此，我提议邀请西方税收专家来中国给有关部门的负责人、专家解释国际税收法是什么。1979年2月初，我们决定在7月份组织一个学习速成班，利用四周时间来学习。在哈佛大学国际税收研究所的帮助下，我们设法在一周内准备好了英文材料，中方找了两个人将其翻译成中文。

几个月后，中文材料准备好了，与此同时，他们还组织编写了一部关于财政、税收、行政、法律的词典，收录了约 3 万个专业名词。那年夏天，他们邀请 125 个人参加在大连举办的学习会议。在我们到达大连两周前，他们先举办了初级学习班，随后我们又一起学习了四周，学习国际税收、经济、法律。以后，我经常跟中国有关方面包括贸易促进会和北京市经济委员会合作。

中国法学教育应该提高学生兴趣

张：您长期担任法学教育的领导和管理工作，能否谈一下美国法学教育的特点？哪些值得中国学习和借鉴？

孔：我觉得中国大陆法学教育最大的问题，就是学生觉得学习法律没意思——台湾地区的学生也一样，因此学习兴趣不大。教授讲学不问他们问题，也不用讨论、对话的方式，更多的是老师在上面念报告，学生在下面做记录。法律条文有很多详细、繁琐的方面，如果只念给他们听，学生都会觉得很烦、没意思，所以应该想办法提高学生的兴趣，比方说采取座谈会的形式。我举办很多 Seminar（专家讨论会），邀请一两个专家谈论一个题目，并与学生们进行讨论、对话。在互动过程中，学生们提高了对法律的兴趣。

除了这个方面以外，中国的法学教育还有其他一些问题。譬如有时候存在政治上的限制，有一些问题比较敏感，不能谈。一、二年级的学生还是应该学会解决思想问题，应该让他们了解历史、了解党的历史和影响，这样也能提高他们自身的政治觉悟。

张：您如何看待中国的法律研究？

孔：我们都有同样的问题。一个问题是国家的透明度不够，很难指导实际的情况。我总是强调，不应只做理论研究，而要把理论和实践结合起来；我鼓励多培养那些了解社会科学实证研究方法的一代新人，但实际做起来有困难。现在中国国内的法学研究者难以找到充分的材料来了解刑事、行政甚至民事案件，很难了解实际的情况。如果不了解实际的情况，怎么进行研究？怎么立法？怎么执法？只有充分了解了实际情况，才可以考虑怎么改革。中国大陆现在开始重视这个问题。美国国内的实证研究也不够，目前也没有很好的解决方案，因此我们也不知道什么才是最宝贵的经验。

"赤脚律师"和律师的困境

张：这两年，您经常会谈到中国农村法治的供需问题，并有一个非常有意思的提法叫"赤脚律师"。您能不能就"赤脚律师"、中国农村法治的供给问题作些介绍？

孔：我觉得这个题目很重要。中国农村需要法律人才，可是律师很少，大多数的律师都在大城市里。在中国，可能有两百多个县城没有律师，即使有几个律师，也难以发挥大的影响。那么，老百姓有了法律问题能向谁求助呢？有些地方有司法局成立的办公室，有些地方设立了一些法律援助部门，可以帮助老百姓。可是，还有很多村、乡、县城需要律师。这就是为什么会产生"赤脚律师"的原因。我认识一个叫陈冠成的人，他是山东省云横县的盲人。他建议我去参观访问他的村子，那里，他给我介绍一些"当事人"，都很穷，都是需要法律帮助的人。后来，在我跟清华大学法学院院长王晨光教授谈话时，他也认为应该培养"赤脚律师"并希望能设立基金会支持这个计划。

"赤脚律师"和城市里的一般律师有什么区别？一般的律师受过法律教育，他们上过法学院（法律系），接受了正规的法学教育。"赤脚律师"是自学的，没有上过法学院。比如说，陈冠成开始想自己试试看，看能不能帮到村里的人。在做法律工作以前，他看过一本介绍民事诉讼法的书、一本介绍行政诉讼法的书和一本关于税法的书，但从没有参加过司法考试。像这样一个"赤脚律师"，他作为代理或者是从事实务工作的时候，法院和检察院会认可他吗？怎么确认他的资格问题？我不清楚，因为我们对这些事情缺乏足够的了解。国家允许没有上过法学院的人参加司法考试，但一般来说，这些人的教育水平不高，很可能难以通过考试。

张：实际上根据近年来中国的一些社会调查，当律师已经是比较受欢迎的职业之一。您对中国现在律师的执业状况，特别对刑事诉讼方面的律师的状况，有什么评价？

孔：刑事辩护律师的困境很多。国家到目前为止还不允许他们很自由地为当事人辩护。例如，公安局刚抓了一个人，即使这个人可以委托律师，有时候律师也没有办法去看守所看他。即使可以去看他，在他们说话时，看守所的人也会在旁边监听，这就是限制了他们谈话的自由。另一个问题是，审问嫌疑人的时候，律师很难陪着他。有没有刑讯逼供、对他的态度怎么样，这些情况都不知道，这是个很大的问题。律师想事先调查、收集材料是不被允许的，只有到侦查机关结束侦查工作以后，律师才可以收到他们的材料。参加审理程序，律师一般是不允许叫证人的，证人一般不出庭。这也是一个大的问题。如果证人不出庭，就没有办法询问他们，只看他们审理前的报告，很难确定是不是真实的。可是，如果律师想独立去询问证人，有时候证人也会害怕，在没有确保能打赢官司之前，不敢给律师全部有关材料。这又是一个问题。此外，律师本身也有很多限制，律师协会是司法机关控制的，司法局是公职机关，律师自己很难选举他们自己的领导。我刚刚发表一篇文章，是关于北京律师协会的情况。现在，自治问题是一个比较敏感的问题。不光是律师自治的问题，很多自治的问题都是这样。如果律师不能起到他们应起的作用，很难说法治系统是完善的。

中美关系发展的见证人

张：您如何看待中美建交以来双边关系的发展？

孔：可以说，我是中美关系发展的见证人，也是中国改革开放的见证人。1967—1968 年，我们几个人在哈佛开会，准备讨论下一任总统会对中国做什么。尼克松参加大选的时间是 1968 年 11 月初，在选举后，我们马上提交给基辛格一份备忘录。1972 年 6 月 16 日，周恩来总理在人民大会堂请我和费正清教授一起吃饭，并合影留念。那 4 个小时是我终生难忘的。当时是尼克松总统结束访华不久，两国发表了《上海公报》，我们主要谈了如何落实这些公报的内容与精神，特别是如何解决两国建交的具体问题。我和费正清教授还向周总理建议，中国应派学者到美国哈佛大学去进修。我个人还特别提出，想请中国研究法律的学者到哈佛大学法学院做交流，并建议中国政府派知名的国际法专家到国际法院任职。我认为，中国既然已经开始在联合国行使代表权，下一步应该委派自己的专家参加国际法院的工作，以发挥中国在国际上应有的重要作用。后来中国接受了我的建议。

中美建交之后，中国政府决定派人到哈佛大学交流。1979 年，我协助安排了外交部一名翻译到哈佛大学进修。2008 年 9 月，温家宝总理出席联合国会议期间，我应邀参加了欢迎宴会。

1972 年以来，中国本身及中美关系都发生了很大的变化。1972 年我去中国时，中美尚未建交，两国交流处于起步阶段，连代表处都没有。美国并不了解中国的情况；37 年后的今天，美中关系非常密切，我们两国的前途连在了一起。1972 年，美中贸易关系刚刚开始，两国贸易还存在很多障碍；现在，美中贸易额很大，也很重要。当时的中国完全不接受外国投资；现在，中国已有很多来自美国的投资，来自世界各地区的投资都在中国发挥着重要作用，而且中国也已开始对外投资，中国的投资项目受到全世界的欢迎。中国经济的巨大变化还表现在所有制形式的变化上，除了国有企业外，还出现了新的经济形式，如合资企业、独资企业等。

1972 年的中国仍处在"文化大革命"期间，基本上还没有完整的法律教育，甚至没有法学院；现在中国有了数百个法学院与法律系，政府部门、各级人大也有一批法律专家参与中国的立法工作。如今中国的经济有很大的国际影响力，中国的媒体、交通等都高度发达，普通中国人的生活水平大大提高，中国有了非常重要的国际地位。当然，中国仍面临很多问题与挑战，也遇到了一些不易解决的历史遗留问题。但是我们更应该看到，中国创造了奇迹，中国带来了希望。

（张冠梓：中国社会科学院研究员、哈佛大学肯尼迪政府学院访问学者；中央民族大学法学院研究生孟庆沛参与了录音整理，并翻译了部分资料）

原载于《中国社会科学报》2010 年 2 月 25 日第 66 期第 4 版

中印可以相互借鉴发展经验

——访曼诺拉简·莫汉蒂教授

李 博

曼诺拉简·莫汉蒂 (Manoranjan Mohanty)，印度德里大学教授、中国研究所所长，主要研究比较政治学与中国政治。著有《毛泽东的政治哲学》、《殖民主义与印度、中国的话语》、《中国与印度的基层民主：参与权》、《人民的权利——社会运动和第三世界国家》、《当代印度政治理论》、《阶级、种姓与性别》、《话语中术语的变化》等。

诺拉简·莫汉蒂
■ 王宙/摄

中国与印度既是近邻，又同为世界上的文明古国和人口大国，中印两国在相互友好交往上有着悠久的历史。印度的学者对于中国的情况一直保持着浓厚的兴趣和研究热情。70 多年前，著名诗人和哲学家泰戈尔在其创立的国际大学中率先开设了汉语课程，研究中国的哲学、历史、文化和艺术。20 世纪 50 年代，独立后的印度和新中国在世界事务中发挥着重要的影响，两国共同提出的"和平共处五项原则"为国际社会的和谐、发展作出了巨大贡献。从那时起，印度从现实意义上更加看重对中国的研究。后来并入尼赫鲁大学的印度国际关系学院率先开设了中国学专业，重点从国际关系的角度研究中国。到了 60 年代，德里大学设立中国问题研究系，重点研究中国的现代政治和现代史，同时也将汉语列为必修的辅助课程。作为印度德里大学教授、中国研究所所长，曼诺拉简·莫汉蒂教授无疑是印度中国问题研究界的代表人物之一，《中国社会科学报》对莫汉蒂教授进行了专访。

60 年发展为了中印两国人民的幸福

李博（以下简称"李"）：2009 年是新中国成立 60 周年，2010 年则是印度共和国建国 60 周年。中印两国有很多相同或相似的地方，您能否简要谈谈 60 年发展历程中，两国在哪些地方存在相同或相似之处？

曼诺拉简·莫汉蒂（以下简称"莫汉蒂"）：印度于 1947 年获得独立，并于 1950 年颁布新宪法而成为一个共和国，1950 年 1 月 26 日是印度共和国的诞生日。1949 年 10 月 1 日中华人民共和国成立，2009 年 10 月中国庆祝了新中国成立 60 周年。中国的解放和印度的独立，是对当今世界产生巨大影响的两个重要历史事件。

中印两国的共同点主要体现在两个方面：

第一，两国都曾经遭受过殖民压迫。中国曾经作为一个半殖民地半封建国家，遭受了欧洲列强和日本的殖民压迫。中国所遭遇的殖民压迫在性质和程度上不亚于印度。印度从 19 世纪早期就受到了英国殖民势力的压迫，特别是从 1857 年到 1947 年，英国对印度人民实行了长期的殖民统治。

第二，中国和印度都具有悠久的历史和灿烂的文化，但是，由于受到殖民主义的侵扰和压迫，两国的发展基础被破坏，发展陷入停滞，国家长期处于贫穷和不发达状态，并多次遭受饥荒。如中国在 20 世纪 20 年代就发生过大饥荒，而印度在 19 世纪中期、20 世纪 40 年代也发生过许多次饥荒。当时两国都需要通过民族解放或民族独立来摆脱贫困和落后的面貌，成为自由的、发达的国家。

中国的解放和印度的独立极大地改变了历史发展的进程，在世界范围内打破了帝国主义力量的统治。在中国解放、印度独立的影响下，许多亚洲、非洲和拉丁美洲国家都开始追求并赢得了独立。

李：中国和印度都在追求同样的目标——让人民过上更加幸福的生活，使国家、民族更加强大。当前中国和印度的发展趋势，需要两国开展更广泛的合作。在您看来，中国和印度是否可以共同发展？两国开展合作的基础是什么？各自需要作出怎样的努力来谋求互惠互利乃至共赢？

莫汉蒂：确定一个国家的发展目标非常重要，中国和印度都把实现人民的幸福生活作为自己的目标。刚才你提到了"国家的强大"，我觉得这是一个很容易引起歧义的说法。中国在 19 世纪提出了"国家富强"的目标，在印度也发生了关于国家力量的争论。过去人们认为国家强大就意味着拥有强大的军队，而强大的军队会导致帝国主义、法西斯主义、军国主义，如西班牙、英国等的帝国主义，20 世纪 30—40 年代德国、意大利的法西斯主义和日本的军国主义，国家力量也导致了过去 50 年来美国的帝国主义和霸权主义。在那个时代国家力量也被定义为经济上更高的产能，以及军事上击败和杀戮对方的更强的能力。

我认为这些已经改变了，民主和社会主义的年代带来了关于国家力量的新的定义，即满足人们需要的能力，所以人们控制自然、探索自然以利用自然资源和人力资源来满足人的需要——物质需要、文化需要、政治需要。其中物质需要包括吃穿住行等，文化需要包括教育、音乐、美术、语言等，政治需要包括人权、政治参与权、结社和民主的权利等。所以，现在人们已经将国家力量、国家安全等概念与人民的幸福生活相联系、与人类的安全、人的发展相联系。如果一个国家的人民享有充分的就业、住房、教育、医疗保障，人与人之间保持合作的关系，满足实现自我的要求，这个国家及其人民就会获得幸福。

中国和印度的文化以不同的方式定义了发展，这更像是一种综合全面的发展。儒教、佛教、道教、印度教、伊斯兰教、锡克教等宗教告诉我们，要在道义上和物质上实现发展，需要和谐、和平、公平、互相尊重的理念，这是第一点。

第二点，中国的解放斗争和印度的自由斗争，都是为了摆脱殖民主义和封建主义、资本主义的压迫，在政治、经济、文化方面建立新的民主。在印度，圣雄甘地提出了"自治"（swaraj）的口号，类似于毛泽东提出的"解放"（liberation）的概念。

23

1954 年，周恩来与尼赫鲁提出了和平共处五项原则，几年前我们还庆祝了和平共处五项原则提出 50 周年。现在，我们必须更新价值观，弄清楚国际政治经济新秩序是什么。1988 年 12 月邓小平会见印度总理拉·甘地时说，要以和平共处五项原则为指导，建立国际政治经济新秩序。这些年来中印贸易额快速增长，人员交流非常频繁，超过 6000 名印度学生在中国学习医学，在印度留学的中国学生数量也在增长，他们主要学习经济、IT 和英语。

中印之间的这种努力是为了构建国际政治经济新秩序，而不是成为新的霸权力量。无论是在冷战时代，还是在单极世界中，各国都非常关注地缘政治，如果哪个国家能在地缘政治中占据主导优势，那么它就能成为世界的一极。中国和印度都曾被卷入到这种历史之中。现在，中国和印度都有了很大的发展，两国作为对世界经济和政治进程产生重大影响力的新兴力量而被视为一体。两国应当利用这种新的力量并抓住新的机遇，使世界政治、经济更加民主化，使所有国家都能从这个新的世界秩序中获益，使所有国家的人民都过上幸福生活。

中印都是现代化国家，都应该让全国人民享受政治民主和经济发展，但是两国国内还存在着地区发展上的差异。中国的沿海地区比内陆地区发达，同样，印度很多邦和邦之间差异也很大。我是从很贫穷地区走出来的，目睹了地区之间的强烈反差。因此，我们需要促进贸易、推动外交、发展经济，从而建立一个为更多人谋求幸福和民主的国际政治经济新秩序。

中国和印度应该相互学习对方的经验

李：现在世界热议的不仅是"中国模式"，还有"印度模式"，您眼中的"中国模式"是什么？这两种模式的相同之处与差异之处有哪些？

莫汉蒂：我要纠正一下你的提法，应该说中国的发展经验和印度的发展经验，而不是"中国模式"和"印度模式"。因为没有一个固定的"中国模式"。比如，你可以说毛泽东时代是一种模式，但是即便这种模式也是在随着时代变化而不断变化的。中国在"大跃进"前是一种发展模式，在"大跃进"期间及其后，甚至在"文革"期间，都是不同的发展模式。改革开放后，是一种渐进的发展模式，20世纪80年代是一种建设模式，90年代又是一种模式，胡锦涛任职之后又有很大的转变。所以，并没有一种固定的"中国模式"，当然印度也一样。

过去60年，中国和印度都在寻找自己的发展道路。中国人民在中国共产党的领导下，印度人民在国大党的领导下，开始了各自的发展历程。

中国革命的性质决定了它所采取的政治体制的性质，中国新民主主义革命决定了中国实行中国共产党领导下多党合作的制度。印度在国大党领导下建立了多党民主制度、自由民主的政党制度，并一直实行。国大党也曾在选举中失利而下台，但后来又重新上台。

两国的发展战略都存在着变化与调整。中国在苏联发展经验的影响下，在第一个"五年计划"中采取了优先发展重工业的策略。印度的第二个"五年计划"也聚焦于重工业的发展，两国都实行了计划经济的发展模式。而后两国都对这种计划经济进行了反思和改革。

新中国成立后完成了土地改革，改革开放之初实行了土地家庭联产承包责任制。印度土地改革的完成主要取决于废除地主土地制度，我们称之为"柴明达尔制度"。印度在土地改革中，把土地分给佃农，但仍然存在许多贫困人口无地的问题，这一问题是长期制约印度经济发展的一个主要问题。

印度农村中大量贫困现象之所以存在，一个重要原因就是许多贫困人口没有土地，而同时却存在大量富农。通过实行"绿色革命"，印度的农业产量提高了，生产了足够的粮食来养活人民，农业科技持续发展，也没有粮食债务。然而，民众只有微薄的收入，许多人还是很贫穷。因此，印度政府正在实行"反贫困工程"。三年前启动的一项计划确保提供给每个家庭几百天的工作和最低限度的工资收入，这是一项重要的改进措施。印度在教育特别是高等教育、科技等领域也取得了长足的发展。

与印度相比，中国由于在解放后实行了土地改革，1978年在农村实行了土地家庭联产承包责任制，极大地改变了中国农村的面貌，每个农村家庭都拥有了土地。20世纪80年代，中国的农村经济得以大幅发展，农民由于解决了就业问题而获得了较好的收入，中国农民变得富裕起来。农民收入增加，极大地支持了教育、医疗等事业的发展。这是中国农民取得的巨大成就。然而，20世纪90年代以来，中国改革重心转移到制造业、加工出口业等领域和对经济高增长率的追求。与前40年的发展相比，农村经济和社会发展出现了某种程度的停滞，出现了"三农"问题。因此，中国政府提出了建设社会主义新农村的战略。

从中国和印度的发展历程来看，两国在经济、科技、教育等领域都取得了举世瞩目的成就，并因此而成为世界上具有重要影响力的国家。然而，两国在20世纪90年代过分强调了经济增长，而忽视了农民问题，这是一个值得吸取的重要教训。

李：中国60年的发展过程中，不断学习苏联、日本和欧美的经验，再根据自身国情而摸索出来一条发展道路。今天我们还在不断学习，在印度经验中哪些是中国可以借鉴的？反过来，中国经验中哪些是印度可以借鉴的？

莫汉蒂：20世纪五六十年代，印度在困境中摸索前行。到了七八十年代，确定了一些经济计划和发展方向。而90年代又有不同的发展模式和改革措施。

现在，两国开始重新审视这些改革。因此，我们不谈中国和印度的发展模式，而应该好好谈一谈中国和印度的发展经验，看看两国在哪些地方应该互相借鉴。

印度应该借鉴中国三个发展经验：

第一，不要盲目学习西方工业革命的模式，也不要学习所谓的欧洲或美国的模式，要像中国那样建立自己的模式，采取自己的政策方针。中国的改革和发展是以中国国情为基础的，无论是毛泽东还是邓小平都没有教条主义地采取某种外国模式。

第二，需要注意到政府各发展部门间的关系，如农业、工业、第三产业之间是互相支持和影响的关系。中国采取了非常好的政策，将农业作为基础，以工业为主导，处理好了各个独立的经济部门间的关系。

前两个都是积极的经验，第三个则是负面的教训，即中国的政策有时转变得太快，我认为这会产生很多负面影响。对于印度而言，应该实行循序渐进的政策。

中国也可以从印度方面借鉴三条经验：

第一，重视现代社会各种力量相互协调的重要性，要让政府发挥领导作用，同时也需要其他各种力量进行配合。印度政府的控制力很强，但各种社会团体仍然活跃，政府、执政党的反对派和支持派都能发挥各自的重要作用。

第二，印度民主的发展更快更深入，但很遗憾的是社会各阶层差距太大。我这里谈的民主不是美国所谓的"民主"，而是属于中国人的，属于印度人的民主，人们应该被赋予各种权利，以减少不平等。

第三，印度的教育体系和发展经验。邓小平曾强调过教育，中国也取得了很大的成就。虽然印度的教育也存在一些不足之处，但它非常注重自然科学和哲学等学科的基础研究，不是追随西方，而是保持了很多传统的东西。

因此，中印两国在审视对方时，应该关注对方的发展经验，互相学习，共同发展。

中国和印度要共同开创新的时代

李：您曾提到过安德烈·贡德·弗兰克"重归东方"（Re-Orient）的概念，这次经济危机中，中国和印度所起的作用也证明了东方力量的强大。但是，东方力量的强大也引起一些担忧和疑虑，这种忧虑是否有必要？

莫汉蒂：首先应该认识到，面对全球金融危机时，中国和印度表现得比西方国家更有力量。中国和印度比其他国家的经济增长更强劲，原因在于两国在银行、金融体系以及宏观调控方面管控能力更强，而西方则不同。这些年来，世界资本主义体系演变得更加随心所欲、更加贪婪，现在西方应该重新审视，并从中国和印度的发展经验中学到一些东西。

现在，无论是开放派还是保守派的经济学家都认为，中印经济取得了长足的发展，将成为新的世界政治经济中心。西方的殖民主义曾经将欧洲和美国变为世界政治经济中心，在旧的世界体系中这种霸权的思维被很多人所接受，但是在我看来，中印两国不能也不会走这种道路。在全球多力量格局下，不允许出现一个或少数几个霸权力量，这也是我不同于一些中

27

国学者的观点。

有些中国学者主张世界是从单极走向多极，一些美国专家如基辛格等也持这种观点。美国人认为欧盟、俄罗斯、中国、印度和巴西是多极俱乐部的成员。虽然这些国家正在崛起，但是它们不可能成为新的霸权力量，因为世界形势转变得非常快。如果要成为霸权力量，中国将面临远近诸多力量的不断挑战，印度也是如此。

现在人们热衷于谈论"G2"，将中国比作美国那样的国家。但需要注意的是，美国受到了全世界的挑战，如果中国取代美国的霸权位置，也将面临这样的挑战。不过我坚信，中国不会成为美国那样的霸权国家，中国和印度会成为引领世界政治经济新秩序的民主化力量。

人类有着共同的美好愿望与爱好，与自然及他人和谐相处，享受美术、音乐等艺术带来的美感。因此，我们应该用新的视角来看待人类的历史与未来。当今世界每一个国家，都应该享有独立、自由、平等的权利，这也是和平共处五项原则的框架。我们需要防止各国的沙文主义和民族主义，同时也必须尊重各民族在文化、语言、风俗、历史等方面的特性。

我认为，20 世纪是一个与帝国主义斗争而争取民族解放的世纪，而21 世纪将是一个各民族国家人民掌握自己命运的世纪。因此，对于人民的统治来说，这是一个新的世纪。

我们要用平等、自由和正义来塑造新的世界秩序，这是中印发展进程中的任务，这也是中印近现代解放斗争史的任务，在回顾中印过去 60 年取得的巨大成就时，我们更应该肩负起这样的使命。

（李博：中国社会科学杂志社编辑）

原载于《中国社会科学报》2009 年 11 月 12 日第 38 期第 3 版

"中国模式"的理论诉求

——访衣俊卿教授

王 广

衣俊卿，教授、博士生导师，中央编译局局长。现兼任中国现代外国哲学学会副会长、中国俄罗斯东欧中亚学会副会长、中国辩证唯物主义学会常务理事、中国人学学会常务理事、中国马克思主义哲学史学会理事。主要从事国外马克思主义研究和文化哲学研究。具体研究方向为西方马克思主义和东欧新马克思主义研究、现代化进程中的日常生活批判理论研究。已出版《现代化与日常生活批判》、《现代化与文化阻滞力》、《历史与乌托邦》、《20世纪的新马克思主义》、《20世纪的文化批判》、《文化哲学》、《西方马克思主义概论》、《人道主义批判理论》等学术著作10余部，发表学术论文200余篇。连续四届获教育部人文社会科学优秀成果奖，先后六次获黑龙江省社会科学优秀成果一等奖。

衣俊卿

近年来，"中国模式"或"中国道路"的概念在国内外政界、经济界和理论界出现的频率越来越高，特别是自国际金融危机爆发以来，中国的发展道路和发展模式受到更大的关注，从事哲学理论研究的衣俊卿教授解读了"中国模式"深层的理论诉求。

推动"中国模式"在更深层次上的理论自觉

王广（以下简称"王"）：衣老师，作为从事哲学理论研究的学者，您如何看待国内外热议"中国模式"这一现象？在关于"中国模式"的各种讨论中，基础理论研究能够作些什么贡献？

衣俊卿（以下简称"衣"）：我认为这是十分积极的现象，经过 30 年的改革开放，一种既向世界和国际开放，又自主发展、具有中国特色的中国发展模式和发展道路已经形成，并正在展示出特有的发展活力、发展潜力和巨大的吸引力。作为理论工作者，我们一方面为"中国模式"所取得的巨大成就感到欣欣，另一方面也要时刻保持理论的警醒，在对"中国模式"的巨大发展潜力和美好前景充满信心的同时，要看到中国自身发展的基础依旧薄弱，看到中国的发展所面临的复杂的困难和压力。具体说来，如何使"中国模式"在普遍的国际金融危机中，在日趋复杂的国际环境中规避风险、把握机遇，如何使"中国模式"焕发出更大的创造力，为中国的发展提供更大的动力，对世界的发展提供更多可资借鉴的经验，等等，既是紧迫的实践课题，也是重大的理论课题。一句话，"中国模式"不是完成的、封闭的模式，而是不断丰富、不断创新、不断完善的发展过程，积极推动"中国模式"在实践上的不断完善和理论上的不断自觉，是"中国模式"自身进一步发展的理论诉求，也是中国哲学社会科学研究责无旁贷的历史使命。

王：您能对"'中国模式'的理论自觉"这一命题作些解释吗？

衣：是这样的，当我强调要积极推动"中国模式"在实践上的不断完善和理论上的不断自觉时，并非断言中国的发展模式本身不具备理论内涵。恰恰相反，一方面，"中国模式"和中国道路本身就包含着中国特色社会主义理论体系，或者是以这一理论体系为指导思想的，其中包含着社会主义民主政治理论、社会主义市场经济理论、社会主义核心价值体系等丰富内容；另一方面，许多经济学家、政治学家分别从中国的视角或全球的视角，从经济的维度或政治的维度，对"中国模式"的内涵、特征、价值、意义、发展潜力等，作了许多理论探讨，取得了很多理论成果。

但是，我们也必须清醒地看到，关于"中国模式"和中国道路还有许多现实的和发展中的重大的、深层次的理论问题需要进一步探讨、研究和解决。实际上，目前无论在国际上还是在国内，关于"中国模式"的理论认识存在着许多不同的，甚至相互冲突的观点。

一些发展中国家对中国的发展持肯定和赞美的态度，并努力从中国的实践中借鉴经验，探索自己加快发展的途径；而西方发达国家在对待中国经验和"中国模式"的态度上，既有能够相对比较公正和客观地评价和认识的明智人士，也有很多心怀戒备、警惕或敌意的人士，他们对中国的政治体制和相关问题持否定的评价，从中国的发展中得出"中国威胁论"、"中国责任论"等论调。

国内关于"中国模式"和中国道路的认识实际上也存在很大分歧，其中既有过分偏重西方的模式而限制"中国模式"的价值和意义，把"中国模式"限定为特殊的、地方性经验的偏颇做法；也有出于爱国主义热情，甚至出于某种意义上的民族主义情绪而对"中国模式"盲目乐观的极端认识。因此，我们在讨论中既可以看到"'中国模式'他国可以效仿"的乐观结论，也可以看到"'中国模式'不好推广"的谨慎结论。总体上看，真正从人类社会演进和全球发展的大格局中认识中国经验，客观地、全面地分析"中国模式"的理论探讨，相对比较少。这是我们应当正视的问题。我们常常强调要推动理论创新，要在深层次的重大理论问题上寻求突破，在这种意义上，推动"中国模式"在更深层次上的理论自觉，无疑是哲学社会科学最需要创新的重大理论课题。

"中国向度"与"世界向度"

王：从您的分析可以看出，目前理论界关于"中国模式"的深层次理论研究相对缺乏，您能分析一下这方面的情况，特别是分析一下造成这种状况的原因吗？

衣：从总体上看，目前理论界关于"中国模式"的研究主要是经济学、政治学等学科的对策性研究和应用性研究，而缺少哲学、价值学、文化学等学科的深层次研究。其结果是，关于"中国模式"的理论分析一般比较简单、比较直接，大多是从中国的经济成就、社会稳定等直接后果来论证这一模式的成功和价值，而缺少基于人类社会发展和全球化进程的大视野，综合政治价值、经济价值、社会价值、生存价值、文化价值的深度理论分析，缺少社会历史理论上的更高的升华，因此，往往无法展示出"中国模式"对于人类社会进步与全球发展的重要价值和意义。

我想从马克思主义中国化的理论研究状况入手，来揭示造成关于"中国模式"问题的理论研究停留于一般的应用理论层面的深层次原因。我在《哲学研究》2008 年第 12 期发表了《探索马克思主义中国化研究的一个新向度》一文。在这篇文章中，我提出了这样一个观点：新时期深化马克思主义中国化研究的一项重要任务是拓宽研究视野，在马克思主义中国化研究中形成"中国向度"和"世界向度"紧密结合的学术视野。

我所说的马克思主义中国化研究的"中国向度"，是指把马克思主义基本原理同中国的实际相结合，用以指导中国的实践，并获得理论上的创新成果。这实际上也就是人们通常所说的马克思主义中国化的基本含义，其基本特征是把马克思主义的基本原理或"普遍真理"（主要是马克思恩格斯以及列宁的思想）当做给定的前提，着眼于中国发展问题的解决和中国特色的马克思主义理论形态的表述，因此，主要表现为一个马克思主义"由外向内"的单向输入的向度。

而我说的马克思主义中国化研究的"世界向度"，是指要在全球化语境和世界视野中审视马克思主义同中国实际的结合问题，并强调中国经验和中国道路的开放价值，强调中国形态的马克思主义理论在世界马克思主义研究中的话语权。因此，它呈现为中国问题与全球问题、中国文化与世界文化、中国马克思主义研究与世界马克思主义研究的"双向互动"的向度。

我提出这一观点是有针对性的，我发现，"中国向度"和"世界向度"本来应当是马克思主义中国化研究不可分割、相互交织、相互支撑的两个组成部分。但是，在现实的研究中，我们还是在相当程度上发现了这两个向度的分离问题，在某种意义上可以说，目前的马克思主义中国化研究主要偏重于"中国向度"，而明显缺少自觉的"世界向度"。

　　具体说来，在我们的马克思主义中国化研究中常常缺少自觉的国际比较和全球对话的维度，较少考虑如何能使我们的理论研究进入国际学术商谈和理论对话，结果把"中国风格、中国气派"的马克思主义在一定意义上变成只具有"中国特色"的"自说自话"的体系。这样无疑大大降低了我们在事关人类社会进步和全球发展的重大理论问题上的发言权。我认为马克思主义中国化的这种研究状况同我们上述探讨的关于"中国模式"的研究状况密切相关，实际上是同一个问题。

　　王：您的这一观点非常重要。经您这样一分析，问题的确很明显，目前大多数关于马克思主义中国化的研究成果确实属于单纯的"中国向度"的研究。您能把这种"单向度"的理论研究的缺陷具体分析一下吗？

　　衣：我认为，突出马克思主义中国化研究的"中国向度"，强调马克思主义中国化的宗旨在于用马克思主义基本原理具体地指导中国的实践，这并没有错，这是马克思主义中国化研究的题中应有之义。然而，马克思主义的生命力就在于它不是一个给定的、一成不变的封闭的体系，而是伴随着人类社会的实践和创新不断发展的，在这种意义上，"中国模式"这一发生在历史悠久、人口众多的文明国度中的伟大的实践探索和改革创新，理应对马克思主义的与时俱进和人类社会的进步发展提供积极的理论贡献，它的深层次的理论诉求要求我们必须从全球化的视野和人类社会发展进步的高度，在比较、碰撞与对话中，对之加以理性思考和理论提升，而不能孤立地讨论中国经验、"中国模式"、中国道路、中国文化的价值和意义。

　　在这种意义上，随着全球化进程的加快和全球化程度的加深，那种缺乏自觉的"世界向度"，单独在中国的语境中或者仅仅在应用经济学的层面上解读"中国模式"，就具有很大的局限性。我在《哲学研究》上发表的那篇文章中把这种局限性概括为三个方面：

　　其一，封闭地研究中国问题容易使马克思主义的"中国经验"仅具有有限的中国价值和中国意义。我们常常看到的情形是，两批不同的理论研究者各自相对独立地、分别地讨论中国问题和世界问题，常常出现绝对地

"中国模式"的理论诉求

用世界问题来剪裁中国问题或者绝对地强调中国问题的独特性等片面观点，在这种情况下，无论我们如何强调马克思主义的"中国经验"的价值和意义，还是让人感觉这些只是中国自己的事情。

其二，孤立地强调中国文化的独特价值容易使弘扬传统文化成为"孤芳自赏"，并且存在着使马克思主义中国化的文化价值阐释走入误区的可能性。例如，有的学者更多地关注马克思主义如何吸收中国文化的成分而民族化和本土化，忽略了马克思主义对中国传统文化局限性的扬弃，忽略了民族文化通过积极与世界各种文化对话、交流和碰撞，来推动自身的创造性转化和丰富世界文化的内涵。这种脱离世界化而孤立地强调民族化和本土化，很容易降低马克思主义中国化的文化价值，甚至在逻辑上有可能不知不觉地导向海外一些学者的逻辑，即把马克思主义中国化在文化上归结为儒家化甚至封建化。

其三，缺乏世界范围内的学术交流、思想碰撞和理论对话，容易把马克思主义中国化的理论价值限定在地方知识的层面上，无法阐发其世界意义。我以为，强调中国特色、中国风格、中国气派绝不是要求这一理论只是与中国的实践有关的地方知识，我们衡量中国特色、中国风格、中国气派的马克思主义的标准不仅应当着眼于对中国实践的理论指导意义，而且应当着眼于在世界马克思主义研究中的话语权和影响力。因此，可以断言，我们在马克思主义中国化研究视野上的一些局限性妨碍了对"中国模式"的理论价值的阐发。

高度关注国际对话中的理论阐释力和话语权

王：那您能对哲学社会科学理论研究应当如何自觉地推动"中国模式"的理论自觉作一些阐述吗？

衣：这是一个十分复杂的问题，也是需要我们花大力气探索解决的大问题，我对这一问题的考虑也是初步的和表层的。我想，至少有两点很重要：一是应当对"中国模式"的价值和意义作出冷静的、全面的和准确的判断与定位；二是要找到合适的途径对这种价值和意义进行合理的理论建构与理论升华。而这两方面，都要求我们自觉地形成马克思主义中国化研究的开放视野，在现有研究成果的基础上，着力于开辟马克思主义中国化研究的"世界向度"和国际视野，从而形成马克思主义中国化研究中"世界向度"和"中国向度"互补的格局。

王：请您分别阐述一下您关于这两个问题的理解和基本的观点。

衣：关于对"中国模式"的价值和意义作出冷静的、全面的和准确的判断与定位的问题，最重要的是应当避免把中国发展模式或发展道路所具有"中国特色"和它对人类社会发展所具有的普遍性的启示意义和价值对立起来。在这种意义上，无论是"'中国模式'他国可以效仿"的结论，还是"'中国模式'不好推广"的结论，都是在这种非此即彼的、对立的意义上所得出的简单化的结论，其中都内涵着把某一种发展模式视作唯一正确的或合理的发展模式的理论预设。实际上，历史的经验业已证明，当今的全球化进程更是明白无误地阐明：任何一种具有活力、具有生命力、具有生长空间的发展模式，都一方面包含着特定地域特定国度所特有的文化、传统、环境、资源、人口等国情条件所形成的特质和特色；另一方面包含着在应对发展难题、应答人类生存和社会进步问题、解决社会组织和制度安排等方面所形成的具有普遍性的文化价值和意义。在这里，过分强调某一模式的特色和不可复制的唯一性，就会把这一模式变成纯粹的和狭隘的地方经验及地方知识，而过分强调其"放之四海而皆准"的普遍性，又会否认发展模式的多样性的事实，用某一种作为真理化身的模式去剪裁不同地域不同国家的丰富多彩的发展内涵。

显而易见，这两种对立的观点对人类社会的发展都是十分消极的和有害的。合理的和全面的观点应当是，一方面，尊重各种发展模式的特色，既不否定，也不全盘照搬某一种模式；另一方面，尽可能地揭示出各种发展模式的重要价值和启示意义，在交往、交流、学习、选择、借鉴、碰撞、交锋中汲取发展的营养和有益的要素。实际上，人类社会和人类文明正是在各种发展模式的交互作用中选择和发展起来的。因此，我们探讨和强调"中国模式"，不是为了在全球推广我们的模式、取代其他的发展模式，而是要通过积极参与全球发展和国际交流，既丰富发展自身又对人类社会的总体发展作出积极的推动。

王：这也就是您强调的马克思主义中国化研究的"中国向度"和"世

界向度"互补的格局吧？

衣：是的。基于对"中国模式"价值和意义这样的判断与定位，我们上面所提到的第二个问题，即找到合适的途径对"中国模式"的价值和意义进行合理的理论建构与理论升华，也就有了比较清晰的解决路径了。我们的哲学社会科学要通过积极开辟马克思主义中国化研究的"世界向度"和国际视野，来升华关于"中国模式"的理论研究。这一理论研究的基本范式就是全球化视野中的理论对话、思想交锋和文化交流。全球化进程越来越要求马克思主义具有广阔的世界眼光。全球化已经成为不可抗拒的历史潮流，信息化的飞速发展又为全球化进程提供了强大的助推器。在这种历史背景下，马克思主义（也包括其他有生命力的理论）在任何国度的发展和创新都既要关注本土问题与民族问题，又要同时关注世界问题与全球问题，特别要在相互关联的视野中关注本土问题与世界问题；都既要积极吸纳民族文化的优秀成分，同时又要积极在文化交流和对话中增加活力。

具体说来，这种围绕着中国经验、"中国模式"所开展的全球化视野中的理论对话、思想交锋和文化交流，强调的不是封闭的、自说自话的"话语权"，而是国际对话中的理论阐释力和话语权。在全球化的背景中，正如"蝴蝶效应"所形象地揭示的那样，不同地域的各种问题之间的复杂联系越来越紧密，任何本土问题同时也是世界问题，任何世界问题同时也是本土问题。例如，就中国的情形来说，我们所面临的各种问题，微观到粮食问题、人口问题、石油问题、期货问题、股市问题、环境问题等，宏观到价值问题、伦理问题、制度问题、体制问题等，都既是中国问题，也同时是世界问题和全球问题。对于这些问题，重要的不是固守我们自己的话语方式和独特价值而防御性地与众不同，不是在国际上主流理论对话和思想碰撞之外独自阐述我们的见解，而是要基于我们改革开放的成就，基于已经具有很大影响力的"中国模式"和"中国道路"，在积极主动的国际交流与对话中，在全球普遍关注的话语、价值和重大问题上形成我们的理论影响力。特别是在事关人的存在、自由、尊严、人类的生存、社会的发展、历史的进步等重大理论问题的国际主流理论对话和思想交锋中，在现有的西方自由主义的声音、西方马克思主义和各种新马克思主义流派的声音、左翼激进理论思潮的声音之外，应当有越来越多、越来越大的中国的理论声音。这既是马克思主义自身发展的需要，也是"中国模式"的深层次的理论诉求。

（王广：中国社会科学杂志社编辑）

原载于《中国社会科学报》2009 年 7 月 21 日第 7 期第 4 版

"中国模式"的理论诉求

哈佛"中国通"谈中国研究与中国模式

——访傅高义教授

孙中欣

傅高义（Ezra F.Vogel），哈佛大学亨利·福特二世社会学教授，曾担任费正清研究中心主任等职务，精通中文和日文。他被认为是美国唯一的一位对中日两国事务都精通的学者。曾撰有《亚洲四小龙》、《日本第一》、《日本的中产阶级》、《中美日关系的黄金时代（1972—1992)》、《与中国共存:21世纪的中美关系》等著作。20世纪70年代，他开始对我国广东社会经济情况进行考察和研究。撰有《共产主义下的广州：一个省会的规划与政治（1949—1968)》。《先行一步：改革中的广东》是傅高义先生应广东省政府邀请，进行7个月实地考察研究的成果。作者还拟在若干年后，再写一本关于20世纪90年代广东的续集，重点介绍香港回归后的粤港经济区的发展情况。

傅高义（Ezra F.Vogel） ■ Andrew Miller / 摄

傅高义教授畅谈了美国学界中国研究的发展状况，并阐发了其对中国发展道路的独到见解。

中国研究源于美国需要

孙中欣（以下简称"孙"）：从 1949 年新中国成立，到 2009 年正好是 60 年。从这 60 年中国走过的道路来看，有两个问题值得我们在今天进行反思：一是世界范围内的中国研究这些年来经历了哪些变化，二是中国 60 年的发展道路给世界留下了什么启示。我想请您谈谈对这些问题的看法。

傅高义（以下简称"傅"）：中国学方面，我主要谈谈美国的中国学，同时也包括欧洲以及其他国家和地区的中国学。二战后，中国研究的范围还很狭窄，当时研究中国的学者主要是谈中国的历史、语言和文学，研究中国的社会、政治和经济的不多。在美国，中国研究发展比较快的时期主要是 20 世纪 50 年代。但是由于当时处于麦卡锡时代，中国问题是一个很敏感的话题，我们研究中国存在一些问题。我认为当两个国家处于敌对关系时，双方相互间比较接近的人的处境都很艰难。所以当时跟美国有点关系的中国知识分子的日子比较难过，我觉得当时你们中国对美国比较友好的知识分子很辛苦。我们在美国也有类似的境遇，但不如中国的那么严重。所以我当时对中国的研究也不多，这种情形一直持续到麦卡锡时代结束。

你刚才说到，新中国已经 60 岁了。中国是一个有几千年历史的国家，而美国是一个很年轻的国家，才 200 多岁。所以美国的各个方面，包括政治制度，都改变得很快。到 1960 年前后，情况就有了很大的改善。

当时美国有一个"社会科学研究委员会"（Social Science Research Council，简称 SSRC），这个机构比较接近你们的中国社会科学院，但性质不一样。我觉得中国社会科学院有半官方的性质，而 SSRC 的成员是大学里面的学者和专家，包括社会学、政治学、经济学、人类学等各学科。很多大学的专家学者参加了 SSRC 在 1960 年到 1962 年间举办的几次专家研讨会。其中，哈佛大学费正清中心、哥伦比亚大学和西雅图华盛顿大学在中国研究方面是最为成熟的。此外，美国还有一个人文学科的组织 ACLS（American Council of Learned Societies），它与 SSRC 类似，代表文学、语言学、哲学等学科，是一个专门搞文化研究的机构。当时在美国这是两个比较成熟的研究机构。

说到中国研究在美国的发展背景，不得不提到美国当时的情况。二战前，美国奉行孤立主义，很少参与全球事务，一战后建立的国际联盟美国也没有参加。但是二战后，美国人认识到这个世界已经是个全球化的世界，而美国的确已成为一个大国，也就是你们中国人所说的"超级大国"。美国人认为自己应该担负起世界责任，应该多发展地区研究。过去，进行地区研究的人群都是一些"古怪"的人，他们主要是为了自己的兴趣爱好而研究。但是二战以后情况发生了改变，美国政府开始意识到自己的国际责任，需要多了解全球的情况，美国的社会科学也应该加强对全球各个地区的研究。因而，地区研究已经不再单纯受学者个人意愿的驱使，而是一种国家有意识推动的研究计划。我认为美国当时的情况很接近中国改革开放初期，当然具体动机有所不同。中国当时是觉得自己落后，要了解外国情况以多向他国学习，是为了发展；美国是在二战后意识到应该多了解世界各国的情况，应该发展和扩大地区研究，是为了服务其国家战略。

孙：加强地区研究是受美国当时的国家需要推动的，那中国研究的具体情况如何呢？

傅：当时我们觉得美国对1949年后的中国和中国共产党认识很不够，因此1961年后，美国社会科学界的一些代表在SSRC组织了一个由20多名专家学者组成的社会人类学小组，专门讨论加强地区研究。我也参加了该小组的讨论工作，我们认为美国大学在中国研究方面应侧重政治学、社会学、人类学和经济学等方面，并提出了硕士学位以地区研究为主、博士学位以学科为主的方案。此后我们每年定期开会，讨论的主要内容包括：如何开展对中国社会的研究，以什么标准选择哪些参考书目，资金来源是什么，专门的图书馆应该怎么安排，以及如何培养学者，等等。为了发展中国研究，美国社会科学界连续5年一直定期组织专题小组进行讨论，我们社会人类学小组讨论如何发展中国社会学，同时还有讨论中国经济和法律等专题的小组。

当时参加讨论的社会学、人类学学者中，我算是比较年轻的。我个人认为我们是比较客观的，虽然初衷是服务于美国的世界地位，但是我们很客观，不仅仅是爱国主义，不仅仅为了美国，也为了全世界的和谐，为了增进彼此之间的了解。这是 20 世纪 60 年代初中国研究的情况。

　　当时的专家小组比较小，讨论的问题比较大，但是参与的人不多。主要是前面说到的三所大学的学者，同时也有我们的博士生。这些博士生毕业后到了伯克利、密西根等高校。20 世纪 60 年代有很多学生毕业，他们中有很多都进入了中国研究领域。当时找工作很容易，拿了博士学位肯定能够去重要的大学教书。当时各大学里研究中国问题的都不多，所以我们互相交流、共同进步。后来研究中国问题的博士生开始使用当时最先进的研究方法和最好的理论来研究中国问题，以显示他们在这个学科领域研究得很深，学问做得很好。在我这样较老一辈的人看来，这种研究方法可能太专太狭隘了。现在的社会科学的博士生很多，可以用很严谨的研究方法，也使用很高深的理论，但是普通人读不懂他们的文章。他们发表文章好像只是为了表示他们是真正的专家，是为了专家而写。我们最早开始研究中国的目标不仅是为了我们学者本身，还担负着让美国和美国民众多了解世界的责任。但是现在的专家越来越多，研究对象却越来越狭窄。

基金会资助了中国研究发展

　　孙：您当时在哈佛大学开设了哪些课程，都是什么样的学生来听课？

　　傅：我第一次在哈佛开讲中国社会，是在 1965 年，这是哈佛大学首次开设中国社会课程。当时我的学生大概有三四十人，他们是非常好的学生，其中有十多位后来成了美国名牌大学的教授，包括杜维明（现任教于哈佛大学）、怀默霆（Martin Whyte，现任教于哈佛大学）、高棣民（Thomas Gold，现任教于加州大学伯克利分校）、戴慧思（Deborah Davis，现任教于耶鲁大学）和赵文词（Richard Madsen，现任教于加州大学圣地亚哥分校）等。课程的内容主要是关于 1949 年以后中国大陆的情况。我对华侨以及中国历史谈得都很少，主要讲解放后中国的情况。

　　孙：当时美国与其他国家和地区在中国研究方面的合作情况如何？

　　傅：费正清认为中国学应该是一门全球的学问，他欢迎全世界的学者来哈佛交流。他是一个很有目标的人，比如他邀请英国有名的教授来这里访问，但是他主要的目的是把自己最能干的学生介绍这些访问学者。费正清邀请各国学者来哈佛访问一两年时间，并出版相关的学术著作，所以我们有一个关于东亚研究的系列出版物。这些学者来自不同国家，主要是英国、日本、澳大利亚、德国、法国和加拿大等国，别的国家似乎对中国研究得不太多。

孙：进行中国研究的资金来自哪里？

傅：当时福特基金会同样意识到美国对全世界的责任，跟我们这些学者展开了大量合作，同时它们也鼓励其他国家来研究中国。例如，印度本来没有人研究中国，但福特基金会希望能培养一些获得博士学位的印度年轻人来美国研究中国的历史、社会、政治和经济等问题，这样他们回去以后可以继续对中国的研究。但可惜的是，由于其本国经费分配等方面的原因，那些学者的中国研究在他们回到印度后由于得不到所在大学的支持而被迫中断或内容缩减，所以印度的中国研究一直不太发达。福特基金会还资助英国、德国等国家的学者到美国来学习一两年。

值得一提的是，70 年代后期和 80 年代初期，中国研究领域所能做的事情非常有限，而且美国学者不能前往中国大陆。那我们怎么办呢？当时我们这些学者和福特基金会决定在香港组织一个大学服务中心，把全世界研究中国的学者都集中在那里。这在当时起到了非常好的作用，为世界很多大学的学者提供了一个相互交流的平台，我就在那里认识了很多学者，结识了几个很好的朋友。当时除了福特基金会，卡内基等基金会也资助了中国研究。它们专门成立了一个组织，支持这个大学服务中心的工作。后来美国的基金会的理念发生了转变，即它们的职责应该是推动创新倡议，而不是日常维持。

孙：对，现在很多基金会仍然持这样一种理念。它们希望推动创新，创新之后项目可以利用本土资源得到可持续发展。

傅：是的。基金会不再给大学服务中心资助后，大卫·威尔森（David Wilson）和港英政府接替了美国基金会的角色。威尔森非常支持中国研究，香港中文大学也表示愿意支持这个大学服务中心。所以原本是一个独立机构的大学服务中心后来变成香港中文大学的一部分。它本来是各国学者访问中国流亡者的地方（因为以前我们做中国研究，不能直接去大陆，只能去香港，在那里访问来香港的中国大陆居民），后来成为香港中文大学的图书馆。当时来自世界各地的中国研究者经常在一起讨论和交流，他们主要来自美国，也有一些来自欧洲各国、日本、澳大利亚等。我觉得当时基金会很聪明，它们不仅仅支持美国，也支持其他国家的中国研究者。当时的研究资料奇缺，后来搬到香港中文大学，报纸和其他资料就越来越多了。

"中国通"都是美国精英

孙：回顾当时中国研究领域的发展，主要发生了哪些变化？

傅：首先，研究者的心态在变。刚开始，美国人当然不喜欢共产主义，但是我们认识到我们应该多了解并客观地理解中国的情况。美国学者起初也不喜欢苏联。苏联研究的对象很多是从苏联来的难民，而这些难民都憎恨苏联，所以学者们会受到他们的影响。但是我们对中国比较有好奇心，也觉得中国人很好，虽然制度和我们不一样，但是我们应该多理解他们。虽然我们当时也有一些偏见，但是我觉得还是比较客观的。70年代初到80年代初，很多美国学者是反对越战的，很多是左派学生，他们觉得要多了解"革命社会"。这种精神不仅仅影响到对越南战争的看法，反映到学术上，他们也反对美帝国主义，支持革命。支持毛泽东和毛泽东主义的大有人在，有的人甚至认为邓小平、刘少奇似乎有点太"右"了。

其次，与中国人的接触也影响到研究者。当时在美国大学里研究中国的都是美国的好学者，比一般的美国学者要好。因为学中文非常难，想学这么难的语言的当然是优秀的学生。所以当时无论是国务院的工作人员，还是大学或研究机构的学者，研究中国的人都是美国社会的知识精英。他们最初没有机会直观地了解中国。80年代以后，中国留学生来到美国，尤其是1977年以后高考上大学的人，他们很多都有在工厂和农村实践的经验，这些经验对美国学者和学生更多地了解中国非常有帮助。说到这些留学生，1977年参加高考的人大都是1981年以后出国的，当时邓小平非常支持出国留学。

最后，中国研究变得越来越详细和专门化。

中国话语

中國社會科學報

●（2009—2010）●

对话

新中国 60 年发展道路：虽然独特，难称"模式"

孙：有一些人认为，新中国 60 年走过的发展道路，是一个很特别的发展模式。最近一些年的经济发展的奇迹也证明了这样一个道路是行得通的。您是否认为当代中国的发展道路是人类社会发展的一个特别经验？

傅：我认为在很多方面，中国的确有独特的做法。中国的历史这么长，规模这么大，发展这么快，1978 年后，中国在共产党的领导下进行改革开放，走向市场经济，这个过程的确有其独特的方面。但是另一方面，我个人认为中国的经济和社会发展与台湾地区及日本、韩国有很多相似之处。

孙：您的一本书就是讲"亚洲四小龙"发展模式的。

傅：是的。英国和美国资本主义的发展，现在看起来是比较慢。但是英国和美国的资本主义道路，不是学外国的，而是自己搞的。后发展的一些国家，可以学习发达国家的一些做法，也可以由政府主导发展，寻找比英、美更快的发展模式。我想，这也可以说是一种发展模式。日本、韩国和台湾地区虽然没有共产党，但是它们也是政府领导经济发展，刚开始也是权力比较集中，自由并不多。所以我觉得中国大陆与它们相同的地方还是很多，都属于亚洲后期快速发展的一种模式。

现在有人批评美国是冒险主义。我觉得美国应该少欠钱，最近几年美国的欠债太多、赤字太大。中国不同，中国每年的经济发展很快，没有赤字，只有贸易顺差。所以有人说，中国政府做得不错、美国政府做得不好。我个人认为，这不一定是长期的情况。中国的情况很特殊，中国是个劳动力密集的社会，廉价劳动力很多，另外中国市场很大。从日本、韩国和台湾地区的经验看，劳动力工资很快就提高了，劳动力密集的产业很快就不行了。但是因为中国大陆农业人口太多了，可能劳动力密集型产业还可以持续一段时间。这是中国的特殊情况，所以经济有望继续发展。我觉得中国领导人的政策也比较明智，允许多种经济形式共存，有乡镇企业，有公私合营，也有国有企业等，所以经济成绩显著。当然，社会学家认为，中国还有一些可以改善的地方，比如农村问题、社会不平等问题等等。所以我个人认为，中国和美国的发展都有极其独特的条件，不能用所谓的"中国模式"和"美国模式"来概括。

目前中国对世界的影响力的确比以前大了。现在中国很多人都会讲外语，中国派一些会讲外语的人参加国际会议，发出中国的声音。但是西方还是有很多人认为中国国内自由不够，学术研究禁区也多。因此，中国的影响力还是比较有限。如果我是中国领导人，我也很难处理这个问题。将来中国是不是会走美国这样三权分立的道路？我觉得中国不一定要这样做。这是一个非常难解答的问题。

孙：随着中国的发展以及影响力的提升，产生了中国威胁论与中国贡献论等说法。不知道您对此看法如何？

傅：人们很难预测 20 年后的情况。现在国外的中国人很多都很谦虚，学习态度都非常好。但是别的国家感觉中国比较骄傲自满。不知道 20 年后，是不是基本的态度会改变。美国人二战后比较谦虚，到 80 年代开始变得自满。日本人在 80 年代后期很自大，连美国人也看不起。我觉得将来的情况很难预测。

另外一个问题是中国的军费。邓小平时期主张和平发展，军费的开支不太大。所以 80 年代初军费比较低，但后来增长较快。每个国家都希望保护自己国家的利益，这并不奇怪。总的来说，中国提出的"和谐社会"口号很好，中国在世界舞台上的做法也是负责任的。问题是中国人的态度和军备增加两个信息相加，会引起世界的疑虑。

乐观看待中国未来

孙：对于中国的未来，您是悲观派还是乐观派呢？

傅：我当然是客观派，但是我偏向乐观派。比如中国的农村问题，中国政府的确想把农村搞好。中国民众的一些不满，很多都是对地方政府的不满而已，不是对中央政府的不满。中国文化本来是不能批评领导的，现在能批评政府的多了，这也是进步和自由度提高的一个标志。有的人认为中国目前的问题很严重，我不同意。中国社会的不满情绪并不是很严重，不满情绪还远远不至于严重到闹革命的地步。但这只是我个人的看法而已。

最近《华盛顿邮报》有个在中国住了很多年的记者说，改革开放后，中国很多人拥有了自己的房子、车子和财产。那些人是不想搞革命的，因为他们要保护自己的财产。农村里面土地虽然不是私有，但是包产到户，农民有地种，能种自己要吃要用的东西。

孙：当一个社会里很多人都拥有一定的财产，他们可能在政治观点上比较保守，希望保护自己的财产，不希望有剧烈的变革。您写过一本书，是研究日本中产阶级的，您如何看中国中产阶级的成长问题？

傅：日本的中产阶级跟中国的很不一样。我在日本做研究的时候，日本的公司是终身制度。中国的中产阶级不一样，中国白领的职位很不稳定，很多都要跳槽，在不同公司间流动，不稳定。所以我希望中国的社会保障制度能在 10 年时间内不断健全。我个人认为现在中国的中产阶级不如当时日本的中产阶级那么稳定。

孙：世界范围的中国研究中，欧美学者的声音比较大。考虑到语言的优势以及中国国内强有力的学术期刊的数量等因素，您认为中国研究的重心有没有重新回到中国的趋势？中国本土学者又应该扮演什么样的角色？

傅：我觉得中国国内有很多很优秀的学者，比如中国社会科学院的一些学者就很好，而且中国国内的学术发展越来越快。但是中国国内也有一些研究是出于宣传的目的，不是搞学术。很多能干的学者还是到国外去学习了，此外中国在图书资料等资源方面也有一些限制。

（孙中欣：美国波士顿大学、塔夫茨大学访问教授）

原载于《中国社会科学报》2009 年 7 月 23 日第 8 期第 3 版

"中国道路"任重而道远

——访王缉思教授

范勇鹏　褚国飞

王缉思，教授，现任北京大学国际关系学院院长、北京大学国际战略研究中心主任，并担任中国国际关系学会副会长和中华美国学会会长等社会职务。

主要教学和研究方向为美国外交、中美关系、国际政治理论。代表作品有《高处不胜寒：冷战后美国的全球战略与世界地位》（主编）、《文明与国际政治》（主编）、《中国学者看世界》（丛书总主编）、《国际关系理论与中国外交研究》（论文）、《美国霸权的逻辑》（论文）、《美苏争霸的历史教训和中国的崛起道路》（论文）、《中国国际战略研究的视角转换》（论文）、《从中日美力量对比看三边关系的发展趋势》（论文）等。

王缉思

中国坚持共产党领导下的多党合作制，这是一种非常特殊的制度。如果不理解这一点，就谈不上"中国模式"，做不到这一点，就不可能走中国式的道路。

中国话语

中国社会科学报

（2009—2010）

对话

中国共产党的领导是"中国模式"的关键

范勇鹏、褚国飞（以下简称"范、褚"）：从西方人热议的"北京共识"到"中国模式"，中国独特的发展道路成为社会科学研究的一个重要议题。作为研究国际关系的学者，您能否谈谈对中国发展模式的看法？

王缉思（以下简称"王"）：谈起"中国模式"，我先提一个问题：有没有印度模式、巴基斯坦模式或南非模式？"模式"这个概念意味着一种普遍性，如果存在"中国模式"，那么它应该在世界上其他地区同样具有适用性。西方人提出"中国模式"或"北京共识"，说明中国道路有某种普遍意义。但是这种普遍意义是非常有限的。中国之所以在目前这条道路上取得相当大的成功，根本原因是中国共产党的领导。这一点是任何其他国家都没有的。其他国家，不管是我们讲的社会主义国家还是资本主义国家，其政治条件决定了不可能模仿或重复中国的发展道路。越南和中国有一点共性，但也不完全一样。古巴或朝鲜与中国差别就更大了。那么其他国家，即使也是采取一党制，也与中国式的政党政治模式有很大区别。

今天中国共产党的领导方式，与中国的历史经验和文化传统有着某种联系。我这里所说的不仅仅是历史文化的传承，我今天早晨还在看《宋史》，回到唐朝、宋朝或明朝来看，中国的确是一种独特的文明。中国文明的一些基本因素，印度尼西亚没有、菲律宾没有、日本也没有。中国有自己独特的道路，日本也有它独特的道路。因此，建立在文明传统基础上的很多政治模式是不可复制的。别的国家要学中国，可能会学到一点皮毛。但是从根本上讲，除非它也复制中国的历史传统、中国的现代化过程、中国共产党的领导，建立中国式的政治体制，说得极端一点，也学习马克思列宁主义、毛泽东思想、邓小平理论、三个代表重要思想、科学发展观、以人为本、和谐社会等等，把这一套东西都借鉴过去，才有可能重复中国的发展模式。如果做不到，那么就无法模仿。非洲、拉美和亚洲绝大多数国家已经实行了多党制。这多党制并不一定代表民主，可一旦采取多党制就很难回头实行一党制。中国坚持共产党领导下的多党合作制，这是一种非常特殊的制度。如果不理解这一点，就谈不上"中国模式"，做不到这一点，就不可能走中国式的道路。

具体而言，"中国模式"可以体现为政府与社会的关系、政府与经济的关系等。从这个层次上说，的确可能存在某种形式的"中国模式"，或者说把政府主导的一种经济发展模式说成"中国模式"。但是这种政府主导模式未必是独特的。比如说，日本和韩国等东亚国家都是采取政府主导的市场经济和出口导向型的经济发展模式，政府对经济有较大程度的干预。从这一点来看，中国不一定有独特性，那又何来"中国模式"之说呢？说到"北京共识"，它主要是相比"华盛顿共识"而言的。它们是不可匹配的。即使是"北京共识"的提出者拉莫，也没有说出具体内容，他在书中没有总结"北京共识"到底是什么，而是要由其他人去总结。从根本上说，我不认为有一个"中国模式"或"北京共识"。

范、褚：中国的发展的确有很大的独特性。那么您如何评价中国发展道路迄今所取得的成果？这种道路又存在哪些问题？

王：中国迄今为止取得了很大成功。经济高速发展，人民生活水平普遍提高。但我们还面临着很多问题。这条发展道路决没有走到尽头，我们还有很长的路要走，比如说我们要实现社会主义民主、法治、人权和更完备的市场经济。这些方面显然还有待完善，我们还有很多的试验没有进行，还有很多的问题没有解决，所以海内外对中国的这样一种发展道路存在疑问。这种疑问也很正常，因为我们自己也会有这种疑问，比如，如何在共产党领导下进一步健全民主和发展人权？再比如，法制与法治是什么样的关系？党的意志同国家法律的关系如何？这些问题从理论和实践上都还没有得到最后解答。还有市场与监管的关系，美国的金融监管出了大问题，那我们又应该如何处理市场、金融和监管之间的关系？还有领导干部的产生机制，究竟如何推进选举？选举在哪些层次举行？中国的省、市领导实际上是中央任命的，而不是地方选举的。你要地方选举，中央政府就会部分丧失调动干部的权力。省里也一样，要让地方政府直选，省一级的行政权力就会削弱。而在中国这样一个具有中央集权传统的国家，直接选举未必能适用于中国的国情。从伦理上讲，选举是一种美好的愿望，但政治要讲究效率和效果。

社会主导引领美国进步

范、褚：中国的发展并非一帆风顺。十七大以来，党和政府广泛吸纳社会各个方面的智慧，在更宽广的社会基础之上，继续坚决践行改革开放的方针政策。美国历史上也存在着自由主义和保守主义之争，有历史学家称之为"钟摆"。您能否结合美国的发展道路，分析一下中国发展中存在的问题及其解决方案？

王：美国人或者观察和研究美国的人往往强调美国的多元化，但我觉得美国之所以从南北战争以来，能够一直维护着整体的团结，而且内部的凝聚力还相当强，其根本原因之一是我在一篇文章里讲到的"简单划一的意识形态"。美国有一些大家都公认的原理。比如对政府的态度，美国秉承了卢梭以降的观点，即政府是一种"必要的恶"，因为政府很可能是坏的，需要监督。还有自由，自由是美国最核心的价值观，也是其最主要的旗帜。还有宗教，虽然美国实行政教分离，但总体来说它认同于基督新教文明的传承。只要你是美国人，你就会认同这些主流价值观，几乎没有例外。很多移民，在进入美国后都会逐渐认同于这样一个表面多元文化下的主流意识形态。如果说美国意识形态存在"左"或者"右"的斗争，那么主要是涉及政府和社会的关系：到底是大政府还是小政府，政府多大程度上在社会生活和经济生活中发挥作用。自由主义与保守主义之争，也是政府对经济、社会生活及个人自由进行多大干预的问题。此外，在宗教、种族、多元文明、语言等方面，是更加强调多元化还是强调盎格鲁–萨克逊文化及基督新教的主导地位，也存在着"左"和"右"之争。但不管"左"还是"右"，都承认需要社会公正。

美国与中国和其他很多国家不同的地方，就是它的制度创新、技术创新和自我矫正的机制基本上是由社会来驱动和主导的，而不是政府主导的。整个美国社会对政府的看法和中国很不一致。我们中国人很少想到过可以缩小政府在社会生活中的作用。出了什么事，比如群体性事件、网络色情甚至乱堆垃圾，人们觉得应该有人来管，就要找"单位"、找政府。美国不是这样，如果出了问题，社会就会想办法自己解决、司法解决，当然必要的时候也得找政府。因此美国的政府权力确实比中国小多了。网上在披露中国一些地方政府的豪华办公楼，与它们相比，美国的政府设施显得陈旧得多。其实并不奇怪，因为这两种体制下政府的职能不同，管的事不一样。

此外还有利益集团文化问题。我们应当承认任何集团都有自己的集团利益，任何组织都有这个组织的特殊利益。因而，即使是国企也有其特殊利益，它就可能形成或属于某种利益集团。民营企业就更不用说了。民营石油企业可能会与国有石油企业形成某种共同利益，但两者发生竞争时，它又会与其他集团产生共同利益。因此，多种所有制并存，社会越来越复杂时，利益集团问题也会很复杂。有时看得很清楚，有时不那么清楚，因为政府部门利益和集团利益之间是相互交叉的，政府和企业利益也是相互交叉的。

美国的利益集团相对清楚、相对公开。在美国左中右派的思想斗争中，在地方与联邦的竞争、国会与政府的竞争中，到处都有利益集团在起作用。诸如全国步枪协会对抗枪支管制、支持堕胎者和反堕胎者、同性恋者和族裔集团等等，都有公开的社会组织和利益集团的支持。它们都通过游说来诉求自己的利益，而美国是有合法游说机制的。这种机制也在一定程度上容纳了不同意识形态派别之间的斗争，产生了一种自我纠偏的能力。

范、褚：有一种观点认为，中国今天的发展阶段非常类似于美国"进步主义"时期。那个时期的美国也面临着与中国今天类似的种种社会问题：腐败、食品安全、劳工权利、黑心企业家等等。美国经过进步主义运动，以及其后的一系列社会变革，如福利建设、伟大社会和民权运动等，社会得以进步，国内相对和谐。美国的经验和教训对中国有何启示？中国建设和谐社会的关键何在？

王：美国社会进步的关键就是前面谈到的社会主导性，是社会集团自动组织起来，监督政府，揭露黑暗面，也相互制约。当国家出现问题的时候，社会可以自下而上地对政府、大公司、利益集团进行监督、施加压力。

范、褚：但是，在美国进步主义运动过程中，除了自由媒体揭露黑幕的功劳之外，美国总统和政府在引导社会走向方面也发挥了重要作用。

王：没错，当时美国政府也发挥了某种积极作用，引导了美国社会发展的方向。这就又回到了前面谈到的"钟摆"问题上。历史学家小施莱辛格说美国历史有一个30年的周期，所谓"三十年河东，三十年河西"。在一个阶段，政府扩大对社会生活的影响，加强对市场、企业的监管，刺激经济发展，惩治腐败也需要政府采取措施。可是另一个阶段就会更强调企业的自由发展，强调社会的自我调适，减少政府干预。这就是我们所看到的美国的自我纠偏功能，而从根本上看，之所以能够不断纠偏，正是由于公民社会的核心地位。社会在一种单一价值体系的基础上具有高度的自主性，任何政府和个人都很难改变它，"一朝天子一朝臣"也不会出现混乱。生活在我们的社会中，的确很难想象美国为什么这样运作也行得通，而这一点正是值得我们思考和借鉴的地方。

成功的民族国家建构需要更开放的思路

范、褚：民族建构是现代化的重要部分。欧洲国家都是在形成了现代民族，并建成现代民族—国家的前提下才实现了现代化。美国也是如此，20世纪以来，美国基于以自由为核心的价值观，借助现代传媒，通过多次战争，在移民社会的基础上制造了成熟而强大的民族主义。中国不是一个移民社会，在中国未来发展中，如何应对国家统一和民族建构的问题？又如何应对美国因素的影响？

王：首先我们应该明确定义。民族有两种意义：一种是文化意义上的民族，如藏族和维吾尔族等，在文化意义上是一个民族；另一种是政治意义上的、现代民族国家意义上的民族，比如藏族和维吾尔族是中华民族的一部分。前后两者概念不一样，后者将中国人作为整体，但各民族在文化和语言上并不相同。同中有异，在当今世界上多数国家都是如此，即使是最正宗的欧洲民族国家也不例外。按照斯大林的民族定义，美国人可以说有共同的地域，但严格来讲，我们不能说美国人都有共同的语言和表现为共同文化的共同心理素质等，因为美国内部有着多元的语言、文化、宗教和人种，但毫无疑问美利坚是一个政治民族。

如果说起民族国家，德国比较纯粹，丹麦、瑞典、挪威、匈牙利、波兰等也都是比较典型的民族国家。在东方比较典型的是日本和韩国。按民族与国家融为一体这个标准，世界上多数国家都不能说是民族国家。从文化上说，印尼不是一个民族，马来西亚也不是一个民族。我们历史上一直是一个多民族国家。历史上蒙古人统治过，满族人也统治过，我们不认为他们统治期间中国就不称其为中国。所以你说到民族构建，中国其实不存在西方意义上的民族构建。许多现代国家独立时，是把不同文化、不同种族、不同语言的人硬捏到一起，这是西方殖民统治的结果，比如菲律宾就是如此。这和中国的历史大不一样，我们要时刻注意这一点。把汉民族文化无意识地等同于中国文化，把儒家文化等同于汉文化，这会造成很多问题的。美国主流文化中讲究一个共同信仰的神（在纸币上印着 In God We Trust），美国总统要手按圣经宣誓。有人说，我们的领导人为什么不能手按《论语》宣誓？当然不行，因为不能说儒家文化是所有中国人的信仰，连提炎黄子孙都会有异议，因为很多少数民族不认可他们是炎黄后代。从这个角度看，我们部分官员的某些认识是不妥当的。像"孔子学院"这样的项目，最好主要由民间力量来推动。

我和约瑟夫·奈合写了一篇关于中国软实力的文章，发表在《世界经济与政治》上。他在初稿中写到，中国文化就是儒家文化（Confucianism），我说不对，给改成了"以儒家文化为特色的中国文化"。

范、褚：您过去在文章里讲过，美国的移民社会特征和多元文化背景有利于美国霸权的持续。美国《新闻周刊》法里德·扎卡里亚（Fareed Zakaria）在新著《后美国世纪》中称，只有当中国成为移民社会时，才会真正威胁到美国的霸权，您对此有何看法？

王：当一种主流文化不可为外人所融入、所认同时，这个文明就不会成为一个世界性的文明，这个国家也不会成为世界性的国家。扎卡里亚带印度口音，但你不会说他是一个印度人，而是一个美国人。基辛格、布热津斯基、赖斯、鲍威尔、奥巴马都不是盎格鲁-萨克逊白人，但他们都是美国人。可是一个白人或黑人，即使加入中国国籍，或者像大山那样说一口流利的汉语，我们也不会从文化或种族上认同他是同胞。这点和日本人很像，日本人也不会把一个白皮肤的人当成日本人。然而，中国人移民到

「中国道路」任重而道远

美国后，只消一两代，就会变成纯粹的美国人，思想也完完全全美国化了。我的意思是说，中国文化不具有这种意义上的包容性和渗透性，中国太独特了。所以，扎卡里亚的观点在这种意义上是客观的。

当然，现在中国人的行为方式也会影响、"教化"一些其他民族、其他文化的人，并能让他们部分理解、接受中国文化。比如，我十年前就曾说，如果中国强大起来，连著名反华派、美国议员佩洛西这样的人，也迟早会改变对中国的态度，现在她果然有所变化。基辛格、老布什、小布什、施罗德、希拉克也早就在某种程度上"中国化"了。中国人在待人接物上感化人的能力，中国文化的这种包容性、渗透力，是很多文化里所没有的。当然，这种包容性在他人看来也不完全是好事。在中西交往的过程中，我们用"大而化之"、求同存异的道德相对论，有时可以化解掉西方人的"原则"，但是不可能无限化解。对外国人来说的一些核心价值，比如宗教信仰，是化解不了的。再比如说气候变化、环境恶化问题，它关系到全人类，包括中国人的生存，对世界上许多人来说，甚至涉及宗教信仰。单纯讲利益的道德相对论解决不了问题。世界最终能否接受中国和平崛起，实现"中国化"，取决于中国发展道路能否成功，中国人的文明素养能否令人羡慕，中国文化在伦理层面上能否不断得到普世性的认同。

中国社会变化影响中美关系

范、褚：2008年以来发生了一系列事情，其中最值得国际关系研究者关注的问题之一就是中欧关系的起伏。而中美关系在这些重大事件上却没有发生大的波折。这是否反映了美、欧对中国发展道路的不同看法和对中国和平崛起的不同理解？

王：美国比中国强大得多，所以比欧洲人更容易接受中国力量的上升。同时美国的战略利益与中国的战略利益有许多是兼容不悖的，比如在朝鲜、南亚和中东等国际问题上，美国需要中国。中国实际上也不希望美国经济实力真的衰落。但欧洲同中国的战略利益和安全关注交汇点不多，所以欧洲人短期内很难接受中国崛起，是可以理解的。当然中美关系并不是没有问题，双方都在采取"两面下注"的政策。

范、褚：中美两国的体制方面有很大差异，正如您过去所说的那样，美国与中国关系经常出现"一个社会对付一个政府的局面"。

王：的确存在这个问题。这是由双方的政治体制和社会模式决定的，既然存在这种反差，我们只能顺其自然。但是现在中国也有新的变化趋势，中国本身也在越来越多元化，学者、社会精英与普通民众的看法有所分歧，精英内部对事物的解读也更加多元。近年来的一系列事件中，民间舆论对中国外交政策也开始发生影响。总体看来，这会有两方面的影响，一方面，中国在外交中也不再仅仅是"政府"，而是具有了更多社会的色彩；另一方面，政府主导舆论的难度也越来越大。中国民族主义上升是一个必然趋势。对于民族主义，我并不是很担心，这是社会心态的自然流露，比如《中国不高兴》，写就写吧，因为它的确反映了社会一部分人的思想，有赞成的，也有批评的。

但是，这里我要强调一点：任何批评都要有最基本的知识基础。现在很多人批评政府的外交政策，左右两方面的批评都有，这很正常。不过，批评者应当知道自己的知识积累有多少。比如我作为一个球迷，可以就英超教练的水平说三道四。但要是真的以为自己比足球教练的水平还高，以为让我指挥才能赢球，那就太荒唐了。你有批评的权利，但总得先想想自己的起跑线在哪里吧？没有知识含量的争鸣，是缺乏说服力的，也不需要认真对待。

（范勇鹏、褚国飞：中国社会科学杂志社编辑）

原载于《中国社会科学报》2009 年 8 月 25 日第 17 期第 4 版

以和谐的心态对待不和谐的外部舆论

——访徐步教授

张　征

徐步，教授，中国人民外交学会理事、北京大学国际战略研究中心理事、武汉大学兼职教授、《外交季刊》编委以及资深媒体专栏评论家，长期从事国际战略问题和中国外交政策研究，曾在英国和美国工作学习近10年。

徐　步

在信息时代，舆论的作用更加受到关注。这不难理解，因为舆论影响力就是软实力，舆论环境是一个国家总体外部环境的重要组成部分。

伴随着中国的崛起，国际上特别是西方国家对中国的误解及猜忌不少，担心中国发展起来后将损害他们的利益。也因此，这些年来有关中国的各种论调层出不穷，不时表现出新特点。近日，本报记者就中国的外部舆论环境等问题对徐步教授进行了专访。徐步认为，对国外复杂的论调，既要重视，又不要被牵着走。重要的还是冷静客观地分析中国的实力和国际定位，深刻剖析各种论调形成的依据和逻辑，坚定不移地走自己的路。

外界舆论复杂：凸显中国长期发展环境充满挑战

张征（以下简称"张"）：关于中国的外部舆论环境，或者说外国人眼中的中国，让我们感觉既熟悉又陌生。相当长一个时期以来，"中国崩溃论"、"中国威胁论"、"中国不确定论"、"中国责任论"、"中美共治论"等相继出笼，林林总总，五花八门。刚刚结束的中美战略与经济对话广受关注，进一步激起了有关的讨论。我们应该如何认识外部舆论的复杂变化？

徐步（以下简称"徐"）：外部舆论环境是我国整个外部环境的一个缩影。目前国际形势处于以经济动荡、格局调整和体系变革为主要特征的阶段，中国和平发展的外部环境面临严峻的挑战。美国次贷危机引发国际金融危机，并造成全球经济危机，其严重后果还将进一步显现。在世界主要国家特别是西方大国均深陷经济困境的背景下，中国在经济上仍保持较高速度增长，自然会进一步受到国际舆论的关注。

从西方舆论对中国的报道情况看，他们关注中国的心态相当复杂。如你提到的，对有关中国的各种论调，我们长期以来听得多了。所谓"你方唱完我登台，各领风骚些许年"。有关中国和中国发展的每一种论调，都有不同的代表人物，都有貌似客观的依据。

应该说，每个人都有自己的眼睛，都有自己的视角，都有权通过自己的眼睛和视角来观察和认识世界。但不同的人，由于看问题的角度和立场不同，对同一个客体的认识也不尽相同。外界对中国的认识、对中国发展的认识也是如此。

57.

对此，一方面，我们面对不同的论调时，需要保持冷静的头脑，不为所动，不背包袱，坚持走自己的路；另一方面，对于那些颇有市场的观点，我们也不可大意，必须细加分析。我们要充分认识到，努力创造一个客观友善的国际舆论环境，是中国长期面临的艰巨任务。

"G2 论"反映出中国外部舆论环境新特点

张：近年来，美国学术界提出建立中美"两国集团"（G2）的说法后，有关各方反响强烈。目前，各方围绕"两国集团论"的探讨和争论仍然持续不断，如何辨析"两国集团论"？

徐：有关中国的各种论调，经过"更新换代"，"两国集团论"算是最时髦的了。美国专栏作家佩塞克是较早提到"两国集团"的学者。2006年9月，他通过彭博新闻社发表文章，标题为"新世界经济秩序：中国＋美国＝两国集团"。美国彼得森国际经济研究所主任伯格斯滕第一个详细阐述了关于中美组建"两国集团"的看法。他们主要从经济层面阐述了中美合作的重要性。美国前总统国家安全助理布热津斯基则把这一看法扩展到其他领域，认为世界上的问题没有中美"共治"，是解决不了的。

"两国集团论"的出台，反映了中国面临的国际舆论环境的新特点。这种新特点突出表现为，一是以重视中国为表现形式，二是以中国要负责任为主要内容，三是以维护美国的领导地位为实质核心。2005年9月，美国前常务副国务卿佐立克在纽约举行的美中关系全国委员会年会上发表了有关中美是"利益攸关者"的讲话，我应邀出席了那场活动。一定程度上看，"两国集团论"是"利益攸关者"的延伸，其要义都是要中国多出力，多负责。

"两国集团论"并没有被美国政府接过来成为官方立场，但引起为数不少的美国前政要和智库学者的共鸣，不能不说是一个相当有意思的现象。2009年是中美建交30周年，回顾中美两国关系发展的历史，我们看到中美建交的主要推动力是要共同应对来自第三方的压力。如今，中美在许多领域已互为重要伙伴，已经形成一损俱损的密切联系，各自对对方的需求不断上升。不仅如此，美国作为世界上最主要的发达大国和中国作为世界上最主要的发展中国家，在国际事务中进行合作的重要性日益凸显。

但是，"两国集团论"不符合事实，也有悖于中国一贯奉行的外交原则。美国的国内生产总值达到14万亿多美元，而中国的国内生产总值只有4万多亿美元。美国的军事开支是世界上其他主要大国军事开支的总和，其海外军事基地遍布全球。中国奉行防御性国防政策，在海外没有一个军事基地。美国在科技、教育等方面也大大领先于中国。很显然，中美两国还不在同一个重量级。更重要的是，中国反对霸权主义，反对在国际关系中搞强权政治，坚持独立自主的和平外交政策。中国在国际事务中应该负什么样的责任，是不是负责任，评判的标准只能是中国的所作所为是否符合中国自身与世界大多数国家和人民的利益。

美国赞同和反对"G2论"者都是出于本国利益

张：我们也看到，从"G2论"提出之日起，该观点在美国的争论就从未停止过，赞同者有之，反对者有之。美国传统盟友亦表现出复杂的心态，反对声大于支持声。请问美国国内赞同者主要基于什么理由？

徐：赞同这一观点的人主要持以下几种理由：一是认为在全球经济关系中，中美关系最重要。佩塞克认为，美中构成一个"非正式的全球经济"。哈佛大学历史学教授弗格森认为，中国大规模储备美元战略使得美国得以长期保持低利率水平，美国放松银根并推行财政刺激计划，需要中国支持。美前国防部长科恩也认为，奥巴马需要中国购买美国新发行的国债，以便为经济刺激计划筹措资金。伯格斯滕、科恩等人均认为，美国需要将中国当做真正的全球经济事务伙伴。

二是认为"两国集团"新架构有助于减少中美误判。科恩认为，美中在很多领域存在重大分歧，若任凭昔日敌对情绪阻碍建设性合作，风险太高，有必要找到推进两国共同利益的新方法。伯格斯滕认为，建立"两国集团"是以新的方法对待老问题，可以把可能的冲突转化为取得进展的机遇。

三是认为这一新方法有助于美中共同应对各种全球性挑战。布热津斯基称，当今时代爆发极具毁灭性的"文明冲突"的可能性上升，亟须推动各种文明的切实和解，中国在其中能发挥重要作用。科恩指出，当前几乎没有哪项全球性挑战能在缺少中美合作的情况下得到解决。朝鲜核试验、阿富汗、全球金融危机、温室气体排放等问题，如果没有中美两国的合作，不可能得到成功解决。

四是着眼于应对世界地缘政治的变化。美国前助理国务卿阿布拉莫维茨说，中国崛起对美国实力、价值观、世界观、国际统治地位都发起了挑战。美国必须承认，中国将成为同美方一起管理世界事务的伙伴。阿布拉莫维茨表示，美国不能只是将中国看做一个"负责任的利益攸关方"，而应与其开展更多的全面磋商。

张：美国国内反对者又是基于什么理由？

徐：一种观点是质疑其可行性。比如，美国外交学会亚洲问题研究部主任易明（伊丽莎白·伊科诺米）和该学会中国问题高级研究员史国力（亚当·西格尔）共同撰写了《两国集团实为海市蜃楼》，认为中美的利益、价值观和实力不相匹配，双方要成立"两国集团"困难重重。

二是强调"两国集团"不足以解决世界面临的各种问题。易明和史国力认为，奥巴马为解决全球性问题虽然需要继续开展对华合作，但也需要争取世界各国的支持。《外交》杂志主编霍格和布鲁金斯学会高级研究员胡永泰认为，从长远和广泛意义上看，除非建立一个更有效更广泛的国际体系，否则仍有可能出现因为国与国之间的竞争以及大国兴起导致战争的情况。胡永泰认为应通过加强多边主义来防止战争或贸易战的爆发。

三是关照传统盟友的感受。美国国家安全委员会前亚洲事务主任韦德宁指出，成立新的"两国集团"，美国将会付出失去亚洲长期盟友的沉重代价。对中美两国来说，"两国集团"都会引发各自盟友的反感，不会带来任何其他好处。阿布拉莫维茨认为，世界走向"两国集团"格局将出现可悲的结果，会引发日本国内危险的政治后果。新美国基金会专家康纳提出要重视欧盟的地位和作用，认为只有通过建立包括欧盟在内的"三国集团"，才能实现全球治理。

第三国对"G2"的反应：反对者多，支持者少

张：国际上的反应如何？

徐：据我观察，英国外交大臣米利班德是西方唯一公开表示赞同建立"两国集团"观点的在任政治家。也有一些学者认为，美国和中国的合作，是处理和应对当今国际上各种问题的必要条件。例如，西班牙中国问题专家里奥斯认可"两国集团"正在形成的说法。法国三边委员会欧洲副主席德卡穆瓦认为，美国同中国的合作在金融危机背景下变得至关重要。

但总体上看，反对者多，支持者少。反对者的理由各不相同，主要是担心中美联手影响他们的利益。2009年初，我应邀去英国威尔顿国际会议中心参加研讨会，会间一位欧洲学者就说，美国是现实主义者，用得着谁就跟谁结交，中国如今更能为身陷困境的美国分忧解难，欧洲则在走下坡路，美国学者提出"两国集团论"可以理解，但不能接受。也有学者认为，中国外交非常谨慎，坚持不干涉内政原则，尚未准备对外交政策作出重大调整，因此认为"两国集团论"行不通。

俄罗斯学者高度关注"两国集团论"，对此普遍表示担忧，也不看好其发展前景。其原因：一是担心中美"两国集团"将重新划分世界势力范围而危害俄战略利益。俄政治军事研究所分析部主任赫拉姆奇欣在《俄罗斯可能面对美中组成的"两国集团"》中发表了相应的观点。二是担心现有的世界格局与秩序的平衡被打破，德马尔斯基在《俄罗斯报》上就刊登了有关文章。

我相信，上面我所列举的并不全面。许多对中国问题有研究的学者、官员在时刻关注中国的发展。作为学者，他们从各自的角度、从他们自己国家利益的角度，对中国的发展及其与外部世界的关系作出不同的解读和分析，我觉得不难理解。

中国保持冷静源于客观的国际定位

张：对于国际舆论对中国国际地位的偏执、诋毁、热捧等，中国政府

总是表现得相当冷静和清醒。这应该与中国的国际定位不无关系。如何认识我国的国际定位？

徐：总的来说，目前中国的国际定位不是单一的、静态的，而是复合的、动态的。大与小、强与弱共同体现在中国身上。

无论从中国历史本身纵向地看，还是从世界各国横向地看，中国目前的发展速度都是最快的，这就使得中国的国际地位也具有了快速多变的特征。

面对国际上不断出现的针对中国的论调，我们的应对是冷静的。这种沉着冷静，源于我们对前进目标的不懈追求，源于我们对前进道路上种种障碍的清醒认识，源于我们对自身实力有客观的认识和把握，源于我们的国家领导人有前瞻性的战略视野，源于我们的政府有以人为本的博大情怀。新中国成立60年来，特别是改革开放30余年来，我们的国家发生如此翻天覆地的变化，社会主义现代化建设取得如此巨大的成就，绝不是偶然的。

今天，我国的国际地位和在国际事务中的影响大大上升，中华民族的伟大复兴正处于关键时期。但必须看到，我国仍然是一个发展中大国，我们仍处于社会主义的初级阶段。总体上看，我国的影响在全球范围内仍是有限的。

可以从以下几个方面认识这一基本的国际定位。一是我们坚持中国特色社会主义发展道路的同时，不以社会制度和意识形态的异同论亲疏，坚持以和平共处五项原则为准则，同世界各国改善和发展友好合作关系。二是中国具有大国的基本禀赋和要素，在国际上确实是不容忽视的重要力量。三是在今后相当长的时期内，中国仍将以发展中国家的禀性为主，仍将主要发挥地区大国的作用，中国的影响和所能发挥的作用主要集中在亚洲。

和谐世界理念是我国的定力所在

张：关于世界向何处去，人类要建立一个怎样的世界，国际上众说纷纭。有人主张建立一个单极的世界，有人主张建立一个无极的世界，有人主张建立一个"民主国家联盟"主导的世界，有人主张建立一个大国共治的世界，等等。我们主张建立一个和谐世界。请问，这一主张是否也指向国际上的不和谐论调？

徐：从根本上说，和谐世界的提出有两大背景：一是从中国的角度看世界，中国日益感受到，自身的发展离不开世界；二是从世界的角度看中国，国际社会日益感觉到，中国的发展正在深刻地改变着世界。

之所以推动建设和谐世界，确实具有很强的针对性。我们看到，一方面，求和平、谋合作、促发展已成为不可阻挡的时代潮流。大多数国家都认识到，在全球化深入发展的背景下，人类必须通过携手合作才能应对面临的挑战。但另一方面，这个世界还面临饥饿、恐怖、暴力、战乱等诸多问题，霸权主义和强权政治依然存在，世界和平与发展不时受到威胁。应该说，这些不和谐更加促使我们要致力于构建一个和谐的世界。

和谐需要通过对话和合作来创造，也需要通过必要的斗争来推进。有些议论认为，我们推动和谐世界是一相情愿，会影响我们自身的利益。我认为，这种看法是浮浅的和短视的。推动建设和谐世界，体现了"和为贵"、追求和谐等中华民族优秀文化传统的精髓，也进一步诠释了中国特色社会主义的和平性质，同时充分吸收了世界文明的先进成果，具有鲜明的时代性。

和谐世界这个目标不损害任何人的利益，而是对大家都有利，没有人可以反对它。人类共同生活在同一个地球上，和平、发展、合作、环保、相互帮助，是人类共同的价值观，反映了世界各国人民的共同愿望和追求，而这恰恰是构建和谐世界的基础。如今，我国的和谐世界理念在国际上得到了更多的理解和支持，这也给我们自身很大的定力。

当然，和谐世界需要各国一道共谋共举，需要各国长期不懈的努力，其过程不会平坦。中国要和平、要和谐，并不意味着中国的利益就会自然而然地得到别人的认可和尊重。在国家利益仍然主导国际关系的今天，如何处理好自身利益与兼顾好别国利益，如何实现双赢和共赢，是任何一个负责任的国家都必须认真思考和严肃对待的问题。对于损害中国主权、安全和发展利益的言论及行径，对于损害世界各国人民共同利益的言论和行径，中国必须保持清醒的头脑，坚决与之进行斗争。

中國社會科學報
·（2009—2010）
对话

中国应推动建立新的全球治理机制

张：近年来，关于建立全球治理机制的各种倡议和活动层出不穷。八国集团与发展中五国（G8+5）、二十国集团（G20）连续举办峰会，"金砖四国"（BRICs）召开首次领导人正式会晤，等等。与此同时，有关成立三国（中、美、日）或三边（中、美欧盟）合作机制的探讨也日趋活跃。如何评价现有的全球治理机制？

徐：7月底，在华盛顿揭幕首轮中美战略与经济对话时，美国总统奥巴马表示，"美国和中国的关系将塑造21世纪"。美国国务卿希拉里引用中国谚语"人心齐、泰山移"，强调加强美中合作的重要性。

我认为，有两个问题需要提出来。一是美国政府要塑造的21世纪是一个什么样的世纪？二是既然美国政府如此重视美中合作，那么应该建立一个什么样的合作基础，以确保双方的合作？我个人的看法是，美国政府对上述两个问题的答案还是模糊的。当然，我不是说美国政府不清楚它要的是什么。相反，历史地看美国的大战略，美国政府往往在世界上追求的太多，而想给予的很少。对涉及中国主权、安全和发展的一系列核心关切，美国迄今还没有予以完全的、切实的尊重，而这些问题不解决，中美合作就将不时受到干扰和损害。

美国是现行国际秩序中最有实力、最有影响的国家。美国一方面是现行秩序的最主要维护者，另一方面又是现行秩序最严重的破坏者。中国是现行国际秩序的参与者、建设者和贡献者，同时也是现行秩序的改革者。中国具有这样多重的角色，是因为现行的国际秩序是国际社会普遍承认的，同时它又不是完美的。事实上，现有的机制确实存在这样或那样的缺陷。有的代表性严重不够，无法体现广泛共识；有的成员数量多，协调难度大。

中国共产党的十七大报告指出，共同分享发展机遇，共同应对各种挑战，推进人类和平与发展的崇高事业，事关各国人民的根本利益，也是各国人民的共同心愿。鉴于此，我们认为，构建新的全球治理机制，应该充分考虑到以下因素。

一是公平性。公平、公正是建立新的全球治理机制的重要基础，也是国际关系民主化的真正表现。二是均衡性。参与主体的构成要符合发达国家和发展中国家的真实比例，重要决策不能仅由少数大国说了算。三是共赢性。"零和"思维已经过时了，要树立平等、互信、互利的合作观念。四是有效性。全球治理重在效率，不在形式。

（张征：中国社会科学杂志社编辑）

原载于《中国社会科学报》2009 年 8 月 6 日第 12 期第 3 版

以和谐的心态对待不和谐的外部舆论

中国法治化：打造第二个长城

——访安守廉教授

张冠梓

安守廉 （William P. Alford）

安守廉 （William P. Alford），当代美国著名的中国法专家。他 1970 年毕业于阿姆何斯特学院，1972 年毕业于剑桥大学圣约翰学院，1974 年获耶鲁大学中国研究硕士学位，1975 年获耶鲁大学中国历史硕士学位，1977 年获哈佛大学法学院 JD（Juris Doctor）学位。现任哈佛大学法学院副院长、Henry L. Stimson 教授、东亚法律研究中心主任，并任浙江大学光华法学院兼职教授。研究领域主要为：中国法律和法律史、比较法、东亚人权研究、国际间科技交流和国际贸易法。安守廉教授不仅以研究中国法著名，而且在国际经济法领域有重要的影响。

　　中国社会科学院研究员、哈佛大学肯尼迪政府学院访问学者张冠梓在美国访学期间采访了安守廉教授。

独特的研究道路——西方法律和中国历史结合

张冠梓（以下简称"张"）：安守廉教授，您好。您是国际著名的中国法研究专家，能不能谈一下，您是怎么开始对中国感兴趣的？又是怎么投入中国法律研究这一领域的？

安守廉（以下简称"安"）：我于四十多年前开始研究中国文化和历史。早在高中时期，我就对中国产生了浓厚兴趣。刚开始那几年，我只是泛泛地学习中国历史，后来才选择了中国法律史和法律文化作为自己的研究方向。现在回过头来看，这种先粗后细、先博后专、先宏观后具体的研究路子，对我的学术研究是有好处的。我们都知道，法律是一个国家和民族文化的一部分、是社会的一个侧面，绝不是孤立地存在着的。因此，要想了解一个国家的法律，首先就得了解其历史和文化，了解其政治、经济和社会状况。我的学习经历正好暗合了这个道理。

大学毕业后，我到英国剑桥大学攻读研究生，一边学习法律，一边学习中文口语。我当时就想，一方面是我正在学习的西方法律，一方面是我很感兴趣的中国历史，如果能将这二者结合起来，也就是将东西方的法律文化作比较研究的话，一定会很有意思。这样，我在学习中就经常有意识地将这两方面的知识放在一起，加以比较、对照。1971 年，我进入耶鲁大学学习，改为攻读中国语言和历史专业的研究生，在东亚研究所旁听了不少中国史方面的课程，并进一步对中国的法制史有所注意。中国古代、近代的法律制度很丰富，所以我就专门研究这方面的内容。

儒家道德约束很有借鉴意义

张：您最初对中国法律的兴趣是在什么地方？就是说，最初进入中国法律问题研究的时候，您的兴趣点在哪儿？当时是出于什么样的研究初衷？

安：我最初对中国法律的兴趣点，应该说是中国法制史。中国的法律传统跟西方是很不一样的。不管美国的学者还是英国的学者，都认为自己国家的制度非常好，譬如条理分明、合乎理性、富有逻辑性、带有普遍性和通用性等等。可大家一接触中国法制史，觉得跟我们自己国家的很不一样。中国的传统法律，不管在制度上，还是在观念上，都有很多特点，诚然有一些问题，可也有很多好处。西方法律注重个人诉求、个人权利，而中国法律却不是这样的。有人一看中西方之间的法律有这些区别，就说中国法很落后，一味地批评它们不注意人权、民主等等。可是我认为，中国法律也有好处。比方说，儒家思想就比较复杂、精细、有趣。孔子德治和仁政不只是对中国人有意义，对所有国家都有借鉴意义。孔子认为，最好的办法是约束人的思想、道德和行为，而不是诉诸法律，也就是说，用道德对一个人、一个社会进行约束是更根本也更有效的。反观西方人，则不这么乐观，比较强调外在的管理与约束。这两方面比较一下，就不难发现，中国和西方的法律观念和法律制度都比较有特点，各有长处，是可以互相借鉴和学习的。

具体到中国近代法律制度，我也曾有过专门的研究。清朝末年的一些著名法学家，像沈家本、伍廷芳等，可以说兼通中外。他们通过借鉴西方法律的长处帮助中国进行法制变革，作了很多有开拓性的探索。我很有兴趣研究这些法学家和官员，也有兴趣就中国法律传统与西方法律进行比较，进而把不同制度中最好的部分都结合起来。

《偷书不算偷》——外来制度和中国文化的融合与冲突

张：在您的研究中，让大家印象非常深刻的是您对于中国历史和文化的深刻认识。您的《偷书不算偷》在中国影响很大。在这本书里，您以知识产权制度在中国文明发展中的表现和作用为例，来探讨外来制度与本土文化相融合的问题，其选题和视角无疑是颇为精当和独到的。您能否简单地介绍一下这本书的写作情况？

安：《偷书不算偷：中华文明中的知识产权法》（To Steal A Book Is An Elegant Offense: Intellectual Property Law in Chinese Civilization）一书，是我十多年前的著作了，最初由美国斯坦福大学出版社于 1995 年出版。

通过这本书，我试图从历史到现实、从学术到政策，对中国的知识产权法律制度进行深入思考。一方面，介绍知识产权法律制度本身在中国的发展历史；另一方面，我也试着提出一些与法律文化移植相关联的观点，譬如知识产权法在中国并没有随着造纸术和印刷术的出现而出现，而是在19世纪末20世纪初由西方引入的一个全新的制度。这一移植后来遭受全面失败，主要是因为移植者没有考虑到当时中国的特殊环境；而当前中国知识产权制度的各种缺陷，也源于移植者未能很好地解决如何将在西方形成的法律文化和制度与中国的传统和现实相融合的问题。

这些观点的提出，并不是为了强调中国知识产权制度如何落后于西方，而是为了讨论一些令人困惑而又长期受到忽视的疑难现象。比如，为什么作为一个曾在科技和文化上领先于世界的文明古国，中国却没有形成一套保护发明创造的法律制度？另一个更大的问题是，如何才能将西方有用的法律制度移植到中国的土地上，移植过来后又如何才能够使其在新的泥土中扎根成长？古代中国虽以发明创造领先于世界，却没有形成保护这些发明创造的法律制度。这一奇怪现象，加之19、20世纪之交中国引进知识产权法的失败，以及现行中国知识产权法中存在的种种问题，都说明法律必须与当地文化环境和现实状况相适应。当然，外来制度的移植也可以在一定程度上影响本土文化的变化，本土文化的变化又反过来为外来制度提供适宜生长的土壤。最近一些年，从中国知识分子"偷书不算偷"的高傲到对版权版税的斤斤计较，可以看出传统中国士大夫的文化已经有了相当的改变，现在的中国文化环境也许比历史上任何一个时期更适合西方知识产权制度的生长。

张：知识产权保护在现在的中国仍然是个比较严峻的问题。正像您所说的，在中西方之间，确实有一个文化差异问题。通过对知识产权保护的研究，我想您在这方面肯定也有很深切的感受。

安：刚才我已经就知识产权保护方面的文化因素作了分析。再宏观一点说，首先，和西方比较强调个人的传统有所不同，中国法律有自己的传统，比较强调集体和集体意识，比如家庭、宗族、村落等等。换句话说，中国更讲求社会性，西方更讲求个人性。其次，也是和第一点相关联的，就是西方比较注意权利，中国则比较注意社会责任。可是，虽然在历史上

中国法治化：打造第二个长城

69

有这样的区别，但中国并不需要完全按照过去的思想和做法去做。当然，中国现在的法制受到了历史和文化的影响，我的意思不是中国不会变化，而是没有一成不变的东西。中国历史的因素和西方法律制度的因素，都应是中国法治化参考、借鉴的对象。

其实西方也是如此，我的哈佛校友奥巴马当选了美国总统，成为美国历史上的第一位黑人总统。可这件事要放在以前是不可想象的，如果再上溯到 150 年以前，他则会是个奴隶，所以美国的历史也有巨大变化。

张：您批评昂格尔教授误读中国法的文章，是中国学术界比较熟悉的。1994 年，中国出版了一部由中美学者合作编译的中文版《美国学者论中国法律传统》。该书收入的第一篇就是这篇文章。在您看来，在中国的历史和文化当中，哪些因素能够构成中国传统法律制度的独特性？

安：昂格尔教授对中国法所作的判断，是从一般西方学者的角度出发的。这些学者习惯于运用纯西方化的概念和标准，来评判一种生长于完全不同的社会土壤中的法律制度。这方面，在过去很长的时间里，昂格尔等教授的观点具有广泛的代表性。我的观点就是针对他的这一问题展开的，虽然未必中其肯綮，也不一定能使这些被批评者及其同情者完全接受，但有一点看来是对的，那就是必须注意到法律与文化的关联。据我个人的观察，战后美国崛起的职业中国法学者，正在努力突破由老一代学者如韦伯、非职业中国法学者如昂格尔等人设置已久的"条条框框"，试图探索出一条研究中国法的新路子。这些学者反对生硬套用西方标准的简单做法，主张从接近中国人的思维模式和历史真实的角度出发，客观、完整地理解中国法律与其所赖以存在的社会文化传统间的有机联系。这是一种科学研究的进步，事实上也更接近中国法律传统的原貌。

中国法制建设——机遇与挑战并存

张：在您看来，中国改革开放 30 年以来的法制建设有哪些成就？存在哪些挑战和问题？如何应对这些挑战和问题？

安：这是个非常复杂的问题。概括地说，改革开放 30 年来的法制建设取得了很多成就，但也面临很多挑战。从历史的角度来说，不管是在中国还是在美国，30 年是很短的时间。回顾改革开放之初的 1978 年，中国只有 12 所大学有法律系，没有法学院。那时候或在那之前，中国的律师多半是在苏联学习过的，专业储备和素养不是很好。他们不能胜任改革开放大形势的需求，要应付与迅速涌入的西方国家的政府和企业进行谈判的任务，就显得捉襟见肘，经验不足。

而且，那时中国的立法工作也比较简单。比如，关于合作企业的法律虽然在 1979 年就颁布了，但内容还是很简单。对照过去，再看看今天，你就会觉得改革开放 30 年来，中国法制建设的成就很了不起。现在，中国大学成立了很多法学院，出现了很多法学教授，立法的成果也很丰富。还涌现了很多律师，不少律师的水平跟美国的或是欧洲的律师有得一比。

但我觉得还有很多挑战。举一个例子，中国缺少民间机构。我觉得，不应当对这些民间的或非政府的机构有什么误解，这些机构应是存在于政府外面、帮助政府分担社会任务的。尽管每个国家的社会与文化特点都不一样，但任何一个社会都需要民间组织。大家都知道美国的法律制度比较成功，因为美国的法律制度有着自己的特点，比方说美国许可并鼓励民间组织，而这些组织确实也发挥了非常重要的社会作用。民间组织的存在是社会正常运转最起码的条件、最基本的需求。它存在的目的就是分担一部分社会职责，不让政府做所有的事情，也不会让个人或家庭做所有的事情。准许并鼓励民间组织、非政府组织，为它们建构一个清晰的制度框架，对于文化发展以及其他方面都很有好处。在立法方面、在法律执行方面、在司法体制的建设方面，中国取得了很多成就，但还有不少挑战，有不少发展的余地和空间。

张：您作为中国法研究专家，是否也参与了中国各级人民代表大会的立法、法院的司法解释等方面的咨询、顾问活动？通过这些活动，是否对中国法制建设也有一些切身的体会？

安：我做过一些这方面的咨询、顾问工作，尽管不是很多，但对中国法制建设方面面临的困难的确有些体会。总的来看，中国法制建设成就很大，变化很大。但中国人口太多、情况太复杂了，十三亿人口就仿佛一个长长的队伍。这里面，有受过西方教育的，也有的是不识字的；有对世界知识掌握得很全面的，也有没有出过家门的；有很富裕的，也有很穷的；

有最发达的地区，譬如北京、上海就跟伦敦、纽约没有多大区别，但也有贫穷落后的地区。假如只看到北京、上海、广州的状况，就不可能适用于西部地区。而反过来，假如只顾及相对贫穷落后的地区，那对相对发达的、现代的地区也不适用。

了解一个国家历史和文化的背景和情况是不容易的事情。英国的工业革命差不多经历了一百多年，美国也有五十多年，而中国在三十年内就经历了那么大的变化。我记得第一次去中国，每个人差不多都穿着一样的衣服，对我这个外国人充满了戒备和好奇，现在再去则感觉大不一样了。所以说，中国情况这么复杂，变化这么快，要进行法制建设谈何容易。

继承历史，大胆创新

张：中国的历史和文化传统总是要有所保留的，但留什么、留多少、留多久等等，则是一个异常复杂的问题。

安：这个问题确实复杂，可要换个角度看也很简单。历史的发展有很多可能性，没有什么是一成不变的。中国的各项制度需要创新，需要现代化，但怎样处理和传统的关系则是个大问题。我越研究中国法制史，就越佩服中国的历史和文化，越发现中国有很多很好的现代性因素需要提炼、总结和发扬。中国在进行制度创新时应当照顾到中国自己的传统和需求，而不是照搬西方的东西，或者与西方亦步亦趋。因为，彼此的历史和现实情况都是不同的，当然需要接受西方文化好的东西。我经常以一个历史学家的思维来看待问题，不只关注美国历史，而且关注中国、英国和罗马等国家的历史。可以发现，历史上的大帝国，如罗马帝国、大英帝国、中华帝国，到如今的美利坚合众国，一个个兴起，又一个个衰落，有什么原因？有什么规律？这里面有很多问题需要总结、研究。

张：不管是属于自己的历史经验，还是别人的，都必须搞清楚了，再有选择地继承或吸收，这是历史研究者一个比较理想的观点。我觉得，和其他国家——比如日本相比，中国的历史太长，人口太多，改变起来恐怕更难。

安：是的，改变起来确实有难度，但不是做不到。日本的法制建设有很多长处，许多中国学者都很关注，但日本也有问题。它的政治制度虽然是民主制度，但制度的变化太慢，而且不太容易解决国内的问题，我想这和它的文化特点有关系。每个国家都有自己的道路，像美国没有很长的历史，每个人可以做到所有你愿意做的事情。要是你这么聪明用功，你全部都可以做。这是美国人的基本态度。比如说奥巴马，父母没有给他提供什么政治资源，可是因为他很聪明、很用功，不断努力地做事情，最终被全社会认可，被选为美国总统。无论如何，这是美国的好处。但美国的制度变革也不是一蹴而就的，而是经历了长时间的过程，中间也有分歧和争论。

张：您在《第二个长城：中国的文化大革命后的法治建设》、《输出：追求幸福》等著作中，对一些历史虚无主义、历史终结论等观点提出了批评，同时提出告诫：要避免一种先验的或毫无根据的假设，要将中国按照世界历史当中的一种方式来发展。您确定地预见到中国将走出一条属于自己的、具有中国特色的法治建设的道路，而不是对中国传统的一种简单延续，也不是对西方法制的简单移植。这一观点在中国的法学家中是有共鸣的。

安：在未来，中国当然不会完全模仿中国历史上的法律制度，因为已经时过境迁，连最保守的中国人都不主张这样做。但也不会模仿西方的法律制度，因为中国文化和情况跟西方是不一样的。当下的中国，经历了新的巨大变化，也面临着一个机会，就是可以很精心地设计属于自己的法治化道路。中国有自己的文化传统，美国也有属于自己的文化传统。但我不认为，中国与美国的历史和文化就完全不一样，二者没有共同的价值和规则。不同国家的历史和发展道路不同，国家和政府的体制、法律制度会有所不同，也无须完全一样，但肯定有个共同的原则。一方面，有一般的、通用的、普遍的价值；另一方面，也要遵循自己的特点。不一定是一样的制度，但总有一个基本的价值和原则。哪些是普遍的、基本的、共同的原则，而哪些又是不同国家不同的、具体的情况，不同的国家有着不同的看法。比如，一个美国人可认定的一些带有普遍性的价值和原则，中国人则认为不具普遍性，而是具有不同的模式和特点。因此，在这方面是不容易达成共识的。

最好的办法不是在两个国家之间作比较，而是要在多个国家之间作比较。不管是中国、美国，还是日本、英国，进行多个国家的综合比较，这是非常有益的。一般地说，美国教授对本国的法律更熟悉，期待其他国家的人多了解美国的法律制度，他们到中国去讲的更多的也是美国的法律制度和法律思想。我的想法是，最好多看几个国家，譬如美国、英国、德国、印度等，可以具体地看一看，哪些是共通的价值和原则，而哪些又是不一样的制度、模式和道路。倘若只拿美国和中国作比较，就比较简单、武断，也是不容易说清楚的。其实，如果稍微具体地比较一下就会发现，尽管都是资本主义国家，美国的政治制度、经济制度、法律制度和英国的很不一样，和德国的也很不一样。我们在看了很多例子以后，就可以发现哪些因素是共通的，而哪些是不同的，又有哪些是只适合中国的。

2008年，我到中国人民大学开了一个关于残疾人权利保护的会议，英国、美国、德国、印度等很多国家的人都来参加会议。尽管这些国家对残疾人的权利都有一定的保护制度，但不同国家对残疾人保护的法律制度是非常不一样的。譬如，德国政府重视残疾人工作，拨付了大量资金给予支持；美国则鼓励并保障残疾人以法律手段要求得到保护的权利。所有这些，都可以供中国比较、参考、选择，用以构建、完善中国自己的残疾人保护制度。这些年来，中国认可并参与国际学术界对话的学者越来越多，视野和胸怀也变化很大，希望以后有越来越多的中国学者、美国学者和其他国家的学者坐在一起，开展学术讨论。我认为我们都有义务参与世界各国学者学术研究的对话，当然也必须对其他国家的学者秉持开放和诚恳的心态。

（张冠梓：中国社会科学院研究员、哈佛大学肯尼迪政府学院访问学者；哈佛大学法学院博士候选人王钢桥，中央民族大学法学院研究生石培培、孟庆沛、赵云梅、王斌为本文提供了部分文稿的翻译和资料整理工作）

原载于《中国社会科学报》2010年4月1日第76期第5版

聚焦哥本哈根：中国积极应对气候变化

——访外交部气候变化谈判特别代表于庆泰大使

张 征

于庆泰，1956年1月生，河北人。1976年进入外交部工作。曾在外交部亚非司、非洲司、国际司工作，历任中国驻约旦使馆、埃及使馆、常驻联合国代表团外交官，2003年到2007年任中国驻坦桑尼亚大使。2007年8月被任命为外交部气候变化谈判特别代表，负责气候变化对外谈判事务。从2007年至今，参加了在印尼巴厘岛和波兰波兹南举行的《联合国气候变化框架公约》和《京都议定书》缔约方会议，以及"巴厘路线图"的历次谈判。

于庆泰

举世瞩目的《联合国气候变化框架公约》第15次缔约方大会暨《京都议定书》第5次缔约方会议即将于2009年12月7日在丹麦哥本哈根召开。这次会议意在促使世界各国联手应对气候变化问题，但同时也将成为各国利益博弈和论点交锋的一个平台。中国在哥本哈根会议上将持何种立场，中国将如何应对全球气候变化问题，受到广泛的关注。《中国社会科学报》特派记者就此对中国外交部气候变化谈判特别代表于庆泰大使进行了专访。

从《联合国气候变化框架公约》到"巴厘路线图"

张征（以下简称"张"）：近一个时期，气候变化问题变得十分突出，国际上似乎逢会必谈。前不久在纽约联合国总部，各国领导人齐聚一堂，讨论气候变化问题，使哥本哈根气候变化问题国际谈判进一步受到关注。请于大使首先介绍一下气候变化问题国际谈判的由来。

于庆泰（以下简称"于"）：目前国际社会关注的气候变化主要是指由于人为活动排放温室气体造成大气组成改变，引起以变暖为主要特征的全球气候变化。气候变化可能对自然生态系统和人类社会造成重大影响，甚至威胁到人类社会的生存和发展。

西方国家自工业革命以来无节制地使用化石燃料，排放大量温室气体，这是引起气候变化的主要原因。据估算，自 1750 年以来，全球累计排放了 1 万多亿吨二氧化碳，其中发达国家排放约占 80%。发达国家至今仍维持远高于发展中国家的人均排放。2006 年，世界人均二氧化碳排放量为 4.27 吨，而发达国家人均排放量高达 11 吨，发展中国家人均排放量仅约 2 吨。

20 世纪 80 年代以来，人类逐渐认识并日益重视气候变化问题。1992 年 5 月 9 日通过了《联合国气候变化框架公约》，确立了"共同但有区别的责任"原则、可持续发展原则等国际合作应对气候变化的基本原则，明确发达国家应承担率先减排和向发展中国家提供资金、技术支持的责任义务，承认发展中国家有消除贫困、发展经济的优先需要。为加强公约的实施，1997 年公约第 3 次缔约方会议通过了《京都议定书》。议定书确立了附件一国家整体减排指标，即在 2008—2012 年间应将其年均温室气体排放总量在 1990 年基础上至少减少 5%，其中欧盟应将其年均温室气体排放总量在 1990 年基础上减少 8%，美国应减少 7%，日本和加拿大应减少 6% 等。

张：说起气候变化问题国际谈判，人们总要提到"巴厘路线图"。怎么理解这个"路线图"的意义?

于:2007年底在印尼巴厘岛举行了公约第13次缔约方大会暨议定书第3次缔约方会议。经过艰苦谈判,会议最终达成关于加强应对气候变化国际合作的一系列决定,统称"巴厘路线图"。

"巴厘路线图"的重要意义在于启动了"双轨"谈判进程。一是设立公约长期合作行动特设工作组,就加强公约的全面、有效和持续实施展开谈判;二是议定书发达国家缔约方进一步减排指标特设工作组继续谈判,确定议定书发达国家缔约方2012年后的减排指标。两项谈判都要在2009年底哥本哈根举行的缔约方会议上达成结果。"巴厘路线图"将同时讨论发达国家的减排义务和发展中国家的减排行动,但发达国家减排义务和发展中国家的减排行动有本质区别。

根据"巴厘路线图",发达国家应继续承诺强制量化减排指标,而且所有发达国家之间的减排义务应具有可比性,将长期游离于议定书之外的美国一并纳入。发展中国家在可持续发展框架下,在得到发达国家提供"可测量、可报告、可核实"资金、技术和能力建设支持的情况下,采取"可测量、可报告、可核实"的适当国内减缓行动,这是发展中国家根据国情自主采取的行动。

"巴厘路线图"维护了公约和议定书的基本框架,目标是促进公约和议定书全面、有效和持续实施。

哥本哈根会议将决定人类共同的命运

张:哥本哈根会议将是一次承前启后的重要会议。如果按照原有设想,会议将就"巴厘路线图"谈判达成"一致结果"。但最近我们观察到,一些国家说得"很起劲",行动上却各有算盘。您认为会达成一致结果吗?

于:公约第15次缔约方会议暨议定书第5次缔约方会议将于2009年12月在丹麦哥本哈根举行。2008年至今,国际社会就落实"巴厘路线图"已进行多轮谈判,进入讨论具体案文的关键阶段,各方分歧明显。发达国家与发展中国家之间矛盾尖锐,发达国家也各有打算。

"巴厘路线图"达成以来,国际社会的谈判已进行了将近两年,进展并不令人满意。最大的障碍是，发达国家一方面缺乏进一步减排的政治意愿，在兑现向发展中国家提供资金、技术转让义务方面态度消极，另一方面又向发展中国家提出了种种超越其责任、能力与发展阶段的要求。这自然引起广大发展中国家的反对。

现在距离哥本哈根会议只有十几天了，需要国际社会所有成员都拿出充分的政治诚意，切实履行各自的承诺，积极弥合分歧，凝聚共识，以确保哥本哈根会议取得成功。

张：您认为确保哥本哈根会议取得成功的关键要素是什么？

于：哥本哈根会议取得成功有三个关键要素。一是要确定发达国家在《京都议定书》第二承诺期应该承担的大幅减排指标，并确保未批准《京都议定书》的发达国家承担与其他发达国家具有可比性的减排承诺。二是要作出有效机制安排，确保发达国家根据《联合国气候变化框架公约》的规定和"巴厘路线图"的规定，向发展中国家提供资金、技术转让和能力建设方面的支持和帮助。三是发展中国家在得到资金、技术和能力建设支持与帮助的情况下，在可持续发展的框架下，根据各自国情采取适当的减缓行动。

张：据了解，11月初举行了联合国气候变化谈判巴塞罗那会议，请问这次会议是否在气候变化谈判上取得了一些进展？

于：11月2—6日，"巴厘路线图"谈判会议在西班牙巴塞罗那召开。《联合国气候变化框架公约》长期合作行动特设工作组继续就公约的全面、有效和持续实施进行了谈判。《京都议定书》特设工作组继续就发达国家在《京都议定书》第二承诺期的减排指标进行了谈判。

巴塞罗那会议是哥本哈根会议前的最后一轮谈判。但遗憾的是，这次会议仍然没有就谈判中的重大分歧取得实质进展。确定就发达国家在《京都议定书》第二承诺期应承担的整体和国别减排指标是谈判的核心任务，但这方面的进展微乎其微。谈判没有进展的最重要原因是，发达国家在承担大幅量化减排义务方面缺乏政治意愿。不仅如此，发达国家还提出抛弃《京都议定书》，重新谈判一项所谓"全球减排"协议，企图逃避自身责任，并向发展中国家转嫁责任，遭到广大发展中国家的普遍反对。发达国家任何企图终止《京都议定书》的行为，将损害公约确定的"共同但有区别的责任"等原则，而将世界应对气候变化的努力置于危险之中。

张：气候变化问题涉及各国的重大利益，您如何看待一些国家将气候问题政治化的现象？

于：应对气候变化这一挑战，需要国际社会同舟共济，互利共赢，在"共同但有区别的责任"原则基础上积极采取行动。发达国家应率先大幅度量化减排，并向发展中国家应对气候变化提供资金、技术转让和能力建设支持。发展中国家也要在可持续发展框架下采取力所能及的行动。把气候问题政治化、寻求实现其他目的，无助于切实解决气候变化问题给人类社会带来的挑战。

中国积极倡导并推动低碳经济

张：最近一段时间以来，"低碳经济"迅速成为热门话题，这也许是应对气候变化和金融危机双重挑战的必然。您对低碳经济有何看法？

于：低碳经济是一个包括低碳能源、低碳技术和低碳产业在内的经济体系，以低碳排放、低消耗、低污染为特征。

应对气候变化是全人类的共同挑战，发展低碳经济是大方向，是各国都应走的路。中国也在进行自己的尝试。我们致力于转变发展方式，积极推动节能减排，扩大可再生能源的利用，大规模植树造林，取得了重要的成果，积累了许多有益的经验。中国将按照科学发展观和可持续发展战略的要求，继续这方面的努力。

各国国情、发展阶段、技术水平、经济结构各不相同，各个国家应该根据自己的具体情况，探讨适合自己的低碳发展道路。在这方面，没有统一的模式和标准。我们在倡导发展低碳经济时，尤其要充分考虑发展中国家的现实情况，发展低碳经济，应该有助于而不是影响发展中国家消除贫困、实现千年发展目标的努力。同时，要防止以"低碳"为借口，搞新的贸易保护主义。

张：我们注意到，有的国家提出要对进口产品征收"碳关税"，您有什么看法？

于：在发展低碳经济的道路上，科学进步、技术创新的作用至关重要，发达国家尤其应该加强对发展中国家的技术转让力度，以真正实现互利共赢。我们积极倡导国际合作、联合开发、成果共享。目前，有的发达国家正在酝酿采取的"碳关税"举措，实质上是变相向发展中国家施压的一种手段。其含义是，如果发展中国家不承担减排义务，发达国家将对其出口产品征收惩罚性的"碳关税"，以"弥补"发达国家国内企业因采取减排措施而增加成本所可能丧失的国际竞争力。我们反对以保护气候为借口在国际贸易中设置壁垒，反对不顾国际贸易规则，通过单方面立法对进口产品加征碳税。我们认为，这不符合"共同但有区别的责任"原则，反而会引发贸易战，结果会适得其反。

中国将应对气候变化纳入经济社会发展规划

张：我国政府在气候变化问题上的基本立场是什么？

于：我国充分认识到气候变化问题的严重性和紧迫性，一向本着对人类长远发展高度负责的精神，坚定不移地走可持续发展道路，采取了积极应对气候变化的强有力政策、措施和行动，为应对气候变化作了不懈努力和积极贡献。在前不久召开的联合国气候变化峰会上，胡锦涛主席宣布今后我国将进一步把应对气候变化纳入经济社会发展规划，并继续采取强有力的措施，得到国际社会广泛好评。

同时，也要看到，中国等发展中国家当前还处在发展的初级阶段，人均排放远远低于发达国家，随着经济的发展，发展中国家的排放必然还会有合理的增长，这是发展中国家实现发展的基本条件，也是发展中国家增强应对气候变化能力的必由之路。不能要求发展中国家超越自身国情和实际情况，牺牲发展。没有各国的共同发展，特别是没有发展中国家的发展，应对气候变化这一目标将无法实现。发展中国家能获得并应用环境友好型技术和资金，将有助于进一步加强应对气候变化国际合作。

张：中国在应对气候变化方面出台了不少政策和行动，能否系统介绍一下？

于：2007年6月，我国制定《中国应对气候变化国家方案》，明确了到2010年中国应对气候变化的指导思想、具体目标、基本原则、重点领域及政策措施。我国是第一个制定国家方案的发展中国家。该方案明确提出：到 2010 年我国单位 GDP 能源消耗下降 20%，同时可再生能源利用量在一次能源供应结构中的比重提高到 10%，全国森林覆盖率提高到 20%，推动沼气、甲烷排放、煤层气等的回收利用。减缓温室气体排放的重点领域主要包括能源生产和转换、提高能源效率与节约能源、工业生产过程、农业、林业和城市废气的处理；适应气候变化政策措施涉及的重点领域是农业、森林和其他自然生态系统、水资源、海岸带及沿海地区。

我国制定了从 2005 年到 2010 年单位 GDP 能耗降低 20% 的指标。这是中国为自己确定的雄心勃勃的目标。经过 3 年持续努力，单位 GDP 能耗降低了 10.1%。虽然还有很多困难，但中国政府和人民有决心、有信心努力完成这个目标。仅通过提高能效一项，我们就有望在 5 年内减少二氧化碳排放 15 亿吨，也就是说，每年减排 3 亿吨。我们可以把这个数字同世界上其他国家包括发达国家的减排努力，以及所实现的实际减排量比较一下，可以看到，中国的努力和成就排在世界前列，跟任何国家相比都不逊色。

我国非常重视发展可再生能源、优化能源结构问题。我们的目标是，到 2010 年可再生能源占一次性能源的比重达到 10%，2020 年达到 15%。中国的能源结构是以煤为主，而煤的燃烧会产生比较大的污染物排放，包括温室气体排放。我们希望通过扩大对可再生能源的利用减少煤的消耗，由此相应减少污染物包括温室气体的排放。在这方面，中国的成绩是非常明显的。2008 年，中国的水电和太阳能的利用均居世界首位，风能利用居世界第四位。此外，沼气利用还非常具有中国特色。到 2007 年，中国农村沼气用户达到 2600 多万户，每年可替代近 1600 万吨标煤，相当于每年减排二氧化碳 4400 万吨。这个数字应该说是相当可观的。

张：您用大量数字全面阐述了中国所作出的努力，非常有说服力。胡锦涛主席在前不久召开的联合国气候变化峰会上发表了重要讲话，您如何解读这次讲话的意义？

于：胡锦涛主席在会上宣布，我国将进一步把应对气候变化纳入经济社会发展规划，并继续采取强有力的措施。一是加强节能、提高能效工作，争取到 2020 年单位国内生产总值二氧化碳排放比 2005 年有显著下降。

二是大力发展可再生能源和核能，争取到 2020 年非化石能源占一次性能源消费比重达到 15% 左右。三是大力增加森林碳汇，争取到 2020 年森林面积比 2005 年增加 4000 万公顷，森林蓄积量比 2005 年增加 13 亿立方米。四是大力发展绿色经济，积极发展低碳经济和循环经济，研发和推广气候友好技术。

中国是发展中国家，正处于工业化、城市化快速发展过程中，人均 GDP 刚超过 3000 美元，面临着在发展经济、消除贫困、提高人民生活水平的同时保护环境的双重挑战。应对气候变化问题是整个人类面临的共同挑战，中国责无旁贷，我们积极克服困难，尽力而为，为应对气候变化问题作出了建设性的贡献。

全球金融危机对世界各国形成了共同挑战，中国也受到了相当大的冲击。但是，出于对全球气候变化问题的重视，中国政府提出，应对气候变化的决心不动摇，行动不松懈。去年中国出台的 4 万亿元人民币经济刺激计划中，有 5800 亿元用于与应对气候变化相关的项目。我们还拿出财政补贴，对空调、冰箱、汽车等十类高效节能产品实施惠民工程，争取把高效节能产品的比例从 5% 提高到 30%，通过全社会的日常行动实现节能减排目标。

中国在应对气候变化问题上的态度是严肃认真的，目标是明确的，措施是扎实有力的。最根本的是，我们认识到积极应对气候变化，实现节能减排，不仅符合中国的国家利益，符合中国人民的切身利益，同时也能为世界人民的共同利益作出贡献。

中国积极、建设性推动哥本哈根会议取得积极成果

张：西方媒体不时渲染中国温室气体排放总量已位居世界第一，却不愿全面地、历史地、公平地看一国的排放问题。您如何看待这个问题？

于：我认为，一些人过分关注中国的温室气体排放总量。气候变化问题主要是发达国家长期历史排放和当前高人均排放造成的。从历史累积看，从工业革命到 1950 年，发达国家的排放占全球累积排放的 95%；从 1950 年到 2000 年，发达国家排放仍占 77%；从 1904 年到 2004 年的 100

年间，中国累积排放仅占全球的 8%。

从人均排放看，中国 13 亿人口、人均排放量只占美国人均排放量的 1/5。根据国际能源机构的统计，2006 年中国化石燃料燃烧二氧化碳人均排放量约为 OECD 国家的 39%、美国的 22%。

从发展阶段看，中国还处于发展的初级阶段，相当一部分居民的生活水平还很低，中国还面临消除贫困的艰巨任务。中国的特殊发展阶段和能源结构决定了发展经济、改善民生过程中产生的排放还会继续增长，这是实现发展的基本条件，是不可避免的。所以，要求中国等发展中国家在现阶段承担强制性减排义务，是不合理、不公平的。

张：对即将在丹麦哥本哈根召开的联合国气候变化会议，中国政府有何期望？

于：哥本哈根会议是国际社会合作共同应对气候变化问题的一次重要会议。为了人类的共同利益，哥本哈根会议必须成功，为加强未来阶段应对气候变化国际合作打下坚实基础。

2009 年 5 月，我国政府提出了《落实巴厘路线图——中国政府关于哥本哈根气候变化会议的立场》的文件，阐述了中国关于哥本哈根会议落实"巴厘路线图"的立场和主张，表明中国积极、建设性推动哥本哈根会议取得积极成果的意愿和决心。立场文件强调，哥本哈根会议成果应坚持公约和议定书基本框架，严格遵循"巴厘路线图"授权，坚持"共同但有区别的责任"原则，坚持可持续发展原则，坚持减缓、适应、技术转让和资金支持同举并重。

张：中国是气候变化国际谈判进程中的重要参与方，除《联合国气候变化框架公约》和《京都议定书》框架下的谈判工作外，中国还参与了哪些气候外交及相关国际合作？

于：中国是《联合国气候变化框架公约》和《京都议定书》的缔约方，认真履行公约义务，积极参与公约和议定书框架下的国际合作，在相关谈判中也发挥了积极和建设性的作用。除此以外，中国也在其他双边和多边场合积极开展气候外交，促进区域和双边气候变化合作。

2009 年中国最重要的一次气候外交活动是胡锦涛主席出席联合国气候变化峰会并作重要讲话。胡锦涛主席、温家宝总理等领导人还分别同有关国家领导人在不同场合就气候变化问题交换意见。这个月底即将举行的第十二次中欧领导人会晤也会涉及气候变化问题。2009 年 10 月，中国与印度签署了《关于应对气候变化合作的协定》，决定在两国间建立气候变化合作伙伴关系。2009 年 11 月，美国总统奥巴马访华期间，中美两国签署了《加强气候变化、能源和环境合作的谅解备忘录》。中国也非常重视与非洲的气候变化合作，在前不久举行的中非合作论坛第四届部长级会议上，温家宝总理提议成立中非气候变化合作伙伴关系。中国还在二十国集团（G20）、亚太经合组织（APEC）、东盟 10+3 论坛、"经济大国能源与气候论坛"（MEF）等框架下与各方就气候变化问题坦诚交换意见。中国愿与国际社会成员携手努力，共同为应对气候变化作出贡献。

（张征：中国社会科学杂志社编辑）

原载于《中国社会科学报》2009 年 11 月 26 日第 42 期第 3 版

中国特色社会主义道路的
艰辛探索和成功开创

——访王伟光教授

范勇鹏

　　王伟光，哲学博士、博士研究生导师、教授。现任中国社会科学院党组副书记、常务副院长（正部长级）。曾任中央党校副校长。王伟光同志是中国共产党第十七届中央候补委员，中国共产党第十六次、第十七次全国代表大会代表，第十届全国人大代表、全国人大法律委员会委员，中国马克思主义研究基金会理事长，邓小平理论研究会会长，马克思主义理论研究和建设工程咨询委员会委员、首席专家。1987年荣获国务院颁发的"国家有突出贡献的博士学位获得者"荣誉称号，享受政府特殊津贴。长期从事马克思主义理论和哲学，以及社会主义改革开放和现代化建设中重大理论与现实问题的研究，近年来致力于中国特色社会主义理论体系的研究。在科学发展观、构建社会主义和谐社会建设以及利益问题、社会主义社会矛盾和发展动力问题、人民内部矛盾问题研究等方面，有

王伟光　■朱高磊／摄

85

所创新。出版学术专著 30 余部，主编和译著多部，在国家级报刊杂志上发表论文 300 余篇，多篇论文被《新华文摘》转载。

站在 2009 年，对新中国 60 年来——包括前 29 年和后 31 年——建设和改革的伟大历程进行科学和客观的评价具有特别的意义。围绕着如何认识新中国 60 年历史经验、如何理解中国特色社会主义理论体系和道路等问题，专访了王伟光同志。

要正确评价新中国的前 29 年

范勇鹏（以下简称"范"）：您好！对于新中国 60 年的历史，当前存在着一种观点，把 1978 年之前和之后的历史割裂开来，甚至对立起来。对此您有什么看法？

王伟光（以下简称"王"）：2009 年是中华人民共和国成立 60 周年。新中国成立 60 年的历史，就是在中国共产党领导下艰辛探索社会主义建设道路，成功地找到中国特色社会主义发展道路的伟大历程。中国共产党在 60 年的社会主义建设和改革历程中，把马克思主义基本原理同中国具体国情相结合，经过短暂的和平恢复时期、社会主义过渡和所有制改造时期，社会主义建设道路探索时期，一直到改革开放和中国特色社会主义发展时期，成功地走出了中国特色社会主义道路，丰富了毛泽东思想，创立了中国特色社会主义理论体系，不断推进马克思主义的中国化、时代化，开创了中国特色社会主义伟大事业。

中国特色社会主义道路是在以毛泽东为核心的第一代中央领导集体对社会主义建设规律探索的基础上，由以邓小平为核心的第二代中央领导集体带领全党全国各族人民在社会主义改革开放伟大事业中所开创，以江泽民为核心的党的第三代中央领导集体和以胡锦涛为总书记的党中央所发展的唯一正确的道路。

在总结研究新中国成立 60 周年的历史经验时，不能把前 29 年与后 31 年割裂开来、对立起来，把毛泽东关于社会主义建设道路的探索与中国特色社会主义事业的开创割裂开来、对立起来，把毛泽东思想与中国特色社会主义理论体系割裂开来、对立起来。这是对历史事实的不尊重，在理论上是一种误导，有必要从历史事实的角度、从马克思主义理论的高度，客观、准确、全面、科学地总结新中国60年的历史经验，这也是对新中国60周年最好的纪念。

范：要正确评价前29年的历史，首先要回答的一个问题就是如何科学评价毛泽东和毛泽东思想。

王：毛泽东在对中国社会主义建设道路的理论与实践上的探索过程中，所积累的关于中国社会主义建设探索的历史经验，是中国特色社会主义道路的实践前提，所提出的关于中国社会主义建设规律的理论成果，是中国特色社会主义理论体系的理论准备。

有一种说法，认为毛泽东思想是关于中国革命的理论概括，不包括关于社会主义建设问题的正确的思想观点。本人难以苟同该说法。首先，毛泽东思想的实事求是、群众路线、自力更生的基本观点既是对中国革命，也是对中国社会主义建设规律的理论概括，对中国革命、建设和改革发展同样具有世界观和方法论的指导意义。其次，毛泽东在社会主义过渡、改造和建设时期所提出的关于社会主义建设问题的正确观点，丰富和充实了在中国革命实践中所产生的毛泽东思想，是中国特色社会主义理论体系的思想前提。最后，毛泽东本人在社会主义建设时期理论上的失误并不包括在毛泽东思想体系之中。

毛泽东的历史功绩，一是成功领导了中国新民主主义革命和社会主义革命，完成了社会主义所有制的改造任务，建立了社会主义的经济、政治和文化制度，为社会主义建设和中国特色社会主义道路的开辟奠定了制度前提和政治基础。

二是领导全党和全国人民对中国社会主义建设道路进行了艰苦卓绝的实践努力，在一穷二白的基础上建立了独立的比较完整的工业体系和国民经济体系，为中国特色社会主义建设和发展提供了必要的物质基础。

三是对中国社会主义建设道路和模式进行了创新性的理论探索，为中国特色社会主义道路的开创，为中国特色社会主义理论体系的形成提供了理论前提和经验准备。另一方面，毛泽东的失误，特别是发动"文化大革命"的严重失误，又为中国特色社会主义道路的形成和中国特色社会主义的开创发展提供了重要的历史借鉴。

正如邓小平同志所指出的："没有'文化大革命'的教训，就不可能制定十一届三中全会以来的思想、政治、组织路线和一系列政策。"因此，对中华人民共和国建国后的前29年，尤其是1957年下半年以来曲折探索的20年一定要采取历史的、客观的、实事求是的科学态度，正确地评价毛泽东领导全党和全国人民进行社会主义建设艰辛探索的功与过，这是坚持中国特色社会主义正确方向和发展道路所必要的。

毛泽东和毛泽东思想的贡献

范：您对这个问题的回答使我明白了，中国特色社会主义的理论和实践不是无本之木、无源之水。毛泽东的功和过都为中国特色社会主义道路奠定了理论基石和实践基础。毛泽东思想具体在哪些方面为中国特色社会主义理论体系的创立提供了充分的理论准备？

王：主要体现在10个方面。

1. 率先提出"以苏为鉴"的方针，强调建设社会主义要走自己的路，开始探索适合中国国情的社会主义建设道路。

2. 创造性地提出了社会主义社会基本矛盾、主要矛盾、人民内部矛盾和社会主义根本任务的理论。

3. 在对中国国情初步认识的基础上，形成了关于社会主义建设的正确路线。认为我国正处于不发达社会主义阶段，对社会主义建设的阶段性、长期性和曲折性有了初步认识。

4. 提出了建设现代工业、现代农业、现代科学技术和现代国防的社会主义强国的发展目标和中国工业化道路。

5. 提出了正确处理社会主义建设和发展问题的科学方法论。

6. 提出了关于社会主义商品经济、经济体制改革和对外开放问题的理论创新认识。

7. 提出社会主义民主政治建设的基本原则。认为中国不搞苏联的"一党制"，也不实行西方的"两党制"或"多党制"的轮流执政体制，要坚持人民民主专政，实行人民代表大会制度、共产党领导的多党合作和政治协商制度。

8. 提出社会主义文化教育建设的基本任务和方针。认为文化教育事业是社会主义建设的重要组成部分，必须高度重视用马克思主义、社会主义思想道德武装知识分子和人民群众，继续对封建主义和资本主义思想进行批判。

9. 提出党的建设的一系列重要思想。坚持中国共产党是全国人民的领导核心，是领导社会主义事业的核心力量。

10. 提出和制定了独立自主的和平外交的方针政策。

毛泽东关于中国社会主义建设道路探索的正确认识，实际上也是对"什么是社会主义，怎样建设社会主义"的初步回答，是毛泽东思想的重要组成部分，是马克思主义中国化的不断推进，是我们党理论创新宝库的伟大精神财富，是中国特色社会主义理论体系的必要前提。

回答中国特色社会主义的"三大问题"

范：毛泽东已经意识到了"什么是社会主义，怎样建设社会主义"这个根本问题，并且在新中国的建设实践过程中一直努力寻找这个问题的答案。毛泽东之后历届党的领导集体是如何解答这个问题的？如何在寻找答案的过程中探索出中国特色社会主义的道路？

王：在中国特色社会主义建设道路的探索上，毛泽东与党的第二代、第三代中央领导集体是承前启后、继往开来的关系，毛泽东思想与中国特色社会主义理论体系是一脉相承、继承开拓的关系，中国社会主义建设道路的探索和中国特色社会主义道路的开创是不断推进、接续发展的关系。当然，这里面也包含对毛泽东和党的失误，以至严重失误的再认识和纠正。

关于"什么是社会主义，怎样建设社会主义"，这是正确解决中国社会主义建设道路的关键，也是开创中国特色社会主义新局面的关键，只有紧紧抓住这一首要的根本问题并加以解答，中国社会主义建设正确道路问题才能得到解决。

在继承毛泽东思想的基础上，邓小平集中地解答了这一难题。什么是社会主义？他明确指出：贫穷不是社会主义，发展太慢也不是社会主义；平均主义不是社会主义，两极分化也不是社会主义；封闭不是社会主义，照搬外国也不是社会主义；没有民主就没有社会主义，没有法制也没有社会主义建设；不重视物质文明搞不好社会主义，不重视精神文明也搞不好社会主义；计划经济不等于社会主义，市场经济不等于资本主义，社会主义可以搞市场经济……他认为，社会主义最大的优越性就是共同富裕，这是体现社会主义本质的东西。在1992年南方谈话中，邓小平对社会主义本质作出了独创性的科学概括："社会主义的本质是，解放生产力，发展生产力，消灭剥削，消除两极分化，最终达到共同富裕。"

在"怎样建设社会主义"的问题上，邓小平在党的十二大郑重提出："把马克思主义的普遍真理同我国的具体实际结合起来，走自己的道路，建设有中国特色的社会主义，这就是我们总结长期历史经验得出的基本结论。"以邓小平为代表的中国共产党人在总结建国以后特别是十一届三中全会以后的经验基础上，在研究国际经验和世界形势的基础上，解放思想、实事求是，坚决摒弃"以阶级斗争为纲"的错误方针和路线，科学确定了时代主题，正确判断我国正处在社会主义初级阶段，制定了党在社会主义初级阶段的基本路线，提出了改革开放的一系列方针政策和策略，提出并制定了分"三步走"基本实现社会主义现代化的发展战略。在社会主义改革开放总设计师邓小平的领导和推动下，中国进入了经济社会快速发展轨道。

范：邓小平在寻找"什么是社会主义，怎样建设社会主义"问题答案的过程中，是否也找到了如何坚持和发展马克思主义的答案？

王：邓小平回答了"什么是社会主义，怎样建设社会主义"，这就进一步回答了"什么是马克思主义，怎样坚持和发展马克思主义"，大大推进了马克思主义的中国化、时代化。对如何坚持、发展马克思主义，邓小平深刻地指出，我们历来主张世界各国共产党根据自己的特点去继承和发展马克思主义，离开自己国家的实际谈马克思主义，没有意义。邓小平坚持和发展毛泽东思想，推进了马克思主义中国化的不断前进，实现了马克思主义中国化理论创新的第二次飞跃——创立了中国特色社会主义理论体系，开创了中国特色社会主义的伟大事业。

范：那么我们党是如何面临并解决加强党的建设的问题？

王：在解决了"什么是社会主义，怎样建设社会主义"问题的同时，中国特色社会主义事业向前推进又面临解决"建设一个什么样的执政党"这一重大问题。在1980年党的十一届五中全会上，邓小平强调要进一步明确党在中国特色社会主义现代化建设中的地位和作用，尖锐地提出要弄清楚"执政党应该是一个什么样的党，执政党的党员应该怎样才合格，党怎样才叫善于领导？""六·四"政治风波发生后，邓小平及时地向党的第二代中央领导集体提出要聚精会神抓党的建设的重要交代。

从十三届四中全会到党的十六大的14年间，以江泽民为核心的党中央集中力量抓党的建设，根据新情况新要求提出了党的建设新的伟大工程的重要决策，把党的建设新的伟大工程同中国特色社会主义建设伟大事业结合起来，相辅相成，互相促进，集中回答了"建设一个什么样的执政党，怎样建设执政党"的问题，创造性地提出了"三个代表"重要思想，继承和发展了马克思列宁主义、毛泽东思想，推进了中国特色社会主义理论体系的进一步创新，实现了党的指导思想的与时俱进。"三个代表"重要思想不仅回答了党的建设的重大问题，同时也进一步回答了"什么是社会主义，怎样建设社会主义"的问题。

范：党的十六大以来的中国面临新的历史机遇，但是国内的经济建设和外部的全球化发展都带来了一系列新的问题。进一步解决好中国特色社会主义发展问题成了党的重大历史使命。

王：党的十六大以来，我国进入中国特色社会主义发展的新阶段，新世纪新阶段向我们党提出了"发展什么，怎样发展"的事关中国特色社会主义发展的重大问题。在新世纪新阶段我国改革发展的关键时期，以胡锦涛为总书记的党中央，为实现全面建设小康社会的宏伟目标和社会主义现代化建设第三步战略目标，提出"坚持以人为本、全面协调可持续的科学发展观"，强调"按照统筹城乡发展、统筹区域发展、统筹经济社会发展、统筹人与自然和谐发展、统筹国内发展和对外开放的要求"，继续把中国特色社会主义推向前进。科学发展观，其实质就是在新的历史条件下，从全局和战略的高度进一步回答"发展什么，怎样发展"的问题。科学发展观同时进一步回答了"什么是社会主义，怎样建设社会主义"和"建设什么样的执政党，怎样建设执政党"的问题。

在中国特色社会主义的 31 年伟大发展历程中，我们党依次回答了三大问题：什么是社会主义，怎样建设社会主义；建设什么样的执政党，怎样建设执政党；实现什么样的发展，怎样发展。集中回答了"什么是马克思主义，怎样发展马克思主义"。坚持和发展了马克思主义，不断推进了马克思主义中国化的不断创新。

以邓小平为核心的党的第二代中央领导集体创造性地回答了"什么是社会主义，怎样建设社会主义"，创立了邓小平理论，这是中国特色社会主义理论体系的开篇。

以江泽民为核心的党的第三代中央领导集体在进一步回答了"什么是社会主义，怎样建设社会主义"的同时，创造性地回答了"建设什么样的执政党，怎样建设执政党"的问题，创立了"三个代表"重要思想，这是中国特色社会主义理论体系与时俱进的新成就。

党的十六大以来，以胡锦涛为总书记的党中央在继续深入回答前两个问题的基础上，创造性地回答了"实现什么样的发展，怎样发展"，提出了科学发展观等重大战略思想，这是中国特色社会主义理论体系的最新成果。中国特色社会主义理论体系同毛泽东思想，都是中华人民共和国 60 年建设和发展的伟大精神财富和思想指南。

中国发展的成功是坚持中国特色社会主义的结果

范：针对社会主义建设和改革开放实践中面临的各种挑战，我们党创造性、时代性地解答了中国特色社会主义的三大问题，赋予中国特色社会主义理论体系丰富内涵。这是一条成功之路，您认为成功的根本原因何在？

王：中国特色社会主义道路之所以能够在曲折的探索中成功开辟和健康发展，归根到底，关键在于中国共产党人能够在新的历史条件下不断实现马克思主义基本原理同中国具体实际相结合，始终坚持"一切从实际出发，走自己的道路，建设有中国特色社会主义"，不断推进马克思主义中国化的理论创新和社会主义建设与改革的实践创新。

中华人民共和国成立以来的60年，就是马克思列宁主义基本原理同中国社会主义革命、建设和改革的具体实际不断结合的60年。中国共产党人认识中国社会主义建设和发展这个客观世界经历了一个漫长过程，由必然王国向自由王国飞跃是艰难曲折的。只有实现马克思列宁主义基本原理同中国具体实际的统一，才能把党和人民的事业不断引向胜利。马克思主义思想路线是我们党全部理论和实践的灵魂，也是中国特色社会主义理论和实践的灵魂。坚持中国特色社会主义，必须坚持中国特色社会主义道路；坚持中国特色社会主义道路，必须坚持中国特色社会主义理论体系；坚持中国特色社会主义理论体系，必须坚持马克思主义实事求是的思想路线，把马克思主义与中国实践相结合，不断推进马克思主义中国化和时代化。

正是因为开辟了中国特色社会主义道路，中国人民的面貌、社会主义中国的面貌、中国共产党的面貌发生了历史性变化。中国特色社会主义的巨大成就引起国际社会普遍关注，而中国特色发展道路也被看做一种全新的发展模式而为世界所瞩目。

范：最后请您总结一下，中国特色社会主义道路的主要特征是什么？

王：党的十七大指出"中国特色社会主义道路，就是在中国共产党领导下，立足基本国情，以经济建设为中心，坚持四项基本原则，坚持改革开放，解放和发展社会生产力，巩固和完善社会主义制度，建设社会主义市场经济、社会主义民主政治、社会主义先进文化、社会主义和谐社会，建设富强民主文明和谐的社会主义现代化国家"。中国特色社会主义发展道路的选择是历史的必然，是中华民族振兴、发展、繁荣的必由之路。除了坚持党的领导、社会主义、马克思主义、人民民主专政这四项基本原则，中国特色社会主义道路在当代还包含三个方面的重要特征：科学发展、和谐发展与和平发展。

科学发展，就是在社会发展问题上客观规律性和主体选择性的辩证统一。科学发展的核心是以人为本，这是经济社会发展的根本目的，其意旨是坚持以实现人的全面发展为目标，让改革发展的成果惠及全体人民。全面、协调、可持续，是科学发展观的基本要求，即通过统筹兼顾的根本方法，促进经济、政治、文化和社会建设的全面推进，促进现代化建设各个环节、各个方面相协调，促进生产力和生产关系、经济基础和上层建筑相协调，促进经济发展与人口资源环境相协调，确保经济社会永续发展。

和谐发展，就是积极构建社会主义和谐社会。民主法治、公平正义、诚信友爱、充满活力、安定有序、人与自然和谐相处，这六个方面的内容既是社会主义和谐社会的价值内涵，也是中国构建社会主义和谐社会努力实现的价值目标。中国希望通过社会主义和谐社会的构建，最终实现广大人民群众各尽所能、各得其所、和谐相处的社会局面。

和平发展，其核心思想就是：中国既通过维护世界和平来发展自己，又通过自身的发展来促进世界和平；中国永远不称霸，永远不搞扩张；在国内追求科学发展、和谐发展的同时，推动建设持久和平、共同繁荣的和谐世界。

中国共产党人作为发展中国特色社会主义的核心力量，把科学发展、和谐发展、和平发展的基本方针作为指导发展的核心理念，这个核心理念就是科学发展观要旨。

（范勇鹏：中国社会科学杂志社编辑）

原载于《中国社会科学报》2009 年 9 月 22 日第 25 期第 5 版

新中国的巨大成就在于
坚持用中国化马克思主义指导实践

——访季塔连科院士

李瑞琴

　　米哈伊尔·列昂季耶维奇·季塔连科（М.Л.Титаренко），哲学博士，俄罗斯科学院院士，俄罗斯联邦功勋科学活动家，俄罗斯科学院远东研究所所长，俄中友好协会会长。

　　季塔连科 1934 年 4 月 27 日出生于农民家庭，曾在莫斯科大学哲学系、北京大学哲学系（师从冯友兰先生）和上海复旦大学哲学系学习。曾在苏联驻上海总领事馆和苏联驻中国大使馆任研究员职务，1965—1985 年，在苏共中央委员会负责中国和东亚地区的工作，从 1985 年起，季塔连科一直担任俄罗斯科学院远东研究所所长职务，并于 1997 年 5 月 30 日当选为俄罗斯科学院通讯院士，2001 年 11 月

米哈伊尔·列昂季耶维奇·季塔连科（М.Л.Титаренко）

当选为院士。

　　季塔连科是研究中国哲学史、中国政治和现实问题、俄罗斯与亚太各国及俄中关系问题的专家，有论著 200 余部（篇）。在中国哲学史方面，季塔连科的代表著作有《古代哲学家墨翟及其学派与学说》、《墨翟及其学派对中国哲学和社会政治思想的影响》，主编过《中国哲学百科词典》。在中国政治和现实问题研究方面，季塔连科的主要著述有《中国：文明与改革》、《中国的现代化与改革》以及与 Л.С.佩列瓦洛夫合著的《中国社会政治与政治文化的传统》等。在对俄罗斯与亚太各国及同中国关系的研究方面，季塔连科的代表作主要有《亚太和远东地区的和平、安全与合作问题》、《俄罗斯和东亚：国际与文明间的关系问题》和《俄罗斯面向亚洲》等。

　　除了从事科研和科研组织工作外，季塔连科还积极承担了大量社会工作，身兼俄罗斯科学院社会科学学部现代中国问题学术委员会主席、东亚和平与安全及发展国际学术委员会主席、国际中国哲学研究学会俄罗斯分会会长、俄罗斯亚非国家合作协会会长、俄中友好协会会长、朝鲜半岛友谊和文化联络协会第一副会长等多项职务，2004 年还获得中国社会科学院荣誉教授称号。2004 年 4 月 27 日，俄罗斯前总统普京向季塔连科祝贺 70 岁寿辰。普京在贺电中说："作为杰出的东方学学者，您具有无比丰富的学养和经验，并在国内外享有名副其实的威望。您学术兴趣的广度——从中国历史和哲学到全球经济和国际文化对话问题——使您赢得了巨大的尊敬。在您的领导下，俄罗斯科学院远东研究所为解决国家关系的重要问题，为发展俄罗斯和亚太国家各个层面的关系作出了突出的贡献。"

　　多年来，季塔连科院士致力于中俄友好事业，为中俄两国关系健康发展发挥着重要影响。2009 年是中华人民共和国成立 60 周年，《中国社会科学报》特约李瑞琴就新中国成立 60 年来的成就、中国当前面临的挑战及国际影响等问题，对季塔连科院士进行了专访。在采访中，季塔连科热情赞扬了在中国共产党领导下，新中国建国 60 年来取得的伟大成就，认为用不断创新的中国化的马克思主义指导实践，是中国取得伟大成就的根

本原因。同时中肯地指出了中国在发展中面临的问题、困难和挑战。季塔
连科还郑重寄语未来俄中关系，强调中俄友好、中国经济的平稳快速发展
符合中俄两国的根本利益。

新中国 60 年成就卓著

李瑞琴（以下简称"李"）：作为俄罗斯著名的中国问题专家，多年来
您一直在关注着中国。2009 年是中华人民共和国成立 60 周年，您认为这
60 年来最重要的成就有哪些？

米哈伊尔·列昂季耶维奇·季塔连科（以下简称"季塔连科"）：毋庸
置疑，新中国成立以来，中国在经济、社会文化等各个领域都取得了巨大
成就，尤其是后 30 年的成就更具有非凡的意义。这些成就已经成为影响
世界政治和国际关系的重要动因。首先，中国的经济实现了巨大飞跃，其
国内生产总值从 1978 年到 2008 年，增加了大约 24 倍，占据世界第三位，
仅次于美国和 日本。尤其值得指出的是中国人的生活水平显著提高，中
国依靠自己的力量，解决了众多人口的衣食住行问题。过去，这在许多外
国专家看来是根本不可能的事。可以说，这是中国最成功和最明显的成
就。一个只拥有地球 7% 耕地的国家，粮食产量占到了世界的 20%，在棉
花、丝绸原料、油料种植、肉、奶、蛋的产量上处于世界领先地位，中国
居民的生活质量和健康状况极大地改善了。

在 2003—2006 年间，中国国内生产总值年均增速为 10.4%，高出世
界平均指标 5.5 个百分点；2007 年增速达到 13%。在 2008 年爆发了全球
性金融经济危机的情况下，中国还能避免衰退，2008 年的国内生产总值
只是减缓到 9%。2009 年中国经济的增长，根据不同的预测大约是从 6.5%
到 8%。而同期，根据世界货币基金组织的预测，世界生产总值总体上是
下降的。

中国的成就还反映在中国占世界生产总值的份额上，从 2003 年的
3.9% 增长到 2008 年的 7.3%。所有这些不仅大幅度抵消了世界经济危机
带给中国的负面影响，而且给予中国预计 2009 年不低于 8% 的经济增量
以信心。中国一步步获得了大国地位，不仅是在地区范围内，而且成为全

球经济强国。许多著名世界财政金融公司的分析家预言，在随后的二三十年里，中国的发展即使达不到这样的高速度，也能保证中国在世界经济绝对指标中第一的地位。

中国共产党注重理论创新

李：那您认为中国取得这些成就的根本原因是什么？

季塔连科：我认为中国成功的根本原因在于中国共产党能够按照变化了的时代条件，及时平稳地调整党和国家的发展政策，用不断创新的中国化的马克思主义指导实践。新中国60年的经验，特别是30年改革的经验，就是实行了最大限度地调动个人积极性的政策，这些政策对实现国家的整体发展和现代化具有巨大的意义。

早在20世纪90年代末，当时的国家主席江泽民没有陶醉在成就中，而是有意识地对新的、尖锐的、迫切的社会政治问题进行了严肃思考。特别是在中国出现了大量的私人资本和经理阶层后，有着7000多万党员的中国共产党处在新的考验之下。2000—2001年，江泽民在讲话中，多次提到腐败问题对国家稳定的威胁，提出同腐败做斗争是党的一项重要任务。之后，中国共产党的政策进行了重要的调整，在坚持其基本理论的基础上提出了新思想，即"三个代表"思想，提出要发展先进的生产力、先进的文化，代表最广大人民的利益，中国共产党成为"中国人民和中华民族"的党。

2002年，中国完成了以江泽民为首的第三代领导集体向以胡锦涛为首的第四代领导集体的平稳过渡。进入新世纪后，中国在改革开放的最后10年中，社会阶层发生了深刻的变化，出现了有影响的私有者阶层、数百万的经理大军，并逐渐形成了中产阶层。与此同时，中国社会精神文化和意识形态领域也出现了很复杂的情况。

20世纪末到21世纪初，中国的指导思想表现为多极形式："马克思主义—毛泽东思想—邓小平理论—'三个代表'重要思想"，随着时代的变化，中国共产党又提出了构建"社会主义和谐社会"的观点。事实证明了中国领导人的决心，即坚定不移地克服出现的困难，有序地推进改革开放的政策。这些具体表现在 2007 年中国共产党第十七次代表大会上。

十七大清晰地回答了关于中国走什么道路、什么是"中国特色社会主义道路"等问题。十七大报告中许多关键词是新概念。报告中出现最多的概念是："改革开放"、"中国特色社会主义"、"中等富裕的社会"、"小康"、"科学发展观"、"工业化"、"现代化"、"生态化"、"社会化"、"全球化"、"独立自主"等等。从报告的逻辑结构上也能看出，国家在优先考虑国内问题和人民生活方面的问题，分析国内经济、政治、社会、文化、军事等中国的发展情况的内容占了报告的大部分。

一些新问题也清晰地出现在报告中。比如提出需要改变发展模式，从非集约型向集约型（资源保护型经济发展模式）过渡。解决这个问题需要用科学的发展观指导发展，最大限度地提高人民群众的文化水平，发展现代化的高等教育体制，建立创新型社会体制等等。这是特别重要的革新思想，值得包括俄罗斯在内的许多国家的关注。另一个重要问题是与中国高速发展相伴生的生态恶化问题，这在十七大的新内容中占有重要的位置，反映了中共领袖对这个重要问题的高度关注。

十七大文件还阐述了关于现代化文化和中国传统文化优秀成果相结合以及世界文明遗产为中国所用的问题。在这里，重要的是深刻提出了具有国内外明确目标的"中国化"问题，重申了马克思主义中国化的任务，要求全体党员都要广泛宣传和研究"马克思主义中国化的产物"。不仅是指"中等富裕社会"的建设，而且是最新的思想——关于"建设创新型和谐社会"、"科学发展观"和"党的建设伟大工程"等命题。十七大提出的问题都具有针对性，因而中国的经济发展就有了符合时代条件的理论指导和可靠的政策保证。

李：您刚才谈到，中国共产党能够按照变化了的时代条件，及时平稳地调整党和国家的发展政策，能否请您谈谈您对中国共产党理论创新问题的认识？

季塔连科：可以。我主要谈谈中国共产党十七大报告中有关理论创新的问题。

关于马克思主义中国化。众所周知，早在 1938 年，毛泽东在《中国共产党在民族战争中的地位》的报告中就说过，马克思主义必须和中国的具体特点相结合并通过一定的民族形式才能实现。因此，所谓马克思主义的中国化，不同的时代里，都是将马列主义的普遍原理与中国具体实践相结合，掌握丰富的民族遗产并利用其为国家的发展和解决新任务服务。胡锦涛在十七大上号召，要努力用"马克思主义中国化的最新成果"武装全党不是偶然的。还有，中国领导人在许多年里连续注意研究苏联解体和苏共亡党的原因及教训。在一系列党的代表大会，特别是十七大文件中，可以清楚地看到中国领导人对苏联解体、苏共亡党的悲剧性教训的严肃思考。这表现在马克思主义中国化中，就是考虑到国家发展的特点，建设好"中国特色社会主义"是中国共产党巩固执政地位的主要条件，是保障中共领导作用的前提。这是合乎规律的。

马克思主义中国化和建设中国特色的社会主义与实现三个"伟大的历史任务"相联系，即实现现代化，实现祖国统一和在推动现代化发展的情况下捍卫世界和平。如果内在的"中国化"的计划是指全方位加强中国文化的地位，在中国民族土壤中挖掘改革的政治源泉，那么主导对外政策的思想，就是引领中国和平发展的观点。在当前阶段，用胡锦涛的话说，就是"建设持久和平、共同繁荣的和谐世界"。与此相联系，在国际关系和谐化的整体方针下，中国也在积极地向外宣传中国文明成就和中国传统文化。比如，近年来，中国开始注意宣传中国的现代化成就和推广汉语，在许多国家建立了"孔子学院"。这些学院成为研究汉语、宣传丰富的中国传统文化的中心。不久前在俄罗斯举行的中国年活动，俄罗斯人民对中国出版物表现出了特别的兴趣，尤其是青年人对中国文化、历史、艺术、医学、饮食、保健和中国军事技术表现出了浓厚的兴趣。这对加强俄中相互关系和人民的友谊具有十分重要的意义。

"科学发展观"。这是在中国共产党十六大后提出的马克思主义中国化的新思想。科学发展观，第一要义是发展，核心是以人为本，基本要求是全面协调可持续发展，根本方法是统筹兼顾。这个新观点实际上是新一代中国领导人"柔和地"修正一些前辈早先提出的思想。"科学发展观"要求全面和谐与稳定发展，就意味着要克服一系列经济政策上的单方面发展，着重强调全面建设中等富裕社会、走共同富裕的道路，克服严重的社会两极分化现象。同样也强调加快特区经济发展的作用，包括沿海部分的上海、珠江等地，兼顾国内发达地区的发展和中国东北老工业基地的问题、农村问题等。并特别强调：改变一系列政策的重点，绝不意味着离开总的改革开放政策。

"科学发展观"把注意力转向人，说明了在中国经济建设中人的因素的增长，回答了国际上对中国破坏人权的指责。因此，"科学发展观"是解决改革开放政策中出现的问题的综合、系统的理论，是马克思主义中国化的新成果。这是中共中央在一系列尖锐问题上的深思熟虑的反映，这些问题也是中国的知识分子进行讨论的课题。

"党的建设伟大工程"。中国共产党十七大还涉及一系列完整的党的建设、组织的新理论，在党的战略和策略方面，在国家管理方面寻找加强党的领导及其作用的途径。比如：提高党的执政能力；在宪法和法律的范围内加强党的作用；加强统一战线，同时强调党是劳动人民的党及其先锋队作用的条件下，拓宽党的社会基础，首先是工人阶级，其次是全体中国人民、中华民族的党。始终如一地推行独立自主的原则，不干涉其他党的内部事务，承担国际责任，研究中共活动的外部因素，为解决国内建设任务创造良好的条件等。还有一方面的新提法也值得关注，在当代中国共产党的词典中，"国际主义"、"互相支持"等术语已经被"合作"、"团结"而代替。

在一个可以预见的时期，十七大在关于目标、方向和中国长远发展的实际动力的问题方面都作出了慎重的阐释。中国的国家领导人没有沉浸在以往的成就里，报告中提出了现在的困难和问题，更重要的是依次提出了解决的思路。

中国面临的挑战不容忽视

李：正如您所说的，中国自改革开放以来，经济建设和社会发展取得了举世瞩目的成就，但是，中国前进的道路上仍然有许多困难，根据您对中国问题的研究，您认为中国还将面临哪些重大挑战？

季塔连科：中国的成就是公认的，但与毫无疑义的成就一样，不能不注意到中国在发展的过程中产生了一系列新的显而易见的矛盾、挑战和困难，社会政治经济文化中的重大矛盾在最近几年带来了特别尖锐的社会问题。主要表现在五个方面：失业现象在增长（城市大约有 3000 万，农村有 1500 万—2000 万）；城市和农村发展不平衡；东西部地区发展不协调；社会和财富两极分化；亟待解决建立全国性社会保障、医疗保健和教育的重大问题。这些问题在生活着大约 7 亿人口的农村更加尖锐。

中国非集约性的、追赶性的经济增长模式，在最近 10 年依赖于两个因素：第一，为了最大限度地增加出口，大量利用了极其廉价的劳动力和廉价或无偿的自然资源；第二，为了增加出口商品的生产，获得现代化技术的许可和货币财富的积累，千方百计地吸引外国资本。

在现代化和全球化过程中，社会经济发展有活力的国家需要利用高水平的非廉价劳动。非集约型经济继续增长有着严格的界限，自然资源使用的寿命也有局限，由此必然带来周围环境的严重恶化。还有，在从外国投资者那里获取最新的关键技术后，并不总是得到好处。中国的发展依赖于西方的工艺技术市场，特别是依赖于美国的技术，这导致中国经济过强的外部依赖性。

大幅度吸引外国资本与良好的投资环境紧密联系；良好的投资环境又依赖于国内政治稳定、国家调节经济的方针、灵活的税收政策以及各种获取廉价资源的优惠条件。但这个过程也有负面影响：外国资本直接或者间接地控制着中国 80% 以上的进出口生产。中国超过 500 家的大型公司变成了全世界技艺高超的、没有个人独创的商品生产基地，只是按照外国的样品装配产品。

非集约型经济增长模式的代价是居民生活环境的严重破坏。关于这个说法的依据是，在最近半个世纪，中国的可耕地面积减少了 20%。除此之外，数千公顷的可耕土地被一些单位用来自建房屋和铺设道路。在面临着农业用地短缺的困难下，中国每年耕地的沙漠化还达到 3400 平方公顷。事实上中国全部领土的 1/5 是荒芜的，可耕地部分还带有不同程度的效力递减。每年中国要消耗 20 亿吨的硫化煤，这使中国成为世界上最大的有害气体排放国。中国一半以上的居民都居住在三大河流域，但实际上，这些区域已经陷入了丧失自然再生能力的境地。

由于追赶型的出口增长，生产的失衡出现在对外贸易中，中国的预算顺差在 2007 年突破了 2600 亿美元。过度的黄金外汇储备，减弱了货币政策的有效性，对国家货币造成了来自美国方面的潜在压力。要保护国家货币体系免受来自与美元贬值相联系的风险，中国应该形成自己的多样化的黄金外汇储备体系，增加黄金和其他贵重金属的储备。

一句话，中国的成就是划时代的和非凡的，但为了获取这些成绩所付出的代价也是巨大的。当今的中国已经达到了这样的发展水平，停止改革和现代化的过程是不可能的，而且也是不可逆的，必须继续前行。

中国发展有利于俄罗斯和全世界

李：那您认为中国未来的发展将可能在国际上产生什么样的影响？俄中关系的前景如何？

季塔连科：上个世纪 40—50 年代的中国说："走俄国人的路"，"苏联的今天，就是我们的明天"。今天的中国人已经拒绝这些口号。现在的中国，实际上是独自用自己的方法，寻找着适合的发展道路。需要指出的是，当今的中国又给自己提出了宏大的社会经济政治文明的任务。实现这个任务，不仅对内，而且对外都将不可避免地产生影响，包括对俄罗斯。

如果客观地看待和研究中国关于和平发展问题，不会产生各种恐惧症和偏见。从俄罗斯利益的立场看，显然，中国的发展基于自己的主要目标，需要良好的国际条件和友好的邻邦，同大多数国家建立和加强战略合作伙伴关系，合作是为了共同繁荣。和平发展不仅对中国有利，对邻邦甚至对整个世界都是有利的。而且，按照中国杰出人物的思想，中国在世界上的威望和国际地位将不断提高，这个结果主要来自于中国自身的和平发展。国家有能力凭借"软实力"完成宏伟的任务：国家的现代化，"高举中国特色社会主义伟大旗帜"建设完全中等富裕的社会，同一切国家包括发达国家、相邻国家和发展中国家都建立和谐的关系等。特别重要的是，这个政策的重点是"中国将致力于共同发展"和"共同繁荣"。这些都会在世界的发展中产生深远的影响。

俄中两国关系是建立在地缘政治联系和中俄经济具有互补性、两国存在着睦邻友好的传统和人民间的友谊等客观因素上的。对中国来说，和平

新中国的巨大成就在于坚持用中国化马克思主义指导实践

103

发展是通向本世纪中叶宏伟目标的道路。对俄罗斯来说，和平发展是完全复兴和长期增加社会经济潜能、提高自己国际战略地位的必要条件。如果说具体一些，大的可能的合作，包括可以有计划地解决俄罗斯西伯利亚和远东地区经济增长的任务，可以和中国类似西部地区和东北老工业基地振兴的任务结合起来。

现在俄中两国合作已达到了一个比较高的水平，已经不可能单独回避某些问题，并且这些问题的解决需要细致复杂的工作。当然，两国之间也存在着个别不相一致，但是不带有对抗性质的并能够在两国的框架内相互信任地解决的问题。两个国家有着共同的根本的利益，除了国内的建设任务外，两国共同或相似之处在于，都在寻找适合自己发展的道路，都有在广阔的区域双边合作的意愿。

俄罗斯科学院远东研究所从评价当代中国的政治、社会经济、文化意识形态的立场出发，多方面分析了中国发展的各种因素和趋势，研究结论证明，中国经济稳定而有活力地发展是符合俄罗斯利益的。这些客观原因都促使俄罗斯希望中国经济保持富有活力的发展，保持社会稳定。在中国保持这个趋势的情况下，俄罗斯经济将有同步进入每年 6%—7% 的稳定增长轨道、不断拓展双边经贸发展的可能性，由此推进中俄进一步的政治合作。这样的中俄经济平行增长的方式，从俄中合作和加强俄罗斯在世界中的地位的立场看也是符合俄罗斯国家利益的。

实现这样的愿景，俄罗斯和中国都需要作出不懈的努力，需要良好的国际环境和平稳运行的经济市场。用中国的话说：前途是光明的，道路是曲折的，但沿着这条道路前进是必须的，这样的道路符合俄罗斯和中国的共同利益。

（李瑞琴：中国社会科学院马克思主义研究院）

原载于《中国社会科学报》2009 年 7 月 9 日第 4 期第 3 版

毛泽东军事思想是一座丰富的宝藏

——访中共中央文献研究室副主任李捷

范勇鹏 李 萍

李捷，中共中央文献研究室副主任、研究员。担任中国毛泽东诗词研究会常务副会长，中华人民共和国国史学会副会长，中国延安精神研究会副会长，中

李 捷

国科学社会主义学会副会长；兼任中国人民大学马克思主义学院、北京大学马克思主义学院、湘潭大学毛泽东思想研究中心客座教授，中央马克思主义理论研究和建设工程咨询委员会委员。主要研究社会主义时期中共党史、毛泽东生平思想、马克思主义中国化、新中国外交史。著作有《毛泽东与新中国的内政外交》等。

三卷本《建国以来毛泽东军事文稿》出版之际，李捷研究员结合亲身编辑感悟，与读者一同分享毛泽东军事理论和军事战略中蕴含的丰富思想宝藏。

毛泽东军事思想是值得不断发掘的宝库

范勇鹏、李萍：三卷本《建国以来毛泽东军事文稿》（以下简称《文稿》）即将出版。新中国成立以来，我国已经编辑出版了多种毛泽东文稿，编辑这部《文稿》是出于什么样的考虑呢？您在《文稿》的构思、立项和编辑过程中有什么样的发现和感受？

李捷：可以说毛泽东思想就是中国近现代思想库的一部百科全书，涉及面非常广，其中最精彩的就是他的军事理论和军事战略思想。为纪念毛泽东同志百年诞辰，经中共中央、中央军委批准，中共中央文献研究室和中国人民解放军军事科学院合作，在 1993 年出版了六卷本的《毛泽东军事文集》，集中反映毛泽东军事思想。当时留下了一个遗憾，就是资料不是很充分，所以新中国成立后的部分（即该书的第六卷）仅有薄薄的一本，很不成比例。很多读者读了《毛泽东军事文集》第六卷之后，都感到很不过瘾，不能满足学者研究新中国成立后毛泽东军事思想的需求。于是，我们萌发了编一套新中国成立以来毛泽东军事思想文稿的想法，以期弥补这一缺憾。这次《文稿》的编辑是建立在之前工作的基础上，又补充了大量的新材料。

进入 21 世纪以来，随着经济全球化、信息全球化的发展，国际格局的调整和多极化趋势的日益明显，中国的综合国力、国际影响力、国际地位都在上升。这是新中国长期发展的历史必然。在中国国际地位提升的过程中，周边地区不可避免地会出现各种各样的态势和事变，这也是中国发展、壮大、地位迅速提升的过程中必经的一个阶段。中国国家安全面临的情况会越来越多，越来越复杂。我们该如何应对？这是一个现实问题，而从我们进行文献研究的人来看，这又关系到历史问题。一方面，对于很多态势，只有了解了它的历史，才能更好地把握它的现状和未来发展趋势；另一方面，虽然历史是不可能重演的，但是历史中发生的一些现象往往有惊人的相似之处，我们可以从历史中找到一些智慧，来更好地应对今天的挑战。因而，我们越来越感觉到毛泽东关于国防和军事战略的思想是一个值得不断开发的宝贵的思想库。

我们怀着这样的心情，经中央批准，由中央文献研究室和军事科学院再度携手，着手《文稿》的编辑工作。这是我们两家单位继编辑《毛泽东军事文集》和《邓小平军事文集》两部厚重的著作之后的再次合作。从2008年5月开始，到2009年12月，经过一年零八个月的艰苦工作，完成了《文稿》的编辑工作。现在回想起来，这确是一件非常不容易的事。

在这个过程中，我们编辑组寻着历史的脚印，重新踏进了新中国成立以来毛泽东的军事战略、国防战略的思想库，可谓琳琅满目。在广泛征集资料的基础上，我们反复斟酌、精心取舍，最后编辑成书，共收录了821篇文稿。

取舍之间呈现毛泽东思想的当代意义

范勇鹏、李萍：在编辑过程中，是依据什么标准来进行取舍的？

李捷：我们主要考虑了这样一些因素：一是文稿的代表性，即能够涵盖新中国成立后国防、军事领域的重大事件及重大决策，从今天的角度说，就是其历史蕴涵。二是文稿的思想性。文稿都是单篇存在的；使一篇篇文稿连贯起来，相互照应，彰显出历史发展的大致脉络，这就需要编辑者反复地考量文稿的代表性及其思想和历史的含量，加以综合平衡，去粗取精。所以说，编辑者的功夫既在文稿之内，又在文稿之外。其最高境界，无外乎"别出心裁，独具匠心"这八个字。

我们要综合考量文稿的思想性。有时毛泽东仅做了很短的批示，如"照办"或"同意"，但其批复对象的内容很重要，一经批复即在当时产生过重要作用。综合考量文本的思想性、决策的重要性、批示的深远影响等，远远超过了批示本身的意义。我们采用注释来反映这类批示的深意。这些注释，都是编辑组成员在进行了历史考据之后，精心编写的。比如1956年4月2日，毛泽东有一个批示，是对彭德怀报告的批复，报告的主件是关于保卫祖国的战略方针和国防建设问题的，是彭德怀同年3月6日在中央军委扩大会议上的报告，也是经过集体讨论形成的。我们非常熟悉的积极防御的国防战略方针，就是在这个报告中得到正式确认的。我们在注释中体现了上述报告的主要内容。这样，读者阅读时就能有一个比较清晰的了解。

我们取舍的第三个标准是文稿对当代要有一定的价值。其实这也是中华史学的一个传统，孔子编《春秋》、司马迁写《史记》也都渗透着他们的现实追求与理念认同。对历史资料、历史典籍的整理和取舍本身，体现了编者对历史及现实的认识，包括对民族未来出路的思考。

范勇鹏、李萍：请您谈谈编辑过程中最主要的感触。

李捷：在这个过程中，我体会最深的是这么几点。首先，历史和现实始终是相通的。如同司马迁所言，研究史学和文献的人，要"究天人之际，通古今之变"，这是一种使命，也是一个努力方向，最终要"成一家之言"，我们正是朝这个方向努力的。从史学研究的角度来看，以毛泽东为代表的老一辈革命家在国防和军队建设方面所作出的探索的价值会随着现实的展开日益彰显出来，而不会随着时代的发展而褪去光彩。

其次，我们现在的国防基础是老一辈革命家奠定的。自从 1840 年鸦片战争以来，中国就开始了一段遭受凌辱的历史，日本侵华战争将这一凌辱推向了顶峰。在百余年的屈辱中，华夏的有识之士始终感叹"有国无防"、"有边无防"。从"师夷长技以制夷"到李鸿章等人搞北洋水师等等，都没能解决这个问题。真正从根本上解决"有国无防"、"有边无防"的问题，是从老一代革命家开始的。新中国成立以来，我们一直在为建立一支现代化的国防军而奋斗。毛泽东在 1950 年就提出，我们要建设一支现代化的国防军。建构独立的比较完整的国防体系也始于 20 世纪 50 年代，还有 60 年代的"三线建设"、研制成功"两弹一星"，都是这一努力的延续。在这一过程中，人民解放军开始了从单一军种到多军种的战略性转变，后来还建立了第二炮兵。苏联成立战略导弹部队是在 20 世纪 50 年代，我们仅比苏联迟了不到 10 年的时间。1966 年，第二炮兵正式组建，这对我国的国防建设具有决定性意义。

第三点感触是，毛泽东的军事理论和国防战略思想，对加快国防现代化建设特别是加速实现中国特色军事变革，颇具借鉴意义。比如，毛泽东从来不把他在长期战争实践中积累下来的经验看做一成不变的教条，他反复强调，军制和作战方法一定要随着时代的变化而变化。这个思想与我们现在加快军事变革、跟上世界发展潮流的思想是非常一致的。再比如，毛泽东认为，与强大的外部势力相比，我们始终处于弱势，怎样以弱搏强呢？重要的就是以心取胜。所谓"以心取胜"包括两个方面，一方面是要赢得民心，只有把国内的事办好，在国际上才有主动权。赢得民心并不局限于国内，毛泽东有开阔的国际视野，很早就提出要开展人民外交，要把顽固坚持反华立场的统治阶级和那个国家的人民区分开。另一方面是要塑造正面的国际形象，同丑化中国、妖魔化中国的势力作斗争。这需要我们发挥心智的力量，重视"软实力"的作用。"两弹一星"等高科技产物都是"硬件"，是"硬实力"，但"硬实力"的发挥离不开"软实力"。中国一定要拓宽自己的战略回旋余地，不能硬碰硬，千万不能以己之短搏人之长，要"以柔克刚"，打"迂回战"，打"拖延仗"。这些都是毛泽东军事战略思想中的智慧。

另外还有毛泽东的人民战争思想。他重视人民的力量，这在今天仍不过时。人民战争不是一成不变的，随着时代的发展，人民战争也有不同的样式。在高科技情境下，人民战争会有自己的特点和优势，这是需要进一步思考与创新的。

在编辑《文稿》的过程中，我们还体会到毛泽东的核战略思想很先进。一方面，我们努力打破敌人的核垄断；另一方面，不能搞多，不能误入对方的核军备竞赛陷阱而拖垮自己。毛泽东的原话是"搞一点原子弹、氢弹、洲际导弹"。毛泽东强调要同时研制核弹头和运载工具，这是很独特的。这个决策为我国赢得了时间，赢得了主动。我们试爆原子弹、试射导弹、组建战略导弹部队几乎是同步的。这种搞法，世所罕见。不能不令人折服。更重要的是，毛泽东提出我国不首先使用核武器，奠定了国家核战略的基本方针。任何有核国家都不可能像我国这样公开宣布不首先使用核武器。这既是由我们国家的社会主义制度决定的，也是由我们属于发展中国家这样的基本国际定位和国际战略决定的。这同时也展示了我们的自信：虽然我们有原子弹，但我们并不靠它来取胜，我们的制胜法宝是人民战争和积极防御的国防战略。当然，随着时代的发展，随着国家利益的扩展，积极防御的国防战略也要与时俱进、不断发展。

除了上述思想之外，毛泽东等老一辈革命家关于国防建设和经济建设之间的关系、军民团结问题等的论述，今天看起来也有新的价值。

中国话语

中国社会科学学报

·（2009——2010）·

对话

史料新发现彰显毛泽东时代洞见

范勇鹏、李萍：您刚才谈到了对毛泽东军事思想的很多新见解。在《文稿》的编辑过程中，在历史文献方面有没有新的发现？

李捷：《文稿》收入不少有意义的新史料。比如我们谈现代化建设，很自然就会想到"四个现代化"。我们在编辑《文稿》的过程中发现，国防现代化建设实际上很早就开始了。1952 年 6 月制订出军事建设五年计划初稿，核心就是国防现代化，尽管当时没有这个概括。应该说，军事建设的五年计划是与国民经济建设的五年计划同步进行的。这一计划经过反复修改后，最终纳入了国民经济建设"一五"计划。可以说，"一五"时期就已经拉开了国防现代化建设的序幕。

再如关于西沙群岛问题。西沙群岛自古以来就是中国的领土，对西沙群岛行使主权，是一个主权国家的分内之事。我们收录了毛泽东 1960 年 8 月 3 日关于在西沙群岛建立海军据点问题的一个批示，这个批示是对中央军委的报告的批复。通过这个报告可以知道，1959 年 3 月党中央就已经作出了定期定点在西沙群岛附近巡航、巡逻的批示。从那时起，至 1960 年 8 月毛泽东再次作出批示之前，人民解放军海军共巡航、巡逻 20 次。通过这个报告还可以知道，当时不仅对在西沙群岛建立海军据点作了部署，而且还有长远的规划。这就表明，我们对西沙群岛行使国家主权既是合理合法的，也是一贯有效的，任何人、任何国家都无权在这个问题上对我们指手画脚。

另外，这次有一个重要的发现，就是毛泽东同钱学森等人的谈话。这是一篇对话体的记录，是由钱学森事后亲笔追记的。那一天，毛泽东和钱学森、李四光、竺可桢等几位科学家座谈，与不同的科学家谈不同的主题。但遗憾的是，除了钱学森的这份记录，其他的谈话内容没有留下记载。《文稿》收录了这份珍贵的记录。

在对话中，毛泽东说："我们搞原子弹也有成绩呀！"钱学森说："我有所闻。"主席说："怕不止是有所闻吧。"主席说："你们搞了个 1000 公里的，将来再搞个 2000 公里的，也就差不多了。"钱学森说："美帝在东南亚新月形包围圈上的有些基地，有 2800 公里的距离。"主席问："可以到夏威夷？"钱学森说："夏威夷更远了，不止 4000 公里。"谈到这里，主席就反过来说了，我们怎么对付其他国家的核威慑，主席的答案是："总要搞防御。搞山洞，钻进地下去就不怕它了。"钱学森说："我们正在遵照主席的指示，先组织一个小型的科学技术人员的小组，准备研究一下防弹道式导弹的方法、技术途径。"这里透露出一个信息，就是我们搞了运载工具之后，就要接着搞反导了。这是 1964 年的谈话。说到这里，主席提了一句古话"有矛必有盾"，又说："搞少数人，专门研究这个问题（按：就是研究"盾"的问题）。五年不行，十年；十年不行，十五年，总要搞出来的。"这份档案篇幅虽然不长，但非常有价值。

关于毛泽东对海军建设的意见，我们也收录了一些重要史料。1970年 7 月，毛泽东在同朝鲜军事代表团的谈话中说，我们的海军不像样子，要找出落后的原因。后来海军根据这个意见，制订了发展规划，1975 年时任海军第一政委的苏振华将规划报给毛泽东，毛泽东在批示中说："努力奋斗，十年达到目标。"

毛泽东很早就关注电子对抗战方面的情况。1975 年 12 月，他对叶剑英的报告批示："很好"。这个报告说，这年的 12 月 8 日，召开国务院常务副总理和中央军委常委联席会议，决定：成立电子对抗和雷达管理领导小组；加强电子技术情报工作；加强和调整电子对抗的科研、生产力量，迅速改善我军电子设备的抗干扰性能；积极培养电子对抗技术人员。当时"文化大革命"还没有结束，毛泽东又重病缠身，党中央和毛泽东作出如此有远见的重大决策，殊为不易。

我们还发现了毛泽东一个很有意思的思想。大家都知道，毛泽东在许多场合都强调战争是政治的继续，在一个相当长时期里比较强调战争的不可避免性。1976 年 2 月，毛泽东在接见来华访问的美国前总统尼克松时，说了这样一段富有哲理的话。他说："在阶级存在的时代，战争是两个和平之间的现象。战争是政治的继续，也就是说是和平的继续。和平就是政治。"这一论断对今天而言，特别有意义。

连点成线　档案中蕴藏历史逻辑

范勇鹏、李萍：这些史料的确令人大开眼界。但档案是琐碎的，如何才能在编辑过程中使其呈现出内在的历史逻辑呢？

李捷：编文献是有讲究的，从《文稿》开卷篇和压卷篇的选取可见一斑。开卷篇我们选取的是"中国人从此站立起来了"。压卷篇我们选择的是刚才谈到的那篇"战争是两个和平之间的现象"。

范勇鹏、李萍：这就体现了中国人民经过的一段伟大历程，从依靠革命的暴力手段求得翻身解放、自立自强，到追求世界和平、消灭战争。这一逻辑的延续符合我们今天提出的构建持久和平的和谐世界的理想。

李捷：是的。勾画历史，有时需要凝炼传神，有时又需要浓墨重彩。"大写意"时，要能够惜墨如金，要能"工笔画"、不厌其详。《文稿》里有一些琐细的内容，我们有意而为之，以彰显其内在的线索。比如关于研制原子弹问题。1962 年 11 月 3 日，毛泽东就作出批示：要大力协同做好这件工作。这是对成立中央专门委员会，倾全国之力也要造出原子弹、打破核垄断而言的。那么接下来的一步就是生产核材料。只有生产出六氟化铀 235 之后，才有可能造出原子弹。1964 年 1 月，我国生产出六氟化铀 235 的合格产品。当时第二机械工业部有一个报告，毛主席批示："已阅，很好"，记录下了一个非常关键的历程。

接下来是原子弹试爆时间的确定问题，这在 1964 年 9 月 21 日毛泽东对周恩来当天来信的批语中得到了反映。最终的试爆时间是 1964 年 10 月 16 日，之前选择试爆时间要综合考虑很多因素，比如气象条件、风向等问题。周恩来提出，作出决定的期限以不迟于 9 月 24 日为好。毛泽东看了来信，当机立断，批示："已阅，拟即办"。从准备命令下达到试爆至少需要 20 天，而毛泽东的果决为进行试爆准备赢得了更为充裕的时间。

爆炸成功，毛泽东很关注原子弹试爆的结果，要看看其杀伤力究竟有多大？毛泽东认真读了现场指挥张爱萍的报告，结论是"只要有工事、矮墙、坚房等物，就能防御核爆，不致伤人"。接下来还有这样一篇文献，一个香港记者到了美国在西太平洋比基尼岛等的核武器试验靶场，报道说在核爆很多年之后，那里还有很多生物，有生命的迹象。1964 年 12 月 25 日，毛泽东看了这个报道后也非常关注，做了批示。

虽然一篇一篇的文献是散点，但我们编辑的时候很注意把这些点连成线，尽量让读者同时看到历史的线索和细节。

党史研究和毛泽东研究离不开国际视野

范勇鹏、李萍：您是怎样开始接触毛泽东思想并从事这方面研究的？

李捷：我从小就受毛泽东思想的影响。在我的心目中，毛主席一直是一个非常神圣的伟人。在求学的过程中，我对毛泽东思想研究非常感兴趣。1983 年我考上了中央党校党史专业的研究生，毕业后来到了中共中央文献研究室，在这扎下了根，一直潜心研究毛泽东。

毛泽东的国际战略思想，本来并不在我的研究视野中，我也不具备这方面的知识结构。1997 年，中央党校成立了国际战略研究中心，主持研究项目的姜长斌教授，与美国哈佛大学费正清研究中心合作了一个特别项目，专门研究冷战背景下的中美关系。我在这个项目中先后完成了两篇学术报告，一篇是《物极必反：20 世纪 60 年代的中国内政与中美关系》，另一篇是《从解冻到建交：中国政治变动与中美关系》。写这两篇文章纯属偶然，但当时的确下了很大的功夫。我专门编了一个 20 世纪 50 年代至 70 年代的相关问题大事记，有十几万字，目的不在于发表，完全是为了这两篇文章的写作。时至今日，我仍然觉得，要深入、扎实地搞研究、写论文，自编大事记是一种很好的方法，翦伯赞、齐思和等很多前辈都自己编过大事记。我从这一段经历中受益匪浅，它极大地开阔了我的视野，给了我很多启示。我觉得研究党史，一定要有广阔的国际视野。如果没有国际视野，党史研究就很难深入。

编辑《文稿》时，我们也在考虑，是不是应该适当收录毛泽东关于国际战略、国际局势判断的一些文稿。我根据自己的研究体验，认为一定要把这些内容收录进去。我们的国防战略并不是孤立的，而是基于对世界格局所作的综合考量。中国国防现代化建设的基本走向、中国特色军事变革都与世界格局的新变化、新特点密切相关，包括经济全球化、信息化的趋势和世界新军事变革的趋势。

我们要站在国际、国内两个大局的交汇点上来思考，这也是当今时代不同于毛泽东那个时代的地方。在毛泽东时代，我们要首先立足国内，再放眼世界、胸怀世界。现在中国的地位提升了，国内与国际的关系随之发生重大变化，很多国内问题不再是孤立的国内问题了，已经和国际连在一起。与此同时，我们要承担起应该承担的国际责任，但责任是适度的，不能承担发达国家应该承担的责任，毕竟我们还是一个发展中国家。

《中国社会科学报》诞生是
哲学社会科学繁荣发展的标志

范勇鹏、李萍：最后请您为《中国社会科学报》提一些建议和意见，或者为我们的读者送上几句寄语。

李捷：我觉得《中国社会科学报》办得非常好。《中国社会科学报》的诞生是哲学社会科学繁荣发展的一个重大的标志性事件，这是让我们搞哲学社会科学的人感到非常高兴的一件事。《中国社会科学报》是促进中国学术文化昌明繁荣的百花园，是展示中国文化软实力的一个重要阵地，也是扩大中国文化影响力、树立中国国际文化形象的一个重要窗口。这份报纸肩负的使命是非常重大的。但我很高兴地看到，它并没有为这个使命所累，没有为这个重担所压。当接到第一份报纸的时候，我就在想，这会是怎样的一份报，它会不会板着面孔说话呢？当我打开报纸之后，我释然了，它虽然肩负着重大使命，但它并不是板着面孔的，既不失庄重、典雅，也不乏活泼、趣味。可以说，这份报纸办得很成功，而且定位很准确，分寸也拿捏得非常好。办这份报的人，既是创业者、探路者，也是高水平的专业工作者。我对你们致以深深的敬意！

（范勇鹏、李萍：中国社会科学杂志社编辑）

原载于《中国社会科学报》2010年3月9日第69期第5版

共和国六十年话沧桑

——访金冲及研究员

王　广　王建峰

　　金冲及，辛亥革命史和孙中山研究专家，中国史学会原会长，1948年加入中国共产党，1951年毕业于复旦大学历史系。历任复旦大学团委书记、教务部副主任、教学科学部副主任，中共中央华东局、上海市委《未定文稿》主编，文化部政策研究室研究人员，北京文物出版社副总编辑，中国社会科学院近代史研究所学术委员，复旦大学、上海大学历史系兼职教授，中国史学会常务理事，孙中山研究会秘书长、会长，中央文献研究室副主任、研究员。第七届全国政协委员。主要著作有：《转折年代——中国的1947年》、《二十世纪中国

金冲及

的崛起》、《周恩来传》、《刘少奇传》、《毛泽东传》（主编）；合著有《辛亥革命史稿》、《从辛亥革命到五四运动》、《论清末的立宪运动》等。

在新中国成立 60 周年之际，金冲及研究员与我们一同回顾了近现代中国的风雨历程。

不能把"革命"与"现代化"对立起来

王广、王建峰（以下简称"王"）：金先生您好！对中国近代历史的解读，存在着革命模式与现代化模式两种理解，请问您是如何看待这两种解读模式的？"革命"与"现代化"，在近现代中国社会变迁中，是不是构成一种分离式对立的关系？

金冲及（以下简称"金"）：革命模式和现代化模式问题，在近代史领域里面，很多人谈过。我不赞成是革命模式还是现代化模式的提法。因为这样等于把革命和现代化对立起来了——是要革命，还是要现代化。

实际上，所有革命的目的都是为了最后能够实现现代化。而为了实现现代化，在近代社会那样的历史条件下，必须要革命，这两者是不可分的。在十五大报告里，江泽民同志有一个说法，他说鸦片战争后，中国成为半殖民地半封建国家。中华民族面对着两大历史任务：一个是求得民族独立和人民解放；一个是实现国家繁荣富强和人民共同富裕。前一任务是为后一任务扫清障碍，创造必要的前提。在某种程度上讲，前一个任务是革命的问题，后一个任务是实现现代化的问题，也就是说革命是为实现现代化创造必要的前提。历来，从孙中山到毛泽东，以及中国所有的先进分子，他们讲振兴中华，目的都是希望中国能够走向现代化，顺应时代的潮流，自立于世界民族之林。但当时面对的情况是封建势力的统治和帝国主义的控制，在这种情况下，为了达到这个目的，能够用温和的，而不是革命的办法吗？实际上做不到。尽管做不到，但在一开始的时候，还都想试一试能不能用温和的办法来实现现代化。孙中山向李鸿章上书，毛泽东在《湘江评论》里也讲要实行无血的革命。让千百万人起来革命，抛头颅、洒热血，哪里是容易的事，不是万不得已，谁会去走这样的一条路？

关于共产党和国民党的关系，有这样一类说法：国共之间为什么要打起来？一次是大革命后的十年内战，一次是解放战争。为什么要打？不打对和平建设不是更好吗？实际上从共产党来讲，在大革命的时候，是真心诚意希望国共合作的，甚至在"四·一二"大屠杀前夜，很多人还抱着这样的希望，以后还认为武汉政府是一个革命政府。但是，国民党以突然袭击的方式进行大屠杀，问题是这样尖锐地摆在面前：是坐以待毙，还是奋起反抗？很明显，不能坐以待毙，只能起而抗争。这实在是不得已的。抗战胜利以后，中国共产党确实也是希望和平，但蒋介石认为优势全在他那里，他还有美国的支持。蒋介石当时有两个方案，一个是何应钦提的，两到三年消灭共产党；一个是陈诚提的，半年消灭共产党。结果，蒋介石接受了陈诚的方案。这两个方案都是要消灭共产党，他要消灭你了，你怎么办？因此，从某种程度上讲，现代化是目标，革命是为了实现这个目标，在那个阶段不得已才采取的手段。

但是，有一点需要说清楚，在实现现代化的过程中，有一些人主张"实业救国"、"教育救国"，那么革命是不是就是对这些人的全部否定呢？并不是这样的。这里面有许多人是爱国的，他们希望国家现代化，他们从教育、实业这方面来努力，但这不能解决问题，这条路走不通；但他们出于爱国的愿望所做的工作还是要肯定的，尽管他们在那时候不能指明中国真正的出路，没有成为时代的主流。

新中国后 30 年站在前 30 年的基础上

王：2009 年是新中国成立 60 年，有人认为可以将新中国前后 30 年分开来认识，请问您如何看待这一问题？

金：新中国成立 60 年，笼统地讲，有前 30 年、后 30 年，严格地讲，是前 29 年、后 31 年。后 30 年，我看至少公开没有什么大的争议，尽管对这 30 年中的有些事情会有不同的看法。从某种程度上说，焦点是如何看待前 30 年。

我自己有一个感觉，这些年来，有一些刊物实际上在有意无意地给人造成一种印象：前 30 年，无非就是一个政治运动接着一个政治运动，整了一批人又一批人，好像没做什么好事。尤其对现在年轻人来说，他们没有在那个时代生活过，很容易就会得到这样一种印象。还有，我们在宣传改革开放的时候，为了突出改革开放的成就，好像常有意无意地拿前30年作为我们后30年改革开放成就的反衬。我记得在改革开放20周年的时候，那时电视里面有一些场面，说到过去，就是粮票、布票等等；说到今天，则是物质极大丰富，商店里面应有尽有。实际上就是给人一种印象，好像在忆苦思甜似的——以前30年之苦，来思后30年之甜。这是离开当时的历史条件来谈问题。那个时候，物资非常缺乏，每人的粮食、衣料都难以得到保障的时候，假如没有这些票，都交给市场，把价格全部放开，许多人（特别是低收入的人）会连最起码的衣、食都无法得到保障。这两种情况都造成人们对前30年有一种一片昏暗的印象。任继愈先生曾经说过，只有那些经历过旧中国的苦难，并且知道能够得到今天是多么不易的人，他对新中国的成立才会有一种翻身的感觉。这话讲得很对。但现在的年轻人很难理解这一点，他们认为中国本来就是这样的。

关于前30年，第一是新中国的成立。新中国的成立究竟解决了什么问题？至少体现在几个方面：第一是民族独立。现在的年轻人恐怕很少能知道过去的中国，我们是经历过的人。日本人侵略烧杀，不用提了。抗战胜利以后，我在上海，看到黄浦江里停的都是美国军舰，吉普车横冲直撞，美国大兵在北京东单强奸北大的女学生沈崇。这都让中国人极度痛心。大家盼望着，哪一天我们的民族能够独立，中国人民能够不被人随便摆布，被人家踩到脚底下？人们等了太久太久了。在这种状况下，当1949年毛泽东宣布占人类人口四分之一的中国人从此站立起来了，是那样的激动人心。

第二就是人民的解放。现在的年轻人没有见过解放前的工人和农民。那时候工人农民有什么地位？鲁迅先生写的闰土就是一个例子。费孝通先生有一篇文章，讲他参加北京市第一届各界人民代表会议，他一进会场就看到有各种各样的人，有穿西服的，有穿工装的，那么多人坐在一起来讨论北京市的事情。他说这样的事情在他一生中，从来没有遇到过。新中国成立前，他们是完全没有地位的。新中国成立初期，每天的大喇叭里面都放着"妇女自由歌"：旧社会好比是黑洞洞的枯井万丈深，井底下压着咱们老百姓，妇女在最底层。

第三是国家的统一。不要说北洋军阀时期，军阀割据、军阀混战，就是在蒋介石时期，也没有真正统一过。只有在新中国成立以后，才真正实现了国家的统一，国家成为一个整体。

王：您怎样看待新中国社会主义制度的建立？

金：说到怎么看社会主义制度的建立，很多人认为就是靠对资本主义工商业进行改造、赎买的基础上建立起来的。事实并非如此。社会主义过渡时期的总路线，那时叫"一体两翼"、"一化三改"，它的主体是社会主义工业化，两翼是对农业、手工业的社会主义改造和对资本主义工商业的社会主义改造。新中国成立之初，把国民党的官僚资本没收了以后，国有经济控制了国民经济的命脉，但在数量上来讲，无论工业还是商业，私人资本大概占了六成左右（当然它们的力量十分分散），农业上更是汪洋大海般的小农经济。为什么说社会主义工业化是主体？1953年宣布第一个五年计划，全国以156项为核心的工业建设，国家的投资是600多亿，那时私人工商业者的全部资金有20多亿。有人说低了，就算翻一番吧，也就是50亿。因此，如果说中国的社会主义制度是怎么建立的，那主要不是靠赎买得来，而是靠现在年轻人的祖辈、父辈辛勤劳动把国家基础建立起来的。

新中国成立之初，农业产值大于工业产值，超过了一倍多，这在今天是不能想象的事情。直到1956年，工业产值才超过农业产值。我们是在前30年基本形成了工业体系。我们现在工业建设的基础，主要是那个时候打下的，大批建设人才是那个时候培养出来的。没有这些，怎么能谈得上改革开放呢？

那个时候，我们对什么是社会主义、怎样建设社会主义，都还认识不清。所以，这里面发生了许多问题，比如过分追求纯而又纯的公有制、对市场过分的压制等等。但改革开放不是把社会主义推倒重来，而是社会主义的自我发展和自我完善。我们的根本政治制度——人民代表大会制度是50年代建立的，我们党领导下的多党合作与政治协商制度，统一国家之下的民族区域自治制度，都是在这个时期建立起来的。至于外交，也是如此。新中国成立前，从来没有见过哪一个国家的首脑到中国来。新中国成立后就不同了。经过抗美援朝，我们有了一个相对安定的国际环境，提高了中国的国际地位；参加联合国以后，短短几年内，承认中国的国家大大增加，超过原来的一倍；后来，与美国关系正常化，和日本建交，还有我们确定的和平共处五项原则、以和平协商的态度来解决国际争端等，都是那时候奠定的。

但是，并不是说那时一切都好。假如一切都好，就用不着改革开放了。那时的确有两个大问题，一个是阶级斗争问题，另一个是发展速度问题。阶级斗争问题就是"以阶级斗争为纲"，当时不应该这么提，造成了很严重的后果。发展速度上，则是急于求成，结果造成了"大跃进"。这些都是让人很痛心的。但在某种程度上讲，中国这样一个人口众多的国家，我们要建设社会主义，要实现现代化，书本不能告诉你怎么走，实际生活里也没有这样的经验。后来我们又感到要吸取苏联的教训，走自己的路，但自己的路到底怎么走，当时也是不清楚的。又不能等一切弄清楚了再起步。正是在往前闯的实践中，经历了成功与失败，反复总结，才慢慢找到一条正确的路。总之，我们付出了很多代价，也有很多教训，但还是靠中国共产党，还是靠中国人民自己纠正自己有过的错误，走出一条新路来的。

我曾经打过两个比喻：历史给人的感觉，好像一场接力赛，跑第二棒的人总是以跑第一棒的人达到的地方作为起点，再一跑，当然又远远跑到第一棒前面去了。历史也像登山，只能从最低的地方，一级一级地往上爬，最后才能爬到顶峰。历史是一个过程。其中，对就是对，错就是错。我们过去的成就摆在那里，我们的失误——比如刚才说的两大问题，也留下了痛心的教训。路，就是那么走过来的。今后我们往前走，还是要小心，未来不是那么顺当的。王羲之的《兰亭序》里有一句话，叫"后之视今，亦犹今之视昔"。后世人看我们今天，就像今天的人看过去一样。如果对前人持全盘否定的态度或很轻薄的态度，再过几十年，后人也可以把你一笔抹杀，把你看得一无是处。

正确地总结历史留下的经验、教训

王：在您看来，中国未来发展还面临哪些"坎"，还要解决哪些难题？

金：往后的发展，我讲不好。我们是过去的知道得多；对未来，要多由你们年轻人来谈。但是，以往的教训对以后都是有好处的。过去有人讲到"大跃进"，说不要回避，要总结教训。这话当然是对的，但是怎么总结教训？现在很多总结给人的印象就是毛泽东一个人发神经病，在那里胡来。要是这样总结，那么现在毛泽东已经去世了，不就天下太平了吗？这样永远也总结不到什么教训。

在我看来，"大跃进"和"文化大革命"还有区别。我在复旦大学待了18年，长期和知识分子待在一起。对"大跃进"，当时大部分人包括高级知识分子，都是兴奋的。为什么？第一个原因，是由于我们民族的心理。中华民族过去曾创造过那样先进的文明，但近100年来给人踩在脚底下，所以中国人都希望重新奋起。现在我们政治上站起来了，经济上当然希望发展得快。讲快，很容易得人心，引起共鸣。第二个原因，是因为那个时候处在一个特殊的历史阶段，是一个从量的积累到质的飞跃的过程。例如解放战争，毛泽东同志讲三到五年取得胜利。我当时是地下党员，觉得很难实现，但确实实现了。新中国成立之后，物价飞涨，面对这个烂摊子，毛主席讲三年恢复，十年建设。国民党时期解决不了通货膨胀问题，到了1950年3月，物价就稳住了，三年恢复如期做到。朝鲜战争时期，大家都捏把汗，怕惹火烧身，但三年后美国就签订了停战协议。一次一次，我们认为做不到的事，最后都做到了。"大跃进"恰好就处在这样一个由量变到质变的特殊阶段。特定历史阶段的人们产生了特定的思维方式，认为难事总是可以做到的。毛泽东也强调，只要把人的积极性调动起来，什么人间奇迹都可以创造出来。另外，从毛泽东本身来说，一些严重失误也同他后来变得骄傲，听不进去不同声音有关。要总结经验教训，这些才是真的经验教训。这些事情，都是在中国这块土地上发生过的，中国人的民族心理就是希望快，听到GDP增长得越快心里越高兴，民族心态就是这样。当然，今天不是"大跃进"那样的特殊阶段，但是当我们顺利发展的时候，很容易误以为可以一直这么发展下去。讲历史的经验教训，对"大跃进"如果仅是情绪的发泄，不能解决任何问题。对这些问题，我看以后还要小心。

中国的历史都是在中国这块土地上发生的，它的环境、人们的心理、民族的性格，确实要好好总结，这是有好处的。

历史虚无主义、后现代主义和公共知识分子

王：近些年，历史虚无主义和后现代主义在史学界颇为流行，对此您怎样看？

金：关于历史虚无主义的问题，我认为，一切都是发展的过程，历史从来是切不断的，"抽刀断水水更流"。刚才谈的很多东西，实际上就有针对历史虚无主义的东西在内。对历史虚无主义，就不做太多的评述了。

谈到后现代主义，究竟什么叫后现代主义？在西方学界看来，好像也没有一个共同的概念。一切都要解构，一切都要拆散，究竟要弄出个什么东西来，谁也不明白。我想这大概是赶时髦。20世纪80年代初，我们史学界曾经有"老三论"的说法（指系统论、控制论和信息论）。1986年，我和戴逸、章开沅两位同志到澳大利亚去。国外学者问我们当前中国历史学界的状况，章开沅就讲现在流行这"三论"。澳大利亚的学者说对此闻所未闻。我当时也找过两本这方面的书来看，也不完全看得懂，比如系统论要用许多数学模型，是非常复杂的。但一些人只是简单地搬过来几个名词，什么政治子系统、经济子系统、文化子系统……讲了半天用了许多词，我没有看到对问题的认识比以前深刻多少。北京师范大学的龚书铎先生跟我讲，学生说请人给我们讲讲"三论"吧，他就找人来系统地讲，一开始坐满了人，两次、三次就没有人了——听不懂。后来又有什么"新三论"。我常常发现，在西方有什么东西，过几年在中国也就流行起来了。当我们这里流行时，在西方那里已经过时了。

我们搞历史研究的人有一个"坏"习惯，比较喜欢务实而不大会务虚。我宁可多读点史料，弄清楚事实是什么。我们到西方参加学术会议，他们一流的学者反而更愿意和我们这样的人谈，因为我们对中国的历史材料比

中国话语
中国社会科学报
（2009—2010）
对话

较熟悉，对问题的理解是以历史事实为依据的。光跟着西方那些"理论框架"跑是不行的，还是要先看史料，但又不能仅仅停留在史料上，既要学，又要思。历史虚无主义、后现代主义等的出发点都是想搬一个什么时兴的理论过来。最近有人举出几位研究历史学的公共知识分子，史学界的朋友大概会觉得比较陌生，因为他们似乎不大肯花那种笨功夫。如果这种功夫不下，讲得再头头是道，那些东西用不了多少时间，也就烟消云散了。

（王广、王建峰：中国社会科学杂志社编辑）
原载于《中国社会科学报》2009 年 7 月 1 日第 1 期第 5 版

中国话语

中国社会科学报

（2009—2010）

对话

新中国光辉的 60 年是改革开放前后
两个时期共同组成的整体

——访朱佳木研究员

李彩艳

朱佳木，博士生导师，研究员。现任中国社会科学院党组成员、副院长，当代中国研究所党组书记、所长，兼任中国地方志指导小组常务副组长。曾任中共中央党史研究室副主任。是中共十四大、十五大代表，全国政协第十届、第十一届委员会委员。担任中华人民共和

王伟光（主席台右四）、朱佳木（主席台右五）等出席第二届当代中国史国际高级论坛

国国史学会常务副会长、中国中共党史人物研究会副会长、中国史学会史学理论分会会长，被聘为马克思主义理论研究和建设工程史学教材课题组主要成员、国家社科基金学科评审组专家。长期从事中共党史、党的文献、陈云思想与生平和中国当代史研究。在中国工业化与中国当代史的关系问题、党的十一届三中全会及其前后两个时期关系的研究、中华人民共和国国史研究的理论等方面有所创新。主要著作有《陈云年谱》（主编）、《我所知道的十一届三中全会》（专著）、《中国工业化与中国当代史》（论文集）、《地方志工作文稿》，在国家级报刊杂志上发表论文 100 多篇，多篇论文被《新华文摘》、中国人民大学复印报刊资料转载。

对自己民族和国家历史的认知，从来是一个民族、一个国家主流文化和核心价值体系的重要组成部分，是这个民族、这个国家的重要精神支柱之一。认识新中国 60 年的整体性，具有特别重要的意义。围绕着如何认识新中国 60 年的历史，《中国社会科学报》采访了朱佳木同志。

改革开放前后两个历史时期既有区别也有连续性

李彩艳（以下简称"李"）：您好，新中国成立 60 年来，我国的经济、政治、社会、文化事业取得了举世瞩目的成就。在回顾总结这 60 年的历程时，可以 1978 年改革开放的开启为界线，划分为前后两个不同的阶段。您是如何看待这两个不同阶段关系的？

朱佳木（以下简称"朱"）：新中国的 60 年，是中国由贫弱走向富强的 60 年，是中国历史上最为辉煌的 60 年。在这 60 年，根据我们党的路线、方针和任务的变化，可以划分出一些不同时期，其中最为显著的是改革开放前和改革开放后这两个时期。但要看到，这两个时期并不是割裂的，更不是对立的，而是内在统一、不可分割的光辉整体。我们既不能用前一个时期去否定后一个时期，也不能用后一个时期去否定前一个时期。

改革开放的历史新时期，是由我们党具有重大历史意义的十一届三中全会开启的。这个时期，开辟了中国特色社会主义道路，极大地调动了亿万人民的积极性，使社会主义和马克思主义在中国大地上焕发出勃勃生机，中华民族大踏步赶上了时代前进的潮流。看不到这个时期的鲜明特色，就不可能懂得中国特色社会主义道路究竟"特"在哪里，就会妨碍我们对改革开放伟大意义的认识。反过来，如果看不到这个时期与改革开放前的连续性，也不可能懂得中国特色社会主义为什么是社会主义道路而不是别的什么道路，也会妨碍我们对新中国 60 年历史的整体把握。

李：那您认为改革开放前后两个时期的连续性具体体现在哪些方面？

朱：我认为，这种连续主要体现在以下五个方面。

从党的指导思想上看。改革开放后，纠正了毛泽东的晚年错误，否定了"以阶级斗争为纲"这个不适合于社会主义时期的错误口号，实现了工作重点向经济建设的转移，制定了党在社会主义初级阶段"一个中心、两个基本点"的基本路线，先后形成了邓小平理论、"三个代表"重要思想和科学发展观等马克思主义中国化的新成果。同时，科学评价了毛泽东，把毛泽东的晚年错误与毛泽东思想加以区别，确立毛泽东的历史地位，捍卫和高举毛泽东思想的伟大旗帜；继续把马克思主义作为党的指导思想，把四项基本原则当成党的基本路线中两个基本点中的一个基本点和立国之本。对于改革开放前后我们党在指导思想上的异同之处，邓小平曾作过一个很精辟的说明。他说：有的人"忽略了中国的政策基本上是两个方面，说不变不是一个方面不变，而是两个方面不变。人们忽略的一个方面，就是坚持四项基本原则，坚持社会主义制度，坚持共产党领导。人们只是说中国的开放政策是不是变了，但从来不提社会主义制度是不是变了，这也是不变的嘛！"

从经济体制上看。改革开放后，打破了公有制和按劳分配一统天下的局面，改变了高度集中的计划经济体制，确立了社会主义市场经济体制；解散了农村人民公社，实行了家庭联产承包制；打开了对外开放的大门，并不断拓展开放的广度和深度。但同时，仍然坚持公有制和按劳分配为主体，把全民所有制和集体所有制作为社会主义经济制度的基础，把国有经济作为国民经济中的主导力量和支柱；明确社会主义市场经济是同社会主义基本制度结合在一起的，市场对资源配置的基础性作用要在国家的宏观调控之下来发挥；坚持农村土地集体所有制的性质，既发挥农民家庭经营的积极性，又发挥集体经济的优越性；坚持自力更生的方针，强调走中国特色自主创新道路，不断提高对外开放的安全性。

从政治体制上看。改革开放后，大力加强社会主义民主和法制建设，积极推进政治体制改革，不断改进党的领导，逐步落实对权力的制约、监督和对人权的尊重、保障等原则。但同时，始终坚持共产党在国家事务中总揽全局、协调各方的核心领导作用，坚持政治体制改革的正确方向和党的领导、人民当家做主、依法治国的有机统一，坚持全心全意依靠工人阶级，坚持党对军队的绝对领导，不搞西方的多党制和议会民主、三权分立。

从文化和社会政策上看。改革开放后，摒弃了以往在意识形态工作中"左"的做法，解除了在文艺创作和学术研究中设置的不必要的框框和禁区，积极发展文化、教育、科学事业，深化教育改革和文化管理体制改革，促进人民精神生活和社会生活的多样化，健全基层社会管理体制，推动社会组织建设。但同时，仍然坚持马克思主义在意识形态领域的指导地位，要求共产党员坚定对共产主义远大理想的信仰，引导全体人民树立中国特色社会主义共同理想，把社会主义核心价值体系融入国民教育和精神文明建设的全过程，弘扬爱国主义、集体主义、社会主义思想，抵制各种错误和腐朽思想的影响；坚持社会主义先进文化的前进方向，全面贯彻党的教育方针，培养德智体美全面发展的社会主义建设者和接班人；健全党和政府主导的维护群众权益机制，高度警惕和坚决防范国内外敌对势力各种分裂、渗透、颠覆活动，切实维护国家意识形态安全。

从外交方针上看。改革开放后，随着国际形势的深刻变化，改变了过去关于时代特征的判断，认为和平与发展是当今时代的主题、中国的前途命运日益同世界的前途命运联系在一起，主张建设持久和平、共同繁荣的和谐世界，加强同发达国家的战略对话。但同时，继续实行新中国成立之初所制定的独立自主的和平外交政策和所倡导的和平共处五项原则，加强同广大发展中国家的团结合作，反对各种形式的霸权主义和强权政治，推动国际秩序朝着更加公正合理的方向发展。

以上说明，改革开放后与改革开放前相比，确实存在着党的路线、方针和任务上的一系列重大变化。但是，这种变化只不过是社会主义的自我完善和发展，社会基本政治制度、国家核心领导力量、意识形态领域指导思想、党的宗旨和最终奋斗目标等，都没有变化。这两个时期都统一于科学社会主义的原则之下，都是共产党领导的、人民当家做主的、建设社会主义的历史。

改革开放前的历史对改革开放具有重要意义

李：改革开放前后两个历史时期是一个统一的整体，只有将二者联系起来，才能全面客观地把握新中国60年的历史。您认为改革开放前的历史对改革开放具有哪些重要意义？

朱：改革开放30年来，我国经济飞速发展，综合国力明显增强，人民生活水平大幅度提高，为世界经济发展和人类文明进步作出了重大贡献。所有这些，都是世人有目共睹的。但这一切的起点，并非1949年旧中国留下的那个满目疮痍的烂摊子，而是1978年前新中国在经过29年艰苦奋斗后建立起来的宏伟基业。正如胡锦涛总书记在党的十七大报告中所指出的："改革开放伟大事业，是在以毛泽东同志为核心的党的第一代中央领导集体创立毛泽东思想，带领全党全国各族人民建立新中国、取得社会主义革命和建设伟大成就以及艰辛探索社会主义建设规律取得宝贵经验的基础上进行的。新民主主义革命的胜利，社会主义基本制度的建立，为当代中国一切发展进步奠定了根本政治前提和制度基础。"如果没有改革开放前提供的基础，改革开放要取得如此显著的成就是不可想象的。这个基础，我认为主要体现在以下五个方面。

提供了根本政治和制度前提。新中国的成立，取得了民族独立、主权和领土完整，实现了除台、港、澳地区之外的国家统一，铲除了帝国主义、封建势力的统治根基，建立了人民民主专政的政权和人民代表大会制度、中国共产党领导的多党合作和政治协商制度、民族区域自治制度等社会主义基本政治制度，奠定了社会主义全民所有制和集体所有制的经济基础。正是这一切，使中国结束了蒙受屈辱、战乱频仍、四分五裂、民不聊生的黑暗历史，使人民大众翻身做了国家主人，使各民族实现了空前大团结，使国家走上了社会主义康庄大道。

提供了基本的物质技术条件。改革开放前，新中国在一穷二白的基础上建立起了独立的比较完整的工业体系和国民经济体系，一定程度上改变了旧中国工业集中于沿海地区的不合理布局，并通过大规模农田水利基本建设，发展农药、化肥、农用机械工业及县办、社办小工业，大幅度改善了农业和农村的生产条件，提高了农作物单位面积产量。同时，大力发展科教事业，使全国高校毕业生超过旧中国 36 年累积总数的 14 倍，专业技术人员达到新中国成立初期同类人员的 13 倍多。《中共中央关于建国以来党的若干历史问题的决议》（以下简称《历史决议》）在评价改革开放前的历史贡献时指出："我们现在赖以进行现代化建设的物质技术基础，很大一部分是这个期间建设起来的；全国经济文化建设等方面的骨干力量和他们的工作经验，大部分也是在这个期间培养和积累起来的。"

提供了思想上的一定保证。胡锦涛同志指出：毛泽东思想"是被实践证明了的关于中国革命和建设的正确的理论原则和经验总结"。改革开放以来，毛泽东思想中关于实事求是、群众路线，关于要把我国建设成现代化社会主义强国、对人类作出较大贡献，关于不要机械搬用外国经验，关于社会主义时期要严格区分、正确处理两类不同性质矛盾，关于要调动一切积极因素、化消极因素为积极因素，关于百花齐放、百家争鸣、古为今用、洋为中用等思想，都被邓小平理论、"三个代表"重要思想和科学发展观所吸收，发挥着重要指导作用。改革开放前开展过的一系列政治运动存在对形势判断过于严重、做法过于简单粗暴、打击面过宽等问题，但其中关于防止执政党脱离群众、警惕"和平演变"和腐败变质的理念，却至今在党的建设中产生着深远影响。改革开放以来，我们党把过去政治运动中合理的部分作为优良传统加以继承和发扬，开展了连续不断的组织整顿和思想教育活动，对各级干部和党员在长期执政、实行市场经济和对外开放的条件下经受考验，起到了积极作用。

提供了正反两方面的经验。改革开放前，在探索社会主义建设规律的过程中，形成了许多反映国情、符合客观实际的认识，积累了一系列对于今天改革开放仍然具有重要价值的宝贵经验。同时，我们党也犯过不少错误，积累了很多教训。其中最大的教训，就是错误发动"文化大革命"。但正如邓小平所说："没有'文化大革命'的教训，就不可能制定十一届三中全会以来的思想、政治、组织路线和一系列政策。……'文化大革命'变成了我们的财富。"

提供了相对有利的国际环境。新中国成立后，挫败了外国侵略势力的一系列孤立、封锁、干涉、挑衅行径，积极支持亚非拉民族解放和独立运动，发展同中间地带国家的友好关系，先后研制成功"两弹一星"和核潜艇，打破了超级大国的核垄断和核讹诈。面对苏联霸权主义的军事威胁，毛泽东提出关于三个世界划分的理论，实现了中美和解，进而推动了中国同日本、西欧许多国家关系的改善，并在第三世界国家的支持下恢复了在联合国的合法席位，大大增强了我国的国际地位，为和平建设争取了时间。邓小平讲得好："毛泽东同志在世的时候，我们也想扩大中外经济技术交流，包括同一些资本主义国家发展经济贸易关系，甚至引进外资、合资经营等。但是那时候没有条件，人家封锁我们。后来'四人帮'搞得什么都是'崇洋媚外'、'卖国主义'，把我们同世界隔绝了。毛泽东同志关于三个世界划分的战略思想，给我们开辟了道路。"

改革开放是在"文化大革命"已经结束，但"两个凡是"的错误方针又使党和国家工作出现前进中徘徊局面的大背景下，以邓小平为核心的党的第二代中央领导集体作出的政治决断和战略抉择。没有改革开放，新中国的历史显然难以为继。但没有改革开放前那段历史打下的基础，改革开放也是难以起步的。改革开放前，国家各项事业的发展和人民生活面貌的改变远没有改革开放后那么显著，但这绝不表明那段历史对于改革开放无足轻重、可有可无。如同盖楼一样，打地基时不容易让人看出成绩，但楼房盖得快盖得高，反过来说明了地基打得牢。

改革开放前取得的建设成就是那段历史的主流

李： 最后，请您谈谈应该如何正确看待新中国成立后至改革开放前那段历史中的成绩和失误？

朱： 新中国成立到改革开放前，我们党在领导人民探索社会主义建设规律的过程中，有过不少失误和错误，有的错误甚至是全局性、长时期的，给党、国家和人民的事业造成过严重损失。我们说新中国60年是光辉的 60 年，当然不等于说那些错误也是光辉的。但另一方面，我们也必须正确分析那段历史所犯的错误，绝不能因为存在那些错误，就否定那段历史是新中国光辉 60 年的重要组成部分。对此，我认为特别需要坚持以下五个分析方法。

要把那段历史中的错误与取得的成就加以比较。对于改革开放前的历史性成就，党中央在改革开放后的不同时期曾作过许多评价，观点是始终明确和一贯的。例如，1979 年邓小平指出："我们尽管犯过一些错误，但我们还是在 30 年间取得了旧中国几百年、几千年所没有取得过的进步。"1989 年江泽民同志指出："中华人民共和国成立以来的 40 年，是中国历史发生翻天覆地变化的 40 年，是经历艰难曲折、战胜种种困难、不断发展进步的 40 年，是中华民族扬眉吐气、独立自主、在国际事务中日益发挥重要作用的 40 年。"2006 年胡锦涛同志指出："在社会主义革命和建设时期，我们确立了社会主义基本制度，在一穷二白的基础上建立了独立的比较完整的工业体系和国民经济体系，使古老的中国以崭新的姿态屹立在世界的东方。"上述评价如实反映和高度概括了改革开放前历史的基本方面，是我们总体评价那段历史的主要依据。只要把那段历史中的错误，包括"大跃进"和"文化大革命"那种严重错误，同上述基本面放在一起比较，孰重孰轻、什么是主流什么是支流，就会一目了然。

要对那段历史的错误进行具体分析。改革开放前，有的错误是全局性的、根本性的，也有的错误只是局部性的，居于次要位置。如果不加分析，以偏概全，看到哪件事情中有缺点有错误就予以全盘否定，势必会得出改革开放前的历史是一连串错误集合的结论。例如，建国初期，在思想文化领域进行过几场比较大的批判运动，有把思想性、学术性问题简单化、政治化的倾向，有的甚至混淆了敌我、敌友的界限，伤害了不少知识分子的感情。但应当看到，正是那些大张旗鼓的批判，加上与此同时进行的知识分子思想改造运动，使文艺界、学术界、教育界原先存在的封建主义和资产阶级的思想受到强烈冲击和迅速清理，使辩证唯物主义和历史唯物主义、为人民服务和人人平等等无产阶级思想，为大多数旧社会过来的知识分子所接受，很快占领了学校讲坛和各种文化宣传阵地，并且直到今天仍然在意识形态领域居于指导地位。

要把那段历史中的错误放在当时的历史条件下来看。所谓放在当时历史条件下看，就是看那些错误在当时客观条件限制下，是可以避免的还是难以避免的。例如，改革开放前很长时间内，积累率过高，人民生活水平提高不快，农村大部分地区面貌变化不大。这既与当时搞建设急于求成的主观指导思想有关，也与对积累和消费比例的安排缺少经验有关。但基本原因还在于，新中国成立初期，一方面经济基础极为薄弱，人才、资金、资源极为缺乏；另一方面，面对帝国主义侵略的威胁和人民群众要求迅速改变落后面貌的强烈愿望，需要通过优先发展重工业来加快工业化建设步伐。为此，只能实行集中统一的计划经济体制和统购统销政策，以便最大限度地集中财力、物力、人力，从而不得不暂时抑制人民消费，限制农民进城，维持适当比例的工农业产品剪刀差。可见，那个时期的消费品生产不足，人民生活水平提高不快，从根本上说，是为工业化打基础所必须付出的代价。问题在于，后来的"大跃进"、反右倾，特别是"文化大革命"等错误，使生活困难的程度更为加重、时间更为延长罢了。

要把那段历史中的错误与犯错误的时期加以区别。改革开放前，有些错误持续时间较长，但这并不意味着那个时期只有错误。例如，"文化大革命"长达十年时间，但在那十年里，除了"文化大革命"运动，我们党和人民还做了许多其他有益工作，"我国社会主义制度的根基仍然保存着，社会主义经济建设还在进行，我们的国家仍然保持统一并且在国际上发挥重要影响。""国民经济虽然遭到巨大损失，仍然取得了进展。""在国家动乱的情况下，人民解放军仍然英勇地保卫着祖国的安全。对外工作也打开了新的局面。"这说明，不能把"文化大革命"与"文化大革命时期"简单画等号，不能因为要彻底否定"文化大革命"，就否定"文化大革命"时期各项建设事业取得的重大成就，更不能因此而否定那一时期我们党和国家、社会的性质。

要把那段历史中好心办坏事与个人专断、个人专断与专制制度加以区别。在可以避免的错误中，有属于急于求成的，也有缘于个人专断的。对急于求成的毛病，邓小平曾分析道："我们都是搞革命的，搞革命的人最容易犯急性病。我们的用心是好的，想早一点进入共产主义。这往往使我们不能冷静地分析主客观方面的情况，从而违反客观世界发展的规律。中国过去就是犯了性急的错误。"对个人专断，《历史决议》指出，其根源在于骄傲，脱离实际和群众；社会原因是党内民主和国家政治生活中的民主缺少制度化、法律化，权力过分集中于个人；历史原因是长期封建社会造成的封建专制主义思想的影响。但必须看到，受封建专制主义思想影响与封建专制制度本身，毕竟是性质完全不同的两码事。因为存在个人或少数人专断的现象，就妄言改革开放前是封建专制主义社会，完全是对历史的恶意歪曲。

新中国即将走过自己的 60 年。这个时候回顾历史，认识新中国 60 年的整体性，具有特别重要的意义。对自己民族和国家历史的认知，从来是一个民族、一个国家主流文化和核心价值体系的重要组成部分，是这个民族、这个国家的重要精神支柱之一。各个阶级各种政治力量，无论是为了维护一个政权还是为了推翻一个政权，都无不高度重视对历史特别是对国家史解释的话语权。古人说过："灭人之国，必先去其史。"毛泽东也说过："历史上不管中国外国，凡是不应该否定一切的而否定一切，凡是这么做了的，结果统统毁灭了他们自己。"历史已经证明并将继续证明，只有社会主义才能救中国，只有改革开放才能发展中国、发展社会主义、发展马克思主义。我们要实现中华民族的伟大复兴，就要重视和加强马克思主义指导下的中华人民共和国国史的研究和宣传，抵制各种歪曲新中国历史的错误思潮和观点，既不能用改革开放后的历史否定改革开放前的历史，也不能用改革开放前的历史否定改革开放后的历史，从而巩固全党全国各族人民团结奋斗的共同思想基础，坚定不移地沿着中国特色社会主义道路奋勇前进。

（李彩艳：中国社会科学杂志社编辑）

原载于《中国社会科学报》2009 年 10 月 8 日第 28 期第 3 版

新中国光辉的 60 年是改革开放前后两个时期共同组成的整体

不应割裂新中国前后30年

——访柯伟林教授

李海鸿

柯伟林（William C. Kirby），哈佛大学 T. M. Chang 中国研究教授，哈佛商学院史宾格勒家族工商管理学教授，哈佛大学费正清中国研究中心主任，哈佛中国基金会主席，中国北京大学、南京大学、重庆大学和复旦大学及德

柯伟林（William C. Kirby）

国海德堡大学、柏林自由大学等大学的客座教授。

柯伟林的教学和研究兴趣主要包括在国际背景下探讨中国的工商业、经济和政治发展，具体涉及20世纪50年代以来的中国经济、台湾海峡两岸关系以及中国与欧美关系、现代中国商业发展、中国公司法和公司结构等。他目前主要从事中国商业的案例研究和中美高等教育的比较研究。

柯伟林教授不仅是一位中国研究专家，也是一位非常投入的本科教

师，更是一位出色的学术组织者和管理者，发起和主持了哈佛大学的中国基金会。他在哈佛大学组织了"中华人民共和国 60 年"研讨会。哈佛大学东亚历史系李海鸿女士在哈佛大学费正清中国研究中心采访了柯伟林教授。

六十耳顺，评价恰逢其时

李海鸿（以下简称"李"）：柯教授，您刚刚组织了"中华人民共和国 60 年：国际评估"大型国际学术研讨会。我想请您谈谈举办这次研讨会的思路和目标以及您本人对中华人民共和国 60 年在中国历史上地位的看法。

柯伟林（以下简称"柯"）：2009 年是中华人民共和国成立 60 周年，我知道中国国内正在筹备各种纪念活动，包括哈佛大学在内的国际学术界也在对中国这段引人注目的历史加以审视。孔子曾经说："吾十有五而志于学，三十而立，四十而不惑，五十而知天命，六十而耳顺，七十而从心所欲，不逾矩。"正如我在研讨会开幕式上所说的，60 岁生日对于任何一个人来说都是非常重要的，它代表着如意，预示着一个人从此便可以悠然自得、安度生活了。如果我们把中华人民共和国看做是一个有生命的机体，那么过了 60 岁生日，它是不是也可以如此呢？中华人民共和国过去发展如何？现在情况如何？将来又会走向何处？我觉得在其成立 60 周年这样一个时刻，为其作个评估，是再适时不过的了。

这次研讨会把中华人民共和国作为一个有生命的机体，目的就是对其能否健康长寿作各种各样的检查。从这个角度出发，很多人会说，回顾过去，我们现在对中华人民共和国的理解与 30 年前甚至 20 年前都大不相同；中华人民共和国的发展日新月异，我们对它的理解也随之不断变化，所以，此时此刻，回顾过去，也意味着展望未来。

我个人的理解是，中华人民共和国的历史可以分为两个阶段：前 30 年是毛泽东的革命时代，中国实行一种斯大林式的政治体制，中国的国际关系相对封闭；后 30 年是改革开放的时代，中国对西方社会开放了，经济也得到了持续发展。前 30 年，中国走了很多弯路。1979 年时，人们很难想象中国会有 30 年史无前例的经济飞速发展，有 20 多年的政治相对稳定，有绝大多数人生活水平的极大提高。所以，回顾中华人民共和国 60 年的历史时，我们首先要区分这两个历史时期。但与此同时，人们还不禁要问，是什么把这两个不同的时期连结在一起的？毕竟中华人民共和国的执政党始终是同一个政党，即中国共产党，我们在讨论中华人民共和国历史断层的同时，也应该讨论其历史的延续性，讨论在 2000 年还能不能找到 1950 年的影子。总之，中国前后 30 年的历史是一个整体，不应割裂。

还有一点，中华人民共和国历史的研究可能是中国史研究中最新的领域，现在我们能看到很多档案——尽管档案的开放还不够理想，中国政府也在发行和出版越来越多的材料，很多中国人都在撰写回忆录，还有社会学家和文学批评家在考察当代中国的状况。所以，关于中华人民共和国的研究，我们有极其丰富的史料可以利用和研究，我们有很多理论和观点可以讨论及相互借鉴。因此，我觉得有必要组织一次研讨会以强化学者和学科之间的交流。

我认为这是一次成功的研讨会。首先，研讨会不仅使美国的中国学专家有机会坐在一起面对面地讨论，还汇集了来自中国大陆、香港、台湾和亚洲其他地区的学者，欧洲也有学者参与了讨论。研讨会充满合作精神，整个过程体现出这不是一个政治性研讨会，而是真正的学术讨论会。学者们同意或不同意他人的观点时，完全出于学术的考虑，出于强化我们对中华人民共和国历史与未来理解的考虑。

其次，围绕上述问题，研讨会又分"政体"、"文化、信仰与实践"、"社会转型"和"财富与福利"等几个议题。与会学者就各自的研究领域发表了独到的见解。如裴宜理教授谈到，过去 20 多年里有很多人预言，中华人民共和国即将灭亡。可是，中华人民共和国非但没有灭亡，反而越来越有能力应对领导人换届以及公众抗议可能造成的动荡，越来越有能力推动和维持有史以来持续发展最快的经济。麦克尔·麦克爱罗义（Michael B. McElroy）教授指出，2006 年中国已经取代美国成为排放有害气体最多的国家，中国正面临日益增长的国际压力，风力发电可能是解决中国能源问题和环境污染问题的一个可行的途径。沈艾娣（Henrietta Harrison）教授则提议，中国应该更好地处理宗教信仰问题，因为跨地区、跨国界的宗教信仰，正是中国日益提高的国际化趋势的一个部分。

我认为这次研讨会在某种程度上代表了中华人民共和国研究的最新趋势，我们对于中华人民共和国的理解也会因此而更上一层楼。

国共兄弟党应相互学习

李：在您的核心课程"当代中国：现代世界的中国大陆和台湾"中，中国大陆和台湾所占分量相差不多。我想知道您这样安排是出于什么考虑？

柯：确切地说，应该是大陆占三分之二，台湾占三分之一。你可能又要问，为什么我没给广东省或其他省三分之一的分量呢？我觉得最主要的原因，是在中国大陆和台湾分别存在着两个行政体系，又奉行两种不同的政治体制和社会制度。通过这个课程和这样的安排，我首先想探讨的是，从1950年到现在，中国发展存在的各种可能性。中国大陆有各种各样发展的可能性；台湾也有几种发展的可能性。但是，大陆和台湾不大相同。比如，在比较台湾和大陆的土地改革时，我们不禁要问，为什么土地改革在台湾行得通而在大陆行不通？台湾土地改革从开始实行，一直延续到现在，可能还会不断延续下去；而大陆的土地改革却不得不一而再、再而三地改。又如，比较政府在经济发展中的作用时，我们发现台湾很早就从政府计划经济过渡到政府指导经济，而这种过渡在大陆却很晚，原因何在呢？事实上，从任何角度上看，大陆和台湾都可以相互学习。

再次，还有一个重要原因，我认为共产党和国民党算得上是真正的兄弟党。两党非常相似：共产党在国民党时期成长壮大，在组织和运作上都模仿国民党，就像国民党模仿苏共一样。两党都学习苏联，尽管各自的学习方式和所学的东西有所不同，他们相同之处还是多于不同之处，尤其是在20世纪50年代。我觉得两党之间可以相互学习的东西特别多。当然了，他们面临的问题可能不尽相同，我也不会对他们存在不同的问题视而不见。但是，他们却不得不从相同的菜单中寻求各自的答案。比如说，是允许私营企业存在还是进行压制？是允许选举还是阻碍选举？如果允许选举，是不是仅仅因为相信自己无论如何都会获胜？国民党在台湾50多年就是这么做的，直到他们最后丢掉了执政党的地位。而这个时候，他们又不得不改变路线，以便能够重新掌握政权。我认为中国大陆的领导人从台湾那里学到了不计其数的经验，他们对此也毫不讳言。

总而言之，我的课程就是要学生了解国民党与共产党的异同，了解20世纪50年代以后中国发展可能选择的道路。

中国始终是世界潮流的一部分

李：您的著作曾探讨全球化与国际化，您如何看待在全球化与国际化的背景下中国的发展呢？

柯：中国的过去就是全球化和国际化的，我们理解今天的中国，不仅要在中国背景下理解，也要在全球背景下来理解，因为中国曾经在很长时间里、在很多方面都是世界的主导者之一。有时候我们忘了这一基本事实，是因为中国现在对外开放的程度比我们20年前想象的要高得多。其实，中国对外封闭的时间很短，也没有其开放时期那么重要。在我看来，至少从太平天国开始到现在，人们很难说得清什么是外国的、什么是中国的，在外国与中国之间没有严格的界限。无论在政治、经济、社会还是宗教方面，中国始终是世界潮流的一部分。中国有时可能是领导者，有时可能是跟从者，但不可否认的是，中国确实是世界的一部分。即使在20世纪50年代也不例外，只不过那个时候，中国并不是资本主义阵营的成员，而是社会主义阵营的成员，而且是非常核心的成员，所以现在中国努力拓展其国际影响力再自然不过了。现在的世界同19世纪20年代的世界极其相似，当时世界上最有钱的人是中国人，而最大的经济体是中国。

李：最近您又开始对中国商业史感兴趣，有没有什么特殊的原因？对于中国今天的市场经济，您认为中国人从老祖宗那里学得多呢，还是从现代西方人那里学得多？

柯：现代的中国商人和商业史都很独特，要问他们从哪里学到的市场经济，我觉得，中国近代史上的一个说法最合适不过了，那就是"中学为体，西学为用"。中国商人在采用西方管理技术方面非常到位，不管是董事会还是股份有限公司，中国商人特别善于利用国际化的商业组织形式。与此同时，那种家族管理、小规模商业的传统却经久不衰；商业管理通常不仅看商业运作，还看人际关系，诸如交际圈、什么人可以信任、什么人不能信任等观念对中国商业非常重要。换句话说，一个中国的公司，其外在的形式同一个西方的公司没有太大的差别，但内部的人际关系却非常中国化。也可以说，其硬件有时更像西方，但软件却是非常非常中国化的。不仅私营企业如此，国营企业也如此，尽管国营企业与私营企业的历史不同，但其历史也是非常中国化的。我觉得，这两方面的结合也不是什么缺点，相反在很多时候都是一份强有力的资产，可能更适合中国商业的发展。

哈佛中国基金会鼓励中国研究

李：2006 年，哈佛中国基金会项目启动，迄今已资助了不少中国学研究项目和学生实习项目。作为哈佛中国基金会的重要发起人，您当时为什么想建立这样一个专门机构和专项基金项目？

柯：我建立中国基金会的目的，是想在哈佛大学内部筹集一份专项基金，以便资助哈佛大学有关中国的研究与教育。哈佛有很多中国学研究专家，但现在很多对中国感兴趣的人并不是中国学专家，他们当中有的从事环境研究，有的从事公共健康研究，有的从事比较法律研究，还有的从事建筑、城市规划或教育等方面的研究；目前，这些人都意识到中国这个国家异常重要，并极力想参与到对这个国家的研究中；我觉得我们应该帮助他们，让他们的研究更方便。所以，通过哈佛基金会，我最想做的事就是把哈佛的中国学扩展到中国学专家以外的领域。

具体说来，主要有几个方面的考虑。一是想资助哈佛大学在中国展开活动，如有可能，最好在中国建立办事处之类的机构；二是想资助哈佛大学内部有关中国学的研究和项目，以便继续保持哈佛大学在中国学研究领域的中心地位；三是资助哈佛内部各个院系及各种项目的中国学研究之间的联系，推动其在适当的时候相互合作，以使哈佛大学在中国学研究方面的各种努力效果最大化；四是想鼓励哈佛的学生尽早对中国和中国学产生兴趣，以便为其将来进行中国学研究或从事与中国相关的工作做好准备；最后，就是希望能够加强与中国学者和学术机构的交流及合作。

李：您为什么认为哈佛在中国建立一个办事处或让学生有机会到中国去很重要？

柯：因为研究中国最好的地方就是中国。当然，我们希望他们去之前有所准备，这也是我们创办哈佛—北京汉语学院的原因，因为学习汉语最好的地方就是中国，我们有 100 多个学生暑期到中国学习汉语，800 多个学生春秋两个学期在哈佛学习汉语；此外，我们到北京实习的学生也从无到有，过去两年多已有四五十个。

李：从过去两年多资助的项目来看，哈佛大学中国基金会似乎有充足的资金，那么这些资金从何而来？您又如何说服人们为基金捐款呢？您是否也希望中国政府或个人参与其中呢？

柯：在过去两年里，哈佛中国基金资助了"哈佛残疾人项目"、"危机管理"、"对中国经济增长和控制空气污染重新思考"、"龙胆：中国的医疗培训和国家保健的标准"和"村庄发展"等 7 个项目，资金从 5 万到 18 万美元不等，2009 年我们除了资助更多研究项目，还新设了"课程设立资金"，鼓励哈佛教师开发新的以中国为中心的课程。再加上资助本科生到中国实习、学汉语，哈佛中国基金确实投入不少。

但是，到目前为止，哈佛基金还不是投资基金。我们没有把钱投到股市上，基金是哈佛大学投入的，共有 10 年期限。哈佛大学之所以加大投入，是因为它已经决定将中国作为其国际发展的一个重中之重。日前开张的哈佛上海办事处是哈佛大学唯一的国际中心，哈佛大学在世界上没有其他类似的机构。这足以说明，中国是哈佛大学国际事务工作的第一重点。我们当然想募集资金，以便在 10 年之后，继续扩大项目，但募资工作才刚刚起步。所以，如果中国有人想帮助我们这个基金，我们当然很高兴。事实上，这个基金并不仅仅对哈佛有利，它也在资助与中国的合作，资助哈佛学生到中国的大学，同中国的大学生一起学习和工作。所以，有人捐资的话，我们当然特别欢迎。

亚洲研究升温不会影响中国研究

李：最近一段时间，南亚和东南亚研究在美国高校中越来越热，您认为这是否会影响甚至削弱哈佛或美国的中国学发展呢？

柯：这个问题问得好。在过去 50 年中，哈佛大学东亚研究一直非常强，但哈佛大学对于印度和东南亚的研究却极其薄弱。直到不久以前，在南亚和东南亚研究上，哈佛大学从来都没有处于领导地位。最近，哈佛大学也开始着手加强南亚和东南亚的研究，设立了"促进南亚"的项目，以方便哈佛的师生之间、哈佛师生与美国及其他国家中最优秀的南亚研究专家之间的学术交流，并使他们有机会与南亚著名的公众人物面对面地交流。在这个过程中，历史系的南亚专家苏加塔·鲍斯（Sugata Bose）教授作出了卓越贡献。

我一点儿也不担心南亚研究会转移哈佛大学对中国和中国学的兴趣。事实上，在我们开始创建南亚研究的过程中，对中国感兴趣的学生也在渐渐增多。对中国感兴趣的学生同时也对印度甚至整个亚洲都非常感兴趣。印度和中国是两个重要的、日益强大的国家，他们对这两个国家同时都感兴趣，我觉得可以取得相得益彰的效果。至于东南亚研究，我觉得东南亚没有一个大国，学生很难集中到某一个国家的研究上，而且哈佛大学也没有足够的师资引导学生从事东南亚的研究。但另一方面，东南亚研究其实对中国研究很重要，如果人们想理解中国商业发展，就不得不了解那些前往东南亚即南洋的人，他们到那里去赚钱，然后又回到中国投资，这种资金循环在东南亚华侨中很典型。所以，我认为，南亚和东南亚研究不但不会削弱哈佛的中国学研究工作，恰恰相反，南亚和东南亚研究越强，我们对中国的研究也就越强，我丝毫不担心它们会影响中国学的发展。

中国高校有望超越哈佛

李：您的研究生中有一些来自中国大陆，通过对他们的了解，您认为中国高等教育是否存在问题？您对中国高等教育总体上有什么看法？您认为中国大学是否应该以哈佛为榜样？

柯：我认为，哈佛大学能够长期保持其最优秀大学的地位，原因之一就在于哈佛大学能够招收到数量众多的优秀中国学生。你看起来似乎有些惊讶，但这是千真万确的。哈佛文理学院研究生院的招生本着纯粹的国际化原则，一个学生能否被哈佛接收，完全看他在自己所选择的研究领域中是否出色，这一点是毫无疑问的。哈佛大学从大中国——包括中国大陆、台湾和香港——招收的学生人数比我们在世界上任何其他国家或地区都要多。在科学和技术领域，中国学生人数优势就更明显，这一点人们似乎也司空见惯了。所以说，哈佛能够如此强大，与我们能够招收到的中国学生，甚至和有中国教育背景的教授有很大关系。

我认为中国的高等教育是一个极有发展潜力的领域。中国高校发展的速度是当今世界上最快的，不仅规模不断扩大，教育质量也在不断提高。当然，中国的高校也不可避免地存在问题。我在北京大学演讲时，也曾谈到这个问题。我认为，自1905年科举制被废除和清朝灭亡之后，中国的人文教育传统逐渐被淡化。在近现代中国人求富求强的强烈愿望驱使下，中国的高等教育越来越强调专业化和技术层面，人文教育愈加缺失。今天的中国要想成为一个富强和谐的社会，就需要重视人文教育，需要让学生了解基本的为人处世的道理，需要培养更多能改造社会、改造观念的科学家和工程师。客观地说，各国高校都有自己的问题。但是，我认为如果有哪个国家的高等教育制度能够在本世纪赶上并超过哈佛大学的话，那就是中国。我这样说是有根据的：100年前，哈佛并不是一所世界名牌大学，所有世界上最好的大学都在德国。可是，现在每个人都认为哈佛大学是世界最有名的大学之一，而据有些调查显示，目前在世界排名前50位的大学里，没有一所是德国的大学。这说明，世界是在不断变化着的，现在第一并不意味着20年后依然是第一。我认为在今后的20年里，中国会有多所大学跻身世界最优秀的大学行列，至少是前20名，甚至是前10名。所以我觉得，现在正是一个令人激动的时刻，因为在这一时刻，哈佛大学与中国大学既有竞争又有合作。

学术不端并非小节

李：中国和美国的大学都存在学术不端行为，哈佛是如何教育学生，使绝大多数学生认识到抄袭和剽窃将受到非常严重的惩罚的？这方面，您对中国的大学和学者有什么建议吗？

柯：学术造假有各种各样的形式，不同文化对其理解和处理方式也不同，有的处理得要严重些，有的则没那么严重。不可否认，学术造假是普遍的，任何文化中都存在。不过，哈佛大学对学术造假态度十分严肃。因为我们坚信，一所大学想要生存，最根本的就在于能够取信于人，无论你说什么，你所说的都应该是你自己的话，你所表达的都应该是你自己的思想，这是再简单不过的道理。

哈佛大学尝试着尽可能早地告诫学生，任何形式的剽窃都是一件非常严肃的事情，这种教育从他们踏入哈佛校园那一刻就开始了。哈佛有专门的写作课，每个哈佛的本科生在一年级的第一个学期都要上这门课，都要懂得怎样正确使用材料。所以，从一开始哈佛就告诫所有本科生不要抄袭、不要剽窃。又因为从国际招收研究生，哈佛大学为使那些没有选修过这门课的人尽早接受这种教育，每年夏天都会办国际研究生新生英语强化班，在帮助国际新生适应新环境的同时，也告诫他们不要抄袭、不要剽窃。

我觉得防范学术造假对哈佛很重要，对中国的大学和学者也越来越重要。因为，中国逐渐走向国际化，中国的大学和学者也是全球学术研究的一个组成部分。所以，我希望他们在发表论文时，也尽可能像他们的英国、美国或西欧的同行那样谨慎。我对这项工作非常有信心！不过，我觉得这项工作需要尽早做，要尽可能早地教育学生什么是正确的、什么是错误的，并对那些明知故犯者给予严惩。

（李海鸿：哈佛大学东亚历史系。感谢张冠梓先生供稿）

原载于《中国社会科学报》2009 年 9 月 8 日第 21 期第 4 版

不应割裂新中国前后 30 年

实行正确的民族政策是
新中国 60 年民族工作最宝贵的经验

——访国家民族事务委员会主任杨晶

李彩艳

杨 晶

杨晶，男，蒙古族，内蒙古准格尔旗人，1953 年 12 月出生。1976 年 8 月入党，1970 年 12 月参加工作，中央党校在职研究生学历，曾任内蒙古自治区达拉特旗旗长、书记，自治区统计局副局长，自治区旅游局局长，自治区团委书记，哲里木盟盟委书记，呼和浩特市市委书记，自治区党委常委、自治区党委副书记，自治区主席，现任国家民委主任、中央统战部副部长，第十届、十一届全国人大代表，党的十五大、十六大、十七大代表，十六届中央委员会候补委员，十七届中央委员会委员。

新中国成立 60 年来，我国少数民族和民族地区的政治、经济、文化等各方面建设都取得了巨大成就，围绕 60 年来我国民族政策的历程、少数民族文化保护、人类学民族学发展等问题，采访了杨晶同志。

新中国 60 年民族工作成绩显著

李彩艳（以下简称"李"）：杨主任您好，非常感谢您在百忙中接受我们的采访。新中国成立 60 年来，我国少数民族和民族地区的政治、经济、文化等各方面建设都取得了巨大成就。您作为国家主管民族事务部门的领导，能不能首先向广大读者简要回顾一下 60 年来我国民族工作走过的历程。

杨晶（以下简称"杨"）：首先感谢您及各界朋友对民族工作的关心。新中国成立以来，我们党始终坚持从统一的多民族国家的基本国情出发，坚持把民族问题作为我们建设中国特色社会主义必须处理好的一个重大问题，坚持把民族工作作为关系党和人民事业发展全局的一项重大工作，在各个历史时期适时作出正确决策和部署，保证了民族团结进步事业在正确的道路上胜利前进，民族工作取得了举世瞩目的巨大成就。

以毛泽东同志为核心的党的第一代中央领导集体确立了以民族平等、民族团结、民族区域自治、各民族共同繁荣为核心的民族理论和政策，开辟了一条中国特色解决民族问题的正确道路。这一时期，党和国家彻底废除民族歧视和民族压迫制度，使我国各少数民族得以以中华民族大家庭平等一员的地位登上历史舞台，成为国家和社会的主人。而且，从民族地区多种经济社会形态并存的实际出发，因地制宜地开展了民主改革和社会主义改造，引导各民族共同走上社会主义道路，实现了中华民族发展史上最广泛最深刻的社会变革。

党的十一届三中全会以后，以邓小平同志为核心的党的第二代中央领导集体，全面重申党的民族政策，实现了民族工作指导思想的拨乱反正和工作重心的转移，民族工作迎来了又一个新的春天。这一时期，党和国家召开了全国边防工作会议，以及西藏、云南、新疆、内蒙古、青海、海南岛等系列工作座谈会，颁布了民族区域自治法，并出台了一系列帮助民族地区改变贫困落后面貌的政策措施。这一系列重大举措，使少数民族和民族地区迈开了改革开放和现代化建设的新步伐，民族团结进步事业呈现出勃勃生机和活力。

党的十三届四中全会以后，以江泽民同志为核心的党的第三代中央领导集体，鲜明提出"汉族离不开少数民族，少数民族离不开汉族，各少数民族之间也相互离不开"的重要思想，深刻揭示民族问题的科学内涵，并把发展作为现阶段解决我国民族问题的核心，实现了民族工作的与时俱进。这一时期，党和国家先后两次召开中央民族工作会议，并作出实施沿边开放、"八七"扶贫攻坚计划、西部大开发等一系列重大战略决策，促进了少数民族和民族地区加快发展，中华民族的凝聚力和向心力进一步增强。

党的十六大以来，以胡锦涛同志为总书记的党中央，紧密结合我国进入改革发展关键时期的新形势、新任务，鲜明提出各民族共同团结奋斗、共同繁荣发展是民族工作主题，促进民族团结、实现共同进步是民族工作的根本任务，制定出台了一系列加快少数民族和民族地区经济社会发展的政策措施，进一步开创了民族工作的新局面。这一时期，党和国家召开了新世纪第一次中央民族工作会议，颁发了《中共中央、国务院关于进一步加强民族工作，加快少数民族和民族地区经济社会发展的决定》，制定了《国务院实施〈中华人民共和国民族区域自治法〉若干规定》，出台了关于支持西藏、新疆、宁夏、青海等藏区，云南边境地区，广西北部湾经济区等加快发展的优惠政策。此外，还专门制定实施了扶持人口较少民族发展、兴边富民行动、少数民族事业等国家专项规划，颁发了《国务院关于进一步繁荣发展少数民族文化事业的若干意见》。这一系列重大举措、重大部署，给少数民族带来了实实在在的优惠政策和巨大实惠，民族地区进入了跨越式发展的快车道，我国民族团结进步事业站在了一个新的更高的历史起点上。

实行正确的民族政策是民族工作的宝贵经验

李：您认为 60 年来，我国民族工作取得了哪些重要成就，积累了哪些最值得总结的经验？

杨：概括地说，新中国成立以来的 60 年，就是我国各族人民在中国共产党领导下共同团结奋斗、共同繁荣发展的 60 年。60 年来，在党的民族政策的光辉照耀下，少数民族的面貌、民族地区的面貌、民族关系的面貌发生了翻天覆地的历史性变化。少数民族和民族地区经济社会发展取得了巨大成就，基础设施条件普遍改善，城乡面貌焕然一新，人民生活水平不断提高。据统计，民族地区 GDP 由 1978 年的 324 亿元增加到 2008 年的 30626 亿元，按可比价格计算，增长了 17 倍多；城镇居民人均可支配收入由 1978 年的 307 元增加到 13170 元，增长了 30 多倍；农牧民人均纯收入由 1978 年的 138 元增加到 2008 年的 3389 元，增长了 19 倍。

我国民族工作在取得巨大成就的同时，还积累了非常宝贵的经验。概括起来，最根本的有三条：

一是必须坚持中国特色社会主义道路不动摇。60 年民族工作取得一切成绩和进步的根本原因，归结起来就是，在艰辛探索、长期实践和反复比较中，我们党团结带领全国各族人民开创性地走出了一条符合中国国情、具有中国特色的解决民族问题的正确道路。实践证明：只有中国共产党，才能拯救各民族、解放各民族、团结各民族；只有中国特色社会主义，才能繁荣各民族、发展各民族、振兴各民族。我们要不为任何风险所惧，不为任何干扰所惑，毫不动摇地走中国特色解决民族问题的正确道路。

二是必须坚持党和国家的民族政策不动摇。党和国家的民族政策，既全面考虑了我们这个多民族的统一国家走上社会主义道路的基本事实，又全面考虑了我国 56 个民族在发展水平和文化风俗上存在多样性与差异性的基本事实，具有历史和现实的科学依据，具有强大的生命力。实践充分证明，我国的民族政策是成功的，经受住了各个时期各个方面的检验和考验，得到了各民族群众的真心拥护，促进了各民族的平等团结、发展进步和共同繁荣，在国际上也受到了广泛的认可和好评。当然，我们今后还要根据形势的新变化、实践的新发展、人民的新期待，实现民族政策的与时俱进，推动民族政策不断发展完善和贯彻落实。

三是必须坚持各民族共同团结奋斗、共同繁荣发展的民族工作主题不动摇。这是新世纪新阶段正确处理民族问题、切实做好民族工作的根本。抓住这个根本，就要充分发挥民族工作在增进团结、凝聚力量上不可替代的作用，促进各民族和睦相处、和衷共济、和谐发展，增强中华民族的凝聚力和向心力。抓住这个根本，就要切实抓好发展这个党执政兴国的第一要务，千方百计加快少数民族和民族地区经济社会发展，不断改善各族群众的生产生活条件，不断提高各族群众的思想道德素质、科学文化素质和健康素质，让各族群众共享改革发展的成果。把握住"两个共同"，就把握了当代中国民族问题的时代特征，就把握了民族团结进步事业的前进方向，就能在全面建设小康社会的历史进程中不断开创民族工作的新局面。

民族工作必须要发展和团结两手抓

李：新中国 60 年取得的成绩，与民族团结、社会稳定息息相关。加强各民族的大团结，保持社会稳定，维护祖国统一，事关全国各族人民的根本利益，事关全面建设小康社会目标的实现。您认为具体在民族工作中应如何处理稳定与发展的关系？

杨：稳定和发展始终是辩证统一的。稳定是发展的前提，没有稳定的社会局面，发展无从谈起。发展是稳定的基础，没有发展所带来的充裕的物质文化条件，稳定的局面也只是暂时的、不能长久的稳定。我的理解，在民族工作领域处理稳定与发展的辩证关系，要突出把握好两个方面：

第一，统筹好维护民族团结与促进少数民族和民族地区发展的关系。民族工作必须是发展和团结两手抓，两手都要硬。发展是硬道理，是第一要务；团结是硬任务，是第一职责。民族工作首先是做好巩固民族关系、维护民族团结的工作。只有抓好了团结，使民族关系融洽和谐、社会安定有序，才能服务好发展这项党和国家的中心工作。没有团结稳定，一切无从谈起。另一方面要看到，当前民族地区发展相对滞后仍然是民族问题的集中体现，是实现民族平等、团结、进步的最大障碍，必须通过发展来解决民族地区的一切困难和问题。要通过推动和加快民族地区经济、社会、文化发展，为民族团结打下坚实的物质基础。

第二，要在"共同"二字上下功夫。共同，就是各民族共同富裕。这是社会主义本质的要求。我们要看到，虽然纵向比较，少数民族和民族地区经济社会发展取得了长足进步，但是横向与发达地区相比，还存在较大差距。民族地区人均 GDP 和农牧民人均纯收入都低于全国平均水平，高中毛入学率、在校大学生比例等也低于全国平均水平。而且，我国的贫困面呈现越来越向民族地区集中，贫困人口越来越向少数民族集中的趋势。当前，全国贫困面 72% 集中在民族地区，其中少数民族又占 52%。这是一个必须引起高度重视的问题。如果不解决少数民族和民族地区加快发展问题，实现 2020 年全面小康社会的目标就没有保证。因此，一方面，国家要继续从财力、物力、技术等方面加大对民族地区的支持，发达地区要加强对民族地区的支援，积极帮助民族地区增强自我发展能力，提升发展水平。另一方面，民族地区要发扬自力更生、艰苦奋斗的精神，把国家和发达地区的帮助同发挥自身优势结合起来，努力实现跨越式发展。无论是国家的帮助、发达地区的支援，还是民族地区的自力更生，都是为了实现共同富裕，都是为了实现各族人民共享改革发展成果。

少数民族文化是中华文化的重要组成部分

李：我国长期以来实行保护少数民族语言文化的政策，这对繁荣发展少数民族文化事业起到了重要作用，但是现在有一些学者指出，民族文化应让其自发发展，刻意扶持少数民族发展自己的语言文字，会强化民族差异，不利于培养他们"中华民族"的民族认同感，也不利于各民族之间的团结。您如何看待这种观点？

杨：文化是民族的重要特征，是民族生命力、创造力和凝聚力的重要源泉。少数民族文化是中华文化的重要组成部分，是中华民族的共有精神财富。帮助少数民族发展自己的语言文化，是我们国家民族平等政策的体现，是少数民族生产生活的实际需要，不存在什么刻意不刻意的问题，更不存在不认同国家、不认同"中华民族"的问题。

新中国成立以来，特别是改革开放以来，党和国家高度重视保护和发展少数民族文化，采取了一系列重要举措，取得了显著成绩。

一是加强文化设施、机构和人才队伍建设。国家实施了两馆一站建设工程、广播电视村村通工程、西新工程等，建立了文化馆（站）、图书馆、出版社、博物馆、艺术表演团体、民族语文翻译机构等各级各类工作机构，创办了《中国民族报》、《民族画报》、《民族文学》等一批报刊，基本建成了功能较齐、语种较全、覆盖面较广的少数民族语言文字新闻出版体系和广播影视体系。此外，创办了民族院校，并在高等院校开设了少数民族语言文学、美术、音乐舞蹈等专业，培养了大批少数民族文化艺术人才。

二是积极抢救和保护少数民族文化遗产。国家投入巨资对西藏布达拉宫、拉萨三大寺（哲蚌寺、色拉寺、甘丹寺）等民族地区大批国家重点文物古迹进行维修。国家级非物质文化遗产名录和国家级非物质文化遗产项目代表性传承人中，少数民族都占了很大比例。新疆维吾尔十二木卡姆艺术、蒙古族长调民歌入选联合国教科文组织"人类口头与非物质遗产代表作"。大批少数民族典籍文献得到抢救、挖掘、整理和出版，一些濒临消失的文化得以保存。

三是积极推动少数民族文化艺术的繁荣发展。国家通过设立重大文化项目，如中国艺术节、国家舞台艺术精品工程、骏马奖、全国少数民族文艺会演、全国少数民族传统体育运动会等，为少数民族文化提供了很好的交流、展示机会，扶持发展富有民族特色的文化艺术，推出了大批少数民族文化精品和文化人才。

四是保障少数民族语言文字的使用。在全国党代会、人代会、政协会等政治生活中，在广播影视、新闻出版方面，在文化教育方面，在网络通信方面，少数民族语言文字得到了广泛应用。比如，中央人民广播电台和民族自治地方广播电台每天用 20 多种民族语言进行广播。

五是积极开展少数民族文化对外交流活动。目前，从中央到地方已有100 多个少数民族艺术团体走向世界。在中法文化年、中俄国家年、中华文化非洲行等重大活动中，少数民族文化都绽放异彩，产生了良好反响。

60 年的实践充分证明，少数民族文化的繁荣发展，丰富了中华文化的内涵，增强了中华文化的生命力和创造力，提高了中华文化的认同感和向心力，对于维护民族团结、祖国统一和社会稳定，发挥了重要作用。前不久，国务院召开了全国少数民族文化工作会议，出台了《关于进一步繁荣发展少数民族文化事业的若干意见》。这对于进一步推动少数民族文化的保护、传承、创新和发展，必将产生深远的影响，我国少数民族文化发展将迎来新的春天。

牢牢把握各民族共同团结奋斗、
共同繁荣发展的主题

李：我国民族工作下一步工作重点和目标是什么？

杨：2008 年 9 月，针对近年来我国民族团结进步事业面临的新情况新问题，胡锦涛总书记作出重要指示，强调民族团结是国家长治久安、兴旺发达的保证，促进民族团结、实现共同进步是民族工作的根本任务，无论在什么情况下，都要坚定不移地维护民族团结。这对于我们进一步增强做好民族工作的政治责任感和紧迫感，把握工作重点和要求，具有重要的指导意义。

根据胡锦涛总书记的指示精神，下一步，我们将按照科学发展观的要求，牢牢把握各民族共同团结奋斗、共同繁荣发展的主题，进一步加大维护民族团结工作的力度，依法妥善处理影响民族关系的各种矛盾和问题，加强民族团结宣传教育，努力营造民族团结和睦、社会安定有序的良好氛围；进一步贯彻落实党的民族政策，维护好少数民族群众的合法权益；进一步加强民族政策法规的研究制定，推动民族区域自治制度的自我完善和发展；进一步做好"十二五"时期民族工作的调研，加快少数民族和民族地区经济社会发展；进一步加大少数民族干部人才的培养使用力度，为民族团结进步事业的长远发展提供人才保障。

总之，我们将以一流的精神状态、一流的工作作风，全力做好促进民族团结、实现共同进步的各项工作，努力为推动科学发展、促进社会和谐，作出我们应有的贡献。我们看到，新中国 60 华诞，正是中华各民族大团结的新高峰，正是中华民族实现伟大复兴的新起点！

推动人类学民族学理论研究和民族工作有机结合

李：实践是理论产生和发展的源泉，理论反过来又可以指导实践。人类学民族学研究与我国民族工作的关系十分紧密。新中国成立以来，人类学民族学为制定民族政策、进行民族识别、建立民族区域自治制度提供了坚实的理论指导和思想支持。中国人类学民族学研究会为促进人类学民族学发展做了很多工作，作为中国人类学民族学研究会会长，请您给读者介绍一下中国人类学民族学研究会的有关情况和下一步的工作计划。

杨：1992 年，国家民委成立了中国都市人类学会，通过国际人类学与民族学联合会这一平台，积极参与国际学术交流与合作，并于 1993 年作为中国唯一的学术团体正式获得国际人类学与民族学联合会的常务理事地位。2000 年，中国都市人类学会成功举办了国际人类学与民族学联合会中期会议，获得联合会执委会及世界各国专家学者的信任和赞誉。经国务院批准，中国都市人类学会于 2003 年 7 月成功申办了国际人类学与民族学联合会第十六届大会。

2007 年 3 月，为进一步调动和整合国内外的学术资源和学术力量积极参与国际人类学与民族学联合会第十六届大会的筹办工作，进一步推进和发展我国人类学民族学学科建设和学术研究，国家民委在中国都市人类学会的基础上正式成立了中国人类学民族学研究会。

中国人类学民族学研究会自成立之初，就得到了包括中国人类学会、中国民族学会等在内的权威学术团体，包括中国社会科学院、清华大学、北京大学、中央民族大学等国内著名的科研院所、高等院校，以及广大人类学民族学专家学者的大力支持和热情参与，共同承担起承办国际人类学与民族学联合会第十六届大会的艰巨使命，为举办一届"内容丰富、特色鲜明、影响广泛"的大会共同努力。

在为期六年的大会筹办过程中，中国人类学民族学研究会组织召开了多次筹备动员会议、学术准备会议和专题研讨会议，研究部署大会的学术准备和相关工作。中国人类学民族学研究会还委托国内学者编写了《中国人类学民族学百年文库》，组织权威专家开展了《中国的民族事务》、《中国的民族文化》、《中国人类学民族学的历史基础和现实发展》等三个重点课题研究，系统收集、整理、总结了我国人类学民族学百年来的发展历程、发展成果和中国经验，为提高我国人类学民族学的学术水平、培养人类学民族学后续研究人才、完善我国人类学民族学学科体系作出了重要贡献。在国际人类学与民族学联合会第十六届大会期间，由中国人类学民族学研究会牵头起草的《昆明宣言》得到了国内外学者的广泛认可，顺利获得通过，这是人类学民族学百年历程中第一次在世界的舞台上发出中国学者的声音，对提高我国学术话语权、扩大我国学术影响力具有重要作用。

国际人类学与民族学联合会第十六届大会期间，全国政协主席贾庆林、国务院副总理回良玉等党和国家领导人通过会见、致辞等形式，充分肯定了人类学民族学的学术意义和实践价值，充分肯定了我国人类学民族学学者的理论成功和政策贡献。这也是对中国人类学民族学研究会工作的极大肯定和鼓舞。随着国际人类学与民族学联合会第十六届大会的胜利闭幕，国家民委将支持中国人类学民族学研究会在我国人类学民族学研究和实践领域发挥更加广泛的作用。

（李彩艳：中国社会科学杂志社编辑）

原载于《中国社会科学报》2009 年 10 月 20 日第 31 期第 4 版

实行正确的民族政策是新中国 60 年民族工作最宝贵的经验

中国话语

中国社會科學報

• (2009—2010)

对话

中国妇女与祖国共命运、与时代齐奋进

——访全国人大常委会副委员长、全国妇联主席陈至立

范勇鹏　褚国飞

陈至立，女，汉族，1942 年 11 月生，福建仙游人，1961 年 1 月加入中国共产党，1964 年 9 月参加工作，研究生学历。中共十三大、十四大、十五大、十六大、十七大代表，中共第十三届、十四届中央候补委员，第十五届、十六届、十七届中央委员。现任第十一届全国人大常委会副委员长、党组成员，全国妇联主席。

陈至立同志 1964 年 9 月毕业于复旦大学物理系。1964 年 9 月至

陈至立慰问空军首批歼击机女飞行员

1968 年 8 月在中国科学院硅酸盐化学与工学研究所读研究生。1968 年 8 月至 1970 年 1 月在解放军 6409 部队丹阳湖农场劳动锻炼。1970 年 1 月至 1980 年 8 月任中国科学院上海硅酸盐研究所研究实习员、助理研究员。1980 年 8 月至 1982 年 12 月在美国宾夕法尼亚州立大学材料研究所作访问学者。1982 年 12 月至 1984 年 11 月任中国科学院上海硅酸盐研究所助理研究员、副研究员、所党委副书记。1984 年 11 月至 1988 年 3 月任中共上海市科技工作委员会党委副书记、书记。1988 年 3 月至 1988 年 6 月任中共上海市委宣传部部长。1988 年 6 月至 1989 年 8 月任中共上海市委常委、宣传部部长。1989 年 8 月至 1991 年 8 月任中共上海市委副书记、宣传部部长。1991 年 8 月至 1997 年 7 月任中共上海市委副书记。1997 年 7 月至 1998 年 3 月任国家教委党组书记、副主任。1998 年 3 月至 2003 年 3 月任教育部部长、党组书记。2003 年 3 月至 2008 年 3 月任国务院国务委员、党组成员，国家科技教育领导小组副组长，中央宣传思想工作领导小组副组长，中央精神文明建设指导委员会副主任，《国家中长期科学和技术发展规划纲要》领导小组副组长，国务院学位委员会主任委员，孔子学院总部第一届理事会主席，北京奥运会组委会第一副主席、党组副书记。2008 年 3 月至今任第十一届全国人大常委会副委员长、党组成员，北京奥运会组委会副主席，全国妇联主席。

在"三八"国际劳动妇女节一百周年纪念日来临之际，《中国社会科学报》特派记者采访了全国人大常委会副委员长、全国妇联主席陈至立。

妇女能顶"半边天"

范勇鹏、褚国飞（以下简称"范、褚"）：我们即将迎来全世界妇女共同的节日"三八"国际劳动妇女节一百周年纪念日。百年前，争取劳动妇女权益和妇女解放的斗争在世界各地风起云涌。在国际妇女运动著名领袖克拉拉·蔡特金的倡导下，"三八"妇女节应运而生。百年来，我国妇女运动走过了艰难而光荣的历程。今天，中国女性活跃在社会各个领域，在经济发展和社会进步中发挥着自己的聪明才智。能否请陈主席谈谈，中国女性在当代中国发展和现代化建设中作出了哪些贡献？

陈至立（以下简称"陈"）：一百年前，中国妇女运动在国际妇女运动的大潮中兴起。在中华民族争取独立、复兴和发展的奋斗历程中，中国共产党为中国妇女运动指明了前进的方向。在党和政府的坚强领导下，中国妇女与祖国共命运、与时代齐奋进。新中国成立以来，中国妇女状况发生了重大而深刻的变化，实现着自身的进步与发展。广大妇女自尊、自信、自立、自强的意识不断增强，综合素质不断提升，视野更加开阔，参与社会发展的能力普遍提高，主体作用得到更好的发挥。她们和男性一样，活跃在社会各个领域，为推动中国社会发展和现代化建设作出了巨大贡献。"半边天"成为全社会对妇女作用最形象的赞誉。

我们高兴地看到，广大妇女参政议政的意识和能力明显增强，妇女在国家和社会事务管理中发挥了积极作用。全国人大女代表占代表总数的比例从1954年第一届的12%，提高到2008年第十一届的21.3%；全国政协女委员占委员总数的比例由1949年第一届的6.06%，上升到2008年第十一届的17.7%；2008年，我国女干部的比例已达39%。国家领导人中有8位女性，部级领导中有230多位女性。基层妇女参政比例也大幅度提高，历年来女性参与地方人民代表选举的比例始终在73%以上；在绝大多数基层社区居委会和村委会中都有女性委员，广大妇女成为推动民主政治建设的重要力量。

妇女就业数量大幅提高、就业结构不断优化，在经济建设中发挥了生力军的作用。新中国成立之初，我国只有60万女职工，现在，我国有女职工8168.7万人，占职工总数的36.3%；女农民工达2786.2万人，占女职工总数的34.1%；在农村，60%以上的劳动力是妇女，许多妇女成为新农村建设中的致富带头人。国有企事业单位专业技术人员中的女性比例达到43.6%。女性在技术、知识密度高的行业中比重明显增加。教育、文化艺术、广播电影电视和卫生体育等领域的在业人员中，女性比例均超过男性。女性自主创业的比例达到21%以上，女企业家约占企业家总数的25%。广大女性在各个领域埋头苦干、诚实劳动，为国家经济社会发展作出了自己的贡献，改变了自己的命运，实现了自身的进步。

广大妇女综合素质不断提高，在促进家庭和睦、社会和谐中发挥着重要作用。新中国成立以来，女性受教育程度不断提高，妇女的思想观念不断更新，整体素质不断提高，参与社会管理、实现自我发展的能力越来越强。她们热心于社会公益事业，积极参加社区建设。在广大城市和乡村，越来越多的妇女参与到扶贫帮困、抢险救灾、保护生态、志愿服务等社会公益活动中去，越来越多的妇女主动承担起社区服务工作，受到社会欢迎。她们充分发挥在精神文明建设、家庭和社区建设中的独特作用，为和谐社会建设作出积极贡献。

回顾中国妇女运动发展的历程，我们感到无比骄傲，无比自豪。在纪念"三八"国际劳动妇女节一百周年之际，我们无限缅怀宋庆龄、何香凝、蔡畅、邓颖超、康克清等老一辈中国妇女事业的伟大开拓者和卓越领导人。

全方位、多渠道促进城乡妇女共同全面发展

范、褚：自 2008 年 10 月底您在中国妇女第十次全国代表大会上当选新一任全国妇联主席以来，至今已一年有余。一年多来，妇联工作有哪些新的亮点？

陈：中国妇女第十次代表大会以来，全国妇联认真贯彻落实党的十七届四中全会和中央经济工作会议精神，围绕中央"保增长、保民生、保稳定"大局，认真研究制约不同群体妇女发展的瓶颈问题，从推动解决妇女最关心、最直接、最现实的利益问题入手，重点抓好农村妇女工作，同时也关注城市妇女的发展；重点帮扶弱势妇女群体，同时又高度关注高层次女性人才的需求，推动出台了让妇女得实惠、普受惠、长受惠的一系列政策措施，努力促进广大妇女共同全面发展，妇联工作取得了新成绩。

一是以出台妇女小额担保贷款财政贴息政策为突破口，破解妇女创业就业的资金瓶颈。全国妇联大力推动并联合财政部、人力资源和社会保障部、中国人民银行，在国家层面上出台了面向妇女的小额担保贷款财政贴息政策，国家财政对妇女小额担保贷款给予全额贴息，并将妇联组织纳入了小额贷款工作体系，使全国城乡符合条件的妇女群众都有权利和机会享

受贴息贷款，在贷款覆盖面、贷款额度等方面实现了重大突破，极大地促进了城乡妇女的创业就业工作。

二是以推进农村妇女妇科病检查为突破口，大力提高妇女卫生保健水平。温家宝总理在去年的《政府工作报告》中宣布"在农村妇女中开展妇科疾病定期检查"，体现了党中央、国务院对广大农村妇女的关心，也是各级妇联全力推动和努力的结果。随后，全国妇联和卫生部公布了《农村妇女"两癌"检查项目管理方案》，在三年内对全国 1000 万农村妇女开展免费宫颈癌检查试点，对 120 万农村妇女开展免费乳腺癌检查试点。现在各地试点工作已启动，深受妇女的欢迎。

三是以大力提高村委会成员中女性委员的比例为突破口，大力提升妇女在村民自治中的参与度。据统计，全国村委会成员中女性比例仅为17.6%，村委会主任中女性比例仅为 2.7%，与农村妇女在农业劳动力中占60% 以上的比例极不相适应。为此，我们抓住 2009 年全国 12 个省区市进行村级组织换届这一时机，与民政部联合出台相关文件，对进一步加强新形势下妇女参加村民委员会工作提出了明确要求。同时，通过召开现场会等方式，大力推广各地的好经验好做法。在已完成新一轮村委会换届的省份，村委会成员中妇女比例有了较大提高；一些省全部实现了村党支部或村委会至少有一名女性成员，大大提升了妇女在村民自治中的参与度。

四是以推动进一步促进高层次女性人才成长政策出台为突破口，努力为女性人才成长创造条件。充分发挥女性人力资源的作用，关系到推动人才强国战略的实施和男女平等基本国策的落实。随着我国经济社会的发展，我国女性人才队伍不断壮大，但女性高层次人才的发展还不尽如人意。经过全国妇联的精心筹备，在科技部等 10 个部委、单位的大力支持下，"女性高层次人才成长状况研究与政策推进项目"启动了。该项目将为党和政府出台有利于女性人才成长的政策提供依据，为更多妇女拔尖人才脱颖而出、更多妇女参政议政、更多妇女走上各行各业各层次领导岗位创造条件。

促进女性人才成长　任重而道远

范、褚：说到女性高层次人才成长的问题，我们注意到，您就这个问题召开过几次研究座谈会，一些高层次女性领导人和有关专家学者出席了座谈会并发表了重要的意见和建议；2010年1月29日，您又主持了"女性高层次人才成长状况研究与政策推进项目"启动会。请您谈谈设立这个项目的有关背景情况和工作目标。

陈：女性人才特别是女性高层次人才是我国经济社会建设的重要力量。促进女性人才成长是人才强国战略的重要组成部分，是社会主义和谐社会的重要体现，是衡量我国妇女地位的重要标志之一，是落实男女平等基本国策的重要战略举措。新中国成立以来，在各级党委政府的高度重视及有关部门的积极推动下，我国女性人才的数量有了显著提高，各类人才的性别结构逐步改善。特别是改革开放以来，在国家重视知识、重视人才，实施人才强国、科教兴国战略的宏观背景下，广大女性人才的聪明才智得到极大发挥，她们在中国特色社会主义建设事业中发挥了积极作用。

但是，我国女性高层次人才的数量和质量与妇女在经济社会中的参与程度还不相适应，与国家经济社会发展和当今世界潮流还有一定差距。我国专业技术人员中女性占44.9%，科技队伍中女性超过了三分之一，但中国科学院和工程院院士只占5.06%，"973"、"863"计划中担任首席科学家的女性仅占4%左右。在参政领域，全国人大代表和全国政协委员中女性比例仅为21.3%和17.7%，省部、地厅、县处级女干部比例仅为百分之十几。即便是在女性比较集中的卫生、教育、新闻出版等领域，也存在女医生、女教师、女编辑记者多，女院长、女校长、女总编、女社长少的现象。这些现象的存在，有着深刻的政治、经济、文化和社会背景。

根据我们的调研，知识女性和女干部比较关注的有三个问题，一是生育对职业发展的影响，二是退休年龄对职业发展的影响，三是深造机会较少对职业发展的影响。我们要通过"女性高层次人才成长状况研究与政策推进项目"，找到解决制约女性人才发展瓶颈问题的途径，力争为党和政府出台有关女性人才发展的政策措施提供科学依据，进一步促进社会各界对女性人才成长问题予以关注和支持，进一步优化女性人才成长环境。我在项目启动会上强调，要把调查研究、政策论证与推动政策出台及实施紧密结合起来，重在推动，力争取得实效；要使项目的推动和宣传过程成为大力宣传马克思主义妇女观、进一步落实男女平等基本国策的过程；要大力宣传优秀女性楷模，扩大她们的社会影响，鼓励女性发扬"自尊、自信、自立、自强"精神，勇挑重担、甘于奉献、勤于学习、追求卓越。

促进女性人才成长是一项长期的系统工程，这项工作要取得实效，需要社会各界的大力支持，需要妇联等群众团体的推动呼吁，也需要女性自身的主观努力。

努力推动解决女性就业等各个难题

范、褚：您认为当前我们需要特别关心、关注女性群体的哪些问题？

陈：我国是人口众多的发展中国家，我国妇女的全面发展仍然面临诸多问题和挑战，当前和今后一个时期需要着力解决的重点难点问题是：

一、女性就业问题。就业是民生之本。目前就业适龄女性有效就业明显不足，妇女在就业方面遭受不公平待遇的现象依然存在，进城务工妇女劳动权益问题突出，妇女社会保险的参保率整体低于男性。特别是随着产业结构调整和金融风波带来的影响，女大学生就业难、女性失业人员增多等问题更加突出。

二、妇女参政问题。这个问题前面已经说过，体现妇女参政的一些数据值得我们关注。

三、农村妇女发展与权益保障问题。农村妇女是社会主义新农村建设的生力军。但在发展中普遍面临缺少资金、信息和技术等困难，有的地方农村妇女的合法权益受到侵害，妇女对因婚嫁不能享受平等村民待遇问题的反映比较多。具体表现在土地承包、调整、征用补偿、集体经济组织收益分配中，出嫁、离婚、丧偶妇女（及子女）或男到女家落户的土地承包权被剥夺，使他们不能享受平等的村民待遇，征地后不能得到安置和享受社会保障。

四、流动和留守儿童问题。据调查，全国流动人口为 14735 万人。18 岁以下随父母进城的流动儿童 2000 多万，18 岁以下留守儿童 5500 万人。目前，流动儿童数量规模不断扩大，流动性和不稳定性大；流动儿童入学率仍低于全国适龄人口的平均水平；流动儿童的计划免疫接种率明显偏低，健康状况有待改善。留守儿童由于在成长过程中不能直接得到父母的照料和教育，在安全、健康、心理、情感、教育等方面也存在一些问题。

针对这些问题，各相关部门正在积极采取措施，努力推动解决。两会以后，全国人大即将开始《妇女权益保障法》执法检查；国务院法制办已将修订《女职工劳动保护规定》纳入了立法项目；人力资源和社会保障部正在进一步落实和完善促进就业的政策措施，促进妇女就业；全国妇联 2010 年将会同有关部门和单位继续开展"春风送岗位"、"女大学生就业导师行动"等就业服务系列活动，为女性下岗失业人员、转移就业人员、女大学毕业生等提供服务；民政部与全国妇联联合出台相关文件，对进一步加强新形势下妇女参加村民委员会工作提出了明确要求；国务院办公厅专门转发教育部等部门意见，明确了进城务工就业农民子女义务教育工作"以流入地政府管理为主、以全日制公办中小学为主"的原则，要求对进城务工就业农民子女义务教育收费与当地学生要一视同仁；等等。

《中国社会科学报》是一份充满希望的报纸

范、褚：《中国社会科学报》是 2009 年 7 月 1 日创刊的一份面向全国哲学社会科学工作者和爱好者的理论学术报纸，您对我们报纸有什么建议和期望？

陈：《中国社会科学报》虽然是一份年轻的报纸，但这是一份充满希望的报纸。在当今新媒体日新月异、层出不穷的情况下，办好报纸面临艰巨挑战。希望你们高举中国特色社会主义伟大旗帜，坚持"双百"方针，及时反映人文社会科学的新趋势，密切关注人文社会科学的国际学术动态，为广大读者提供哲学社会科学信息与动态。也希望《中国社会科学报》

发挥优势，积极参与女性问题研究，为我们正在进行的女性人才成长项目贡献一份力量。我相信，在中国社会科学院的领导下，在报社全体同志的共同努力下，《中国社会科学报》一定能够成为我国哲学社会科学工作者共同的学术园地和精神家园。

（范勇鹏、褚国飞：中国社会科学杂志社编辑）

原载于《中国社会科学报》2010年3月4日第68期第5版

世界新军事变革背景下的
中国军队与国防建设

——访中国人民解放军国防大学教授黄宏将军

袁华杰　陈志宏

黄　宏　■王宙/摄

黄宏，少将，国防大学马克思主义教研部教授，曾任国防大学马克思主义教研部副主任、马克思主义研究所所长，全军邓小平理论和"三个代表"重要思想研究中心领导小组副组长。曾担任中央苏东办和中央政策研究室政治组负责人。共撰写和主编著作55部，发表理论文章、咨询报告400余篇，有20多份调查报告、建议引起中央、军委、总部重视，70多篇文章被全国报刊转载；18次完成国家社科基金和中央机关课题，论文16次入选全国全军研讨会，连续4届6次获全国"五个一工程奖"。党的十七大前受中宣部委托，率调查组在5省市调查，向中央提交了关于党的理论创新的研究报告。2008年受中宣部委托，担任大型电视文献片《伟大的历程》总撰稿。

中国共产党一贯高度重视研究战争与军事问题，适时依据形势和任务的变化，赋予其新的时代内容。当前，我们不仅要关注和研究当代世界政治、经济、科技、文化的发展，也要关注和研究当代世界军事的发展，为此，《中国社会科学报》专访了中国人民解放军国防大学马克思主义教研部教授黄宏将军。

我国领导人的军事思想和战略

袁华杰、陈志宏（以下简称"袁、陈"）：军队和国防建设与祖国的安危紧密相联，您能不能介绍一下新中国成立以来我国领导人在军队和国防建设上都有哪些重要思想？实行了哪些重大措施？

黄宏（以下简称"黄"）：中华人民共和国成立初期，在以毛泽东同志为核心的党中央和中央军委第一代领导集体的战略部署下，人民解放军经历四次大规模的精简整编，实施了统一指挥、统一制度、统一编制、统一纪律、统一训练，培养组织性、计划性、准确性和纪律性，即"五统四性"，组建五大军种和七大兵种等举措。初步形成了现代条件下诸军兵种合同作战的能力，从而走上了一条建设正规化、现代化革命军队的道路，实现了人民解放军从战争年代转入和平建设时期的第一次历史性跨越。

党的十一届三中全会后，邓小平同志依据马克思主义战争观的基本原理，对国际形势及战争与和平问题作出了突破性的判断和结论。军队建设的指导思想从立足于"早打、大打、打核战争"转到和平时期建设的轨道上，就是要充分利用"大仗一时打不起来"的和平条件和有利时机，从长计议、从容安排，有计划、有章法、更好地培养、生成、积蓄和增强军队的战斗力，走中国特色的精兵之路。

1989 年，江泽民同志担任中央军委主席并主持军委工作后，全面继承和发展毛泽东、邓小平的建军原则和军事战略思想，顺应时代潮流，与时俱进、锐意改革，迎接新军事革命的挑战。明确提出了军队建设"政治合格、军事过硬、作风优良、纪律严明、保障有力"的"五句话"总要求，制定了新时期军队战略方针，作出了军队建设和军事斗争准备等一系列重大战略决策，全面推进了国防和军队现代化建设的跨越式发展。

进入 21 世纪，中国的发展跨入了一个重要的战略机遇期，人民军队的现代化建设也进入了一个重要的战略机遇期。在这历史发展的重要交汇点，在这崭新的历史坐标中，以胡锦涛同志为核心的中央新一代领导集体提出全面贯彻和落实科学发展观，紧紧围绕履行我军新世纪新阶段历史使命，加速推进中国特色军事变革，努力提高我军信息化建设水平，抓紧做好军事斗争的准备，增强应对危机、维护和平、遏制战争、打赢战争的能力。这些战略决策，指明了新世纪新阶段国防与军队现代化建设的发展方向。我们要以科学发展观为指导，加强国防和军队建设，努力走出一条国防建设与经济建设协调发展的正确道路。

袁、陈：胡锦涛总书记曾指出，走出一条国防建设与经济建设协调发展的正确道路，是一个带有全局性的重大问题，在集中力量进行经济建设的同时，必须切实加强国防建设，使二者相互促进。在经济建设与国防建设的关系方面，我军有哪些经验？

黄：党的历代领导集体在如何正确处理经济建设与国防建设关系方面都有重要论述。主要有以下几点：1. 经济实力是国防现代化的基础，国防建设必须服从经济建设的大局；2. 国防现代化是整个现代化的重要组成部分，在集中力量进行经济建设的同时要努力加强国防建设；3. 用科学发展观统筹经济建设与国防建设，形成二者相互促进、协调发展的机制。

胡锦涛总书记强调，要抓住机遇，在国家经济发展、科技进步的基础上，实现国防与军队现代化的跨越式发展。也就是说，国防和军队的现代化不能消极地等待，我们必须以一种更加积极、主动的姿态，寻求经济发展与国防建设之间的平衡。

中国社會科學報
·(2009—2010)—
对话

世界新军事变革与中国对策

袁、陈：进入 21 世纪，各国安全和军事领域继续发生深刻而全面的变化。一些主要国家纷纷制定新的军事战略，争夺世界军事竞争的战略主动权，世界军事发展呈现出哪些新的趋势和特点？

黄：我们正处在一个急剧变革的时代，世界军事也在发生深刻的变革。以信息技术为核心的高新技术的发展，极大地改变了人们的生产、生活方式和国际经济、政治关系，也有力地促进了世界新军事变革的发展。进入 21 世纪，新军事变革的势头更加强劲，现代战争形态正由机械化战争向信息化战争转变，整个军事领域正发生一系列的根本变革。

20 世纪 90 年代之后，在海湾战争、科索沃战争、阿富汗战争和伊拉克战争等几场高技术局部战争的推动下，新军事变革出现了加速发展的趋势，正在进入一个新的质变阶段，将发展成为一场涉及所有军事领域、涉及全世界的深刻的军事革命。

信息化是新军事变革的本质或精髓，新军事变革是军事形态各构成要素逐步信息化的过程，其根本目的是使信息的军事作用得到充分发挥。信息技术广泛应用于战场，形成网络一体化的战场结构，并且信息在战场上能够主导物质流、能量流的活动方式和效率。

袁、陈：应对新军事变革，我军采取了哪些措施，效果如何？

黄：为了应对这场前所未有的变革，首先我们要推进中国特色军事变革，从国情出发，认真研究探索中国特色军事变革的对策。目前，我军还处在机械化半机械化阶段，信息化建设刚刚起步。在这种情况下，如果尾随别人亦步亦趋，就会坐失良机，拉大与世界发达国家军队的差距。我们要紧紧抓住信息化这一新军事变革的本质与核心，认真借鉴外军信息化建设的经验，依托国家科技发展，充分发挥后发优势，坚持以信息化带动机械化，以机械化促进信息化，完成机械化、信息化建设的双重历史任务，走出一条跨越式发展道路。

推进中国特色的军事变革，就要发挥军事理论的先导作用。紧紧围绕新的历史条件下建设什么样的军队、怎样建设军队，未来打什么样的仗、怎样打胜仗这两个相互关联的基本问题，创新军事理论和作战思想，才能更好地指导和推动我军信息化建设和军事斗争准备。推进中国特色军事变革，按照未来信息化战争的要求，深入研究军事、政治、后勤、装备建设中遇到的新情况、新问题，对我军的武器装备、编制体制、军事训练以及保障方式等进行革新和改进，构建我军的新型军事体系。

袁、陈：您刚才也提到我军要实现跨越式发展，这样才能不落后于世界发达国家，我们如何才能实现国防与军队建设的跨越式发展呢？

黄：在党的十五大闭幕后不久的中央军委扩大会议上，中央提出了国防和军队现代化建设分"三步走"的战略构想。按照这个构想，到21世纪中叶新中国成立100周年的时候，我国国防将同国家的工业、农业和科技等方面一道实现中国人民梦寐以求的现代化。为了实现跨越式发展，我们要在体制编制调整改革、武器装备建设、人才培养、军事理论研究和政策制度的健全完善等主要方面有所突破。

第一，要从我军的实际出发，面向世界，着眼未来，努力发展我们的军事理论。理论的地位取决于其对实践的指导作用。要贯彻党的军事指导理论，就要把学习江泽民、胡锦涛同志国防和军队建设思想同创新马克思主义战争观、创新军事战略方针、创新军事斗争指导原则结合起来；要把学习江泽民、胡锦涛同志国防和军队建设思想同创新军队建设指导思想、创新军事与经济、科技、文化等项国家建设事业基本关系的理论结合起来，使之成为军事理论、军事战略、军事政策和军事制度的灵魂。

第二，要千方百计把我军的武器装备搞上去。这些年来，我军的武器装备虽然有很大改进，但从总体上看，与世界发达国家军队的武器装备还有很大差距。由于国家财力紧张，能拿出来用于武器装备发展的经费有限。但关键是要把有限的经费使用好，确实用于必需，用之得当，以利于发挥出最大效益。

第三，搞好体制编制调整改革。从当前世界军事发展的动向看，我军体制编制仍存在不合理的地方，体制编制的调整改革要继续积极稳妥地进行。要把重点放在结构调整和指挥体制改革上，增强部队联合作战、机动作战和执行多种任务的能力。各级领导干部和领导机关，必须以对党和军队高度负责的精神，从大局出发，以局部利益服从整体利益，正确对待本单位、本系统的调整精简，正确对待个人的进退去留。

第四，必须坚持把教育训练摆在战略地位。在相当长的时期内，我军的武器装备整体上是由少量先进技术装备和大量一般技术装备构成。立足于以现有装备战胜高技术装备的强敌，这是我军军事训练的基本出发点。要增强立足于现有装备克敌制胜的信心，归根到底是要通过训练提高技术水平，找到应对信息化对手的办法。

袁、陈：推进军事变革，关键在人才。我军采取了哪些措施，为实现跨越式发展提供人才保证？

黄：我们要把培养一大批高素质新型军事人才作为军队现代化建设的根本大计来抓，对关系人才队伍建设全局的重点工作，采取超常措施，拿出特殊政策，尽快使人才队伍建设有一个大的跃升。要重点抓好指挥军官队伍、参谋队伍、科学家队伍、技术专家队伍和士官队伍等"五支队伍"的建设，特别是着力培养各方面的顶尖科技人才。要大兴学习之风，在全军部队形成一个学习科学理论和现代科学文化知识的热潮，使官兵思想政治素质和科学文化素质有一个大的提高，为我军现代化建设提供强大的人才和智力支持。

要充分发挥军事院校在培养高素质军事人才中的主渠道和基地作用。培养高素质人才，必须有高水平的院校；坚持"抗大方针"和"三个面向"的总方针，确立院校发展的正确方向；要遵循院校建设的特点和规律，进一步推进院校的建设和改革。

军事战略调整与我国未来国防

袁、陈：在世界新军事变革加剧的形势下，我军未来的军事战略会有什么变化？

黄：随着信息化的发展，现代联合作战将不断向陆、海、空、天、电多维一体的高级阶段发展。我军的基本作战形式，也要逐步由诸军兵种协同性联合作战向一体化联合作战转变。

"一体化联合作战"的概念由美国首先提出，美国认为，21世纪初战争演进的关键之一，是改变思考战争的方法。时至今日，以一体化联合作战取代传统的协同性联合作战已是大势所趋，这实际上是信息化战争对机械化战争的历史否定。作为信息化时代战争的基本作战形式，一体化联合作战具有一系列信息化作战的特征。

首先是指挥体系一体。重视发展先进的信息化指挥控制系统，实现情报侦察、预警探测、信息传递、信息处理和指挥控制的实时化和一体化。

其次是作战力量一体。信息化条件下的联合作战重点表现为作战力量的一体化，即实现各军兵种在功能上的优势互补，以追求最大的整体合力。将参战的诸军兵种的力量有机结合，合理编组战役战术兵团或联合部队，构成诸军兵种一体化力量结构体系。

再次是战场空间多维一体。信息化条件下的联合作战，作战空间将由传统的三维空间拓展至多维空间，由有限空间拓展为无限空间，由有形空间拓展为无形空间，敌对双方将在陆战场、海战场、太空战场以及电磁战场、网络战场、心理战场等广阔领域展开综合性的对抗，尤其是太空和信息领域的斗争将日趋激烈。争夺"制天权"和"制信息权"将成为敌对双方较量的"胜负手"。

袁、陈：既然"制天权"和"制信息权"在未来的战争中如此重要，那么我军在空军的部署上有什么战略调整？

黄：《2006年中国的国防》白皮书明确指明了我国空军的建设方向：空军加快由国土防空型向攻防兼备型转变，提高空中打击、防空反导、预警侦察和战略投送能力。建设攻防兼备型空军思想的确立，是人民空军军事思想的一次最深层次的变革，是空军建设中的一个重要里程碑，这也是为适应世界新军事变革的需要而提出的战略。目前，人民空军基本形成了歼击机、强击机、轰炸机、运输机和多种保障飞机相配套，高中低空、远中近程合理搭配的航空武器装备体系，发展成为一支以航空兵为主体，包括地空导弹、高炮、雷达、空降兵等诸兵种合成的现代化军种，具备了相当水平的远程作战、高速机动、对空地攻防作战的能力，从而为实现空军建设由国土防空型向攻防兼备型的转变打下了坚实基础。

袁、陈：我们的海军也落后于发达国家，海军如何才能赶上发达国家？

黄：海军要贯彻积极防御的军事战略方针，立足于打赢信息化条件下的局部战争，着眼维护国家主权、安全和发展利益的需要，做好军事斗争的准备。在此基础上我国提出了海军建设的总方针：逐步增大近海防御的战略纵深，提高海上综合作战能力和核反击能力。一要破除重陆轻海的传统，建设一支与海洋强国相适应的海军。二要着眼世界海洋空间的国家利益，建设现代化"蓝水海军"。三要借助太空力量建设海天一体的未来海军。中国海军一定要走出近海，由"黄水海军"成为"蓝水海军"。要走向大洋蓝水，就一定要把发展航母战斗群作为装备技术建设的重要目标，这是中国走向"蓝水海军"最重要的标志。

袁、陈：陆军的发展战略会有什么相应的变化？

黄：21世纪的战场，将是以数字信息技术为基础的数字化战场，数字化部队建设是一个关系21世纪陆军发展方向的战略性问题，各国军队都给予了高度重视。解放军现代化的发展面临着三种选择：先实现机械化，再发展信息化；越过机械化，发展信息化；机械化、信息化"双重"发展。如果我国陆军也模仿外军在完成机械化之后才开始信息化建设，就会坐失良机，进一步拉大我军与发达国家军队的差距；如果越过机械化，由于没有承载信息设备的武器平台，信息化就难以实现。实践证明，走机械化、信息化"双重"发展，建设数字化部队是我国陆军的正确选择。为实现数字化部队建设，今后我们要着力加强以下两个方面：锻造"钢铁"和"硅片"浑然一体的"双刃剑"；坚持武器装备、作战理论、编制构成和教育训练的一体化发展。

袁、陈：在新形势下，我军核战略有何转变？

黄：那就是打造强有力的战略威慑力量了。早在1956年，党中央、中央军委就作出了研制导弹、原子弹，创建我国战略核力量、打破发达国家核垄断的历史性决策。从1957年起，我国逐步组建了战略导弹的科研、训练和教学机构。1960年，正式组建了第一支地地战略导弹部队。60年代中期，我国导弹核武器研制取得了突破性进展，导弹部队建设已初具规模。1966年7月1日，经毛泽东主席批准，周恩来总理亲自命名，正式组建第二炮兵部队。改革开放以来，第二炮兵部队初步形成了核常兼备、固液并存、射程衔接、战斗部种类配套的武器装备体系。在21世纪，第二炮兵逐步完善兼备的力量体系，提高信息化条件下的战略威慑和常规打击能力，为实现其从"核报复"到"核常两用"的战略转型打下了坚实的基础。

国防与军队建设和国家统一

袁、陈：国防与军队建设和国家统一之间有什么关系呢？

黄：新中国成立之后，中国共产党和中国政府为实现国家统一做出了不懈努力。改革开放之后更是明确提出了"和平统一、一国两制"的方针，受到了包括台湾有识之士在内的真心拥护国家统一的全体中国人民的赞赏和拥护。但是，不容忽视的是，台湾还存在着一股依赖外国势力，企图分裂中国的"台独"逆流。近年来，他们在分裂祖国的邪路上越走越远。为了同"台独"势力进行坚决的斗争、确保和平统一方针的实现，中国共产党和中国政府确定，解决台湾问题的基本方针仍然是"和平统一、一国两制"。我们有最大的诚意努力实现和平统一，但我们绝对不承诺放弃使用武力。人民军队肩负着维护国家统一和领土完整的神圣使命，在反对分裂、反对"台独"势力的斗争中，人民军队坚决贯彻党中央、中央军委的战略意图，认真做好军事斗争的准备，在一系列军事演习中，充分展示了人民军队过硬的军事素质和维护国家主权与祖国统一的坚定决心。

（袁华杰、陈志宏：中国社会科学杂志社编辑）

原载于《中国社会科学报》2009年10月29日第34期第4版

中国话语

中國社會科學報

·（2009——2010）·

对话

以文艺创新彰显社会主义文化话语权

——访中国文联副主席、书记处书记冯远

祝晓风　项江涛

冯　远　■王宙／摄

冯远，中国文学艺术界联合会副主席、党组成员、书记处书记，著名中国画家、艺术教育家、中国美术家协会副主席、清华大学美术学院名誉院长。历任中国美术学院副院长、教授，文化部艺术司和科技教育司司长，中国美术馆馆长、中国文联委员和副主席等职。

在全球化浪潮下，多元文化相互碰撞、交流互动，影响日益密切，在我国社会主义现代化建设的重要阶段，在传统与现代的嬗变中，如何正确认识与对待一种文化的核心价值和精神文化基因？当前文化艺术活动要体现怎样的人文价值和文化精神？什么样的文化艺术活动和文艺创新才能彰显社会主义文化话语权？如何形成传统文化对现代文化精神的表现张力？带着这些对文化艺术活动具有普遍意义的问题，记者采访了冯远先生。

传承文明　智力支持塑造国家文化软实力

祝晓风、项江涛（以下简称"祝、项"）：冯书记您好，感谢您能接受我们的采访，首先请您谈谈在新的历史时期，通过文化艺术活动和教育，认识和体现中国优秀传统文化的人文价值有着什么样的意义？

冯远（以下简称"冯"）：中国文化源远流长，数千年来中华儿女创造了优秀的文化传统，使中国成为人类历史上伟大的文明古国，中华文明也从没有中断过。传统文化既优秀又驳杂，中国传统文化中也有一些糟粕的东西，但都是民族文化传统的一部分，在新的历史时期，在这个历史转型过程当中，把传统精华和当代创新巧妙结合，通过文化艺术创作实践和教育，充分认识和体现中国优秀传统文化的人文价值，传承优秀的，抛弃糟粕的，这有利于国家、民族、文明的传承和接续，提高国民的文化修养和综合素质，为社会主义现代化建设提供智力和精神动力支持，文化艺术教育的发展建设为传承我国传统文化优秀的人文价值，营造文化大国形象，不断提升民族的创新能力和国家的文化软实力有着重大的意义。

中华文化追求并崇尚天人合一的人伦理想境界，强调人与自然的和谐、人与社会的和谐，重视审美理想和价值理念等等，我们要把有价值的文化传承下来。中国艺术秉持的文化哲学理念就是人与自然和谐的理念，这跟现在党和国家提出的"构建和谐社会、构建和谐世界"的理念是完全吻合的。改革开放的中国在 30 年的时间里，经济、政治、文化、社会发生了巨大而深刻的变化，都是与解放思想、开拓创新、传承文明分不开的，能够做到这一点，充分证明我们的文化具有的活力，中华文明所体现的博大精神，这一点历史上可资证明的例子很多，中国文化能够容纳任何具有积极意义的创新思维和革新创造，这是我们传统文化优秀的文化品质和文化价值，值得我们去传承和弘扬，为实现中华民族的伟大复兴作出应有的贡献。

构筑美好精神家园　弘扬社会主义文化精神

祝、项：您认为当前文化艺术活动要体现什么样的人文价值和文化精神？

冯：文化艺术是人类的精神产品，它所指向的是人文关怀、人文价值，包括人的理想、生命价值等问题。精神产品，是为了满足人的精神需求，以精神文化生活来提升人们的理想诉求、道德理念以及价值观。文化艺术作品除了愉悦人性的功能外更多的是教化，是一种传统文化理念的传承和普及教育，以及通过时代发展的一些新价值观念的输入和对民众的一种宣传，他不是直白的社论和标语口号似的宣传，它是通过文学艺术作品像戏剧、电影、歌曲、舞蹈、美术等这样多种样式的艺术作品，艺术地把美善的价值观念、人文理想和终极关怀传达出来，这是文化艺术作品创作的第一要义。所有艺术作品的技巧、表现手法都应该围绕着社会核心价值理念的内容，表现积极向上、健康美好的东西，而不是表现丑恶卑下的、颓废的东西；应该去提振人的精神，传播正确的人生导向和健康的审美价值取向。通过优秀的作品来抵御低俗的、假丑恶的作品。优秀的作品不是虚假的，它通过艺术形式能把人们内心中最美好的需求和理想追求发掘出来，它可以是悲剧的，也可以是喜剧的，但能让人在观赏之后精神为之一振，提振了自己的理想信念，起到积极的推进作用，而不是瓦解了道德底线，不是将社会中丑恶的东西作为美好的东西去宣传，甚至误导人们的道德观念和价值取向。

文学艺术作品的价值在某种意义上与教师的价值是一样的，它是塑造人类灵魂的工程师，艺术家的责任是创作生产理想高尚、意味隽永、风格鲜明、形式精致、语言独到的艺术作品，如果一个艺术家缺少这种人生理想高度，本身就是一个卑下的、龌龊的伪君子的话，我不相信他会创作出撼动人心的好作品。文艺家首先要成为一个高尚的人、一个具有文化修养的人、一个掌握高超艺术技能的人，才能通过你的艺术创作去感染普通的民众，去宣传社会主义核心价值观，那些空洞说教、八股式的、标语口号式的、干巴巴的东西是起不到教化作用的，人民群众也不会认可。

提高创作主体自身修养　贴近生活把握时代脉搏

祝、项：在今天丰富多样的文化艺术活动中，您认为怎样的文化艺术创新才能彰显社会主义文化核心价值体系的话语权？

冯：创新不是无源之水、无本之木，它既来源于生活又高于生活，在不同历史时期具有特定意义的创作理念和新颖别致的样式，这样才能够打动人，用过时的形式和艺术手法不可能打动今天这个时代的人。今天的观众和广大人民群众，生活水平在提高，文化知识的普及程度在提高，受教育程度在提高，审美眼光在提高。艺术家要应对不同的审美需求、不同人对文化的理解。要想在艺术创作中体现核心价值理念就必须不断努力地创新它的形式、方法以及传播方式，这是需要我们下大功夫才能够做到的。

话语权是指你发出的声音被人接受，甚至是你能够代表他们。你提出的观点、见解具有某种感召力、凝聚力，别人能够听从你。话语权不是自封的，并不是因为一个艺术家或文化官员表达了什么样的东西就一定有人认同。话语权是广大受众通过欣赏艺术作品，逐渐建立起来的一种公认的、诚信的代言人资格。价值观念的体现需要的是一种生动的方式，而不是简单的我说你听的灌输注入方式。具体到艺术领域是指通过作品、艺术手段来打动更多的人，获得更多人的认同，只有如此，民众才会尊崇你的意见，尊崇你的艺术作品，这时你的作品才能起到教化、愉悦人心的目的，你才会通过作品的积累形成自己的口碑，民众赋予你话语权就是对艺术家的认可、对作品的认可，这是对艺术作品传达出来的有关精神价值的一种信任，这时才能真正形成和体现你的话语权。

所以，对当今的文化艺术工作者来说，要不断地提高自身的文化素养、不断提升文化产品的感染力，这是发挥主流话语权必不可少的基本条件，艺术家要有责任感，对民众负责、对社会负责、对历史负责。

思想性、艺术性与观赏性的高度统一

祝、项：作为我国著名的画家和艺术教育家，您将哲学理性和人文思考注入到中国画的创作中，使您的作品通过对传统文化精神的追求而表现出强大的张力，比如您的作品《世纪智者》以笔墨智慧形成正确的价值导向，您是怎样在艺术创作中表达和形成独特的人文关怀和艺术语言的？

冯：从画家个体角度讲，创作的自由获得充分的尊重和实现，这是改革开放30年来的巨大变化。一件艺术作品可以以风格打动人，以技巧取胜，同时也可以以一种关怀人的精神状态打动人。作品打动人的角度是多方面的，一件优秀作品的评判标准包含三方面的内容：思想性、艺术性和观赏性。从思想性的角度来说有着丰富内涵和构思创意，能激发大多数人所向往和表达的精神内涵。艺术性常常关乎风格技术的问题，指个人成熟的艺术风格、精湛的技巧、独特的艺术样式。能够让观众在你作品前停留两分钟，靠的就是好的视觉样式和笔墨语言的精湛来吸引人，观众通过观赏绘画来体会作品表现的内涵，感受到作品背后的思想深度和精神价值。观赏性与艺术形式有着直接的关联，一段优美的旋律可以让人传唱不已，一件让人过目不忘的艺术作品让几代人回忆起来，还会激动。

今天我们要求一个作品同时具有思想性、艺术性和观赏性，这对艺术家来说要求是非常高的，常常有一些好的艺术作品思想性表现得非常好，但是在艺术技巧和观赏性上又有不足或因各种原因而未达到火候；反过来，光有了好的样式，乍一看很不错，细看显得空洞或缺少内涵，这都令人遗憾。所以我们说好的艺术作品要思想性、艺术性和观赏性三者俱佳，这些年我一直在努力这样做，试图将当代人共同关心的一些有理想价值的东西以一种新颖的艺术形式表现出来。

《世纪智者》是创作于1999年的作品，所要表现的是在新世纪即将来临的时候，带领我们进入21世纪的是什么样的一批精神领袖呢？当代的思想家、教育家、科学家和文学艺术家等，这批人代表了这个时代人类的共同理想，这些人所传导出的人文思想、科学思想，教育思想以及他们的学术贡献和文化贡献代表了人类文明当代最伟大的成果，这批精英带给我们的理念是社会发展的基本方向和动力，他们在向新世纪迈进的过程中起到了重要的推动历史发展的作用。作品将中外思想家、科学家、教育家、艺术家的肖像组合形成弧形的地平线，背后露出一线鱼肚白，上方是即将退去的黎明前暗重的色彩，以此来表现这批杰出人物对新世纪的贡献。我在艺术创作中尽可能传达深刻的艺术思想，同时通过较为新颖的艺术样式表达出来，并将专业技术尽己所能地结合发挥来完成作品。

求实、兼容、敏思、唯新

祝、项：在美术教育领域，您提过"打造中国美术的'国家形象'"，我们应该怎样理解中国美术的"国家形象"？

冯："国家形象"是一个特指。当代中国美术的发展实际上来自两个路向源流，一个是中国千百年来的文化历史传统中的美术历史传统，一个是来自近现代我们一批美术家到西方留学、归国兴办美术教育所形成的现代美术历史传统，纵向与横向的结合，中国传统文化与西方文化形成碰撞。如何发展当代中国美术，我们的艺术家们实际上一直在孜孜探求。什么是当代中国美术的国家形象呢？它首先要和中国传统相联系，具有代表中国民族特色的基本元素，又要能横向吸收各国各民族优秀的艺术精华，同时它必须又能代表中国文化的当代精神，这种精神就是建设中国特色社会主义现代化进程中体现出来的时代精神，此外还要具备现代的形式：民族特色、时代精神、现代形式，这个"形象"既不同于中国古代又有别于西方现代的艺术样式，而是在此基础上创造的中国独有的艺术形式。这种艺术形象中国文化特色鲜明，同时又代表着中国现代精神面貌，还能兼融西方现代艺术的精华，这才可能成为代表现代中国形象的好东西。

这为中国当代艺术家们提出了很高的要求，从某种意义上说是我们自己设定的大目标，这就需要我们创造出一大批经典作品，而这种作品不仅要我们自己觉得好，还要让世界各国朋友和同行也觉得好。

祝、项：这个目标的实现需要美术教育的繁荣发展。

冯：对。美育是对大众的普及教育，正如当年蔡元培先生提出的"以美育代宗教"的道理一样。在 19 世纪末 20 世纪初的历史境遇中，想要提振一个国家的民心士气是不容易的，但解决这个问题、改变自身命运的核心办法是教育，包括美育。从马克思主义在中国的传播到现代新民主主义革命，从新中国建立再到改革开放，中国经历了一个从解放到崛起的伟大变革历程，毛泽东让中国人民站起来，邓小平让中国人民富起来。回顾这样两个历史阶段，你一定会感到，一个国家要富强要靠政治、经济、文化、科技等很多方面的发展进步。但说到底是教育提升了国民的文化素养。国民文化素质直接关系国家发展建设。教育不仅要解决扫盲的问题，也要提升人们的综合素养，包括审美修养。只有具备较高文化和审美眼光的民族才能具有相应的自主创新能力和可持续发展能力。美育解决的是基础问题，是一项向普通大众传播有关审美认知意识的基本建设。

"求实、兼容、敏思、唯新"是我关于艺术教育方法的一个基本观点。如何在文化艺术活动中体现社会主义价值观的同时，又能在艺术创新样式中发展出更多的形式来体现当代中国美术的国家形象，这是一个值得思考的问题。求实，指的是在基础阶段一定要扎实。在扎实基本功的基础上去兼容，去开拓视野、打开思路，去研究、接受新的艺术，去分析不同的创作理念、形式、风格。敏思，指艺术家的创新来自于他的勤于思考、勤于研究，不断发掘出新的理念。艺术家不能像工匠一样进行艺术品的复制。我们有很多不错的艺术家成名之后，多少年重复自己同一种风格、同一种题材或同一种表现手法，这固然有利于确立和巩固自己的风格，但也容易造成缺乏创新和不求进取的弊病。唯新，指衡量作品的主要标志是看是否体现了创新意识和创新元素，胡锦涛总书记说：要在继承的基础上创新。唯新是继承传统的基础上实现艺术的更新和发展。

打造"国家形象"需要一批专业精英人才在不断繁荣美术创作、美术研究的过程中推出更多优秀的艺术作品，这些作品要能够代表现代中国美术最高艺术水准、最新的价值理念，以此来提升国家的文化艺术水平，进而在国际文化交流中展示中国形象，体现当代中国的文化成果。

教育不宜产业化

祝、项：当前文化艺术活动及教育中存在着诸如商业炒作、缺乏社会责任感等问题，您怎样看待这些问题？

冯：我们正处在文化艺术大发展的时期，广大的艺术家们热情高、创意多、活动也多，但大好形势下应该冷静分析。一方面是文化艺术普及层面的工作，我们可以举办更多的社区文化活动、乡村文化艺术活动、各个文化艺术机构组织的活动，形式应该丰富多样，这些活动对向民众普及文化艺术裨益良多，因为它直接丰富了人民群众的文化生活。另一方面，我们还需要精心策划组织一批高层次的文化艺术创作活动，要求我们的文学艺术家们能够静下心来真正深入社会，找出一批货真价实的好东西来，我们现在缺的不是量，而是质，要五年磨一戏，用心完成一个精品。对待自己的作品不能放水，每投入一部作品应该尽可能多的深思熟虑，尽可能的把学问做到家，尽可能把艺术创作的思想深度、创意和技术水平提升到最好的状态，而不是为了赶一个任务、凑一个节、奔一个奖去，我觉得这是我们需要认真对待和努力改进的问题。

市场经济下，很多院校都要考虑到它的办学效益，但我从不认为教育是一种可以产业化运作的东西。如果教育惦记着钱，或一窝蜂地贪大、求全、比高，那是教育的堕落。对于一个发展中的国家那并不是多么光彩的"伟绩"。的确，我们是 13 亿人口的大国，国家的教育设施条件和高等院校还不能满足适龄青年受教育的需要，但这并不意味着扩充数量就可以实现办教育的基本目标。我们应该而且必须对应于社会的实际需求，来设定我们的教学规模、教育计划。一哄而上地强调高学历、高层次，这未必不是一个失误。对应社会实际需求，让更多的青年人有机会去学习、掌握谋生本领，让一批受过高等教育的又工作多年的人进行专业技术回炉再造，将对社会产生十分有益的补充作用。换句话说：我们教育培养的人不仅是一个有学历文凭的人，而应当是一个具有动手能力、能够解决问题的人，这才是我们高等教育、成人教育、社会教育的主要目标，我们要反对功利化。

市场效益确实也需要，在某种程度上它可以是一个阶段性的目标，但是它不能成为我们教育的终极目标，终极目标还是提高中国 13 亿人的文化素养。现代教育理念认为：学生学了什么专业并不重要，重要的是通过学习他成为什么样的人。美术院校的校长们一定已经清醒地意识到这一问题。在实际的教学中，据说我们有些名校的学生都要毕业答辩了，导师都没空去读他的论文，这正常吗？培养学生是老师的职责，认真负责的态度是为师者的基本道德修养。

此外，社会的发展已经要求人终身受教育。人们需要不断地学习、不断地充电和完善自己。全社会都应该来支持教育，建立一种好的机制，找准高等院校的社会定位，凝聚调动社会各方面的力量和资源，形成有利于人才培养的社会氛围，这对于国家的创新发展和综合国力的提升十分必要。

（祝晓风、项江涛：中国社会科学杂志社编辑）

原载于《中国社会科学报》2010年1月21日第58期第5版

中国广播影视 60 年的辉煌跨越

——访国家广播电影电视总局党组书记、局长王太华

褚国飞

王太华，江西兴国人，中央党校研究生毕业。现任中共中央宣传部副部长、国家广播电影电视总局党组书记、局长。1973 年 6 月加入中国共产党。中国共产党十四届、十五届中央候补委员，十六届、

王太华

十七届中央委员。1965 年 9 月至 1968 年 12 月在江西师范学院中文系学习，1968 年 12 月在江西生产建设兵团九团锻炼。1970 年 8 月起历任江西省赣州市第四中学教师、赣州市第三中学副校长、赣州市教育学校副校长、赣州市招办主任。1980 年 8 月任中共江西省赣州市委常委、宣传部部长，1983 年 6 月任江西省赣州地区地委委员、行署副专员（1983 年 9 月至 1985 年 7 月在中央党校学习），1985 年 6 月任中共江西省委常委、宣传部部长。1992 年 3 月起任中共安徽省委常委、副书记、中共安徽省合肥市委书记，1995 年 1 月在中共安徽省委第六届一次会议上当选为中共安徽省委副书记，1998 年 10 月

在安徽省九届人大常委会六次会议上被任命为安徽省副省长、代省长，1999 年 2 月至 2000 年 1 月任安徽省省长，2000 年 1 月任中共安徽省委书记，2003 年 1 月在安徽省第十届人民代表大会第一次会议上当选为安徽省人大常委会主任。

新中国成立 60 年来，我国广播影视传播力不断增强、影响力不断扩大，取得了重大成就。《中国社会科学报》围绕 60 年来我国广播电影电视事业发展取得的成就、提高主流媒体的舆论引导能力、提升国家软实力等问题，采访了王太华同志。

60 年辉煌成就

褚国飞（以下简称"褚"）：请您谈谈新中国成立 60 年来，我国广播电影电视事业发展取得的成就。

王太华（以下简称"王"）：新中国成立 60 年来，我国广播电影电视事业从小到大，从模拟到数字，从国内走向世界，得到了长足发展，取得了显著成就。

一是广播影视已成为党和人民的喉舌和重要宣传舆论阵地。60 年来，广播影视紧紧围绕党和国家工作大局，始终坚持正确舆论导向，大力宣传党的路线方针政策，生动反映人民群众的伟大实践和良好风貌，及时传播国内外各领域的重要信息，为我国社会主义事业、改革开放和现代化建设提供了强大的思想保证和舆论支持。

二是广播影视已成为传播先进文化的重要载体和渠道。60 年来，广播影视始终坚持为社会主义服务、为人民服务的方向和党的文艺工作方针，创作生产出一大批深受群众欢迎的节目、栏目和精品力作，较好地发挥了引导社会、教育人民、促进发展的重要作用。2008 年，全国共制作广播节目 649 万小时、电视节目 264 万小时；电影 406 部，居世界第三位；电视剧 1.4 万集，连续多年稳居世界第一；影视动画 13 万分钟，连续多年呈现快速发展的良好态势。

三是广播影视已成为人民精神文化生活的重要载体。始终坚持把满足人民精神文化需求作为广播影视工作的出发点和落脚点，大力推进农村广播影视事业建设，近年来先后解决了近亿农村群众收听收看广播电影电视难的问题。目前，我国广播电视人口综合覆盖率已分别达到 95.96% 和 96.95%，居世界前列。2008 年全国农村放映电影 700 多万场，观众超过 16 亿人次。

四是广播影视已成为中国了解世界、世界了解中国的重要窗口。随着我国改革开放的推进和综合国力的提高，广播影视大力实施走出去战略，海外覆盖不断扩大，贸易服务和产品出口快速增长，对外交流更加活跃。中国国际广播电台建成 27 座境外整频率电台。中国电视长城平台成为全球最大的华语电视节目平台。中央电视台国际频道节目卫星信号实现全球覆盖，海外落地入户数接近 2.5 亿。改革开放以来我国共有 541 部影片在国际国内电影节上获得大奖。2008 年海外电影销售收入超过 25 亿元，连续 5 年保持高速增长。

五是广播影视综合实力显著增强，我国已成为世界广播影视大国。目前全国有广播电台、电视台、广播电视台 2648 座，中央三台、大部分省级台和部分地市级台已经实现数字化、网络化，一些条件较好的电台电视台正在加快由传统媒体为主向传统媒体与新兴媒体融合发展的重要转变。全国共有广播电视发射台、转播台超过 6 万座，卫星上行站 30 多座，微波线路 8 万多公里，有线电视干线网络超过 320 万公里，基本建成无线、有线、卫星等多种技术手段互为补充、混合覆盖的传输覆盖网，正在加快由模拟向数字的重大转变。收音机、电视机社会拥有量分别达到 5 亿台和 4 亿台，千人平均拥有量居世界首位，有线电视用户超过 1.63 亿，其中有线数字电视用户超过 5000 万。

牢牢把握正确舆论导向　不断提高舆论引导能力

褚：广播影视在引导社会舆论方面发挥着重要作用，有着巨大影响。请问电台电视台等主流媒体应如何进一步提高舆论引导能力？

王：胡锦涛总书记指出："舆论引导正确，利党利国利民；舆论引导错误，误党误国误民。"广播影视作为党和人民的喉舌，必须从加强党的执政能力建设、推进中国特色社会主义事业的高度，真正把提高舆论引导能力放在更加突出的位置。提高舆论引导能力，要准确把握世情、国情、党情的深刻变化，坚持以宣传工作为中心，以提升节目制作能力为支撑，着力创新思想观念、体制机制和方式方法，不断巩固和壮大舆论主阵地的地位和作用。

提高舆论引导能力，必须牢牢把握正确舆论导向。导向正确是提高舆论引导能力的根本要求。把握正确舆论导向，首先就要坚持党性原则，坚持党办媒体、党管媒体，在思想和行动上自觉与党中央保持高度一致，牢牢把握正确的政治方向。要充分认识导向是全方位的，坚持将正确导向落实到每一类节目，贯穿到各项工作始终。在发展社会主义市场经济的条件下坚持正确导向，关键是要正确处理社会效益和经济效益的关系，把社会效益放在首位，努力实现社会效益与经济效益的统一。在工作中，要针对当前一些广播电视节目出现的低俗之风问题，从把握正确导向的高度，把抵制低俗之风作为事关全局的重点工作，深入持久开展专项整治行动，坚决遏制低俗之风的蔓延。

提高舆论引导能力，必须大力加强和改进新闻宣传工作。新闻舆论处在意识形态领域的前沿，是电台电视台舆论引导能力建设的重点领域。加强和改进新闻宣传，首先要牢固树立新闻立台理念。我们明确要求各省级上星频道、各级电台电视台的综合频道频率，都要坚持新闻立台，以新闻宣传为主，以正面宣传为主。第二，要大力推进宣传创新。深入贯彻"三贴近"原则，更好地把握新闻宣传、信息传播和社会舆论形成发展规律，不断改进和加强重大主题宣传、会议和领导同志活动报道、典型报道、热点引导、突发事件报道，切实增强宣传的针对性、有效性。特别要按照"及时准确、公开透明、开放有序、管理有效"的要求，认真总结做好重大突发性事件宣传报道的成功经验，抓紧把一些成熟的做法规范化，形成制度并长期坚持。第三，要切实加强和改进舆论监督。舆论监督是社会主义民主政治建设的重要内容，也是电台电视台的重要职责。要坚持正确立场、态度和方式方法，做到准确、科学、依法和建设性监督，切实保障人民的知情权、参与权、表达权和监督权。

提高舆论引导能力，必须切实提高节目制作生产和服务水平。要认真研究受众需求，准确把握节目栏目、频道频率定位，有效推进资源整合，积极推进节目栏目改版和频道频率专业化、品牌化发展。要着眼于解放和发展广播电视生产力、繁荣节目生产，大力推进节目生产制作机制创新。以中央电视台、中央人民广播电台和省级、副省级电台电视台为重点，着力在影视剧、影视动画、体育、科技、娱乐类节目领域开展制播分离。要把公益性服务摆到更加突出的位置，进一步加强农村、少儿和少数民族等公益节目建设，增强服务能力，提高服务水平。

加快构建广播影视公共服务体系

褚：近年来，国家高度重视农村公共文化服务体系建设，请问广播影视在这方面采取了什么样的措施？取得了哪些进展？

王：加快构建农村广播影视公共服务体系是广播影视贯彻落实科学发展观、坚持以人为本的重要举措。近年来，我们按照中央把"三农"放在重中之重的战略方针，紧紧围绕社会主义新农村文化建设，切实加大资源向农村的倾斜力度，重点实施村村通、农村电影放映等惠民工程，取得了重要成果。

突出抓好村村通工程。村村通工程，是党中央确定的农村文化建设一号工程。1998 年启动以来，已先后完成了全国所有行政村和 50 户以上自然村的建设任务。从 2005 年起，我们把无线覆盖纳入村村通工程，无偿转播中央人民广播电台、中央电视台和省一级电台电视台的有关节目，较好地满足了农村群众的需求。目前我们正在以直播卫星应用为重点，分两期推进 20 户以上自然村工程建设，力争到 2010 年底全面完成任务。

大力实施西新工程。西新工程从 2000 年开始实施，主要是为了解决西部边远少数民族地区的广播影视覆盖问题。目前已完成前三期建设任务，国家累计投资超过百亿元，西藏、新疆等西部和边疆少数民族地区广播影视事业面貌大为改观，少数民族语言节目译制和制作水平大幅提高。目前正在加快推进第四期工程建设。

扎实推进农村电影放映工程。主要是按照"企业经营、市场运作、政府购买、群众受惠"的思路，积极探索适应中国国情的农村电影改革发展的新路子，到 2010 年基本实现全国农村一村一月放映一场公益电影的目标。目前全国已组建农村数字电影院线 188 条，数字电影放映队 2 万多支，一些地方已经率先实现了一村一月放映一场电影的目标。

今后一个时期，广播影视将把"三大工程"作为构建农村公共文化服务体系的重要载体，加大力度，加快进度，抓紧建立完善公共财政保障机制、技术保障体系和运营维护管理长效机制，努力推动由工程建设向公共服务体系建设转变，让广播影视发展成果惠及最广大人民。

大力振兴广播影视产业

褚：国家刚刚出台了《文化产业振兴规划》，这是新中国成立 60 年来第一次对文化产业发展作出规划，引起社会各界的广泛关注。请您谈谈广播影视贯彻落实《规划》、推动产业发展的主要任务和目标是什么？

王：《文化产业振兴规划》是党中央国务院从中国特色社会主义"四位一体"总体布局的高度，对我国文化产业作出的重大战略部署。《规划》对广播影视产业发展提出了一系列新任务、新要求，也提供了难得的有利条件和重要机遇。贯彻落实好《规划》，实现广播影视产业新的跨越，是我们当前和今后一个时期的重大任务。按照《规划》部署，立足广播影视产业发展基础，综合考虑文化和科技发展趋势、人民群众文化新期待，我们将紧紧围绕壮大规模、增强实力、提升竞争力、扩大影响力，以深化改革、加快科技创新、开拓市场为动力，以转变政府职能、完善产业政策、培养产业人才为保障，着力发展内容产业、有线电视网络产业和广播影视新兴业态，带动广播影视产业全面发展。

一是大力发展内容产业。内容生产是广播影视的核心优势。2008 年以来，电影电视剧和影视动画等内容产业在国际金融危机背景下逆势上扬，成为一大亮点。今后一个时期，要坚持走正道、出精品、出人才、出效益，加快推进由影视生产大国向影视内容产业强国的历史性转变。具体目标是：电影，产业改革深化，企业市场主体地位牢固确立；影院等基础设施建设取得突破性进展，以院线制为核心的现代产业运行模式基本形成；国产影片继续占据国内市场主导地位，主旋律影片市场占有率明显提高；海外市场份额显著提升，电影成为中华文化走出去的重要载体。电视剧，数量稳定，质量提升；创作引导机制更加完善，内容管理制度化、规范化水平不断提高；类型更加多样，现实题材继续占据主导地位；市场秩序更加规范，交易机制逐步完善；出口不断扩大，特别是亚洲市场份额明显增长。影视动画，鼓励原创、奖励精品、支持出口，宏观调控和扶持政策进一步完善；创意水平不断提高，国产原创比例明显提升，形成一批弘扬中华优秀传统文化、具有国际影响的动画品牌；衍生产品开发加强，产业链条更加完善，综合效益显著提高。

二是大力发展有线电视网络产业。有线电视网络是广播影视的重要支柱产业。目前我国有线电视收视费收入已超过 250 亿元。今后一个时期，要把有线电视网络作为广播影视重要的战略性产业，加快有线电视网络由小网向大网、由模拟向数字、由单向向双向、由用户看电视向用电视的转变。具体目标是：数字化整体转换和大容量、双向交互改造步伐加快；网络整合取得实质性进展，到 2010 年底基本实现一省一网；省级网络公司现代企业制度建设步伐加快，股份制、公司制改造基本完成；跨省重组扩张取得突破，在全国形成几个大型有线网络骨干企业；以付费电视、视频点播等新型业务和电子政务、生产生活信息、文化教育娱乐等服务为重点，业务开发切实加强，服务水平明显提高。

三是大力发展新兴业态。这是广播影视抢抓新一轮科技革命机遇的必然要求，是广播影视把握未来产业竞争主动权的必然要求，也是广播影视由传统媒体向现代媒体转变的必然要求。今后一个时期广播影视新媒体新业态的发展目标是：新媒体新业态在广播影视产业中的比重逐步提高，成为新的产业增长点；网络广播影视发展加快，移动多媒体广播电视用户初具规模；新型数字视听产品创作生产能力大幅提高，电台电视台、国有影视制作单位成为重要的新媒体视听内容骨干供应商；体制机制创新取得新进展，与网络传播方式和网络经济发展规律相适应的企业制度、投融资机制、运营模式初步形成。

以数字化为龙头全面提升广播影视科技水平

褚：随着数字技术、网络技术、信息技术的迅猛发展，传媒业面临着一场深刻的变革。应对这一形势，广播影视有何具体举措？

王：广播影视是科技进步的产物，科学技术是广播影视发展的强大动力。随着科技进步的加速，特别是随着数字技术、网络技术、信息技术的迅猛发展，物质技术基础深刻变革，媒体业务形态深刻变化，运行体制机制深刻调整，社会文化环境深刻变迁，广播影视已进入发展变革的关键时期，面临的发展机遇和挑战前所未有。抓住机遇、应对挑战，必须以数字化为龙头，加快改造传统媒体，发展新媒体，提高传输覆盖能力，确保安全播出，提高管理水平，进而加快广播影视现代化进程。

充分利用高新技术改造提升传统媒体。一是大力推进电台电视台数字化，以数字化带动网络化、促进现代化，构建采、编、播、存、用一体化的数字技术新体系，走多媒体综合集成发展的道路。要按照"鼓励发展、统筹兼顾"的原则，从频道布局、节目设置、传输方式等方面研究制定规划，积极推动高清电视发展。二是以有线电视数字化为突破口，加快广播电视传输覆盖体系的数字化。按照"政府领导、广电实施、市场运作、群众认可"的要求，继续推进大中城市有线电视数字化整体转换。把有线电视网络大容量、双向交互改造放在更加突出的位置，创造条件，加大投入，努力建成全功能、全业务网，加快向下一代广播电视网过渡。同时要坚持技术改造与内容建设并重，网络整合与业务开发并重，丰富节目内容，提高服务质量。三是大力推进电影数字化，加快数字技术在制作、发行、放映等各个环节的推广应用，加快国家中影数字制作基地建设、城市数字影院建设和农村电影数字化流动放映。

充分利用高新技术发展新媒体。加快发展新媒体是广播影视面临的重要而紧迫的战略性任务，事关广播影视的全局和未来。要按照"加快发展、主动占领、兴利除弊、加强管理"的要求，把新媒体纳入广播影视发展总体规划，努力使新媒体成为发展公益性事业的新阵地，成为发展经营性产业的新空间。当前要着力在两个领域取得重点突破。一方面，要以我为主加快发展网络广播电视，努力使广播影视成为互联网视听节目服务的主力军。要适应网络传播特点，创新经营模式，创新节目内容，增加原创作品，增加互动功能，推出一批名牌网络栏目，打造一流门户网站，创作生产更多适合新媒体传播的视听内容产品，加快建设具有国际重要影响的网络电台电视台。另一方面，要加快发展移动多媒体广播电视。要依托现有无线传输资源，加快网络建设，抓紧建立全系统广泛合作、统一运营的体制。

充分利用高新技术加强安全播出。安全播出是广播影视的生命。要建立完善安全播出预警监测体系，建立完善统一协调、快捷有效的全国安全播出指挥调度系统，及时应对和处置各种突发性事件，不断提高安全保障和防范能力，确保在任何时候、任何情况下能够有效抵御非法信号的侵扰。

充分运用高新技术加强和改善管理。当前，广播影视管理对象急剧增加，范围不断扩大，任务日益繁重。解决这些问题，根本途径是充分运用高新技术扩大管理范围、提高管理效能。要创新观念和思路，将新媒体、新业务纳入广播电视的管理体系。要以内容监管为核心，建立健全新技术条件下的广播电视监管新体系，努力实现"全方位、全业务、全频段、全天候"监管。

大力提高国际传播能力

褚：请您谈谈广播影视在提升国家文化软实力方面有些什么举措？

王：党的十七大从中国特色社会主义事业全局出发，鲜明提出提升国家文化软实力的重大战略任务。广播影视是国家文化软实力建设的重要方面。贯彻落实中央部署，广播影视必须适应新形势，紧紧围绕提升国家文化软实力，全面加强"走出去"工作，着力提高国际传播能力，努力扩大国际影响力和竞争力，为我国营造更为有利的国际环境和舆论氛围。重点要强化以下四个方面。

创新观念。要从提升国家文化软实力、增强综合国力的高度，从服务国家外交外宣大局的高度，重新认识和审视广播影视走出去工作，既要充分认识走出去面临的良好条件，又要充分认识走出去的艰巨性、紧迫性，更要看到我国广播影视已经具备加快走出去的实力。要把提高国际传播能力摆在更加突出的位置，自觉将广播影视走出去纳入国家提升文化软实力的总体战略，抓紧制定提升广播影视国际传播能力的总体规划。特别是中央电视台要加强国际频道建设，加快实现由国内为主向国内国际并重的历史性转变，努力建成语种多、受众广、信息量大、影响力强的国际一流媒体。

创新内容。紧紧围绕提高外宣的原创率、首发率和落地率，贴近中国和世界发展实际，准确把握国外受众的思维方式、收视习惯和对中国信息需求，大力推进节目内容创新，真正做到"中国立场、国际表达"。我国文化资源丰富，潜力巨大，是内容创新的不竭源泉。要充分挖掘、开发、利用优秀传统文化题材，努力创作生产更多更好的既传承中华文明、体现"中国特色、中国风格、中国气派"，又被国外受众接受、喜欢的影视作品。

创新手段。充分认识互联网等新媒体在国际传播方面的巨大潜力，把新媒体摆到走出去更加突出的位置，打造国际传播的新平台。大力实施本土化战略，加快境外区域性新闻中心建设，重点加强中国国际广播电台、中央电视台海外记者站和节目制作室建设，努力形成全球覆盖网络。深入把握文化资本国际运作规律，积极探索、组建市场化运作的公司，在海外参股、并购或投资创办广播影视企业和中介机构，鼓励有条件的国有企业、民营资本投资海外传媒产业。

创新政策。目前，我国文化产品和服务走出去总体上处在起步阶段，加强政策扶持尤为必要。要认真落实中央已有政策，结合实际进一步完善支持广播影视走出去的政策措施。要充分借鉴世界各国保护民族文化产业的成功做法，创新扶持方式，坚持政府推动和市场运作相结合，充分调动各级广播影视机构的积极性，充分发挥各类企业的市场主体作用，引导和鼓励企业加强国际营销网络建设，采取合资合拍、节目交流、以进带出等多种方式，扩大国际市场份额。要着力实施"中国优秀影视剧海外推广工程"，探索建立"市场运作、企业营销、商业放映、政府补贴"的国产影片海外推广营销新机制，推动广播影视产品和服务走出去。

（褚国飞：中国社会科学杂志社编辑）

原载于《中国社会科学报》2009 年 9 月 29 日第 27 期第 4 版

走有中国特色的环保之路

——访国家环保局首任局长曲格平

冯建华

　　曲格平，1930 年 6 月生于山东肥城。1976 年以来，先后任中国常驻联合国环境规划署首席代表、国家环境保护局首任局长、全国人大环境和资源保护委员会主任委员。曲格平从事环保工作 40 年，推动并参与制定了中国环保工作的主要方针政策和法律法规，除了丰富的实际工作，他还致力于环保理论研究，著述颇丰，是我国环境保护学科的奠基者和重要的开创者之一。由于贡献卓著，曲格平获得了联合国环境大奖、蓝色星球奖、世界自然基金会"爱丁堡公爵奖"、国家科技进步一等奖等诸多国际、国内奖项，其中有的奖项在国内具有填补历史空白的意义。

曲格平

现年 80 高龄的曲格平，是我国环保工作的推动者和见证者，在接受《中国社会科学报》专访时，他将我国环保事业的发展历程娓娓道来。

说到中国的环保事业，就不能不提到周恩来总理

冯建华（以下简称"冯"）：您是怎么涉入环保工作的？当初是不是有很多人不理解？

曲格平（以下简称"曲"）：1969 年，我调入国务院计划起草小组工作。当时正处于"文化大革命"的混乱时期，为了国民经济的规划和安排，周总理成立了这样一个临时性的工作机构。当时计划起草小组只有 16 个人，工作非常忙，几乎不分白天和黑夜。我负责联系的是化工、石油等行业，都与环境污染直接相关。正因为这一点，领导安排我兼管环保方面的事情。说实话，当时我对环保工作一点也不了解，没有专业知识，更没想到此后便一直与环保工作结缘，环保成为我后半生的职业，算起来我从事这一工作已整整 40 载。

说到中国的环保事业，就不能不提到周恩来总理。1970 年 12 月初，日本社会党前委员长浅沼稻次郎的夫人浅沼亭子到中国来访问。周恩来总理在接见日本客人的时候，了解到随行的有一位专门报道日本公害问题（当时，环境污染也称公害）的记者，于是，一向关注环境保护问题的周总理特别约请这位记者进行了长时间的谈话，了解了日本公害问题的发展及对策。

其时，在一些经济发达的国家，环境污染已开始给人民的生活健康和经济社会发展带来了严重影响。当时中国的经济虽不很发达，但周总理已意识到环境问题迟早是要出现的。

在约请日本记者谈话的第二天，周总理就指示我们举行一次报告会，请这位记者讲讲环境保护的问题，听课对象不仅要包括科技人员，而且要包括国家机关的负责人。现在举行这样一个报告会是常有的事。但在当时，环境保护在中国还是一个陌生的概念，很多人认为环境保护只是西方发达国家的事情。一些被要求听课的人特别是有些国家部委的负责人，思想上存在很大的疑惑和不理解。为此，我们做了很多说服工作，才把这件

事做成。可以说，中国环保工作启蒙的第一课就从这里开始。

冯：1972 年，您参加了联合国首次人类环境会议，这对您的触动是不是特别大，甚至可以说决定了您以后的人生方向？

曲：1972 年，联合国在瑞典斯德哥尔摩召开首次人类环境会议，周总理决定派代表团参加会议。当时中国正处于"文革"期间，国民经济几乎到了崩溃的边缘，很多事情都顾不上了，环境保护就更无从谈起。可以说，人们对环境问题是很陌生的，甚至连"环境保护"这个词都没怎么听说，认为环境保护就是打扫卫生、垃圾处理这类事。在这种情况下，周总理决定派出一个大型代表团去参加世界首次人类环境会议，这不能不说是一个高瞻远瞩的决定。

当初，按照人们的认识，环境保护是个卫生问题。于是，便组织了一个以卫生部为主体的代表团。在审议名单时，周总理却认为环境问题不仅仅是个卫生问题，还涉及国民经济的很多方面。于是，按照总理的要求，重新组建了一个以国家计委为首的综合性代表团。

中国代表团有 40 多人，其中，只有我和后来担任北京市环保局局长的江小珂两个人接触过环保工作，但我们的知识也很有限。其他成员都未接触过这方面的事情。

在会议期间，有件事给我留下了深刻的印象。来自一些西方国家的民众到会场外举行示威游行，其中有一些示威者，甚至抬着身患残疾的环境污染受害者，那种场面令人触目惊心。

现在想来，正是通过这次会议，我才真正认识到，环境保护不是偶然和个别地区的现象，而是一个全球性问题，与经济社会发展直接相关。会议就像一把炽热的火炬，照亮了我的眼睛，点燃了我心中的光明和希望。我认识到了环境保护是一项伟大的事业，这让我突然感觉到了人生的价值所在。

"文革"中我们就认识到环保，实在是个奇迹

冯：除了个人，这次会议对推动中国环境保护工作是不是也起到了一定的促进作用？

曲：这次会议结束后，代表团向总理直言，中国的环境问题已经相当严重，不仅表现在城市污染方面，而且自然生态也遭到了比较严重的破坏。听取汇报后，周总理意识到了问题的严重性，他说，此前一直担心的问题正在成为现实。为此，他指示召开一次全国性会议，专题研究和部署环境保护工作。

1973 年 8 月，第一次全国环境保护工作会议在北京召开。在这次会议上，摆出了环境存在的问题，并初步分析了产生的原因；提出了环境保护的方针，明确了工作的方向；拟定出十条工作任务和要求，日后成为国家环境保护的行政法规性文件。会后国务院批准建立了一个环境保护工作机构，称"国务院环境保护领导小组办公室"。环境保护工作正式列入了中央政府的议事日程。在"文化大革命"那样的混乱局面下，召开这样一次会议，公开明确中国也存在比较严重的环境问题，这不能不说是奇迹，这全靠了周恩来总理的指导和支持。

结束中国环境保护无法的历史

冯：在联合国环境署代表处担任首席代表，对您来说是不是意味着又一个新的起点？

曲：是的，这段经历在我的环保工作生涯中是一个重要的转折点。1976 年，国家决定派我到内罗毕中国常驻联合国环境署代表处担任首席代表。这为我开拓视野，寻找工作新思路提供了机会，在此期间，我几乎把全部精力用在拜访各国专家和获取各国环保资料上，这是认识和研究世界环境问题难得的一座学校。经过学习和研究，我认识到西方国家推进环保工作的一个重要而有效的手段，就是建立起健全的法律制度和有力的监管机构。

于是，从内罗毕卸任回到北京后，我便呼吁尽快出台环保法。"国环办"成立了环保法起草小组，我也成为其中的一个成员。

1979 年 9 月，在国家恢复法治建设后，《中华人民共和国环境保护法》是全国人大首先通过的法律之一，这结束了中国环境保护无法的历史。这部法律为中国环境保护工作指明了方向，规定设立环境保护专职机构，并为环保监管机构提供了法律依据。

上世纪70年代，中国基本处于"文革"动乱期间，在学校停课、工厂停产的混乱状况下，中国的环保工作竟然开始起步，并能取得许多进展，很不容易，值得积极评价。说到这里，我们特别怀念周恩来总理，是他的远见卓识，才使中国环保事业迈出了第一步。否则，中国环保事业列入国家正式议程，至少要推迟十年。

确立"走中国特色的环保之路"

冯：进入80年代，环境问题日益显现，我国的环境保护工作是不是也随之得到了加强？

曲：进入80年代后，中国的环境问题日益突出。城市污染还没有得到解决，大量兴起的乡镇企业又成了新的污染源。之前，污染主要是呈"点、线"状态，此时已蔓延成"面"上的问题，这种局面一直延续到现在。

依据法律规定，1982年国家机构进行改革时，决定在城乡建设环境保护部内设环保局，我成为首任局长。这是一个计划单列的机构，财务、人事、教育等权限职能独立，能支配的款项有时甚至比主管部委还要多。应该说，这在当时是很少见的现象，可见国家领导人对环保工作还是比较重视的。

1983年，全国第二次环境保护工作会议召开。在这次会议上，"走有中国特色的环保之路"的方针被提出来，而且，环境保护被国家正式列为一项基本国策，在此之前只有计划生育成为基本国策。国策地位的确立，把环境保护从一个边缘性事务提升到现代化建设的中心位置，这有利于改变人们的价值观和发展理念，对推进中国的环保工作有着重大的意义。然而，当时在征求意见时，很多部委对把环境保护列为基本国策，还很不理解。

1983年，国务院环境保护领导小组办公室被撤消后，重新组建了一个全新协调机构——国务院环境保护委员会。这个机构是由30多个部委的领导组成，首位负责人是时任国务院副总理的李鹏。委员会的办公室设在环保局，我任办公室主任。各个部选派了具有相当能力的人出任委员，在委员会的成员中，先后有 4 人被选为中共中央政治局常委，其中有 3 人担任了国务院总理。正是依托这个平台，中国在此后的十多年时间里，能够比较顺利地出台一系列重要的环保政策制度和重大决定。实践证明，因为环境保护涉及国民经济方方面面，这种机构是十分需要的。

环保局成立始末

冯：作为国务院的专职机构，国家环境保护局成立后开展了哪些主要工作？

曲：1988 年，国务院再次进行机构改革，国家环保局从城乡建设环境保护部独立出来，成为国务院的直属局，我成为了首任局长。其实，关于这个独立机构的成立，在当时曾引起了很大的争议。一些部门和人认为环保工作已经分布在各个部门，例如垃圾处理、绿化、水污染、大气污染、核污染、工业污染、农业污染等等都有相关机构可以管，没必要再成立专门的环保机构。为此，我们曾向国务院领导同志力陈环境建设和环保监督是两个完全不同的概念，国家环保管理机构承担的主要是依法监督工作，而非那些具体的环境建设工作。这种理念得到了领导人的认同，如此，国家环保局才最终得以成立。

在全国第二次环境保护工作会议之后，国家环保局把建立环境管理制度摆在了工作的首位。通过近五年的摸索实践和总结，并借鉴国际社会的经验，我们制定、出台了一系列政策制度，概括起来，就是"三大环境政策"和"八项管理制度"。这奠定了此后环保工作的主体基调。

"三大环境政策"包括：预防为主、防治结合、综合治理；谁污染谁治理；强化环境管理。"八项管理制度"包括环境影响评价制度、环境目标责任制度、排污申报登记和排污许可证制度等。尽管中国的环境问题呈逐渐加重的趋势，但是，这一系列政策制度的陆续实施，多少还是延缓了环境状况的集中恶化。更可喜的是，这些政策制度也陆续纳入到国家的环境法中去。

"环评法"不通过"死不瞑目"

冯：卸任行政职务之后，您进入全国人大工作。在这个新的工作岗位上，您是怎么推动环保工作的？

曲：1993年初，是我人生中又一个非常重要的转折。当年3月，我当选为第八届全国人大代表、全国人大常务委员会委员和全国人大环境与资源保护委员会主任委员。当了十多年国家环保局局长之后，我又有了一项新的使命，到国家立法机构从事环境与资源的立法和执法监督工作。

还在国家环保局局长任上的时候，我就有过一个想法，就是通过新闻媒介，向破坏环境、破坏自然生态、浪费资源的行为宣战，让环境意识深入到各级领导和全体人民的心中。为这种想法也作过一些努力，总感到力度有限。走上新的工作岗位后，我立即着手实施这一想法，于是便推动实施了"中华环保世纪行"大型公益活动。表彰先进，鞭策落后。这一活动迅速在全国推开，提高了公众的环保意识和法律意识，并且也在国际上得到好评。

正是由于社会环保意识的逐渐提高，以及环保目标责任制的实施，淘汰落后产能的措施一直在进行。1996年，中国政府一举关闭几万家污染严重的工厂，这在历史上是从未有过的举动。在这个过程中，我越来越强烈地意识到，中国要有效治理环境污染和防治自然生态破坏，必须改变以大量消耗资源为代价的粗放型经济增长理念和模式。在参加了1992年里约环发大会后，我牵头编写了《环境与发展十大对策》，其中，"实行可持续发展战略"被列为十大对策之首。这十大对策被中共中央和国务院转发全国各省、市、区参照实行。1994年，中国公布了实施可持续发展的行动计划和措施。1997年，中国把"可持续发展"上升为国家发展战略。

在全国人大环境与资源保护委员会这个岗位上，我组织或参与了23部环境与资源法律的起草或修订，组织了几十次环保法律的执法检查，督促各地依法进行环境治理。

冯：您参与制定的法律很多，其中，在推动制定《环境影响评价法》时遇到了很大的困难，为此您曾说过，这部法律不通过，您将"死不瞑目"。您为何这么看重这部法律？

曲：在全国人大环资委的十年任职期间，我的主要工作是推动环保立法。其间，我共参与了20多部法律的修改或起草。其中，有一部法律最令我关注，就是《环境影响评价法》。

我对西方一些国家的环境保护事业进行过考察，发现它们的法制健全，监管有力，特别是执行"环评法"效果显著，可以说把环境管理推进到了一个新阶段。环评法的核心内容就是建设项目、发展规划和政策，遵循"先评价，后建设"的法律程序，把环境隐患堵截在建设行动之前。我国长期以来，只顾发展，忽视环境保护，往往是旧的问题没有解决，新的问题又不断出现。要堵住这个不断出现的"恶性循环"，只有依靠环评法。正是出于这种想法，1979年拟定环保法草案的时候，在我的建议下，这部法律增加了一条有关环境评价的条款，在实践中发挥了很好的作用。后来，许多地方实施"环保一票否决制"，法律依据正是这个条款。

一条法律条款起到的作用毕竟有限。于是，全国人大环资委设立后，做的第一件事情就是提出环评法的立法计划。可是，因为认识的不一致，未被接受。

五年之后，我在全国人大环境与资源保护委员会主任委员这个位置上获得连任，这又给了我一次建议把环评法列上计划的机会。鉴于上次的失败教训，这次提出立法计划前后我们做了更多的解释工作。最终，环评法的立法计划在1998年得以通过，并很快启动了法律草案的起草工作。

在随后审议这部法律草案的时候，虽然多数委员表示赞成这件法律草案，但也有少数人持坚决反对的态度，特别是国务院致函全国人大常委会，建议暂缓环评法草案的审议，因为一些部委不赞成这部法律的规定。理由是中国还处于初期发展阶段，经济水平不高，不能把发达国家的法律搬到中国来。还有的人提出，"环评"对经济建设有生杀大权，不能给环保部门这样的权力。于是，环评法草案审议被停下来。

在这种情况下，我们向全国人大和国务院的领导及有关部门，力陈环评法的意义和价值，得到了他们的理解和支持。通过反复协商，国务院又致函全国人大常委会，赞成对环评法进行审议。于是，全国人大常委会又重新进行审议，并几乎全票通过（只有一票反对）。这是我经历的时间最长、曲折最多的一次立法过程。不过，最终被通过，我还是感到欣慰。

对美好环境的梦想和期待

冯：您如何评价我国目前的环境保护状况？

曲：我国的环境保护工作依然面临严峻的形势。这不仅表现在污染面呈扩大之势，而且污染的程度也在不断加深。环境问题如此严重，我认为主要问题在于发展理念存在问题，只注意追求 GDP，而忽视了环境保护。现在中央提出建立科学发展观，并且选择了循环经济发展模式，就是要解决经济、社会、环境、资源之间的协调关系和可持续发展问题。这就抓住了环境问题的要害和本质。只要依此发展下去，不仅环境问题可以缓解和消除，而且经济和社会发展也会一片光明。

环境保护工作是一项综合性很强的工作，不能仅仅依靠环保部门一家去做，必须依靠全社会的广泛参与。所幸的是，在科学发展观的引导下，环境保护的意识正在不断深入人心；国家强力实施了"节能减排"措施，并且得到了认真实行。我相信，只要坚持做下去，中国环境保护前景是看好的。

冯：从事了一辈子的环保工作，在您心目中，理想的环境是个什么样子？

曲：2003 年，我从全国人大环资委主任委员的职务上退了下来，但我并没有远离环保，仍然十分关注环保事业的发展。回顾自己 40 年的环保历程，我并没有多少成就感。面对严峻的环境形势，我甚至常常有一种压抑感。

客观地说，中国面临的环境形势非常严峻，所以不可能设想很快就能够彻底改变这个状况。从发展的规划上看，力争到 2020 年（有人提出是到 2015 年）能够把城市环境的污染势头控制住；到 2030 年，城市环境以及自然生态停止污染和破坏，进入到一个改善的时期。在我看来，中国要真正建成适宜人类生存、经济协调发展的社会，恐怕还要更长一些时间。

21 世纪，人类环境的前景究竟如何，是每一个人都在关注的问题。作为一个致力于环保事业 40 载的人来说，我有着许许多多的梦想和期待，我只想再引用 1999 年一次演讲中的几句话：

期待有一天，污浊的环境呈现一片清新和明朗。

期待有一天，寂静的春天变得生机盎然，荒芜的群山都披上绿色盛装。

期待有一天，所有的生灵都得到上苍的关爱和人类的善待。

（冯建华：中国社会科学杂志社编辑）

原载于《中国社会科学报》2009 年 8 月 4 日第 11 期第 4 版

走出有宁夏特色的发展道路

——访中共宁夏回族自治区党委书记、人大常委会主任陈建国

袁华杰

陈建国，中共宁夏回族自治区党委书记，宁夏回族自治区人大常委会主任。1945年7月生，山东荣城人。1966年加入中国共产党。1982年山东大学经济系干部专修科毕业。曾任中共烟台市委书记。1988年12月当选为第五届中共山东省委常委、政法委员会书记。1993年4月至1998年4月任山东省委常委、副省长。1998年11月至2002年3月任第七届中共山东省委副书记。2002年至今任中共宁夏回族自治区党委书记、人大常委会主任。十五届中央候补委员，十六届、十七届中央委员。

陈建国

宁夏进入了历史上经济发展最快、城乡面貌变化最大、群众得到实惠最多的时期，宁夏的发展已经站在了新的起点上。宁夏各族人民互相尊重、互相学习、互相帮助、和睦相处、和衷共济、和谐发展，谱写了"共同团结奋斗，共同繁荣发展"的篇章。

走出有宁夏特色的发展道路

袁华杰（以下简称"袁"）：陈书记，您曾经长期在山东省担任领导职务，从一个典型的东部省份到西部的宁夏回族自治区工作，这是一个很大的转变，在这个过程中，您遇到哪些挑战？

陈建国（以下简称"陈"）：2002 年 3 月，我从山东来到宁夏工作，当时正值国家实施西部大开发战略的起步阶段，这是包括宁夏在内的西部地区加快经济社会发展、与全国同步实现全面建设小康社会奋斗目标的重大历史机遇。到宁夏工作后，通过调查研究，我深切地感受到这里的干部群众勤劳朴实，加快经济社会发展、改变贫穷落后面貌的愿望十分强烈。作为自治区党委负责人，自己身感责任重大，特别是与山东省相比，宁夏是老少边穷地区，改革发展稳定的任务十分繁重，面临着许多挑战和压力。

从自然环境看，宁夏总体属于内陆干旱地区，自然环境恶劣，生态环境脆弱，除沿黄地区可引水灌溉外，其他大部分地区水资源严重短缺，成为制约宁夏发展的突出矛盾。

从经济社会发展状况看，宁夏属于经济欠发达地区，发展水平总体不高，经济结构不合理，自我发展能力较弱，区域发展不协调的问题十分突出，特别是中部干旱带和南部山区贫困面大、贫困程度深，全面建设小康社会的任务十分繁重。总之，宁夏与发达地区相比差距很大，仍处在社会主义初级阶段的较低层次，"欠发达"是宁夏最大的区情。

从维护社会稳定来看，宁夏是我国最大的回族聚居地区，穆斯林群众比较集中，加强民族团结、维护社会稳定始终是我们的一项重要任务。没有一个和谐稳定的社会环境，什么事都办不成，做好宁夏的民族工作和维护稳定工作，具有特殊而重要的意义。

从思想观念上看，与发达省区相比，我们的一些干部群众思想观念还不够解放，大胆突破、勇于创新、敢于争先的意识不强。因此，必须不断地解放思想、更新观念，树立"敢闯敢冒"的气魄和勇气。只有这样，才能抓住机遇，开拓创新，又好又快地把宁夏的发展搞上去。

袁：新中国成立 60 年来，尤其是宁夏回族自治区成立 50 多年来，宁夏经济发展、社会稳定、民族和谐，可以说在各个领域都取得了巨大成绩，走出了一条具有宁夏特色的发展道路，您能简要作一个概括吗？

陈：2008年是宁夏回族自治区成立50周年。在党中央的坚强领导下，宁夏各族干部群众艰苦奋斗、顽强拼搏，在原来一穷二白的基础上，把宁夏建设成为经济发展、社会进步、民族团结、政治稳定的新宁夏，经济总量增长66倍，财政收入增长164倍，城镇居民和农民人均纯收入分别增长60倍和35倍，实现了从贫困到小康的历史性跨越。自治区成立以来，特别是党的十六大以来，我们不断深化对区情的认识，深入贯彻落实科学发展观，解放思想，锐意创新，加快推进工业化、城市化、信息化和新农村建设，实施工业强区、中心城市带动、科教兴宁、人才强区和项目带动五大战略，加快建设宁东太阳山能源化工基地和新材料工业基地，奋力推进科学发展、跨越式发展，经济社会发展进入了一个新的阶段，初步走出了一条符合中央精神、具有宁夏特色的科学发展、跨越式发展的新路子。主要表现在以下几个方面：

一是综合实力迈上新台阶。2002年以来，宁夏地区生产总值年均增长11.9%，2008年超过千亿元，财政总收入达到178.6亿元，经济综合实力显著增强。特别是已经有12个市县的财政收入超过亿元，3个县级市进入西部百强。2009年以来，我们坚定信心、共克时艰，采取一系列应对国际金融危机的政策措施，保持了经济平稳较快发展的良好势头。

二是城乡面貌发生新变化。全区高速公路通车里程超过1100公里，"三纵九横"的公路主干网基本形成，乡乡通油路、村村通公路、通广播电视、通电话，户户通电，特别是所有行政村都联接互联网，成为全国第一个村村通互联网的省区。城镇化率从34.2%提高到45%，城市基础设施不断完善，辐射带动力进一步增强。三北防护林、天然林保护、防沙治沙等工程加快实施，在西部率先实现了全区范围内封山禁牧，森林覆盖率达到9.8%。

三是人民生活水平明显提高。2009年1—9月，宁夏城镇居民人均可支配收入达10181元，农民人均现金收入3735元，其中农民人均纯收入增幅连续4年高于全国平均水平，居西北第一位。大力推进扶贫开发，全区绝对贫困人口大幅度下降，南部山区和中部干旱带人畜饮水问题得到有效缓解。

四是社会和谐稳定呈现新局面。我们认真贯彻落实党的民族政策，依法加强宗教事务管理，切实加强社会治安综合治理，大力加强民族团结进步事业，进一步巩固和发展了各民族共同繁荣发展的大好局面，全区民族团结，宗教和睦，社会和谐稳定，人民安居乐业，为改革开放和现代化建设提供了有力的保障。总的来说，经过这些年的发展，宁夏进入了历史上经济发展最快、城乡面貌变化最大、群众得到实惠最多的时期，宁夏的发展已经站在了新的起点上。

宁夏要办大文化

袁：宁夏虽然是一个经济并不十分发达的小省区，但近年来在繁荣发展文化事业和文化产业上取得了一定成绩，提出了"小省区办大文化"的总体目标。2009 年 8 月 30 日，自治区还召开了全区文化体制改革动员大会，对自治区文化体制改革工作进行动员部署。请问在文化建设方面，自治区党委的总体思路是什么？宁夏又是如何弘扬回族优秀文化的？

陈：文化建设是中国特色社会主义事业"四位一体"总体布局的重要组成部分，是一个地区软实力的重要体现。近年来，特别是党的十七大以来，我们坚持把文化建设作为一项重大战略任务，摆在突出位置，发扬"小省区能办大文化"的精神，深化文化体制改革，加强文化基础设施建设，推动社会主义文化大发展大繁荣，不断满足人民群众的精神文化需求。围绕社会主义核心价值体系建设，加强理论武装、宣传教育、思想道德建设，为促进改革发展、社会稳定、民族团结提供了有力的精神动力、思想保证和舆论支持。

我们大力弘扬回族优秀文化，在挖掘、整合、提升、创新上下功夫，着力推出具有地方特色和民族特色的文化精品，举办了"第六届中国西部民歌（花儿）歌会"、"腾飞的宁夏"、"盛世回乡"等大型文艺主题晚会，推出了京剧《海上生明月》、大型回族舞剧《月上贺兰》、花儿歌舞剧《大山的女儿》、话剧《大篷车》等一批精品剧目，联合拍摄电影《画皮》、《同心》、《冯志远》等优秀电影作品，推出了《回族民俗学》、《宁夏文化源与流探析》、《中国回族典藏全书》等精品图书，有力地推动了回族优秀文化的发展。

袁：从您个人的角度看，您认为宁夏人的精神面貌和山东人相比，有什么特点？在抓经济社会发展的同时，宁夏在人文建设方面采取了哪些措施？尤其在促进社会科学发展方面，自治区党委制定了哪些具体的规划？

陈：宁夏和山东两省区同属黄河流域，共同受到黄河母亲河的哺育，两省区人民都具有纯朴豪放的气质、艰苦奋斗的传统和不甘落后的精神。但不同地域文化铸就了不同地域人们的精神风貌。宁夏有着悠久的历史文化和独特的人文环境，造就了宁夏人民"勤劳勇敢、坚忍不拔、包容豁达、和谐友善"的精神。

近年来，我们针对一些干部群众中"小"和"穷"的思想束缚，明确提出小省区要有大志气、小省区要能干大事、小省区要有大作为的理念，鼓励引导干部群众"跳起来摘大桃，跳起来打大枣"，树立争创一流、追求卓越的雄心壮志，敢想大的、敢干大的，把中央的精神和宁夏的实际紧密结合起来，创造性地开展工作，以敢为人先的精神推动各项工作。教育引导干部群众满怀激情，雷厉风行，只争朝夕，三步并作两步走，一天当做两天用，勇于创新、敢于突破、积极争先，努力争夺各项工作的"单项冠军"。在宁夏，现在这种谋大事、想大事、干大事、能干成事的理念逐步深入人心。香港《大公报》记者这样评价宁夏："一个小省区，一个最有志向的地方。"

我们重点抓了四个方面的工作：一是着力加强理论武装。开展"理论武装大讲堂"、"百场万人"、"理论面对面"、"六个为什么"学习教育等理论大众化、通俗化活动，大力繁荣发展哲学社会科学，实施"推进跨越式发展研究工程"，不断巩固马克思主义在意识形态领域的指导地位。

二是着力加强宣传教育。大力推进社会主义核心价值体系宣传教育工作，组织开展了学习实践科学发展观、抗击冰雪灾害、四川汶川大地震抗震救灾、自治区成立50周年大庆、改革开放30年暨继续解放思想、新中国成立60周年等系列宣传活动。加强网络宣传，规范文化市场，加强新闻宏观管理，牢牢掌握舆论引导的主动权。

三是着力加强思想道德建设。坚持不懈地抓好未成年人思想道德建设，开展了新中国成立以来 60 位感动宁夏人物和 100 位为宁夏建设作出突出贡献英雄模范人物评选工作，继续推进群众性精神文明创建工作，大力弘扬驻宁部队给水团精神，在全社会努力形成文明和谐、健康向上的社会新风。

四是着力加强文化事业发展。扎实推进文化阵地建设，实现了村村通广播电视、通电话的目标，在西部率先实现村级文化信息资源服务站全覆盖，新建和改造了一批市县文化馆、乡镇文化站和村级示范文化室，全区行业博物馆达到 42 个，农村 8 套电视节目覆盖率达到 83%，电视人口综合覆盖率达到 93.47%。积极推进文化体制改革，文化事业发展活力不断增强。

自治区党委十分重视繁荣发展哲学社会科学工作，把它作为思想文化建设的重要内容，切实加强组织领导，在人才、资金等方面给予大力支持，充分发挥哲学社会科学认识世界、传承文明、创新理论、咨政育人、服务社会的重要功能。早在 2004 年，自治区党委就专门研究制定了《关于加强和改进全区哲学社会科学工作的意见》，明确了新形势下繁荣发展哲学社会科学的指导方针、目标任务和具体措施，提出把哲学社会科学界建设成自治区党委、政府的"思想库"和"智囊库"，要求加强学科和科研单位、高等院校建设，建立科学、规范的哲学和社会科学管理机制与运行机制，努力建设一支德才兼备的哲学社会科学队伍，明确要加强党对哲学社会科学工作的领导，为哲学社会科学工作创造条件、营造环境、提供保障。近几年来，自治区党委多次召开全区哲学社会科学界、社科界联合会的座谈会或代表大会等，对繁荣发展哲学社会科学作出部署、提出要求。目前，我区哲学社会科学研究队伍不断壮大，全社会学习、重视、运用哲学社会科学的良好氛围进一步形成。哲学社会科学为推动我区改革开放和社会主义现代化建设提供了有力的智力支持。

最后，谢谢中国社会科学杂志社和《中国社会科学报》对宁夏的关心和支持！希望哲学社会科学领域的广大专家学者们多为宁夏的发展出谋划策、传经送宝。宁夏将以更加开放的胸襟、更加优越的环境，热诚欢迎海内外各界朋友前来施展宏图，共同推进宁夏的开发建设。

把宁夏建设成西部地区的典范

袁：宁夏蕴藏着丰富的自然资源，同时，文化底蕴和旅游资源也很有特色。在将自然与人文资源转化为特色产业方面，宁夏有什么样的发展战略？

陈：宁夏的能源资源丰富，组合优势明显，开发前景广阔。能源方面，目前宁夏已探明煤炭储量 303 亿吨，居全国第 6 位。现有 12 座大中型发电厂，年发电量 451 亿千瓦小时。年可利用黄河水 40 亿立方米。农业方面，宁夏现有耕地 1650 万亩，人均 2.8 亩，居全国第 3 位；引黄灌溉面积 690 万亩，是全国 12 个商品粮生产基地之一；有待开发的荒地上千万亩；有草场 3411 万亩，是全国十大牧区之一，素有"塞上江南"、"西部粮仓"的美誉。旅游方面，宁夏开发历史悠久，孕育了独具魅力的自然和人文景观，大漠风光、西夏文化、回乡风情等，各具特色，形成了具有浓厚地方特色和鲜明民族特色的旅游资源，发展特色旅游业前景广阔。去年国内权威地理杂志评选出全国十大新天府，宁夏平原就是其中之一。

对这三个方面的优势，我们坚持资源开发与生态保护相结合，开发和开放相结合，着眼于增强经济实力、转变经济发展方式，加快资源的开发、加工、转化、增值，努力将宁夏的能源优势、农业优势和旅游优势转化为经济优势。一是举全区之力，高起点、高水平加快宁东（太阳山）能源化工基地建设，加快推进大型煤矿、电站和煤化工项目建设，努力把宁东太阳山打造成国家重要的能源、化工基地、"西电东输"火电基地和循环经济示范区，实现煤炭的就地转化。同时，我们也大力发展风能、太阳能等可再生能源，积极争取大柳树水利枢纽工程早日开工建设。二是充分利用农业资源优势，大力发展现代农业，加快建设北部引黄灌区现代农业示范区、中部干旱带旱作节水农业示范区、南部黄土丘陵生态农业示范区，实施"三个百万亩"工程（温棚类高效现代农业 100 万亩，扬水补灌节水农业 100 万亩，集雨点种覆膜保墒旱作农业 100 万亩），大力发展特色农产品加工业，实现农业增效、农民增收。三是依托独特的自然风光和人文景观资源，大力发展沙漠旅游、生态旅游、红色旅游和乡村旅游，努力建设西部地区独具特色的旅游目的地。加快建设现代综合物流体系。

袁：2009年全国两会期间，李长春同志在参加宁夏代表团讨论时指出："宁夏是贯彻落实民族区域自治制度的典范，是贯彻落实党的民族政策的好典型。"宁夏采取了哪些政策，保证各民族共同团结奋斗，共同繁荣发展？为协调不同民族文化之间的关系，宁夏回族自治区采取了哪些措施？

陈：50年来，宁夏各族人民互相尊重、互相学习、互相帮助、和睦相处、和衷共济、和谐发展，谱写了"共同团结奋斗，共同繁荣发展"的篇章。之所以形成这样的大好局面，一是靠党的坚强领导，二是靠党的民族政策指引方向，三是靠加快发展凝聚人心。

在落实党的民族政策方面，我们主要抓了以下几个方面的工作：

一是始终把加快发展作为做好民族工作的主题，采取有力的政策和扶持措施，大力实施扶贫开发工程，扶持回族群众聚居地区经济发展，千方百计增加少数民族群众的收入。

二是大力发展民族团结进步事业，广泛宣传马克思主义民族观、党的民族宗教政策，把每年9月确定为民族团结进步月，每5年举办一次民族团结进步表彰大会，"三个离不开"的思想深入人心，显示出各族人民强大的凝聚力和亲和力。

三是依法加强宗教事务管理，制定并严格执行《关于尊重少数民族风俗习惯的规定》、《宁夏回族自治区清真食品管理条例》等条例法规。比如，在银川、吴忠等地建立了回民公墓，加强清真食品的规范和管理，在回族开斋节和古尔邦节等少数民族群众传统节日给回汉各族干部职工放假，自治区领导走访回族群众祝贺节日、送去慰问。加强宗教活动管理，坚决打击境外宗教渗透和捣乱破坏行为，维护了宗教领域的稳定，促进了全区民族团结与社会和谐。

四是始终把发展教育事业作为提高少数民族整体素质的根本措施，实施百所回民中小学标准化建设、优秀教师支教、回族骨干教师建设等工程，在银川建设面向南部山区和吊庄移民招生的六盘山高级中学和宁夏育才中学两所寄宿制优质高中，在回族聚居地区每个县建设1—2所寄宿制优质高中，采取多项优惠政策，努力使少数民族学生都能够受到良好的教育。目前，全区各类学校回族在校生达到 37.55%，与回族人口占全区总人口的比例一致，民族教育得到了长足的发展。

（袁华杰：中国社会科学杂志社编辑）

原载于《中国社会科学报》2009 年 11 月 19 日第 40 期第 3 版

哲学社会科学是国家的灵魂
——访全国政协副主席、民盟中央第一副主席张梅颖

冯建华

张梅颖 ■王宙/摄

张梅颖，女，汉族，1944 年 1 月生，四川省南充市人。1992 年 6 月加入民盟。1968 年毕业于第四军医大学。现任全国政协副主席，民盟中央第一副主席。1979 年开始从事肿瘤研究工作，专业方向为亲肿瘤放射性药物在肿瘤诊断治疗中的应用，先后参与和承担国家"七五"、"八五"、863 高科技课题和北京市重点科研课题，其中导向药物用于肿瘤诊断、导向手术、导向治疗的研究，曾 3 次获北京市科技进步奖。在《中华肿瘤杂志》、《中华核医学杂志》等核心杂志发表论文 30 余篇。主要参编论著 4 部：《实用核医学》、《临床核医学》、《抗体工程》、《肿瘤学》。1993 年享受国务院颁发的政府特殊津贴。

作为国家领导人，全国政协副主席张梅颖不失知识分子的本色。性情耿直的她，到许多地方做报告很受欢迎，因为她言辞间饱含感情，犀利直

露，讲得都是平民百姓能够听懂的实话、知心话。

哲学社会科学工作者担负着国家与社会责任

冯建华（以下简称"冯"）：作为我国八大民主党派之一，民盟主要是面向高等教育界，这个领域汇集了我国很多哲学社会科学工作者，请问在中华民族走向复兴的当今时代，哲学社会科学工作者应该担负怎样的使命？您怎样看待我国哲学社会科学的发展现状？

张梅颖（以下简称"张"）：哲学社会科学是一个国家立国的灵魂，是一个国家、一个民族价值观形成的土壤和基石。形成怎样的价值观，或者说追求什么，对于国家和个人的发展，都很重要。有了正确的价值观，国家和个人的发展才不会迷失方向。当前值得注意的是，我们在经济高速发展的同时，道德水平呈下降趋势，在高度追求物质财富和个人享乐主义的时候，失去自我，出现了严重的信仰危机、文化危机和道德危机。如何实现自我价值，需要全社会尤其是哲学社会科学工作者的深思。

在我们民盟 20 万盟员中，有四分之一是来自高教界的，其中又有不少盟员从事哲学社会科学的教学和研究工作，并且在各自的专业上取得了不菲的成就，在学术上和社会上具有广泛的影响。这对赓续民盟之旧基，活跃民盟之思想，具有重要作用；为提高我们的参政议政能力，搞好中国共产党领导下的多党合作，提供了重要的基础；同时，也为繁荣我国哲学社会科学，做出了重要的贡献。

民盟历来有重视哲学社会科学的传统，可谓渊源有自。前任民盟主席费孝通先生就是位受过系统训练的、蜚声海内外的社会学家，他的智慧、学识和品格，为今人所传颂，为后人所铭记。2009 年去世的季羡林先生和任继愈先生，也都是盟员，都是为社会各界所景仰的大家。这些大师、名家不仅学问一流，为我们贡献了大量的佳作和名篇，而且都有着很高的道德修养和人生境界。他们不仅是民盟的骄傲，也是哲学社会科学界学习的楷模。

中华民族有悠久的历史和十分丰富的文化资源，文化之传承，文明之延续，都对哲学社会科学提出了特殊的要求。记得清代著名思想家龚自珍说，"欲灭其族，先去其史"，一个民族如果没有一批优秀的哲学社会科学工作者，文化基因的发育成长就会受到极大的抑制，就不可能在文明世界中拥有话语权力。

今天，我们正处于实现中华民族伟大复兴的历史进程中，时代赋予了哲学社会科学工作者艰巨的任务和光荣的使命，同时，哲学社会科学也迎来了繁荣发展的历史机遇。江泽民同志曾明确指出，自然科学与社会科学同等重要，哲学社会科学的研究能力和成果也是综合国力的重要组成部分，哲学社会科学具有不可替代的重要作用，哲学社会科学工作者是一支不可替代的重要力量。我记得，2004 年中共中央还以 3 号文件形式颁发了《关于进一步繁荣发展哲学社会科学的意见》，这为新时期的哲学社会科学发展指明了方向，哲学社会科学界要努力担负起认识世界、传承文明、创新理论、咨政育人、服务社会的职责。

改革开放 30 年来，我国的经济社会发展取得了巨大成绩，中国的和平崛起已是一个不争的事实。但是，我国还是一个处于转型时期的发展中国家，我们在为所取得伟大成就自豪的同时，也要看到国家的发展还面临许多复杂的矛盾和问题，有许多重大的理论和现实问题需要哲学社会科学工作者研究和回答。哲学社会科学工作者不仅要笃志不倦，探究学理，不断提高学术理论水平，更要投身于时代，密切关注现实，为党中央、国务院当好思想库和智囊团，提供有价值的决策参考，为社会提供一流的、可靠的研究成果。

根据我的观察和了解，30 年来哲学社会科学有了显而易见的进步，我们的学者在改革开放这样一个历史平台上，获得了更大的发挥才智和独立思考的空间和可能。他们为改革的不断深入，为国家的科学发展，为和谐社会的建设，贡献了大量的智慧，提供了理论上的支持，甚至是方向上的引导。比如，我国的市场化改革并非一帆风顺，社会主义市场经济体制的最终确立，就离不开经济学家的大量论证和鼓呼。

当然，科学总是处于不断自我完善和发展过程中。我认为，目前我国哲学社会科学发展仍存在不少问题需要解决，主要可以概括为三个方面：一是要更加注重调查研究。毛主席说"没有调查就没有发言权"，这句箴言永远不会过时，现在的情况更加纷繁复杂，更需要深入调查。二是要继承和发扬先辈之治学精神。如今各种哲学社会科学成果非常丰富，但低水平重复的多，原创性的真知灼见少，学者治学必须严谨和负责，而不能娱乐学问，消解崇高。三是要与时俱进，兼包并蓄。学者一定不能狭隘、因循守旧，否则就失去了进步的动力。

科学的发展需要融合与开放

冯：作为一名科学家，您怎样看待学科间（包括自然科学与哲学社会科学之间）交叉融合发展的趋势和前景？

张：我对科学认识论、方法论和科学史比较感兴趣。我注意到，在古代，自然科学与社会科学是浑然一体、合二为一的。16 世纪以后，自然科学逐步从神学或哲学中分离出来，取得了独立的地位。几百年来，自然科学的纵深发展和技术应用，也就是不断发生的科学革命，极大地促进了产业的发展和社会的进步，改变了人类的命运和社会的面貌。

我还注意到，在西方自然科学发展史上，许多鼻祖式的人物本身就是大哲学家，哥白尼、伽利略、笛卡尔、牛顿、莱布尼兹、达尔文、爱因斯坦等都是如此，都在个体身上很好地实现了自然科学与社会科学的结合和融会贯通。

我国古代一直是重道而轻器，人文强而科学弱。李约瑟提出"为什么近代科学没有在中国发生？"这一著名难题，我觉得很重要的原因，就是先贤们过于执迷于精神生活，热衷于形而上的甚至是虚空的东西，而对探究自然奥秘用心不够，甚至视自然科学和技术为奇技淫巧。所以，"五四"运动旗帜鲜明地提出了"科学"的呼号。

根据我的理解，哲学社会科学与自然科学的融合，大概有两个方面的重要价值。一是促进科学的整体发展，除了有利于原有学科的深入发展外，还可以促进新兴学科的发展，如认知科学、系统论、社会生物学、医学伦理学等，都是学科交叉的产物。二是促进学术共同体的整体繁荣，有利于提升学者的学术品位和境界。

可是，观察当前的学术界，我国的哲学社会科学与自然科学融合得还远远不够，有时甚至是相互隔离，"尔域我疆"，界限分明。这种状况非常不利于科学的深入综合发展，不利于科教兴国战略的实施，不利于创新型国家的建设，亟须改变。现在，中科院、社科院等机构开始重视哲学社会科学与自然科学的交叉和融合，是非常值得肯定的做法。这个工作，应当加强加快。

我特别要强调的是学术共同体内部的交流和互相学习问题。在科学的海洋中，每一个人的所知都非常有限，我们的学者不应好高骛远，贪大求多。学问如仰山铸铜，煮海为盐，终无止境。所谓"人生有涯而其知无涯"，就是这个道理。作为一个学者，更不应该画地为牢，自我封闭，一头扎进自己狭窄的领域而漠视其他学科的发展。学者既要有自信，也要倾听别人，西方有句谚语"把头伸过邻居的篱笆墙"，就是说人的视野要开阔些，要体识和学习别人的长处，闻自己之所未闻，学自己之所未学。这样，才能成为科学上的明白人，才能有大的作为。

冯：繁荣哲学社会科学事业写进了党的十七大报告，为了提高我国学术界的国际话语权，中国哲学社会科学正在实施走出去战略。请问在您看来，中国哲学社会科学如何才能更好地走出去？

张：这个问题太重要了。只有提高学者的国际话语权，我国在很多问题上才能充分阐述自己的立场，消除误解，化解矛盾，变被动为主动。在我看来，中国哲学社会科学要走出去，必须掌握三个要素：一是平台，二是人才，三是话语方式的转变。

所谓平台，就是要培育打造一些高端、前沿的传播载体。只有通过这些载体，中国学者的声音才能更快、更准确地得到传播。如《中国社会科学报》就能作为一个较好的平台。通过这个平台，能把一大批我国人文社会科学领域的尖端人才凝聚起来，针对一些国内外关注的重大问题，及时发出中国学者的权威声音。

所谓人才，就是要造就一批学贯中西、才德双全的学界精英。这些人是中国社会科学走出去的桥梁和纽带，要不断地创造机会，让这些学界精英更深入、更频繁地融入国际社会，其中一个重要手段，就是要鼓励、推动更多的中国学者走上国际学术讲台。

相比于前两个方面，话语方式的转变也许是最为关键的。现在是一个多元的社会，我们面对的是不同文化背景的人，每个人都有自己的思想，为此我们在走出去的时候，一定要避免套话、空话、官话，要尊重对方的思维方式和文化背景，归结到一点，就是说出的"话"，要易于对方理解和接受。和而不同，是中华民族传统文化的精髓。中国社会科学要走出去，同样必须遵守这个基本原则。

在多党合作和政治协商中找民主

冯：您的祖父张澜是著名的民主党派领袖，如今您又走上了民主党派的道路，同时担任了全国政协副主席，请问您对我国多党合作和政治协商制度是不是有更切身的体会？这项制度的特色和优势主要体现在哪些方面？

张：多党合作和政治协商制度，是具有中国特色的政党制度。通过这么多年的体会，我确实感到它是优越的。多党合作和政治协商制度是人类历史上一种崭新的政治制度，这一制度创新，既是历史的必然，又有广泛的社会基础。

中国是一个多民族、有着13亿人口的发展中大国，经济发展极不平衡，社会情况十分复杂，大的自然灾害频发。在这样一个背景下，中国必须要有一个强有力的执政党，集中权力，凝聚力量办大事，实现经济持续发展，社会和谐稳定。与此同时，中国共产党伟大之处还在于敢于直面问题和挫折，例如对"大跃进"、"文革"的否定，在新的历史时期，能够大动作反腐、打黑等。在举国欢庆新中国成立60周年的喜庆日子里，中共召开十七届四中全会，冷静地思考自身执政中存在的问题，思考下一步该怎么走，这是难能可贵的，也是执政党务实、自信的表现。

作为参政党，与中国共产党保持一致，不是一句口号，也不是简单的承诺，而是应实实在在地有作为，体现出其存在的价值。在实际工作中，关系到国计民生的重大问题上，执政党在决策前，都要通过在政协的充分协商，广泛征求各民主党派的意见，这种做法已经制度化、规范化、程序化，成为执政党实现科学决策、民主决策的重要环节。现在，中共与各民主党派的高层协商每年达到15次到20次。

一党执政、多党派参政，既尊重多数，又兼顾少数，承认不同阶级、不同阶层、不同社会群体利益的多样性，最大限度地包容、整合和调动一切积极因素，在共同的政治基础上达到"和合"的最高境界。中国不是在两党对决中找民主，也不是在多党竞争中找民主，而是在多党合作和政治协商中找民主，既充分尊重少数人的意见，又防止"多数人的专政"。

费孝通曾说过，在一定的历史时期，一个政党要做什么，不是自己决定的，而是时代决定的。例如，在抗日战争时期，民盟的主要任务就是推动"国共合作，团结抗日"；解放战争时期，民盟的主要任务是"反独裁，争民主，协商建国"；当今时代，民盟的主要任务就是为中华民族的伟大复兴，出主意，想办法。作为参政党，它要有作为，这是时代的定位。胡锦涛总书记多次在高层协商会上对参政党工作寄予厚望，要求民主党派要切实担负起时代赋予的光荣任务，把发挥参政党职能和作用落实到推动经济发展和社会全面进步上来，我领会，这正是体现参政党的使命、功能和价值的关键所在。

"往下走"方能贴近社会

冯：作为民盟中央第一副主席，您经常深入基层进行调查研究，请问在近一两年中，有哪些调研让您印象深刻？

张：在我刚担任民盟中央副主席的时候，时任民盟中央主席的丁石孙先生带我去见民盟中央的老领导、我国著名的社会学家费孝通。我非常清楚地记得，费老跟我说的一句话："走啊，往下走"。随着日后下基层调研的次数越多，走得越多，我越体会到费老这句话的深意。

费老在1936年出版的《江村经济》中这样写道：国家发展需要许许多多务实、勤勉、清醒的大脑，了解实情，熟悉民生，做出常识性的判断，并善于找到办法向决策者提出建议。

正是深受费老的影响，我每年都下基层调研，下去的时候，尽量避免走过场，努力使自己沉下去。我看到了很多实情，发现了一些问题。我还有两三年就要退休了，退下来之后，我还要下基层，把看到的问题说出来。

最近这两年，我主要是在关注西部，西部需要有人为他们说话。我关注的问题比较广泛，如西部的义务教育问题、资源补偿问题、环境保护问题、企业自主创新问题、农民增收、粮食增产问题，以及扩大内需问题等。其中，教育问题，又是我关注相对比较多的问题之一。

2008年5月，我带队去广西调研，题目是基础教育教师队伍建设状况。调研组五天之内行程两千余公里，实地考察了边远落后农村地区教师的工作、生活情况。可以说我是带着歉疚的心情结束广西之行的。在一个教学点，三个孩子挤在一张铺着草席的硬板床上，伙食就是米饭就着一些黄豆；而在教学点走读的孩子，日复一日要翻越两座大山，走上两个小时人迹罕至的崎岖小路上学，在学校不食不休，放学还要走同样的路程，他们普遍身材矮小，衣衫褴褛，营养不良，充满稚气的小脸上露出的却是羞涩的微笑。

因此，每到一个地方，在与党委、政府和教育行政主管部门交换意见时，我都不遗余力地为改善教师和学生的生活待遇和工作、学习条件大声呼吁，希望引起各级政府和全社会的重视，真正让爱的阳光普照那些把毕生献给农村教育事业、让无数农家子弟从此改变人生命运的基础教育战线的老师们。回来后，我在人民日报上发表了一篇文章《大山深处的耕耘者》。

2009年上半年，我又去了三峡库区，这次特别关注了职业教育的问题。在三年多时间里，这已经是我第三次到库区了，每一次感受都大不一样。职业教育不仅关系到我国的产业结构调整对技术工人的需求能否得到满足，而且与富民扶贫直接相关。例如，库区移民为什么成了老大难问题？关键问题就在于移民难以融入现代经济社会，如果每户移民家庭有一个人能接受良好的职业教育，能够掌握一门谋生的技能，这个家庭很可能就自然地融入了，从而可免除政府的无限责任。

现在社会上出现大学生就业难和农民工就业难两股洪流，在一定层面上，正是我国职业教育缺失的表现，反映出现在的教育偏离了现实社会的需求。很多地方出现职业技能人才的短缺，也从另一个侧面说明了这个问题。我认为，大力加强农民特别是青年农民的职业教育，是从长远解决制约我国经济社会发展诸多问题的关键手段之一，也可以说是一把"钥匙"。

从生源的流向分布来看，职业教育在我国教育体系中应该占半壁江山，可事实上，职业教育经费只占国家教育投入的8%左右。国际金融危机对我国经济和就业冲击的经验表明，只有建立在转变经济发展模式、调整产业结构和加强对农民工职业教育的前提下，农民工就业问题才能从根本上得到解决，才能让他们保就业、保生计，并逐步走向富裕。只有数以亿计的农民走向富裕，才能真正拉动内需，这样的GDP才是创造财富的GDP，才是一个良性的、可持续发展的GDP。

大学教育体制改革，也是我近年来关注的重点问题之一。什么是大学？德国哲学家康德给大学的定义是：大学是学术共同体，它的品性是独立的，追求真理与学术自由。可事实上，我国很多人理解大学就是形体大，官本位，行政化，最近网络上正在热议"到底谁在折腾大学"这个话题，这的确是值得深思的一个问题。

如今，在很多大学，真正老老实实做学问的往往坐冷板凳，往往都比较"弱势"。如果不从体制、机制上解决这个问题，我国大学就永远培养不出钱学森所说的大师。钱学森在最后一次关于教育的谈话中提到，他在美国加州理工学院读书时，感觉学校有一种精神，就是创新，鼓励学生向权威挑战，现在中国哪所大学有这种精神？钱老晚年对我国大学教育中存在的问题说了很多真话，对我国的教育改革也提了很多建议，可以说他的内心充满了忧虑。大学不改革怎么行？这关系到一个国家、一个民族的发展后劲和长久未来。现在真的到了非改革不可的地步了。

"欲罢不能"传递"真火"

冯：作为知识分子中的一个杰出代表，您怎样看待人文知识分子的精神境界？

张：民盟中有很多杰出的知识分子，他们在各自的领域都做出了卓著贡献，成为一代知识分子的楷模，如冯友兰、费孝通、朱光潜、任继愈、季羡林等。在这里，我要特别说说冯友兰老先生。冯老历经坎坷，遭受了很多磨难，可直到生命的最后一刻仍没有放弃对学问的追求。到了晚年，冯老眼睛完全失明，耳朵也失聪，可他仍在继续撰写《中国哲学史新编》。他是通过口述让别人把自己的话记下来，然后别人再念给他听，再修改。

他说:"我好比一条老黄牛,懒洋洋地卧在那里,把已吃下去的东西吐出来,重新咀嚼,不仅其味无穷,其乐也无穷。古人所谓'乐道',大概是这意思吧!"

90岁寿辰时,一群学生为冯老祝寿,见其仍在专心学问,不解,冯老解释说:人类文明好似一笼真火,古往今来,对于人类文明有所贡献的人,都是呕出心肝,用自己的心血、脑汁作为燃料,才把真火一代一代地传了下去。凡是在任何方面有所成就的人,都需要一种拼命的精神。为什么要拼命?就是"情不自禁,欲罢不能"。冯先生接着解释说:"这就像一条蚕,它既生而为蚕,就没有别的办法,只有吐丝。'春蚕到死丝方尽',它也是欲罢不能。"中国人文知识分子的精神境界和信仰就体现于此,中华文明能够继承和发扬光大,就是因为有这样一批杰出的人文知识分子。

也许是受这种精神的激励,我每天都要读书、学习,一天不学习,晚上睡觉是睡不着的。费老被打成右派20多年,平反后,他决心把这些耽误的时间找补回来,于是忘我地工作,做出了很多成绩,日后在总结自己的人生时,他对此还是比较欣慰的。我们中国的人文知识分子,都要有这种"欲罢不能"的精神,把延续人类文明的这笼"真火"一代代传下去,不然对不起这个伟大的时代。

(冯建华:中国社会科学杂志社编辑)

原载于《中国社会科学报》2009年12月17日第48期第3版

哲学社会科学是国家的灵魂

中国话语

中国社會科學報

（2009—2010）

对话

在科学精神与领导艺术之间

——访中国工程院院长徐匡迪

范勇鹏　李　萍

徐匡迪，中国工程院院士，现任中国工程院院长、党组书记，国家科技教育领导小组成员，国务院学位委员会副主任，中国工业经济联合会会长，中国美国人民友好协会会长，中国国际友好联络会名誉会长。曾任中共中央第十四届中央候补委员，第十五届、十六届中央委员。2003 年因倡导新一代可循环钢铁工业流程及建设环境友好型钢铁厂而被选为英国皇家工程院外籍院士、瑞典皇家工程院外籍院士，2006 年分别当选为美国工程院外籍院士和俄罗斯工程科学院外籍院士，2008 年当选为澳大利亚工程院外籍院士。

徐匡迪　■朱高磊／摄

2010 年 1 月 26 日，《中国社会科学报》特派记者在中国工程院对徐匡迪院士进行了独家专访。

自然科学和社会科学是人类文明进步的两个轮子

范勇鹏、李萍（以下简称"范、李"）：徐院长，您是我们非常敬佩的学者，也是一位杰出的政治家，非常希望听到您对自然科学和社会科学之间关系的见解。

徐匡迪（以下简称"徐"）：自然科学和社会科学都是人类社会实践与思维活动的结晶。哲学与社会科学比起自然科学更为宏观、全面，如果说工程科技是解决一定领域内的具体问题，那哲学就是用来解决所有问题的。党中央、国务院对中国工程院的定位是中国最高荣誉性、咨询性学术机构，当选的院士是其所在专业领域的领军人物。

自然科学中的工程科技，与社会科学有着密切的关系，如在国务院领导的批示下，工程院做过一个咨询大项目——三峡工程的后评估，即对当时的工程可行性报告、施工建设方案等进行再评估。这里面既有工程问题，也涉及社会学，比如移民问题；还涉及经济学，比如说三峡工程这么大规模的投资，前后十余年，不仅没有超预算，而且还略有结余。这是为什么呢？客观上，当时正逢亚洲金融危机，原材料价格降低了；主观上，资金运作比较好，财务和风险管理方面做的比较好。这就涉及经济学的话题，既有会计学、财务学的问题，也有宏观经济正确的预测、判断。我想工程院今后在咨询方面应该加强和社科院之间的合作与交流。

作为一个工程科技工作者，我在自己的学科领域已工作了五十多年，尽管后来到上海市政府工作，但也没有完全放弃自己的专业。在我担任市长之前，学校里的科研团队已经比较完整，我所带的第一批研究生大部分都已从国外学成归来挑起了大梁，所以我可以利用周末及公余时间，让他们到我的办公室来一起讨论科研问题，对于关键性的问题我也会到实验室去，要求学生将某些重要的实验重复做给我看。

进入政府工作之后，我多次接受国内外媒体采访，他们经常问这样一个问题：你作为一个自然科学工作者，后来又从政，从事社会管理、行政管理工作，你觉得有什么转变？从深层次讲，这就涉及自然科学和社会科学的关系。目前中国参与政府工作的，理工科出身的人比较多，这是五六十年代的教育结构造成的。新中国成立之初，需要大量的人搞工业化，我们响应党的号召去学习相关专业。在相当长的一段时间里，在计划经济体制下，国家经济建设是以抓大工程、抓大项目的方式来进行的。今后随着我国民主、法制的逐步完善，工业化、城镇化的全面推进，在建设中国特色社会主义的过程中也要处理好各种社会关系，包括生产关系、分配关系等，所以将来一定会有更多学法律、学经济学等社会科学的人进入政府部门工作。因此，这是一个历史的选择，而不是某个个体有什么特别的。

范、李：您从学术岗位转向领导岗位，就是当时国家建设使命所需吧？

徐："蜀中无大将，廖化充先锋"，工作总需要有人来做，我本人没有什么特殊才能，只是希望尽自己所能为国家和社会的发展作点贡献。不过，与现在的大学生相比，20 世纪 50 年代的大学毕业生有一个突出特点：社会责任意识更强一些。那时候大学生人数很少，国家对大学生寄予了很高期望，我们不用交学费，有饭吃，教科书也是国家发的。因此，自然而然地就有一种祖国培养我、我是祖国未来的骨干、以天下为己任的思想，这和现在通过考试竞争入学的大学生有不一样的经济与社会背景。而且，我们念书时正值各种政治活动的频繁期，学生的组织能力也相应得到了锻炼。

从学科上来说，我认为自然科学研究的是特定问题、具体对象，很具体、很微观。比如，某一个器件上用的钢材，无论是在跨海大桥上用的钢缆，还是在矿井里用的钢缆，或是电梯用的钢缆，是不一样的，要适应特定的工作条件。而社会科学研究的比较宏观，要求在更大的时间和空间跨度来考虑问题。所以说，社会科学研究需要更多哲学思维、辩证思维，自然科学研究则需要更多逻辑思维、线性推理及实验观察。

对于从事政府管理、行政管理方面的工作，我觉得这两者都需要。管理工作既需要有宏观的、整体的了解，比如说我们生活的城市处于什么发展阶段，需要突破哪些瓶颈，经济发展与城市建设应主要抓哪些问题，这些是社会科学；但具体到选择何种技术，比如要解决市内交通，是选择地铁还是公交，或是地面轨道交通，这就是技术问题了，就需要自然科学和工程学的方法。比如，在设计上海的城市交通布局时，我们就采用了数学中的线性规划。

自然科学的好处是比较唯物的，但是有局限性。有时候在某一具体问题上是正确的，但如果不经慎重考虑就任意扩展其结论，那就很可能是悖论，甚至是反动的。比如纳粹将达尔文关于自然界生物进化过程中"优胜劣汰、适者生存"作为日耳曼民族优秀、进而要消灭其他"劣等民族"的理由，就是很典型的例子。另外，自然科学研究者缺乏宏观思维、辩证思维、哲学思维，也容易误入歧途。比如像牛顿这么伟大的科学家，发现了地心引力，推广到宇宙万有引力，天体在运动中因有引力而平衡，但是天体旋转的第一推力从何而来呢？最后，他认为只有"主"才能解决这个问题，就成了上帝的信徒。包括爱因斯坦、DNA 结构的发现者（沃森和克里克）等到了晚年也都成了宗教的忠实信徒。

总之，自然科学和社会科学是人类社会文明进步的两个轮子，少一个都不行。

社会科学应并重理论思维和实证方法

范、李：您谈到的是一个很深的科学哲学问题。社会科学之所以被称为一种科学，是因为它符合一些基本的科学标准，人文与社科之分也是建立在这些标准之上的。请您谈谈怎样才能使社会科学更加科学，缩小它与自然科学发展间的距离？

徐：社会科学是研究时空跨度很大的、宏观的科学，它的基础是人类历史的发展，人类思维方式的进步。社会科学可以借鉴自然科学的实证性，自然科学的基础是实验，无数次的实验得出的结论，才能形成定理。不论是谁做这个实验，得出的结果应是一样的，才能称之为科学。如果只是个别人才有的偶然现象，没有通约性、没有重现性、没有实证性，就不能称之为科学。社会科学虽然是宏观的，但也需要社会实践来验证。比如，达尔文的进化论就是经过调查得出的，他环绕地球一周，观察了多种生物、标本，发现南美洲和大洋洲的生物不一样，他认为是适应环境、生存竞争、物种选择的结果。费孝通先生也借用了西方自然科学的研究方法，亲自到很多村落去做调查。再比如考古学，得出任何结论都要拿出确凿的证据。近期关于曹操墓真伪有一些争议，主要就是围绕石碑是否为魏武王所有展开的，各家说法不一，这就表明实证是很重要的。

范、李：《中国社会科学报》围绕曹操墓所做的特别报道就注意坚守以实证为基础的科学原则。

徐：对。不少社会科学也借鉴了自然科学中的数学表达形式和现代科技发展的成果。比如在计量经济学中，数学的表达形式体现得就比较明显；在考古学中，利用碳14来断定文物的年代，借用了现代科学的手段；社会学同样需要做一些群体和案例的调查；即使是宗教学研究，也需要通过定量分析，研究历代朝圣者留下的遗物，以追溯到古代宗教的发源。

另外，我认为应从宏观上把握社会科学的科学性。我忠实信仰马克思主义，我认为马克思、恩格斯对生产力与生产关系、人类社会发展规律等的论断至今尚无人超越。社会科学研究必须有一个总的科学体系，要以马克思主义为指导，只有在正确的体系下才能有一些具体、可行的科学方法，如果连体系都不承认或作了错误的选择，那么社会科学的讨论就没有了基础，而不同范式下的辩论往往是无效的。

范、李：您提到了科学的实证性，实证主义是现代科学发展的一个重要基石。改革开放以来，中国的社会科学研究越来越强调实践性，空谈理论的文章少了，具有实证性和现实关注的成果多了，但也出现了一些负面现象，比如研究的碎片化，一些学者对宏观性、理论性问题缺乏思考，研究工作"匠气十足"；还有一些"唯方法论"式的研究成果，热衷于使用复杂的模型来得出一些近乎常识的结论。想请您谈谈如何处理宏观理论思维和具体实证研究之间的关系？

徐：宏观理论思维是统帅，实证研究是具体手段。我刚才说的社会科学引入自然科学的实证研究方法等，都是在总的目标统领下所采取的手段。就像自然科学，也要先确定一个大的范式或大的系统、大的目标，然后再做具体的研究。如果抛弃了这些，研究就毫无意义了。如果费孝通先生只调查了一个农村就以它来代表中国农村的整体状况，那显然是行不通的。这就是自然科学中的"样本的有效性"问题，首先这个样本要具有代表性，要是有效的，才值得深入研究，才能定量化，才能再推广。如果样本已经偏离了大的系统，偏离了整个目标，那就没有代表性了，就会陷入琐碎、无效甚至庸俗的研究。

现实问题需要自然科学和社会科学共同应对

范、李：提到气候变化问题，对这一问题，世界自然科学界是有争论的，当然，主流的科学家认为气候在变暖，但每当谈判进入到某些关键节点后，总有一些科学家站出来否定。您如何看待这个问题，这究竟是科学研究的一种正常现象，还是另有原因？

徐：在自然科学和社会科学研究中，一直都存有争议，100% 的研究者都赞同的结论几乎没有。相对论、DNA 的双螺旋模型等，都曾有人提出质疑。哥本哈根峰会前，爆出了一个"气候门"新闻，在东英吉利大学与政府间气候变化专门委员会（IPPC）的电邮往来中，对一些数据是否确切提出了一些不同的意见。IPPC 还误引了一个印度科学家的判断，认为 2035 年喜马拉雅山的冰川将完全消失。如果真是这样的话，是很危险的，因为喜马拉雅山是"亚洲水塔"，黄河、长江、雅鲁藏布江、澜沧江、恒河等都发源于此。一旦喜马拉雅山的冰川消失，对亚洲，尤其是对东亚、东南亚的影响将是灾难性的。这个科学家并非无中生有，但是他只依据了最近几年的情况去推断未来，认为每年的变化速度都是差不多的，但实际情况是，山越高的地方越寒冷，积雪融化的速度就越慢，而且事实上喜马拉雅山区的雨雪量每年都有变化，因此，不能仅用新近有限的数据为依据。

关于气候变化，我认为胡锦涛同志在联合国大会上的讲话是很全面的。自然界的气候变化本身是有周期性的，历史上曾多次出现过冰河期，也有温暖期。自然界的气候波动和太阳黑子爆发、火山爆发、地壳内部运动等有很大的关系。最近 200 年来，气温是在升高的，最近 100 年来，气温升高得比较明显；而最近 50 年，尤其是最近 20 年的气候波动尤为突出，这和大量化石燃料燃烧释放了大量温室气体有关。当然，对于受影响的程度、温度升高的幅度，科学界还有争论。

科学本身就是在争议中发展的，但不排除有部分国家的部分科学家是在为本国利益说话，比如，美国是最大的排放国，美国国内就有部分科学家认为，温室气体排放对气候变化的影响非常小，而多数科学家及发展中国家则不同意这种观点，因为 80% 的温室气体是 OECD 国家在过去 200 年中排放的，这涉及排放的责任问题。科学家就同一问题有不同的见解甚至争论，这是很正常的。但在关键时刻发出某种声音，就不得不让人怀疑是否有政治背景，这里就涉及社会科学了。

范、李：您曾是我国首位"院士市长"，后来又担任了第十届全国政协副主席、中国工程院院长等职，也多次强调"院士是不退休的"。您是怎样协调好社会职务与学术研究之间的关系的？

徐：承担政府行政、企业管理职务或研究院所的负责人，都是有任期的，不管是不是院士都要退下来。但院士不是行政职务，而是一种荣誉。院士在行政职务上可以退休，但为科学作贡献是终生的事，不能退休。社会科学家也一样，如季羡林先生近百岁高龄时还在研究中亚的语言文字、指导研究生；巴金先生 100 岁时还在写作；上海有位画家叫朱屺瞻，100 多岁时还每天坚持作画；钟南山院士和我同岁，现在还在做呼吸道疾病的研究；上海的汤钊猷院士，已经 81 岁了，还在做肝癌方面的研究。对这些学者来讲，科学已经融入了他们的生命。社会职务和学术研究是两个不同的概念，一个是人民、社会需要他服务，是社会责任；一个是自己挚爱的毕生事业。

学术期刊推动科学进步

范、李：中国社会科学杂志社是中国社会科学院学术期刊的一个重要阵地。在科学社会学领域中有一些关于科学共同体的讨论，一些学者认为期刊在促进学术发展方面发挥了非常大的作用。您能否谈谈如何通过期刊促进中国社会科学的发展？

徐：期刊作为学术交流平台，是推动科学研究进步的很好载体。如果有戏剧却没有剧院、没有舞台，那怎么演出呢？社科院的期刊是社会科学研究者的大平台，也是学术研究的载体，还是和国外同行进行交流的很好窗口。

办好一份社科期刊，平衡好以下两个方面的关系很重要：一方面，要为中国特色社会主义社会的稳定和进步服务；另一方面，要鼓励学术自由，活跃学术气氛。不能误导读者与群众，如果只有一种思路、一种思想，尽管它非常正确、非常好，但时间久了可能对读者的吸引力会减少。不同的思想往往只有在争辩、碰撞中，才能撞出火花、辨别真伪。如何平衡好这两方面的关系，是办刊者的社会职责所在，也是对办刊者理论素养、学术水平的考验。我认为这对社会科学尤为重要，既要把握正确的方向、引导大家为社会主义和谐社会的建设作贡献，又要"生旦净末丑"样样都有，增加可读性。只有这样，社会科学的期刊才能生动活泼，期刊才会办出味道来。

范、李： 现在社科领域的评价体系将在期刊发表论文作为一个重要因子，学者发表论文也出现了一些"异化"现象。在西方曾闹过一些丑闻，比如用一个软件可以造出假论文，所有的条件都具备，甚至可以发表。您怎么看待这些问题？

徐： 社会科学特别要防止出现这个问题。为什么呢？虽然自然科学也有抄袭、也有剽窃，但很容易查出来，因为很多研究都是以实验为基础的，运用了数学和物理学的表达方式，要抄袭是很难的。然而，当我们讨论中国应对国际金融危机的宏观政策时，只要在网上输入"宏观调控"，就会检索出很多篇文章，而多数研究者对形势的判断、给出的政策建议都大同小异。因此，这就很难判断究竟是否存在学术不端。

实际上，科学研究中要创新、要说不同的话是很难的，所以我认为限定博士生、硕士生、专业人才评职称就必须要在 SCI 刊物上发表多少文章，未必是一个好办法。发表文章只是一个方面，关键要看他的研究有没有创新，有没有学术贡献。爱因斯坦发表的文章并不多，也并非发表在核心学术期刊上，而且他刚提出"相对论"的时候曾遭到过著名期刊的退稿，后来发表了还曾被若干权威物理学家驳斥，并多次与诺贝尔奖擦肩而过。所以说，不能将 SCI 作为衡量研究者学术水平的唯一标准。如果不管什么学科、什么专业都用统一的量化指标去衡量，那显然是不合理的。

在这个问题上，社会导向很关键，要有一套比较客观、公正的评价体系，还要把社会诚信体系建设好。"文革"结束后，我们比较强调法治社会的建设，但社会不是单靠法律就能维系的，法律只能惩治千分之一、万分之一的人，那剩下 99.9% 的人就要靠道德约束。因此，社会需要诚信和道德来维系。

办好一份社科期刊，平衡好以下两个方面的关系很重要：一方面，要为中国特色社会主义社会的稳定和进步服务；另一方面，要鼓励学术自由，活跃学术气氛。

学术道德要从教育抓起

范、李：您认为如何才能建立起这种道德的约束机制呢？

徐：要靠教育。现在我们社会的危险之一是引入竞争过早甚至过度，从而造成了道德教育的缺位。诚信教育、做一个诚实的人的教育必须从小抓起。小平同志在 1989 年曾说，我们最大的失误就是教育。到目前为止，虽然教育不是最大的失误，但还是没有走到完全正确的道路上来。我们批判了过去的很多东西，想建立新的，却又没能建立起来。

如果抛开政治体系不谈，美国的教育体系在有些方面是值得借鉴的。比如，美国人的价值观教育是从幼儿园开始的，幼儿园的第一堂课是教孩子们美国的国名怎么说，画的第一幅图是美国国旗，不论画成什么样，反正要画 52 颗星、13 道条，也要知道它们代表的是什么，同样，学的第一首歌就是美国的国歌。

这一点在美国前总统里根的一个故事中，就有所体现。里根就任总统时，记者问他："总统先生，您今天能成为伟大的美利坚合众国的总统，我相信您一定受到了很好的教育，请问哪个阶段的教育对您成为美利坚合众国的总统影响最大？"记者的本意是想羞辱里根，因为里根既没有受过良好的高等教育，又非名校毕业生，但里根的回答非常出色。他说，我所受的最好的教育，是我刚进幼儿园时，老师告诉我，当别的孩子摔倒的时候，你要把他扶起来，你要去安慰他，告诉他面对困难时不要害怕，要坚强；当你手中有一块饼的时候，你要看看周围有几个孩子，要把饼分给他们吃。我做总统就是要帮助那些在困难中的美国人站起来，勇敢面对生活，战胜一切困难，我要把美国的财富尽量平均地分给每个人。里根的回答成为了经典，虽然由于美国的社会制度他根本不可能兑现这一切，但至少说明幼儿园教育对他的影响的确很深。

希望《中国社会科学报》兼顾科普，传播真知

范、李：最后还想请您为《中国社会科学报》的发展提些宝贵的意见和建议。

徐：现在大家都比较关心社会科学事业，社会科学期刊也好，社会科学报纸也好，除了发表学术文章以外，能不能也像我们自然科学搞科普那样，请一些名人和专家来深入浅出地介绍一些基本的社会科学知识。比如什么叫通胀、什么叫通缩、什么叫流动性过剩、什么叫杠杆率、什么是金融衍生工具、有哪些金融衍生工具，现在很多人都在用这些词，但未必知道确切的内涵是什么。现在电视上医药卫生类的科普做得就比较好，什么怎样养生啊、中医名医开讲啊，收视率还挺高。美国的探索频道、国家地理频道的科普做得也不错，还有刑事侦查类、考古发掘类的节目也都很好。邵飘萍很年轻就因办《京报》而成为大新闻家，并受到青年时代毛泽东同志的推崇，关键就是《京报》的"副刊"办得好，非常吸引人。我觉得，如果社会科学报能使没有系统学习过社会科学的读者也能了解到社会科学丰富的成果，就会很吸引人。

同时，办学术类报纸要能雅俗共赏。尽管学术性的解读与忽悠式的吆喝不同，但人们也可以很喜欢看。比如可以请考古专家介绍中国历代的玉器文化，请语言学家谈谈中国文字的演进，请宗教学者讲讲各个民族的宗教、原始宗教、世界三大宗教的起源等等。现在一提到伊斯兰教，有些人就联想到恐怖主义，这是错误和片面的。反对宗教极端主义、分裂主义的同时，要正确引导宗教信仰者和不信仰者，在相互理解与包容的基础上和谐共处，共同建设美好的家园。

（范勇鹏、李萍：中国社会科学杂志社编辑）

原载于《中国社会科学报》2010 年 3 月 2 日第 67 期第 5 版

在科学精神与领导艺术之间

像防控甲流一样抵制学术不正之风

——访中国工程院副院长杜祥琬

郑 巧

杜祥琬 ■郑巧/摄

杜祥琬，1938 年生，河南开封人。中国应用物理学家、中国工程院院士。1964 年毕业于苏联莫斯科工程物理学院，是我国优秀的核武器物理学家，主持了核试验诊断理论和中子学系统性创新性研究，为我国核武器试验和新一代核武器研制的成功作出了重要贡献，是核武器中子学与核试验诊断理论领域的开拓者之一。1987 年任国家"863 计划"激光技术主题专家组成员兼秘书长，1991 年任首席科学家，是我国新型强激光技术研究的开创者之一，使我国在这一创新高科技领域进入世界先进行列。1997 年当选为中国工程院能源与矿业工程学部院士。2002 年当选为中国工程院副院长。2005 年起任国家能源咨询专家委员会成员。

第一次见到杜祥琬院士，是在"两弹一星历史研究高层论坛"上，身着简朴便装的他在讲台呼吁，"科技界要像防控 SARS 和'甲流'一样，坚决抵制各种不正之风，回归科学精神的圣洁"，字字句句掷地有声。

不久后，在中国工程院的办公室里，杜院士接受了《中国社会科学报》的专访，就科学道德和学风建设、改善学术评价机制和培养创新型人才等社会广泛关注的问题发表了看法。

严谨、创新、献身精神需代代相传

郑巧（以下简称"郑"）：您在"两弹一星历史研究高层论坛"上提到，弹也好，星也好，造假是造不出来的。您对科学道德和学风建设有哪些具体建议？

杜祥琬（以下简称"杜"）：我一直很关注这个方面，因为科学界出的事情比较多，引起了社会各界的关注。在 2009 年 9 月 7 日举办的第十一届中国科协年会"科学道德国际论坛"上，我作了题为"科技繁荣和科技道德"的演讲，归纳了 13 类违反学术道德的行为，包括论文著作造假、抄袭、剽窃、靠拉关系、靠"忽悠"来争项目、争经费等。针对这些问题，我提出了 16 条建议，分为教育、制度、监督、法制四方面。

郑：您觉得这 16 条建议具体要由谁来执行呢？

杜：中国科协主席韩启德也问我，这个药方开出来，谁当大夫。我首先想到一句话，从来没有救世主，只有自己救自己。所以首先要自立，科技工作者、学术共同体要自己治自己的病。同时，还需要各个单位、协会以及政府参与。其中制度、监督、法制都有赖于政府主导。

这个药方是中药还是西药？我觉得要中西结合，因为西药见效快，中药可以治本。科技道德既是一个紧迫的问题，又是一个长远的建设。

郑：您觉得这"16 服药"中哪个最重要？

杜：我觉得最重要的是教育，因为自律是关键、是核心。自律是一种素养，这种素养植根于教育。而最深刻的是制度建设，因为制度可能涉及多方利益，是根本性的问题。

中国科协有个调查报告提到，60% 以上的人认为现在科学道德下滑，而且有 50% 以上的人认为现在年轻群体的状况最不好。我个人倒宁可希望这些数据是错误的，但既然这么多人持这种观点，我觉得是有原因的。

郑：您曾提到，科学精神、科学道德和良好的学风是科技繁荣的灵魂支撑。有哪些学者的科学精神最令您钦佩？

杜：我经常给学生们讲老一辈科学家的故事，倒不是具体研究的故事，而是他们所表现出来的科学精神。

比如王淦昌先生，他是实验物理学家，原子弹突破的带头人。抗日战争期间他在西南联大教书时，从理论上提出了中微子测量的新方法。但因为当时中国被日本侵略，没条件做试验，《物理评论》发表他的文章后，美国人拿去做了实验。1960 年，王淦昌前往苏联杜布纳联合原子核研究所工作，他领导的研究小组发现了反西格马负超子。

1961 年，当国家要他回国搞原子弹的研发时，不善言辞的他只说了一句"我愿以身许国"，从此王淦昌就从大众视野中消失了。他本是国际知名科学家，从 1961 年到 1979 年 18 年间隐姓埋名地干这件事，连家人也不知情。他在杜布纳研究所时，有一张胶片显示了一种"新路径"。他的国外同事想对外宣布发现了新粒子，但他表示没有理解这种现象前不能仓促宣布。后来经过分析，这是一种介子的电荷交换反应，而不是新粒子。大家都知道他发现了反西格马负超子，但很少人知道这件事，因为这不是一项成就，但这件事恰恰证明了他严谨的态度。

刚去世的钱学森老先生，在最后一两次谈话中提到和自己一起在加利福尼亚求学、一起回国的郭永怀。钱老是搞导弹的，郭老是搞核武的。在离开美国时，郭老知道资料过不了海关，不得不烧了自己的手稿。他的夫人觉得很惋惜，但郭老指指自己的脑袋，说都在脑子里呢。

老一辈科学家身上严谨、创新和献身精神，让人非常钦佩。他们也有很深厚的功底，我有幸在他们身边工作，他们留给我们的这些精神，都是值得年轻一代学习和传承的。

充分发挥学术共同体作用

郑：在人文社会科学领域，很多学者质疑现行"量化"式的学术评价和管理机制，很多人认为用它来评价人文社科研究不适合，甚至在一定程度上助长了科研的浮躁之风。在评价体系上自然科学和人文社科是不是应该有所区别？

杜：不仅自然科学领域和人文社科领域的评价体系应该有差别，而且自然科学领域中的基础科学和应用科学的评价标准也应该有所区别。如果只有一个标尺，那就不大对了。比如说 SCI，其实并不是与国际接轨的做法，国外也不单纯以 SCI 来判断学术成就。

当然，SCI 也不是完全没有用处，可以用它作为基础科学的评价参数。但是应用科学是个复杂工程，是多种技术的集成，衡量标准应该是能否很好的应用，不能拿 SCI 作尺子。比如研制原子弹、氢弹，就不允许发表文章，即使研制成功了也不能发表文章。

核武器原理突破后，获得了国家自然科学一等奖。但排名第一的彭恒武先生却不愿领这个奖，他说这是集体的成果，并以一副对联作解释："集体、集体、集集体；日新、日新、日日新"。换做现在有些人，肯定会抢着去领。争排名的人太多，甚至为得奖去炮制成果。这样的研究，用 SCI 评价，是不合适的。但搞基础研究，论文还是非常重要的。不同类型的研究，应当有不同的评价标准。

人文社会科学更应该有自己的评价体系。从根本上说，科学就是要追求真理，造福人类。你要看新认识、新知识增加了多少，在造福人类方面又贡献了多少。应该用对认识世界、改造世界所作出的贡献作为衡量标准，具体的评价标准应该有所不同。

郑：那具体该如何订立标准呢？像高校人文社科的评价机制已经逐步从重量向重质转变，但是这项工作做起来是不是比较困难？

杜：确实，这个工作比较复杂，但是过于简单化也不行，所以我提倡学术界要一起探讨，创造有利于创新，也比较公正的学术评价体系。比如，发挥科学共同体，或者说发挥同行们比较"超脱"的评价。不单纯以奖项和文章数量来评价，让集体来评价研究价值。但这个集体评价需要一个组织和一种机制，我觉得可以想办法来解决。

郑：您觉得集体评价在中国可以实现吗？

杜：国际上的客观评价都是这么来的。诺贝尔自然科学奖就是靠一个集体来评价的。由一个比较权威的科学家的集体，评价或者挑选出一些最

像防控甲流一样抵制学术不正之风 ｜ ｜ ｜ ｜ ｜ ｜ ｜ ｜ ｜ ｜ ｜

优秀的，我觉得这就够了。中国现在的奖项评得有些乱，甚至有些奖项内容并不实在，奖项的排名背后也有各种各样的因素。比如把掌权的人排在前头，有不少这样的例子，这些都不能反映科技工作者真正的状态。

郑：现在有种说法：有些奖评出来，获奖者中有行政职务的占了百分之七八十。

杜：是的。有行政职务的，或者出经费的人在获奖者中占的比例很高。前不久评选了中国 100 位优秀教师，90 来位都是校长，真正在第一线教书的只有 10 位。这就是现在的问题，行政化、官本位严重。权力的因素在评价中占的比重太大，学术环境不够纯净。

郑：基层的学术共同体操作起来会不会比较困难？

杜：学校本来就有教授共同体，而不是让校长、书记说了算，要各司其职。如学校如何教学、如何育人、如何做研究等问题，应该要让教授说了算。实际上现在并不缺乏这种组织，而是没有发挥其应有的作用。当然，解决这个问题确实不容易，涉及一个国家的体制改革。

郑：改变这种状况是不是很难？比如，有的高校想转向"教授治学"，但在转变过程中行政权力的干涉程度仍旧很高。

杜：大家都很关注这个问题，像南方科技大学在做试验。但究竟能不能做好，也要慢慢看，这也是教育改革、科技改革的一部分。学习科学发展观一定要落实到这些具体问题上，用科学发展观来引领科研实践、教育实践，光喊口号是不行的。

真理没有国界

郑：在很长一段时间里，学术文章被"CI"期刊刊载，就代表具有国际水平。现在，这种"CI 崇拜症"已经遭到越来越多专家的质疑。您对中国学术界这种"国际化"的追求有什么看法？

杜：我觉得在全球化时代，不能关起门来评价自己，还是要有国际视野。包括让国际科技界来参与我们的评价，但这与本土化并不矛盾。如果没有本国专家的承认，国际上的认可又有什么用？而且，国际上会认可吗？

如果属于新发现类的，就是说对客观世界有新的认识，国内和国际的学术评价应该是相同的。比如双螺旋结构 DNA 的发现，就无所谓国际还是本土了，因为科学本来就是无国界的，评价是统一的。比如我们曾经人工合成牛胰岛素，国内国际评价都很高，都很一致的，这说明真理是没有国界的。

至于如何改造世界的问题，针对社会、国家发展的需求提出的问题，比如说建一座大桥、一座大坝。能否做好，国内、国际都会有一个认可的标准。首先中国科技工作者要有一个公正的评价，我想国际上的评价也会公正的，不必在名词上争论这个问题。社会科学领域有些问题可能更复杂，因为涉及政治，而政治评价标准不同。

社会科学的评价标准，我觉得主要看是否有利于社会的可持续发展。说得窄一点，就是国家的可持续发展，说得广一点，就是人类和世界的可持续发展。这也是共同的利益。但这里面掺杂了复杂的政治因素，与国家利益有关。我们"和谐世界"的提法很好，强调要有利于中国人民，也要有利于世界人民。当然，由于政治因素的影响，国际上有些评价的确有失公正客观，包括诺贝尔和平奖。

品格成就科学家

郑：去年 10 月 31 日，著名科学家钱学森在京去世，钱老生前曾多次向温家宝总理提出人才培养问题，对中国缺乏杰出人才深表担忧。您对人才培养有哪些建议？

杜：我想钱老提这个问题，是因为他感觉到现在国家经济发展了，学校也越来越大，但是却出不了大家。

要培养创新型人才，首先要厘清教育理念。现在的教育理念不够清晰，受过诸如"政治挂帅"、"金钱挂帅"等许多因素的干扰。学校如果仅仅以挣钱为目的，会对学生产生不利影响。教育的使命是育人、治学。政治化、企业化都不合适。最重要的是要教会学生如何做人。不管学生将来做什么，做一个正直的人是首要条件，如果这一点都做不到，那么什么都不可能做好。

创新型人才的培养，需要从孩子抓起，使他们逐步树立一个好的价值观。现在社会上价值观呈现出多元化，我们要正视这件事，但是还要引导、追求、鼓励高尚的价值观，要强调为社会、为国家作贡献，不能狭隘地损人利己。爱因斯坦曾说，大多数人以为是才智成就了科学家，他们错了，是品格。好的品格能为理想提供动力。

培养创新型人才，还应该鼓励学生生动、活泼的个性，去思考各种各样的问题，不要老以是否听话为标准去教育学生，学生讲新观点好像就是离经叛道一样。一定要鼓励各种各样的想法，想别人没想的问题、回答别人回答不了的问题。对学生的教育要从小培养他们的兴趣，鼓励大家思考，鼓励发明创造。如果不是这样，就培养不出创新型人才。

此外，我觉得培养人才还需要鼓励交流。有了观点就要交流，这很重要。比如钱老经常在开会时讲他的新观点。别人说，你一讲大家不是都知道了吗？钱老说，"那怕什么，多多交流，我马上又能有新的想法，这多好呀，让别人也提高，我也提高。"现在有种情况，有的人有了新的想法总爱保密，不交流。这样水不涨，船不高，都进步不了。像我去过的一些国外研究机构，每周五下午大家都会聚在一起聊天，交换新观点，让思想碰撞出火花。如果只是循规蹈矩地学习，不交流，那就很难创新。

我希望现在的学生们都拥有两个动力，一个动力是好奇心，第二动力就是服务社会的理想。要让这两个动力像两个轮子一样驱动自己的人生。

郑："两弹一星"的元勋中很多人都有国外留学的经历，留学经历对一个人的学术研究、创新精神也有很大影响。

杜：我曾在欧美同学会上讲过一个观点，海归不等于杰出，杰不杰出要靠成果说话。当然，海归有个好处，国外工作条件比较好，周围有一批高素质人才，有助于青年的快速成长。现在也确实有一批归国人才做得很不错。

改革开放就有这个好处，利用国际大舞台，利用国外的资源和环境来培养人才。但是，不能偏执地说在中国的土地上就出不了人才。有事实为例，袁隆平就不是国外培养出来的。对氢弹试验成功作出重大贡献的于敏先生，是北大的毕业生，土生土长的人才。中国的土地上是可以成长出人才的。王淦昌在莫斯科发现了反西格马负超子，但他的这一成就是在西南联大时想出来的。西南联大治学育人的校风很好。校舍虽然很简陋，但有很好的学风，出了一大批人才，李政道也是在那求学后才出去的。

我们鼓励人才走出去，国家也很重视从海外引进人才。但是我觉得不应该忽视国内人才，包括早期归国的人。现在国家对留学归国人员有很多优惠政策，但对比他们更早一批的留学归国的人，却没有鼓励，政策上其实有失偏颇。我们是要鼓励大家在国际大舞台展示自己。国内学者也要参与国际上的学术研讨和比较，袁隆平之所以获得广泛好评，是因为他对世界也作出了贡献。

自然科学研究带有初级阶段的特征

郑：我国的经济成就已经获得了国际认可，我国自然科学的成就在国际上大概是处于什么地位？

杜：从经济上看，中国取得了较大成就，目前是世界上第三大经济体，很快就要成为第二大经济体。但也面临一个严峻情况，我国的人均GDP 大概是瑞典的 1/15，挪威的 1/30，在世界上的排名大约是 106 名。所以，只能说我们进步很大，但仍是比较落后的发展中国家。

十几亿人口的国家如何保持可持续发展，是我们目前关注的首要问题。金融危机以后，国际上纷纷赞扬中国模式如何成功，但我们要保持头脑冷静。我们有了一些经验，但还没有一个成熟的中国模式，只能说，中国人在力求成功。从党中央一直强调的忧患意识和危机意识中也可以看出，中国有 13 亿人，走得好是非常不容易的事。

我国的自然科学研究总体上是在进步的，但就像中国处于社会主义初级阶段一样，自然科学研究也带有明显初级阶段的特征，即规模大、数量多，但核心竞争力差、原始创新少，这些问题必须正视。我们不是没有创新，也有很好的中青年学者在成长。但总的来说原始创新少，其中引进、消化、吸收再创新可能不少，这些问题在初级阶段还是要重视的。我们在许多方面做得不错，这是实际情况。但有多少原创性的东西是中国提出来的呢？这要看大家能不能潜下心来去解决未决的问题，而不是急功近利地发表文章和评奖等。

中国自然科学研究在国际学术上的名次进步确实很大。中国科技论文数量排世界第二。科技论文数量增长很快，申请的专利成果也增加得很快，这是进步。但是质量如何，要自己问问自己。我们的科技论文、专利的数量，跟它发挥的社会效益、经济效益不相称，生产力的转化还是很不够的。

郑：像"贝尔实验室"在全世界非常有名，中国现在有顶尖的实验室吗？

杜：应当说，我们完善了不少实验室，有些设备也相当不错。我们也研制出了一些功能比较优异的材料，在一些点上取得了进步。但总体上来讲，缺乏国际一流的大学和国际一流的实验室。大家都在追求做世界一流大学，但没人敢说我就是世界一流大学，我们的大学和世界一流大学相比还是有差距。冷静地看到差距，大概没有坏处。

很多事情，如"两弹一星"，都是中国人在国外不给帮助的情况下创造出来的，"载人航天"事业也是很有成就的，虽然晚了几十年，但毕竟是在人家不帮忙的情况下创造出来的。我们在努力向前，这是值得承认的，但不能说我们领先了，现在处于世界领先水平的成果还不多。

加强人文和自然科学的交叉研究

郑：您对自然科学、人文社会科学的研究工作还有哪些建议？

杜：我一直想强调，要加强人文社会科学和自然科学的交叉研究，共同推进国家的科学发展。现在很多问题都涉及了交叉研究，像"两弹一星"历史研究会就是一个具体例子。研制原子弹、氢弹本身是自然科学界的事，但既涉及自然科学的发展，又涉及在新的历史条件下该如何去继承和发扬"两弹一星"精神，类似这种问题都不是自然科学可以容纳的，需要与人文社会科学进行交叉研究。

一个国家的科学发展，既涉及自然科学，又涉及人文社会科学。比如核军备控制，这个问题一方面包含如何销毁核弹头，如何进行核查等技术性的问题，属于自然科学的范畴，另一方面又涉及政治和外交斗争，属于人文社会科学范畴。应对世界金融危机和气候变化等问题，也涉及自然科学与社会科学的交叉。所以，中国社会科学院、中国科学院、中国工程院三院应加强交流，展开交叉研究。

（郑巧：中国社会科学杂志社编辑）

原载于《中国社会科学报》2010年1月14日第56期第5版

像防控甲流一样抵制学术不正之风

中国话语

中国社會科學報

（2009——2010）

对话

时代的哲学沉思与学术创造

——访俞吾金教授

陈 静

俞吾金

俞吾金，哲学博士，复旦大学教授，国务院哲学学科评议组成员。教育部人文社会科学重点研究基地、国家"985工程"创新基地复旦大学当代国外马克思主义研究中心主任。

走进俞吾金先生的书房，聆听他关于学术人生、海派文化、人文社科的哲思。

走上学习哲学的道路

陈静（以下简称"陈"）：从77级大学生到今天成为一位著名学者，您是怎么走上哲学研究道路的？

俞吾金（以下简称"俞"）：我本来是66届高中毕业生，打算考医科大学，以尽早在经济上独立，为父母分忧。"文革"爆发后，1968年我被分配到上海电力建设公司做安装工人。直到1977年高考招生制度恢复，我才考入复旦大学哲学系。

之所以选择哲学系，一是因为我的母校上海市光明中学偏向文科，高中时我就萌发了对哲学的兴趣，当时在福州路旧书店买了不少哲学书籍，似懂非懂地阅读。二是因为在上海电力建设公司做工人时，有一次右手工伤，在家休息了 4 个月，当时我在离家很近的上海图书馆浏览了《马克思恩格斯全集》，非常佩服马克思百科全书般的知识积累。记得李卜克内西在谈到马克思的渊博知识时指出，马克思就像一艘升火待发的军舰，接到指令后可以驶向任何一个海域。这个生动的比喻一直印在我的脑海里。三是在上海电力建设公司做了 5 年工人后，我被抽调到公司的宣传部门工作，有机会阅读更多的哲学著作，从而进一步引发了我对哲学的兴趣。

陈：您报考复旦大学时，哲学是您的第一志愿吗？

俞：不是。现在回想起来很有趣。当时我在表上填写了四个志愿：复旦大学新闻系、中文系、哲学系和历史系，并在附注栏里写道："除了复旦大学这四个系，其他学校、其他系一概不去。"当时我的工作环境也不错，我想，假如进不了这四个系，我就不读大学了。

为什么我把新闻系、中文系作为第一、第二志愿呢？如前所述，因为当时我在公司的宣传部门工作，我的具体任务是采写新闻报道和摄影。就工作的性质来说，与新闻系学的课程最接近；就当时我的兴趣来说，我对文学的兴趣压倒了对哲学的兴趣。一方面，虽然我喜欢读哲学著作，但由于哲学与政治的关系过于紧密，我在"文革"初期时因为在言谈中表示不同意林彪的"顶峰论"而在光明中学被工作组内定为"现行反革命"，这大大挫伤了我学习哲学的热情；另一方面，我在公司宣传部门工作时，结交了一些朋友，他们都喜欢文学创作，这也在相当程度上影响了我，所以把中文系作为第二志愿。结果我被哲学系录取了。当时我觉得很遗憾，自己"大门"进对了，"小门"却走错了。在大学本科的前两年，我的主要努力仍然是在阅读文学作品和撰写小说上。然而，在阅读古希腊剧作家埃斯库罗斯、索福克勒斯、欧里庇得斯和阿里斯托芬作品的时候，我对古希腊哲学的兴趣与日俱增。

我撰写的第一篇学术考证性的论文《"蜡块说"小考》被刊登在《国内哲学动态》上，这时我才发现，我的思维方式更适宜于哲学研究。从大三开始，我的注意力完全转到哲学，尤其是外国哲学上去了。这大致上奠定了我以后的研究方向和学术道路。

为什么人类需要哲学

陈：我在读您主编的《国外马克思主义研究报告2009》时，发现您在"主编的话"中将金融危机置于哲学的视野中进行解读，很受启发。怎样才能把哲学研究与现实问题紧密结合起来呢？

俞：您对问题的提法包含着对问题本身的遮蔽。因为当您试图把"哲学研究"与"现实问题""紧密结合起来"时，实际上认可了两者原本处于分离的状态中这一前提。如同走进一家咖啡馆，当侍者问您：Coffee or tea（要咖啡，还是要茶）？这一提问方式反映了侍者已经形成的思维定势，其实，您还拥有其他多种选择方式：或只要一杯其他饮料，或咖啡和茶都要，或要一杯开水等等。而您上面的提问方式反映出您的思维定势，即把"哲学研究"与"现实问题"理解为两个相互外在的、完全不同的东西。

实际上，按照我的看法，"哲学研究"本身就是"现实问题"中的一个侧面，而"现实问题"本身也是"哲学研究"中的一个有机组成部分。为了使"哲学研究"与"现实问题"不至于在提问中被分离开来，或许我们应该这样提问：怎样理解哲学研究中的现实问题与现实问题中的哲学研究之间的关系？当然，在意识到"哲学研究"与"现实问题"之间的内在关系基础上，为了表述简洁化，您前面的提问方式仍可保留，关键在于不要割裂两者间的内在联系。

在传统的哲学研究中，人们常常询问：What is philosophy（什么是哲学）？而这种提问方式已经蕴涵着一个前提，即把哲学理解为现成的、像一只杯子那样摆放着的东西。这种提问方式往往忽略了提问者与提问对象之间的意义关系，它实际上是一种冷漠的知识论哲学的提问方式。其实，现实性（包括现实问题）正隐藏在这种意义关系中。因此，更重要的是下面这种提问方式：Why does human being need philosophy（为什么人类需要哲学）？正是这种提问方式把注意力转向作为提问者的"人类"与作为提问对象的"哲学"之间的意义关系上。在我看来，只有在哲学研究中始终铭记 Why does human being need philosophy？这一提问方式的人，才不会陷入"为研究哲学而研究哲学"的观念主义和本本主义，才会密切地关注研究者和研究对象之间的意义联络，从而敏锐地觉察到"哲学研究"与"现实问题"之间的内在关系。比如，1978 年关于真理标准问题的大讨论并不是一场单纯的理论讨论，它要解决的重大现实问题之一就是让邓小平重新出来主持工作。

培养思想型学者要从小做起

陈：有人把学者分为专家型学者和思想型学者。在当前高等教育体制屡遭诟病的背景下，思想型学者显得尤为重要。您认为，当代思想型学者具有哪些特点？肩负怎样的重任？如何培养？

俞：俄国思想家赫尔岑在《科学中华而不实的作风》一书中就区分过这两种类型的学者，并且对思想型学者作出了更高的评价。然而，在我国应试教育制度的背景下，思想型学者的出现更为困难。因为在应试教育制度的语境中，善于考试的学生就是好学生，而考题又通常是按照类似于TOFEL 的形式框架来设计的，标准答案也是事先确定的。虽然这种考试方式在某些方面具有其合理性，但它不但不能培育学生思想上的独创性，反而是对这种独创性的拒斥。在考分至上的环境中，思想性完全处于边缘的状态中。我认为，教育制度的改革，就是要把学生的素质教育，尤其是把鼓励学生独立思考的教育放在核心的位置上。

在我看来，思想型学者具有三个主要特征：第一，具有知识分子应有的良知和责任感，始终关注学术研究与现实生活之间的密切关系，不走"为学术而学术"的学究式的道路；第二，具有深厚的批判意识，而这种批判意识又有扎实的学理基础，决不是突发奇想的标新立异；第三，具有独立的、建设性的思想观念，但又能以宽容的态度对待其他不同的思想见解。

当代中国，前现代、现代和后现代价值体系纷然杂陈，而上世纪最后 25 年内发生的政治格局上的大变化和全球化进程的加剧，使整个哲学研究转向实践哲学，尤其是转向政治哲学、法哲学、道德哲学（包括应用伦理学）、历史哲学、文化哲学和宗教哲学。而对于当代中国哲学界来说，在这些领域里，还有许多开拓性的工作要做，也有许多新的法规和规则需要加以确立。与此同时，科学技术的高度发展又把人与自然的关系和生态哲学凸现出来。而所有这些重大变化反过来又促使哲学必须在自我反思中重新确立自己的理论形象。毋庸讳言，上面谈到的这些方面，正是青年学者大有作为的领域。

至于思想型学者的培养，在我看来，一定要从小做起。只要我们仍然把"听话"作为自己潜意识中判断他人行为的最高道德标准，把"满堂灌"作为教学活动的主导性方式，思想上的独立和思想型的学者就很难产生。我认为，研究生教学中的讨论班是一种很好的形式，应该在更多的教学方式中使用这种形式，鼓励学生表达不同的意见。当然，从根本上看，应该对应试教育制度和评价制度进行改革，提倡思想独立和学术自由，从而为更多的思想型学者的产生创造条件。

陈：俞老师，据我所知，除了关注学术话题，您也在报纸上发表了不少文章，讨论各种社会问题。您认为，学者的眼光在看待这些问题上有什么独到之处？

俞：由于学者有长久的知识积累和独特的理论视角，他们在观察、分析社会现象时，常常比普通人更深入，也更容易提出新的见解。实际上，只有理解了的东西才能更深刻地感受它。比如，在日常生活中，人们常常使用"恐高症"这个术语，但在我看来，这个术语是不准确的。假如你站在地球上，看见一架飞机在万米高空飞行，你害怕了吗？当然不会害怕。可见，世界上根本没有"恐高症"，而只有"恐低症"，因为当你站在悬崖或高楼上往下看时你会害怕。又如，人们在形容某处气候好时，常常会使用"四季如春"这个词语。其实，这个词语在逻辑上就是矛盾的，因为在"四季"中包含着春季，说春季"如春"岂不可笑！所以在我看来，准确的说法应该是"三季（夏、秋、冬）如春"。

再如，人们喜欢说："近水楼台先得月"，意即离开利益近的单位和个人能先得到实际上的好处。但在我看来，人们把这句话的含义正好理解反了，为什么？因为月亮只有一个，挂在空中，而近水楼台所得的月亮并不是空中之月，而是空中之月在水中的倒影，即虚假的月亮。不是有过猴子徒然无功地捞月亮的故事吗？由此可见，"近水楼台先得月"的准确含义应该是：离开利益近的单位和个人反而得不到实际上的好处。这样的例子还有很多，我在这里就不一一列举了。

正因为学者有自己观察问题的眼光，所以常常可以看到普通人看不到的问题。比如，正如我们在前面已经谈及的，人们习惯于把2009年滥觞于美国的危机理解为单纯的"金融危机"，但在我看来，这却是由经济危机、政治危机、治理危机、文化危机等共同构成的"综合性危机"。我认为，哲学工作者不应该以"旁观者"的方式去反思这次危机，而应以"当事人"的方式去探索这次危机。

要提倡"非功利性的阅读"

陈：俞老师，您的业余爱好是什么？您认为学者应该有怎样的品位和情趣？

俞：司马迁说：读万卷书，行万里路。这句话已经说出了我的两个爱好，即读书和旅游。就读书而言，我认为，大部分人一生中的大部分阅读都是"功利性的阅读"，即为了解决什么问题或做论文而去读书，这当然是必要的，我自己也不能免俗，但我也提倡"非功利性的阅读"。这种阅读方式常常会使我们获得意外的、充满惊喜的东西，以至于可能改变我们的治学道路，甚至改变我们的整个人生道路。

据说，喜欢数学和音乐的格林斯潘，由于偶尔翻阅经济学的著作，最后竟走上了经济学探索之路。就旅游而言，我特别希望到拥有不同文明的地区或国家去看看，以扩大自己的眼界。我曾经三次去印度，三次去意大利，或许就是为了满足这样的愿望。此外，我还爱好听古典音乐、爱好游泳。音乐是生命意志的流动，倾听伟大的乐曲，也就是倾听一颗伟大心灵的跳动。同样地，游泳，特别是在大海、大江中游泳，不但能够锻炼一个人的意志，也能够洗涤一个人的灵魂。

我个人认为，一个学者应该有"先天下之忧而忧，后天下之乐而乐"这样的思想境界和道德情怀；应该领悟哲学、了解宗教、热爱艺术，学会宽容。同时，学者并不是感情贫乏的人，无论是在工作上，还是在生活中，他都应该充满激情。总之，一个学者应该努力地、创造性地工作，也应该尽情地感受生活，他应该努力成为有境界、有品位而又全面发展的人。

临渊羡鱼，不如退而结网

陈：在您看来，当代中国人文社会科学的发展面临怎样的机遇和挑战？

俞：就机遇来说，应该说非常好。无论在科技进步、经济发展全球化方面，还是在政治变动、社会运动多样化方面；无论在知识积累、信息转换的瞬时化方面，还是在文化碰撞、生活形式的丰富化方面，我们面临的都是前所未有的大变局。与两千多年前的先秦时期相比较，我们这个时代在内涵上要丰富得多。现实的丰富性为思想上的丰富性提供了可能的条件。如果说，先秦时期出现了老子、孔子等伟大的思想家，那么，我们这个时代更应该出现融贯古今中外的伟大的思想家、理论家和科学家，应该拿出无愧于这个时代的伟大的思想作品。在这个意义上，我们面对的是前所未有的机遇。

然而，我们同时也面临着严峻的挑战。在打开国门、推动市场经济发展的背景下，浮躁像病毒一样在当代中国学者的身上蔓延开来，而同样浮躁的评价系统又进一步强化了这种浮躁情绪。有些学者不愿"坐冷板凳"，而想走捷径，甚至不惜剽窃抄袭、伪造数据，一夜之间就"爆得大名"。

历史和实践都表明，浮躁是学术研究之大忌。临渊羡鱼，不如退而结网。要拿出无愧于这个时代的伟大的思想作品来，就必须克服浮躁情绪，确立合理的评价系统和价值导向，努力贯彻"双百方针"，真正引导学者们自由地、潜心进行研究。

陈：您如何看待"文化软实力"的问题？

俞：这个问题早已引起国外理论家们的重视，近年来，我国理论界也开始讨论这个问题，并已引起政府领导人的高度重视。显然，这是一个好现象。其实，早在《新民主主义论》中，毛泽东就深入地探讨了"政治"、"经济"和"文化"三者之间的关系，把新民主主义文化建设置于十分重要的地位，并在《在延安文艺座谈会上的讲话》等论著中对这一文化的本质和发展方向作出了全面的论述。在社会主义历史阶段，理论界进一步认识到，现代化归根到底是人的素质的现代化，而人的素质正是在特定的文化氛围中形成并发展起来的，传统文化热或国学热的兴起，反映出理论工作者的普遍心态，而政府领导人提出的关于"两个文明一起抓"、"以德治国"、"依法治国"等口号，也充分体现出他们对"文化软实力"问题的重视。

近年来，随着中国经济社会的快速发展，中国在硬件建设方面已经不逊色于西方发达国家，但在软件，即软实力建设方面，如教育的普及、素质的提高、交易的诚信化、服务的优质化、制度的人性化等，均存在着较大距离。毋庸讳言，随着我国综合国力的发展，文化软实力的提升已经迫在眉睫。在我们看来，哲学既是文明或文化的活的灵魂，也是民族精神的精华。作为理论工作者，我们理应为文化软实力的提升贡献自己的力量。事实上，在我主编的"理论新视野丛书"中就收入了童世骏教授撰写的《文化软实力》一书。这也从一个侧面反映出我们对这个问题的高度关注。

陈：您能就自己的治学经验为青年人提一些建议吗？

俞：孔子说："学而不思则罔，思而不学则殆。"光学习不思考，学到的就是一堆死知识。反之，光思考而不学习，思考的东西就会失去基础。在我看来，在"学"和"思"之外，还可以加上一个"写"字。不但学与思之间存在着飞跃，思与写之间也存在着飞跃。思考得清楚的东西未必能写清楚，但反过来可以说，写得清楚的东西必定已经思考得非常清楚了。所以，在学与思之外，也应该重视写。如何准确地、简洁地表达自己的思想，这是非常重要的。任何科学都是通过语言表达出来的。比如，康德在出版《纯粹理性批判》前沉默了 12 年，其中相当一部分时间在探索如何把自己的思想准确无误地叙述出来。不少青年学者以为自己天生就能写作，这是一种错觉。

此外，治学贵在创新，而创新的前提就是博览群书。对于研究者来说，博览群书的真正意义不是扩充自己的知识，而是了解前人和时贤的观点，以便不在自己的论著中重复他们的观点。这个道理很简单，"新"与"旧"是相比较而存在的，如果在对某个问题的研究上，你连旧的观点都不了解，又怎么知道自己提出的观点是新的呢？当然，创新是非常艰巨的劳动，只有不断地从现实生活和历史上伟大思想家的著作中汲取灵感的人，才能保持自己旺盛的创造力。

还有，我认为，当代中国的人文社会科学学者对英美分析哲学，尤其是分析的方法缺乏兴趣和认同。实际上，当代中国学者要与国际学术界进行有效而深入的对话，就必须认真研究并借鉴这种分析方法，把可以说清楚的东西说清楚。据说，"文化"概念有 300 个左右不同的定义，假如两个人讨论文化问题，而对文化概念的含义都没有确定认识的话，怎么可能产生有效的讨论结果？应该指出，我们传统的研究方法过度重视辩证法，却忽略了辩证法的前提是知性的确定性。没有对知性的确定性的追求作为前提，辩证法必定会流于诡辩，而分析的方法是有助于建立知识的确定性的。

世博会既要算好政治账，也要算好经济账

陈：上海是一个现代大都市，长期以来的发展形成了独特的海派文化。请您谈谈对海派文化的看法。

俞：所谓"海派文化"是相对于"京派文化"来说的。由于北京在皇城根下，一直是政治的中心，所以，"京派文化"始终保持着政治上的敏感性和意向性，与此同时，由于文化传承与科举制度的关系，历朝历代的知识精英都像受磁石吸附的铁屑一样，集中在京城，因而"京派文化"堪称博大精深，全国其他城市均无法望其项背。

然而，"京派文化"也由于片面注重其传承功能而具有文化保守主义的倾向，从而缺乏某种灵动性。至于上海，自开埠以来，尤其是自近代以降，不断吸纳国际国内的移民，逐渐形成国际性的大都市和斑杂的文化布局，而晚清政府的腐败和无能，又造成了上海碎片似的租界和殖民化的心态。所以，"海派文化"既因其融贯中西而具有开放性、灵动性和实验性，也间或杂有崇洋媚外的噪声；既因远离京城而彰显出更多生活上的细腻性和经济上的，特别是商业性的特征，也难以避免某种急功近利的浮躁心态。或许可以说，张爱玲的文学作品正是"海派文化"标志性的结晶。总之，"京派文化"和"海派文化"各有特色，应该相互取长补短。

陈：您在 2002 年的《解放日报》上曾就"新上海人"和"'新上海人'

的生活观念"作过探讨。上海每天都在发生着变化，您认为，近几年这种外在变化又带来"新上海人"怎样的观念变化？

俞：我认为，近年来，"新上海人"及其观念上的变化主要表现在三个方面：第一，"新上海人"的内涵正在发生变化。随着世界性金融危机的蔓延和中国经济发展的"一枝独秀"，越来越多的境外人士、国外人士到上海就业或从事经济、商业、金融和文化方面的工作，从而使"新上海人"的国际化含义不断增长，而即将举行的世博会又成了这方面的助推器。第二，近年来，随着上海房价的不断攀升，"新上海人"中出现了一种向简朴性的生活方式回归的倾向。有的新郎不再用豪华的礼车，而是踩着自行车去迎娶新娘；更多的青年人则采用了取消婚宴、蜜月旅行的简朴方式，大大地提高了生活质量和情趣。第三，近年来，越来越多的"新上海人"觉得自己的生活节奏太快，不但造成了身体上的"亚健康状态"，也造成了文化上、心灵上的"亚健康状态"，因而倾向于在周末或假期里逛街、泡吧，过一种有滋有味的"慢生活"。

陈：不久，上海世博会就要举行，这是我国继 2008 年北京奥运会后的又一大盛事。很多人将之看做中华民族复兴的又一个重要机遇和展现平台，对此您怎么看？

俞：世博会在上海举行，既是一个挑战，也是一个机遇。就"挑战"而言，因为世博会首次在发展中国家举行，我们缺乏这方面的直接经验；就"机遇"而言，世博会也为中国展现自己、走向世界创造了条件。中国人说：谋事在人，成事在天。关键在于我们一定要努力做好世博会的准备工作。我很赞同上海市委书记俞正声所说的，要全力以赴，把世博会搞好。但历史和实践一再告诫我们，搞好世博会，既要算好政治账，也要算好经济账，这就需要我们确立高超的理财意识，以我们的实际行动为子孙后代谋福利。

（陈静：中国社会科学杂志社编辑）

原载于《中国社会科学报》2010 年 4 月 15 日第 80 期第 5 版

时代的哲学沉思与学术创造

不断提出问题　推动思想进步

——访汤一介教授

褚国飞

　　汤一介，1927 年生，1951 年毕业于北京大学哲学系，1990 年获加拿大麦克玛斯特大学（McMaster University）荣誉文学博士学位，2006 年获日本关西大学荣誉科学与文化博士学位，主要研究方向为魏晋玄学、早期道教、儒家哲学和中西文化比较。现任北京大学哲学系资深教授，中国哲学与文化研究所名誉所长，博士生导师。北京大学儒藏编纂中心主任，教育部哲学社会科学重大攻关项目"儒藏编纂与研究"首席专家。曾任美国哈佛大学访问学者（Luce Fellow，

汤一介

1983)、美国纽约大学石溪分校宗教研究所研究员（1986），美国俄勒岗大学（1986）、澳大利亚墨尔本大学（1995）、香港科技大学（1992）、加拿大麦克玛斯特大学（1986、1990）、香港城市大学（1999）客座教授。1996 年任荷兰莱顿大学汉学院胡适讲座主讲教授，1997 年任香港中文大学钱宾四学术讲座主讲教授。学术兼职有中国文化书院创院院长、中国哲学史学会顾问、中华孔子学会会长、中国炎黄文化研究会副会长、国际价值与哲学研究会理事，曾任第 32 届亚洲与北非研究会顾问委员会委员（1986），国际中国哲学会主席（1992—1994），国内任南京大学、东南大学、兰州大学、扬州大学、西安交通大学、首都师范大学、山东大学等大学兼任教授，华东理工大学、上海社会科学院名誉研究员等。

中国社会科学杂志社特派记者走进汤一介先生的哲学世界，倾听他关于中国哲学、中国文化及中国社会的睿智哲思。

哲学要能提出一些问题

褚国飞（以下简称"褚"）：20 世纪 80 年代，您率先把中国传统哲学作为认识史来思考，并以真善美概念为基础，集各家所言，建构出一套中国哲学理论体系。此后，您强调了"天人合一"、"和而不同"、"新轴心时代"、"中国现代哲学的'接着讲'"等一系列问题，推动了文化界对传统哲学的讨论。您能向我们介绍一下这些问题提出的背景吗？

汤一介（以下简称"汤"）：哲学是干什么的？我想哲学就是要能提出一些问题来，这样才可以有新思想。当然，我不敢自称是哲学家，但我很关注哲学问题。从 80 年代初开始，我考虑如何破除教条主义的马克思主义哲学这个问题。此前 30 年间，我们受教条主义的影响，比如当时认为唯物主义是进步的，唯心主义是反动的，这些说法有很大的片面性。但如何解决这个问题，从哪里开始呢？马克思主义本身是个伟大的哲学，这个毫无疑问，但教条主义化的马克思主义就有问题了。当时我们从这样一个角度考虑，哲学史是人类认识史的发展，它是通过一些重要范畴的不断提出而逐渐深化的。比如柏拉图用"being"这个开展一套理论，孔子用"仁"来开展一套学说。所以，应该从人类认识史来研究哲学，既然从人类认识史来研究哲学，那么每一代哲学家都提出新的概念来，这些新的概念并不一定都是唯物主义提出的，有的是唯心主义提出的，所以人类认识史是两者不断促进的，而不是两军对垒的。在这一大背景下，从 1981 年开始，我就提出中国哲学范畴问题，最早我们还出版了范畴问题讨论集，开了两三次会，作为突破口，把原来两军对垒问题消解掉。这是第一阶段。

中国哲学中的真、善、美问题

1983 年我去了美国，在哈佛大学碰到的主要是现代新儒家这一支，从熊十力、牟宗三到杜维明。牟宗三先生认为中国的内圣之学可以开发出来，适应现代民主政治的外王之道；心性学说可以开出科学的认识论体系。对此我不十分认同，我觉得这两个命题可能都有问题，并思考可否从另一种思路来思考中国的哲学问题，当然，我这种想法也是受到西方哲学的影响，因为古希腊哲学讲真、善、美，但中国哲学明确讲真、善、美问题的很少，可是从总体上看中国哲学又不能说没有研究真、善、美的问题。当时正赶上第 17 届世界哲学大会的召开，于是我在会上的发言谈了儒学第三期发展的可能性问题。我认为，也许中国"天人合一"的思想是解决一个"真"的问题，因为"天人合一"是讲人与外在世界的关系，人和天两者是互动、不能分开的；第二个就是"知行合一"，这个是"善"的问题，因为中国从《尚书》开始就讲"知之非艰、行之为艰"，从儒家思想一直到王阳明思想，在讨论"知行合一"关系问题，而且主要把它看成是首先问题；那么，"情景合一"应该是个美的问题，美感是怎么产生的？美感是在人的内在情感与外界接触以后才有的，比如孔子听韶乐可以三月不知肉味，他的情感就与音乐结合在一起了。于是，我想是否可以用这 3 个命题来考虑中国哲学，现在不少人都觉得这有点道理，这是从中国哲学角度对真、善、美问题的思考。

我这篇文章 1984 年在《中国社会科学》上发表，随后我又写了《再论中国传统哲学的真善美问题》，发表在《中国社会科学》1990 年第 3 期，我把中国的三位哲学家与德国的三大哲学家的不同看法做了比较：孔子、老子与庄子和康德、谢林与黑格尔，并得出结论：西方哲学家对真、善、美问题的研究，基本上是希望建立一个完整的知识系统，而中国哲学家无论是老子、庄子还是孔子，他们讲真、善、美主要是从提高人的精神境界这个角度考虑问题的。于是我又思考，如果不仅仅从儒家角度考虑，而是从儒释道总体上考虑（当然，儒家是主体），是否还可以提出一些想法，特别是对我们今天社会有意义的想法？我就从真善美问题上发挥出一个想法，通过儒释道三家与西方哲学的比较，我发现两者有明显的不同，我们的哲学以内在超越为特征，比如，儒家讲成圣、成贤靠道德修养；佛家特别是中国禅宗讲"一念觉即佛、一念迷即众"；道家也一样，特别是庄子讲"心斋坐忘"，认为要把自己的身心忘掉，才能达到"同于大通"的超越境界。但是西方不同，从柏拉图开始，他认为理念世界与现实世界是两个不同的世界，没法打通；一直到笛卡尔仍然认为思想和物质两者是独立的二元，研究一个可以不研究另一个；特别是西方基督教，认为人想超越，一定得依靠上帝，要忏悔，靠上帝拯救，只有借助外力才可以。所以西方哲学是外在超越型的哲学，不过现在西方哲学在这个问题上有很大变化，比如现象学等等。

当然不是说我们完全没有外在超越，他们完全没有内在超越，中国也有外在超越型的哲学，比如墨子，他认为"人"需要人格化的"天"来帮助才行，但我们传统哲学主流是讲内在超越。对此，我就思考，有没有可能把两大不同的文化系统、内在超越与外在超越两个系统的哲学整合成一个互补的系统。但这个问题我没有继续再做下去。据我了解，上海社科院与华东师大有的教授对这个问题有兴趣，但这个问题太困难了，不太好做。

不同文化可以共存

在"真、善、美"这个问题后，由于亨廷顿提出"文明冲突论"，我就暂时放下哲学问题的研究，转而考虑文化问题。从中国传统文化这个角度考虑，我认为可以提出与他相对应的命题来，因此我提出了"文明共存"

的观点。不同的文化为什么能"共存"？我们与印度有个非常好的例子，佛教是1世纪传入中国的，并没有因为思想文化的原因，与中国文化发生严重的冲突。中印两种文化在接触时没有打过仗，而且往往是形成互补的格局，所以中国传统哲学讲文明是可以共存的。从唐朝开始，儒释道三家都提倡三教归一，三教是可以形成一个统一的局面，所以我提出一个与亨廷顿相对立的"文明共存论"。因此，1993年以后，我研究文化问题，特别是针对西方"文明冲突论"来做这个问题。

另外关于中国哲学本身我还提出了中国现代哲学的三个接着讲的问题，这是在1998、1999年。因为中国哲学要发展，不能照着讲，要接着讲。这个接着讲的问题是冯友兰先生首先提出的。他认为他的新理学不是照着宋明理学讲，而是接着宋明理学讲，那么我们现在面临的局势是，中国哲学要发展的不仅是接着宋明理学讲，而且至少有三个向度。一个是接着中国传统哲学讲，包括宋明理学；二是要接着马克思主义讲，因为马克思主义毕竟是来自西方的，我们要接着讲，把他中国化，就像我们把印度佛教中国化一样；第三个就是接着西方哲学讲，这一点也不是不可能的。

中国有悠久、丰富的经典解释传统

从20世纪末以来，我主要讨论了三个问题。一是创建中国解释学的问题，这是在北京大学成立100周年时提出来的，为什么提出这个问题？因为西方解释学已经成为一种颇有影响的思潮，不仅用来解释哲学，文学、社会学甚至艺术学都可以用解释学来解释。那么中国有没有自己的解释学？我认为虽然还没有真正的解释学，但却有长久而丰富的经典解释传统。西方解释学成为真正解释学，也是在19世纪末由施莱尔马赫、狄尔泰他们完成的，当然解释经典的传统在西方也是很早的，主要是解释《圣经》。中国虽然没有系统的解释学，在历史上还没有成为独立、系统的学科，但解释经典的历史是很长的。比如《左传》解释《春秋》，那是在公元前300多年前甚至在前400年，这比西方解释《圣经》要早；《易传》解释《易经》，那是在公元前300年，也很早；对老子《道德经》的解释也是在公元前200多年开始的。所以我们有解释经典的历史传统，但没有形成独立的学科，没有把它形成解释哲学体系。那我们能不能根据中国材料，参照西方解释学，来形成独特的中国解释学？如今，山东大学的《中国诠释学》已经出了6集，都在研究这个问题。我为此写了5篇文章讨论这个问题。

中国文化必须在坚持自身文化的主体性中"复兴"

我大概是1999年在费孝通主持的一次会上提出"新轴心时代"这一想法的，西方学者稍早一点已提出了这一问题。雅斯贝尔斯提出"轴心时代"，认为公元前2500年前后，在古希腊、印度、中国、古犹太和古波斯几乎同时出现一批思想家，而且彼此之间没有接触，孔子、老子不知道柏拉图、苏格拉底，他们也不知道我们。那个时代这批思想家几乎是在互不影响下独立发展的，为什么？从世界大发展的角度讲，当时世界正经历着大发展：中国是春秋战国大发展的时代，印度的佛教是在与婆罗门教争斗、反对婆罗门教的等级制度这一过程中发展而来的，希腊哲学的繁荣背景也正逢希腊城邦制特别是早期民主思想的出现。所以雅斯贝尔斯有一段话说，他们都是独立发展出来的，可是在以后的2000多年中，逐渐互相影响，而每一次文化新的飞跃，都回到它的起点，然后"燃起火焰"。这期间文化的复兴，特别是中国、印度和西方文化的复兴，都是回到原点。从历史看确实如此，比如，欧洲的文艺复兴回到古希腊，中国宋明理学回到先秦孔孟的儒学。

如今的世界又有一个非常大的变化，这就是"全球化"的出现。"轴心时代"的各种文化没有互相影响，现在彼此间影响越来越大，这是否会出现世界大转变，是否会产生新的思想家，是否预示新的"轴心时代"的到来呢？从中国的形势上看，我们国学的复兴还是很初步的，可是苗头已经逐渐出来，现在不仅是大学里有国学院的成立，中小学也在背诵古书，社会上有些社区也在讲，它逐渐渗透到社会各个阶层。比如，北新桥街道就在孔庙办了讲习班，是针对市民的，我也去讲过。北京大学也办了讲学班，是针对企业家的。这一潮流，也影响着我国的高层领导人。胡锦涛总书记在十七大报告中提出："弘扬中华文化，建设中华民族共有的精神家园"，将对有力推动中华文化的发展产生重大影响。我们还应注意到，中国一批知识分子在深入研究中国自身文化传统的同时，对当今世界文化发展的总趋势有较深的了解。我认为，中国文化必须在坚持自身文化的主体性中"复兴"，必须在吸收其他各民族文化特别是西方先进文化中的优秀成果中"复兴"，必须在努力寻求我们民族文化中具有"普遍价值"意义的资源中"复兴"。因此，我们期待着和各国的学者一起为建设全球化形势下文化上的"新轴心时代"的早日到来而努力。

印度也一样，上世纪中期开始，他们提出要复兴印度教并将之立为国教。印度原来是英国殖民地，他们认为要复兴首先必须得把自己的文化树立起来。这种想法早在甘地时期就提出了，其后人民党明确提出印度教应该成为指导宗教、文学、艺术等等的指导思想。西方也是如此，最近有一本书《欧洲梦》就指出他们不必走美国的道路，不要过奢侈的生活，提倡只要过一种比较安康幸福的生活就可以了。特别要看到西方的后现代主义，因为现代化的社会已经发展了二三百年，现在问题很多，由此而出现了后现代主义，目的就是解构现代性。

中国社会是个"礼法合制"的社会

褚：儒学在中国历史上起过很大作用，而且也一直是中国软实力的重要资源，对整个世界有很强的吸引力。现代新儒学学说是如何适应当代社会，应该如何正确认识其社会角色并发挥作用？

汤：我在《论儒学复兴》这篇文章中重点谈了这个问题。对儒学的研究可以有三个向度，一是政统的儒学，二是道统的儒学，三是学统的儒学。现在我们可以重点来发展学统的儒学。因为政统儒学的负面影响是比较多的，比如说等级制，三纲六纪，可以研究它，但不需要过多发挥它，因此我不赞成把儒学政治意识形态化。另外道统儒学，如果道统的思想过强，也就是派性过强，就会容易排斥其他学说。现在是多元化的世界，文化处于多元化的世界，不仅面对世界各民族各国家要讲多元化，甚至面对中国自身的 56 个民族也要考虑文化多元化的问题，所以要和其他各个民族的文化共同发展才可以，不共同发展就会引起麻烦。所以费孝通先生有一个思想很有意思:"多元一体"。中国是个多元一体的国家,我们是一个国家,但是有 56 个民族,如何和平相处,我们要帮助、扶持一些少数民族的文化,要和他们平等对说,共同发展。这和世界形势一样,西方文化是强势文化,应该帮助发展中国家,如非洲等地,而不能继续掠夺,不能把西方的"价值观"强加于人,这样是不行的。

要重视学统,因为在儒家的思想里,一些思想有很多空间可以发挥,比如"天人合一"的思想,这对解决人和自然的矛盾会提供非常有意义的资源,为什么建构性的后现代主义提出人与自然是生命共同体。又比如"和而不同"的思想,可以消解文明冲突论。在不同的民族文化之间,文化可以有不同,但应该而且能够和平共处。不同可以和平共处,要同就没有意思了,一个大花园里只有一种花朵并不一定好看,多种多样的花配合在一起不是更好看吗? 所以中国"和而不同"的思想,对解决不同文化之间可能引起的冲突矛盾是很有意义的。亨廷顿的文明冲突有两个想法,第一,他认为在不同民族之间会有文明的冲突,他认为现在是西方文化的面对儒家文化和伊斯兰文化的挑战。他说我们应该让儒家文化和伊斯兰文化冲突,他们受益,这是他的一个构想。那么现在不是这个状况,反而是西方与伊斯兰的冲突越来越严重,我们与伊斯兰冲突不是很大。他的第二个构想,就是要把发展中国家想办法纳入他们可以控制的国际组织中间,那就完全受他们控制了。我认为,他的两个想法都是错误的。对于仅仅有利于西方的国际组织,我们应逐步改造它,使之有利于全人类。现在看来,也许金砖四国可以起一些作用。所以我觉得,在儒家思想里,有很多有待我们发掘、发挥的东西,像"天人合一"、"和而不同"的思想等等。

现在我在考虑另一个问题,即"依法治国"的问题。其实中国传统是个"礼法合制"的社会,因为从最早的《五经》看,有《礼记》、《周礼》、《仪礼》,如果看二十四史(不仅是二十四史)其中的"志","刑"和"礼"是分为两"志"的,正如贾谊《陈政事疏》中所说:"夫礼者禁于将然之前,而法者禁于已然之后。"当时治理国家是用这两套:刑法和礼乐,所以中国常把自己也称为"礼乐之邦"。因为礼不仅仅是起着道德教化的作用,也带有制度性质,我们传统的婚丧嫁娶都有规定的制度,因此我想研究这个问题。我招收了一个博士后,专门让他研究"礼法合制",看看它对我们今天的社会还有没有一点意义。前几天和我们学校的一位副校长谈，他是法学教授，现在是校领导，他也认为这个问题可以研究，很重要。我说这样吧，这个题目虽是我研究的一个题目，我那位博士后也是北大法学博士，我说你也来参加，他说好啊。这虽然是句玩笑话，但我不断想问题，希望能提出一些新问题来考虑，我不一定能解决得很好，但不断提出一些新问题也总有点意义吧。

现代"儒学"应从学理上发挥作用

褚：儒家思想资源是非常多的，但如何把这些资源转化得切实些，而有益于现实社会？

汤："儒学"必须要让它面向现实，而"儒学"本来就是要求"治国平天下"的，但主要应从学理上（即其"学统"）发挥作用，所以我现在正在考虑的一个问题是政治法律有关的"礼法合制"问题。还有前一阵研究的问题，是马克斯·韦伯提出的"新教伦理与资本主义精神"的问题。我想，是不是儒家伦理对中国现代企业家也有一定的意义？于是我就写了一篇论文：《儒家伦理与中国现代企业家（儒商）精神》，已发表在《江汉论坛》2009 年第 1 期上。我的想法是，虽然我们不能认为儒家都好，但是我们要发掘它的有积极意义的而且适合现代社会要求的东西。马克斯·韦伯是很有眼光的，他认为西方资本主义的发展除了工业化等原因之外，还有西方基督教的发展，卡尔文教对近代资本主义的发展有着重要的意义。他认为资本主义用新教伦理如何使资本主义有一个精神支柱呢？他说，资本家一定要不断赚钱，但要用最理性的方法来赚钱，这是资本家的一种天职，它可以增进上帝的荣耀，因为卡尔文教是一种宗教。那我可不可以用类似的思路来考虑问题？中国现代企业家，是可以用最合理的方法不断赚钱为手段，以增进社会的福祉和他个人精神境界的提高为目的，我想这可能是符合儒家精神的，因为孔子讲过，"富与贵、人之所欲也，不以其道取之，不处也"，也就是说富与贵，虽然是人们希望得到的，但不符合道义得到它，我不做。这是儒家的精神，《周易》中有一句话，"何以聚人？曰财"。怎样把老百姓聚集在一起，要钱财，聚集老百姓是目的，钱是手段。所以说我们古代和西方不一样，他们是增加上帝的荣耀，我们是为社会的福祉和个人精神境界的提高。因此，我觉得我们应该做一本像马克斯·韦伯《新教伦理与资本主义精神》那么有分量的《儒家伦理与中国现代企业家精神》出来，这样影响就大了，但要做一个有体系的理论的著作是很不容易的，需要大家的参与。

希望《儒藏》至少在 100 年内为世界通用

褚：您主持的《儒藏》工程从 2004 年正式实施，来自中国、韩国、日本和越南等国的近 400 名学者参与了这一工程。请问您当初提出要做这个大工程的原因是什么，在这几年的编撰工作中遇到的最大困难是什么，您对《儒藏》的最大期望是什么？

汤：当时最早提出这一想法的原因是在中国历史上有儒释道三家，现在已经有《佛藏》、《道藏》，但一直没有《儒藏》，明清两代学者都提出过要编《儒藏》，但是工程太大，都没有能实行，明朝做了《永乐大典》，清朝做了《四库全书》，已经很了不起了。那现在我们中华民族要复兴，是否应该考虑做《儒藏》？从儒释道三家讲，儒学在历史上是我国社会的主流文化，是应该做的时候了。北京大学是在 2002 年提出来，实际上在 1990 年我就提出过。当时有个企业家，想支持我做，但是后来他这个企业没有发展好，一下子垮台了，所以没有做。一隔就是十多年，2002 年提出来，作为一个课题。后来，在 2003 年作为教育部的一个重大项目，2003 年 12 月 31 日才把项目批给我们，正式启动是 2004 年。后来我想，光因历史上没有《儒藏》，就来编一部《儒藏》虽也是一个理由，但是更深层的理由，是刚才说的，儒家思想里有相当多的对我国今后发展很有意义的思想资源，我们要把材料准备好，不然好多东西不知道，对研究不利，所以我想给大家准备一套材料，让大家来研究它。还有一个想法，我喜欢自己的国家。《佛藏》从宋朝起一直到现在，至少编了 20 多种，但现在通用的是日本人编的《大正藏》。所以我想我们应该编出一本让世界通用的《儒藏》。有记者问我，"你觉得你的《儒藏》怎么样"，我说我要把它做好，至少 100 年可以被通用。

但现在困难还是很大的，原因就是我们国家的学风并不好，有不少学者做学问不太认真，特别是经济对学术的冲击太大，所以给我们的稿子，送到我们这里来常常质量上有问题。"北京大学儒藏编纂与研究中心"工作班子总共才十多个人，业务专业人员不到 10 个人，当然还有三四个是行政人员。来的稿子，往往是不合格的，到我们这，相当部分要退稿，要他们修改，有的甚至根本不行，我们要重新找人做，所以对我们压力很大，时间也是浪费，这是学风的影响。还有经济上的，我们的经费不足也是个问题。2009 年，我们本来打算出 50 本，但只出了 30 多本。本来希望到 2015 年可以全部出完，330 本能出齐。但现在速度慢很多，有些我可以做的做，有些是无能为力的，但我们要求首先保证质量，慢就慢一点，一个不合格的稿子也不放过。为解决以上两大困难，我想和一些企业家谈谈请他们给些支持，如果我们经费比较多，学风更好一些，工程可以顺利一些，质量更高，速度可以更快一些。

（褚国飞：中国社会科学杂志社编辑）

原载于《中国社会科学报》2010 年 4 月 22 日第 82 期第 5 版

韩国哲学的现状、问题和前景

——访许南进教授

杨学功　赵　峰

许南进，1955 年生，哲学博士，首尔大学哲学系教授兼系主任。研究领域为韩国哲学，主要著作有《朝鲜前期的理气论》、《朝鲜后期的气哲学》、《韩国哲学资料集》、《韩国史——思想编》等。

许南进

2009 年 7 月 10 日下午，杨学功博士和赵峰博士利用在韩国从事访问研究的机会，对首尔大学哲学系主任许南进教授做了专访。访谈是在许南进教授的办公室进行的，时间近 3 个小时。他和我们交流了哲学在韩国的境遇、韩国哲学学科建设和人才培养、韩国哲学存在的问题和未来前景等方面的情况。现根据访谈录音采用问答形式整理成文，供中国学界同仁参考。

哲学在韩国的境遇

杨学功、赵峰（以下简称"杨、赵"）：我们两人都是 20 世纪 80 年代初上大学的。在中国当时的特殊历史条件下，哲学是最受重视的热门学科，年轻学子青睐有加。我们就是在那样的氛围中喜爱上哲学，并最终选择以哲学为业的。但是，进入 90 年代以后，随着中国改革开放的深入和市场经济的推进，哲学的地位不断下降，现在已成为名副其实的冷门学科。哲学系普遍面临招生困难，社会公众对哲学的兴趣也越来越淡漠。您作为首尔大学哲学系主任，对韩国哲学界的情况一定非常了解。我们想知道的是，哲学在韩国的境遇如何？有没有像在中国所发生的那些情况？

许南进（以下简称"许"）：韩国的情况大致跟中国差不多，韩国可能稍早一点就出现了这种情况。在韩国，20 世纪 60—70 年代哲学的地位远远高于现在。无论是执政党还是在野党，都非常重视用哲学来使自己的政治理念合理化。政府偏向于右派，试图发展资本主义的市民哲学，而左派主张社会主义的理念。进入 80 年代以后，中国开始改革开放，紧接着1988 年汉城奥运会，到了 80 年代末 90 年代初，中苏关系发生突变，随后又发生了东欧剧变、苏联解体。这一系列事件使韩国的社会主义拥护派深受打击。当时，韩国的社会主义哲学家有一部分人拥护毛泽东或金日成，还有一部分人关注以苏联为中心的国际社会主义。然而中国已经不走毛泽东的路线，苏联斯大林的统治也早已结束，因此他们失去了理论的现实基础。在这种情况下，其中极端的一部分人便成为亲朝鲜派。朝鲜与韩国本来同属一个民族，但是长期分裂造成很多隔阂，这使韩国百姓感到不安。所以，亲朝鲜派到后来就离百姓越来越远了。即使有很大一部分人赞同社会主义哲学理论，他们也不能明确地说出来，因为会有亲朝鲜的嫌疑。

在这样的背景下，执政党对社会政治问题的关心越来越少，对包括哲学在内的人文学的需要在制度上也明显减少。2000 年以后，便产生了所谓"人文学的危机"。其中，我个人觉得哲学教育者负有不可推卸的责任。因为社会在变化，需要用新的理论来解释问题，但是老师们所教的内容都还是以前的，根本不能适应新环境。所以在 80 年代末 90 年代初，面对韩国社会突飞猛进的变化，哲学脱离了社会的需要，更多的是茫然若失、哑口无言。学生也对哲学问题不太关心，而是更关注实用性的学问。在这样的情况下，教育制度上作为必修课的哲学也被取消了。现在，人们对哲学的冷漠还在延续着。

杨、赵：韩国有多少大学设有哲学系？它们的情况怎样？

许：韩国很多大学都设有哲学系，在192所大学（包括专科院校）中，55所大学有哲学系。2000年以后，其中9所大学要么是取消了哲学系，要么就是与其他院系合并而改名。中国的情况可能不同于韩国，因为相对来说，中国还没有太多的哲学系，所要采取的解决方案也应该不同。韩国首先要在数量上减少，然后加强管理和建设。我个人觉得，55所大学的哲学系中，留10所大学招研究生就够了。

韩国哲学学科建设和人才培养

杨、赵：看来无论在中国还是在韩国，哲学的地位都下降了。但是我们认为哲学没有也不会消亡，因此哲学系还得继续办下去，虽然并不好办。办好哲学系需要多方面的条件，诸如学科设置、师资队伍、教材建设、图书资料等等，现在我们想请您谈谈这方面的情况。首先一个问题是学科设置，在中国，哲学是一级学科，下面分设8个二级分支学科（马克思主义哲学、中国哲学、外国哲学、逻辑学、伦理学、美学、宗教学、科学技术哲学），韩国的哲学学科设置是怎样的呢？

许：韩国与中国情况不同。韩国哲学系的教师非常少，不分什么教研室，也没有二级分支学科。首尔大学的人文学院分为哲学、美学、宗教学三个部分，宗教学和美学之外的都属于哲学。但是好多大学没有宗教学和美学。韩国是学院下面设系。哲学系有两个研究方向（program），东洋哲学和西洋哲学。不过，所有教授都属于哲学系，不分教研室。只有研究生分为东洋哲学专业和西洋哲学专业。至于伦理学，首尔大学的师范学院也在讲。因为师范学院专门培养高中老师，而高中有叫"伦理"的科目，所以需要讲伦理学。首尔大学哲学系也有两位教授在讲伦理学，一位主讲美国的伦理学，另一位主讲社会政治哲学。我们这里搞逻辑的只有一位教授。

我倒有个问题想问你们：按照中国的8个二级分支学科划分，在德国研究海德格尔的学者属于哪一类呢？在美国念维特根斯坦的学者又属于哪一类呢？

杨、赵：它们都属于"外国哲学"。

许：依我看，马克思主义哲学、中国哲学、外国哲学与其他5个学科有所不同。按照中国的划分，认识论应该属于哪个学科呢？

杨、赵：中国的哲学学科划分逻辑上很不严密，实际上是按照不同的标准进行的，近年来已经引起广泛的反思和讨论。比如，中国哲学和外国哲学是按照地域划分；马克思主义哲学是按照学派划分；逻辑学、伦理学、美学、科学技术哲学一般被认为是分支哲学，但还有很多分支哲学并没有包括进去，如您提到的社会哲学和政治哲学等等；至于宗教学，它既是一个二级学科，又是与哲学系平级的系。这种混乱，严重影响到哲学学科建设。比如您提到的认识论，我们那里马哲、中哲、外哲、逻辑学、伦理学的老师都在讲。

在中国，哲学学科划分的混乱除了造成内容交叉重复外，还由于与之配套的教研室体制设置使之凝固化，导致各二级学科之间门户分立、壁垒森严、互不往来，学问越做越窄，彼此不能交流，甚至产生误解和偏见。韩国既然没有过细的学科划分，应该不会有这方面的问题吧？

许：其实韩国也有类似的问题，只是性质和成因有所不同。我们虽然不分教研室，但是教授们没有一个共同的哲学概念。每个教授的观点差异非常大，也导致无法共同交流的局面。举例来说，在德国读海德格尔的教授和在美国念维特根斯坦的教授对于哲学的概念完全不同。他们又都认为自己的学问才是正统，因此无法交流下去。

杨、赵：在中国，哲学的学科设置是由国家教育行政部门统一规定的，国务院还设有一个学科评议组专门管这方面的事情。韩国的情况是怎样的？

许：在韩国，哲学系的内部设置不由国家教育部门主管，各大学可以自己根据需要来配置。韩国有很多私立大学，比如儒学大学、佛教大学、神学大学。根据大学的特性，学科建设也千差万别。可能中国跟韩国的大学模式有所不同，中国偏向于西欧式，韩国开始是西欧式，后来转向美国式。据我推测，中国的8个二级分支学科可能各有一位教授带着，这是典型的西欧式。比如在德国，每个学院里只有一位正教授，剩下的都是副教授、助教授，受正教授的管理，相应地正教授的权限也很大。而在美国，一个学科可以有好几位正教授，都是平等的地位。（注：中国既不同于欧洲也不同于美国，但就教授职数来说，与美国比较接近。）

杨、赵：韩国哲学系教授职数和职称评聘有些什么规定？您们有多大的自主性？

许：在韩国评教授职称，大学有一定的权限。有相应的经历和满足一定的条件就可以升职，条件主要是学术研究成果，由大学自己去审核。当然，韩国教育部也有规定的必要条件，不过首尔大学所适用的评教授的条件要高很多。在日本和德国，教授是按照一定的比例，正教授所占比例不能超过所定的百分比。韩国没有这个比例的限制，一般助教授任职 4 年之后可以升为副教授，副教授任职 5 年之后可以升为正教授，到 65 岁退休。首尔大学哲学系 17 位教授中，有 12 位是正教授，4 位是副教授，1 位是助教授。通常 35 岁评上助教授的话，39 岁就可以是副教授，44 岁就可以是正教授，所以现在 70% 都是教授了，可能跟中国有很大的不同。

杨、赵：您们的教授有硕士生导师和博士生导师之分吗？

许：大概分硕士生导师和博士生导师是中国的做法吧。在韩国所有的教授都是平等的，都可以指导硕士生和博士生。

杨、赵：您们通过什么方式招聘教师？

许：现在的聘用方式完全是开放的。首先根据需要贴出公告，然后根据应聘人的情况进行考察，最后由招聘委员会投票选出。应聘者必须能用英文讲课，当然能用韩语讲课就更好了。只要符合我们的需要和条件，谁都可以来，不分国内国外。

杨、赵：在中国，哲学系教师的科研经费相对是比较少的，除了少数名牌大学，一般大学哲学系很难获得社会赞助。您们的研究经费主要来自哪些渠道？

许：可以申请一些财团的项目来获得资助，在学校里也有一些基金可以申请，但是主要的研究经费还是来自政府。首尔大学每年从政府获得的研究基金大概有 3000 亿韩元（约相当于 18 亿人民币）。不过，这些经费中的 90% 都花在课程建设上。基础学科项目都是国家主管的，人文学科大部分从学术研究振兴财团（现名韩国研究财团）获得资助。现在首尔大学哲学系参加了国家的 BK（Brain Korea）项目，在人文学院里是唯一的

265

一个系，在整个韩国的哲学系中也是唯一的，每年可以获得 7 亿韩元的资助，使研究生能有更多的经费投入到自己的研究中去。

杨、赵：人才培养是大学教育的根本。韩国哲学系对哲学人才的定位是怎样的？本科、硕士和博士的培养方式有什么不同？考虑到就业等因素，中国一些大学哲学系强调培养复合型人才，您们培养人才强调专业性还是复合型？或者本科、硕士、博士有不同的要求？毕业生的出路如何？

许：首尔大学哲学系本科生每年大概有 15 个左右，硕士生 17 个左右，博士生 10 个左右。由于哲学系学生就业不太容易，所以我们不招很多学生。哲学系每年毕业的本科生很少继续在本系读硕士，最多也就 2—3 个。很多工科学院和理科学院有硕、博连读，不过文科很少有，因为文科学生一般读完硕士就要出国深造。

本科阶段我们重点强调对哲学史的了解和逻辑思维能力的培养，还有就是外文书籍阅读能力的提高。同时提倡修实用性较强专业的双学位，以便适应就业的需要。硕士阶段主要考验学生是否具有独立做学问和研究的能力，可以说是博士的准备阶段。博士阶段主要是鼓励和提倡大胆地做学问，应该是学术成果较多的阶段。

本科毕业生大约 20%—30% 继续读研，还有一部分学生换专业读研，50% 以上是找工作，很少有本科毕业就出国留学的。一般在报社、媒体找工作，还有一部分学生考与教育和文化有关的公务员，以前还有司法考试，现在取消了。硕士毕业生可以说没什么出路。博士毕业生一般到大学教书，或者出国深造，做博士后研究。

韩国哲学面临的问题

杨、赵：刚才您比较详细地介绍了韩国哲学学科建设和人才培养方面的情况。那么在您看来，韩国哲学现在存在的主要问题是什么呢？

许：我前面已经简略地提到了，最大的问题就是我们的哲学不能适应社会发展的需要。我们的教授所写的东西大致可分为两种：一是专业书籍和论文，一般人几乎不看，也看不懂；二是针对广大读者写的书和文章，需要量相当大，每部可以印 1 万册以上。为了普及人文学，政府所开办的电视讲座或教育频道深受好评。不过，对于老百姓感兴趣的问题我们还不能及时地对应。举例来说，最近在讨论安乐死、环境等较敏感的问题，对于这些问题，还没有产生经过多方面研究而能够进行有效回答的哲学家。研究哲学的人还是很注重康德、黑格尔、朱熹等人的理论，但是听者更注重具体的、现实的问题，其间的距离相当大。要想把距离缩小，我们首先需要有做过多方面研究的人才，再经过哲学思辨能力的培养来达到目的。

不过，到目前为止，这还是比较困难的一件事情。主要原因在于韩国还没有创建自己的哲学，仍然处于引进国外哲学思想的阶段。我觉得这个问题将来在中国会变得更加严重。因为据我所知，现在很多中国学者都留学美国、英国、德国、法国等西方国家，等他们回国从事哲学教育的时候，就会出现跟韩国相似的问题。

在美国，关于哲学的概念非常明确，从国外学到的哲学永远都是起辅助作用，美国有自己的哲学脉络。法国也有自己独特的哲学，所以即使是美国的哲学也站不住脚。然而在韩国，留学于美国的哲学教授认为美国的哲学是主流，留学于法国的哲学教授认为法国的哲学才是主流，他们之间很难有共同语言。而中国传统的哲学又不能对当今的现实问题做出回答。这个问题日后会变得越来越严重。

杨、赵：您的见解对我们很有启发。这里似乎有一个国际化与本土化的关系问题，您是如何看待的?

许：当然两个方面都需要，但重心应该在本土。哲学虽然是普遍性的学问，但最终还是用语言来研究的。所以我觉得主流哲学应在本土研究，留学国外的作为辅助，而现在的情况正好相反。我觉得以 2：1 的比例来维持"本土派"和"海归派"的数量就刚好。比如，现在德国也很少讲海德格尔的哲学，更关注当今主流社会中所存在的问题，而留学德国的学者差不多都是研究海德格尔的。海德格尔的影响主要是在 20 世纪上半叶，他的思想也只是当时德国的思想而已。所以，研究海德格尔不需要跑到德国去，在国内通过海德格尔的著作进行研究就可以了，就像海德格尔研究其他人的思想一样。以前，好多韩国僧人去中国学佛教，而最终成为大师的是元晓，元晓不是到中国去学习，而是向留学于中国的那些韩国人学习，然后自己加以概括和总结，便产生了韩国所需要的佛教。中国也有相似的情况，比如当时接受了好多派别的马克思主义，但最终是毛泽东使之中国化了，毛泽东并没有留过学。

中国现在也有很多研究西方哲学的学者，但是韩国很多学者知道在中国研究中国哲学的学者，而很少知道在中国研究西方哲学的学者。我自己也不认识在北大或者复旦大学研究西方哲学的教授，但是我认识北大的陈来、复旦大学的吴震等等。韩国的情况现在正在好转，相比西方哲学的研究而言，对韩国哲学的研究要求更高，相应地学术地位也稍微高一些。

韩国哲学界现在应该是佛教和朱子学所占的比重比较大一点。但是20世纪70年代，德国哲学的影响很大，以后是英美分析哲学的影响很大。问题在于，思想也会受到时代的影响，韩国或者中国不得不以西方的思想作为铺垫。但是我们又不能跟西方走同样的道路，因为我们有传统的思想摆在那里。怎样使它们得到协调，创造出符合我们自己需要的思想，并加以发展下去，这就是在座两位的任务，所以你们两位需要合作。用以前的话来说，就是"韩学为主，西学为辅"，或者站在中国立场上说，"中体西用"。40年或50年前，韩国的哲学都是研究西方哲学的，真正觉悟要重视韩国自己的哲学还不到20年，任重而道远。

展望韩国哲学的前景

杨、赵：那您认为现在应该怎样做？

许：首先从自己做起。作为哲学系的教授，当然有责任和义务教好本系的学生，但是对外系学生的教育也极为重要。因为首尔大学出去的学生，将来会成为社会的中坚人物，对他们来说哲学是修养课。我们应该负责任地引导他们提高分析和解决问题的能力，尤其是逻辑思辨能力的培养。我个人觉得这一点非常重要。因为现在开始实行法学院制度，法学院没有本科生，只有研究生。为了适应学生的需求，我们应该更加重视逻辑分析能力的培养，让他们独立思考问题并进行广泛的讨论，这是当今时代所赋予我们教育者的重任。

其次，我们要认识社会在急速变化。韩国以前也跟中国差不多，有非常浓厚的群体主义因素。我不是说这种因素不好，我们确实需要有一种共同理念来带动全体国民。但是经过剧烈的变化之后，在当今社会，很多事情都要有新的解释方式。所以我们应该帮助百姓培养独立思考问题的能力，尤其是发表自己的观点和主张，并进而展开讨论的能力。要进行讨论，先要了解情况并有相应的知识，才能讨论下去。所以，哲学工作应在两个方面进行，一方面是对传统哲学的深入研究，另一方面是围绕一定主题进行讲座，使更多的百姓发挥独立思考、自由辩论的能力参与进去，让百姓通过独立的批判性思考去解决问题。

杨、赵：据我们了解，韩国有一些研究传统文化非常有成就的学者，还有一些古典文化研究机构和民间书院，请您介绍一下这方面的情况。

许：确实有几位研究传统哲学非常有成就的学者，如高丽大学的李承焕教授、成均馆大学的崔英辰教授、首尔大学的丁垣在教授、延世大学的李光虎教授、西江大学的崔珍晳教授等。丁垣在教授很年轻，才40多岁。另外，韩国学中央研究院的韩亨祚教授，写了很多针对大众的书籍。至于研究机构和书院，翰林大学有太东古典文化研究所，安东有很多书院。书院主要是以让老百姓体验传统文化为目的，对传统文化的普及有一定贡献。太东古典文化研究所是专门培养学者的古文读写能力的。另外还有古典国译院，专门研究古典书籍。

杨、赵：您对哲学的未来前景有何展望？

许：我觉得，哲学要恢复以前的声望和权威几乎是不可能了。以前韩国主要是以理学为谈论对象来进行分析，很容易区分优劣，并以此来教导百姓。随着西方哲学的涌入，各种各样的思想一并在社会上流行，到现在还分不清哪一个是真正的哲学。就像当时各种各样的佛教思想进入中国，经过近五百年的融合和转化，最终才产生中国化的佛教禅宗。新中国成立之初，由于以马克思主义哲学为主，所以很容易站住了脚。但是今天，马克思主义的主流地位已受到动摇，西方各种思想纷至沓来。我觉得，在未来的50年里，中国应该把所引进的各种思想整合起来，短时间内建设一个主流的哲学，这是非常紧要的、时代赋予的任务。中国现在需要新的理念，把马克思主义和市场经济结合起来是最重要的。

杨、赵：最后是一个关于您本人的问题，请用一句话来概括您所做的工作。

许：我个人认为，我是把韩国古典的哲学用现代的话语加以解释的人。我相信今后会有人比我做得更出色。

（杨学功：北京大学哲学系副教授，首尔大学哲学思想研究所客座研究员；赵峰：中央党校哲学部副教授，首尔大学中国研究中心客座研究员。本次访谈由首尔大学哲学系研究生高星爱协助整理）

原载于《中国社会科学报》2009年8月11日第13期第4版

还原诸子，解码文化DNA

——访杨义研究员

杨　阳

杨　义

杨义，1946年生。现任中国社会科学院学部委员、文学研究所学术委员会主任、《文学评论》主编。著有《中国现代小说史》三卷、《中国古典小说史论》、《中国叙事学》、《重绘中国文学地图》、《中国古典文学图志》以及十册《杨义文存》等著作三十余种。

杨义提出的"还原诸子"的观点在学术界引起了极大关注和反响。何谓"还原"？已经离开我们两千余年的先秦诸子真的可以被还原吗？带着这些疑问，中国社会科学杂志社编辑杨阳采访了杨义，他从先秦诸子发生学的角度，畅谈了重新解读经典的意义。

深刻清理文化根脉

杨阳：拜读了您新近发表的《〈庄子〉还原》一文，深受启发，您为什么要提出"还原诸子"这一全新的观点？这与当前的国学热有关系吗？

杨义：可以说有一定的关系。我认为，中华民族发展至今，我们需要一个契机来重新认识自身的文化，重新树立文化创造的信心，寻找我们文化精神的家园，这也是一次对中华文化根脉的深刻清理。还原诸子就是这样一个契机。近几年的国学热不是一种简单的思潮，也不是一个简单的时髦。目前，国学研究有了很大成绩，但是这里有泡沫，也有伪知识，需要我们警惕和反省。

作为当代学者，我们有责任强调国学研究的"原创之深刻"，将之做得更加博大精深，深化国学和还原诸子也是中国社会科学院对当前国学思潮的一种积极反映。一个时代有一个时代的学问。当今时代，我们需要的是市场化的国学还是精深研究的国学，这是我们思考的核心。另外，就我本人的学术经历而言，我觉得还有空间来把诸子学做成一门真正原创性、有创造力的学问。

杨阳：之前您的研究贯通古今，兼及小说与诗歌，现在来研究先秦诸子，为什么会有这种转变？

杨义：这种转变其实是自然而然的，我原来研究的是中国现代文学，后来转而研究古典文学，不知不觉已有20年。进入到古典文学领域，我先从熟悉的小说着手，但是要想真正了解中国文化，还必须研究中国的诗文。所以，我又研究了李杜诗学、楚辞诗学以及宋元时期包括少数民族在内的文学。这两年，我的精力主要都放在了研究先秦诸子上面。就这样，在明清、唐宋、魏晋、先秦分别"打了几个桩"之后，我又开始思考文学的整体观问题，进入到对文学的整体研究当中。因为只有站在贯通古今、会通多域的角度上，才能揭示中华民族共同体的整个精神谱系是如何发生、如何形成以及如何变异的，从这个基础上来思考中华文化的生命力和包容性，思考国学的深层脉络及其精神内核，才是有理有据的。

传统是与现代对话的伙伴

杨阳：在诸子学研究方面，前人已经取得了巨大的成就，面对前人浩如烟海的研究著作，我们应当如何取舍？

杨义：以清代学者为例，他们研究学问有一种集大成的风范和功力，但我们也不必一味地"仰脖子"，有作为的学者应该看出他们的成就中也包含着弱点。首先，他们回避民族问题，不敢讲胡汉问题或者华夷问题。

李学勤先生曾和我交流过，他认为这是清人的禁区。其次，清人认为只有圣经、贤传和正史才是可信的、有价值的，而民间市井的东西是很低级的，是不雅训、不可信的，而且价值观是边缘化的。发现前人的弱点，就是发现今人可以开拓的空间。

杨阳：您认为我们在重视正史资料的同时，是不是还应该重视民间的观点？

杨义：是的。正史以它的官方意识形态来过滤材料，那些没有获得话语权的东西，就留在了民间，没有被记载下来，但是它们一直在民间生长着，对整个民族文化的生成、发生起到了潜移默化的作用。做学问有必要在文献丰厚处着力，又在文献空白处运思。民间的观点，在世代口耳相传的过程中，的确产生了一些添油加醋的成分，但它毕竟还有个底子在那儿，并非完全不可信。

近百年来的考古发现，使我们看到了大量的前所未有的材料，这也预示着我们对祖先的认识将有可能超越前人。在当今中华民族全面振兴的背景下，我们要大大方方地、以大国的风度去面对自己的传统，把传统作为与现代对话的伙伴，使我们的现代性能够扎下根来。

嫦娥与维纳斯孰美

杨阳：与西方相比，我们的经典有其自身独特的文化属性，蕴含着祖先的生存智慧与思维方式。

杨义：对。先秦诸子没有读过西方哲学史，他们也不了解柏拉图和亚里士多德的理论，所以我们还原诸子，先不要急于比附，先要了解其本质。他们生逢乱世，著书立言是为了给国君提供一个应对乱世的方案，使乱归治，使所在的国家强盛起来；或叩问天地之道，为自己寻找安身立命的根据。由于没有多少前人的资源可以借鉴，他们必须把人类原始的生存智慧、信仰和风俗转化为思想，因而这种充满智慧的思想具有原型性，是古今相通的。今天，我们就是要还原这些经典，而不是要把中华文化的根脉连根拔起。

杨阳：我们要如何正视本民族的审美习惯及其背后的文化内涵呢？

杨义：西方的概念不可能完全涵盖我们的内容，就好像嫦娥，要是用维纳斯的标准去衡量，她必须要去做手术，把鼻子垫高，把霓裳羽衣脱下来，但是如果真的这么做了，她也就不是嫦娥了。一个民族有一个民族的美，虽然可以相互借鉴、融合创新，但是不能相互取代或抹杀。我们应该为人类多留几份精彩，正是因为存在着这些差异，世界才会如此五彩斑斓、旖旎多姿。

我们把诸子作为还原研究的对象，就是要通过先秦诸子学发生的过程，来感受一个血肉丰满的文化中国。从中华文化的深处，探究出中华民族共同体形成的真实血脉，所以我们要动员文献学和考古学，运用文史哲、案头作业和田野作业、四库之学和四野之学等等多种学问知识来共同研究诸子。

经典是一个民族的底气

杨阳：您认为，还原诸子或者说还原经典，在今天有哪些现实意义？

杨义：我认为，还原经典的意义主要是精神上的而非商业上的。首先，如果没有经典，人的尊严与智慧就无从谈起。每个人要了解本民族的经典，因为它们就是你内在的血脉，就是你的灵魂。在某种意义上说，阅读诸子，就是阅读"我们的心"。其次，文明要成为文明，也离不开经典。中华文明之所以博大精深，就是因为有这些经典的存在，所以文明才有了它的旗帜和崇高感。最后，经典使精神成为精神。有了这些经典，精神才得以升华，才能找到自己的归属感，才能找到自己的精神支柱和心灵的维系，经典就是一个民族的底气。

杨阳：我们在对经典进行重新阐释时，应该秉持一种怎样的态度？

杨义：一般来说，阐释经典主要有三种态度。第一种，崇古。崇拜古人，崇拜圣人，当古人的奴隶，即所谓"注不驳经，疏不破注"。第二种，崇我。用"六经"来注我，让古人当奴隶，这样也很难恢复我们民族的根基。第三种，就是对话，强调有根底、知彼此、重创造。这也正是我们所提倡的。以这种态度对经典进行实事求是的还原，考察它的发生学、形态学，及其每一个文化因素的由来。这种态度也是一种阐释文化的姿态，在这样一种姿态下，去考察先秦诸子的发生原因、学术形态以及智慧方式。

杨阳：如何才能做到真实的还原和阐释？

杨义：从阐释学的角度来讲，我们不可能完全还原到诸子当时的状态，这远比复原一件残破的陶器要难得多，但是，我们必须要朝这个方向走。阐释的过程是对话，阐释的结果是一种合金。不是要封闭地回到古人那里，而是要在融合之中，产生出一种新的深刻。这是一种新的思想高度，是把古人和今人的智慧合在一起，在互相较量、互相克服、互相碰撞、互相融合的过程中，激发出来的一种新的智慧。

因此，要进行这种对话，我们就需要有两个维度，西方人重分析，但是他们缺少感悟。只有把分析式的阐释和感悟式的阐释合在一起，才能揭示古人的生命，才能把文化的碎片黏合成一条绵延不绝的血脉。古人留下的财富是他们生命的痕迹，我们要把他们的 DNA 采出来，让他们复活，分析其体系，感悟其生命，做到两个维度的交叉。只有这样才能还原得实事求是、有血有肉。

家族文化基因揭开千古之谜

杨阳：请您具体谈谈您是如何去还原诸子的？在还原的过程中，您有哪些体会？

杨义：还原诸子，我觉得可以从五条"脉络"入手，分别是家族脉络、地理脉络、诸子游历的脉络、年代沿革的脉络以及诸子的编辑学。家族脉络，即血缘脉络。诸子生命的生成和诸子的家族文化基因存在着深刻的关系，为什么会形成这样或那样不同的生存状态，就是因为他们有着不同的家族渊源。

以往研究哲学和朴学的人往往忽视了一个问题——诸子思想发生的根源是什么。过去也有些记载姓氏谱系的书，讲到庄子是楚庄王的后代，但仅此而已，没有再深入下去。考证不是为了填一张表格，我们不是人事科长，我们是人文学者，祖宗根脉的考证不是终点，而是起点，要由此探索他们著作中的生命痕迹、解码文化的 DNA。我觉得，研究文学的人去考察历史，比研究考古的人更重体悟、更重人的考释，考古学家关注的是器物本身，而我们则关注这个器物是谁做的，他为什么要这样做。

杨阳：请讲一讲您是怎样从家族的脉络入手来还原庄子的。

杨义：庄子的身世一直存在诸多疑问。他在宋国只是个漆园吏，为什么楚威王会请他去做卿相；作为一个穷人，为什么有那么高的文化修养，"其学无所不窥"，文章充满奇思妙想，卓尔不群，当时"学在官府"，普通百姓是没有机会受教育的；他是个小吏，为什么却可以和魏国的王侯将相、宋国士大夫对话……想要揭开这些千古之谜，首先就要了解先秦的姓氏制度和家族制度。

当时有以地名得姓、以封号得姓、以谥号得姓、以职务得姓等多种情况。据《史记》记载，楚威王时期的将军庄蹻是楚庄王之苗裔，印证了庄姓得自于楚庄王的谥号。可见，庄子也是楚庄王疏远的后代，只是后来在残酷的政治事件中，庄子的祖辈受到迫害，逃到宋国，所以庄子出生在宋国。时隔多年，楚威王想重新召回当年一些公族的后代为其效力，就想到了庄子，但是庄子却以一句"子独不见郊祭之牺牛乎"？拒绝了楚威王。他说，与其回去当一头祭祀用的牛，还不如做一只在泥地里爬的乌龟，话语中包含了对家族历史的痛苦感受。

杨阳：在庄子的作品中，我们也能找到他和楚国之间千丝万缕的联系吗？

杨义：可以。庄子的散文中经常会出现一些楚国的方言和习俗。比如，楚人崇凤，庄子曾自比为凤凰；"浑沌"是楚人的信仰；"儵忽"则是楚国的方言；庄子的老婆死后，庄子鼓盆而歌，这是楚国的丧葬风俗，现在南方的一些地区还保持着这种习俗。孟子曾说，丧事和祭祀的仪式是不能随便改的，跟鬼神交通，要按照老祖宗的规矩来办，所以身在宋国的庄子依然保持楚国的风俗。

庄子对自然万物有着超乎常人的敏感和想象力，林中之鸟、水中之鱼，都是他关照的对象。他把蜗牛的两只角想象成是两国打仗，伤亡惨重，伏尸数万，这些都是孩子似的神奇想象。在庄子的文字中，我们似乎可以看到一个孤独的流亡贵族少年的身影，徘徊在山川林野间，独与天地精神相往来。

杨阳：除了庄子之外，类似的例子还有吗？

杨义：还有一个突出人物就是孙武。他到吴国时才三十多岁，没有打过仗，但是他写的《孙子兵法》竟然成为千古兵家的圣典，奥妙在哪儿？答案就是他的家族渊源。孙武本是田氏家族的，后来其祖父打了胜仗，被赐孙姓。孙武的伯祖父是司马穰苴，是个大将军，兵书《司马兵法》挂上他的名号，也是因为立了军功，以大司马的职官得姓。在这种背景下，孙武从小耳濡目染，所以年纪轻轻就写出《孙子兵法》这部奇书。司马穰苴诛杀齐国一个违犯军纪的宠臣，称说"将在军，君命（令）有所不受"，孙武诛杀吴王两个把练兵当儿戏的宠姬，也说同样的理由。这分别见于《史记》卷六十四《司马穰苴列传》，以及卷六十五《孙子列传》。这不是司马迁用语重复，而是因为孙武和司马穰苴是一个家族的，本来都姓田，只是后来各自改了姓，所以之前没有人把他们联系到一起。

地缘文化给诸子的学说带上南腔北调

杨阳：春秋战国之际，学术百家争鸣，诸子的学说各成一家之言，即便同是一个学派，其思想观点也不尽相同，请问这与诸子各自所处的不同地理环境有关吗？

杨义：人类与地理存在着天然的地缘关系，先秦时各个方国的文化景观和地理文化特征造就了诸子思想的独特性，也为文学与地理的有机融合提供了佐证。像老子和庄子同为南方文学的代表，但是老子和庄子的思想却不尽相同，这与他们的身世和生活的地理环境的差异有很大关系。

老子生活在陈楚交界地区，这里是楚国政治力量很薄弱的地方，社会结构非常松散，所以当时在今河南和安徽交界的鹿邑地区还存在着一些母系氏族部落，过着小国寡民的生活，没有战争的硝烟，人民生活得既平静又满足，老死不相往来，老子的小国寡民思想也正源于此。先秦诸子中，唯有老子存在着女性主义思想，他曾说："谷神不死，是谓玄牝。玄牝之门，是谓天地根。"老子的女性思想如何而来？我认为，他很可能就出生在一个母系氏族的部落里，因为有关老子姓氏的记载恰恰都体现了母系氏族的姓氏制度特征。

杨阳：荀子的儒学带有法家的色彩，这也是由地缘文化的差异造成的吗？

杨义：对。荀子在邯郸学的儒学，他的儒学是赵国的儒学，这和鲁国的经典儒学有着明显的区别，带有向法家过渡的状态，所以他的弟子后来都成了法家的代表人物。荀子的儒学体系有着鲜明的地域色彩，其形成过程与赵国的政治形势和文化体系密不可分。荀子还在十几岁的时候，赵武灵王进行了胡服骑射的改革，改变服饰，改变军队的组织形式，这种"不法先王法后王"的做法实际上就是非儒的。荀子的祖辈很多都是将军，所以荀子并不否定秦国尚武，只是认为秦国缺了点儒。在这种背景下形成的荀子儒学，可见一斑，虽然还是儒学，却已经是赵国化的儒学。可以说，荀子将儒学体系化、实践化了，使之成为可以应对挑战、有实用性的北方之学。

杨阳：先秦诸子往往都有丰富的游学经历，这在他们的作品中也有所体现吗？

杨义：家族的迁移、人才的流动和客卿制度对民族共同体的形成产生了很大作用，研究先秦诸子，必须要看到地域和人才流动的问题，弄清楚地理脉络很重要。士阶层的流动，使中华文化在无形之中产生了融合，诸子流动的过程实际上也就是诸子学派逐渐形成和突出的过程。诸子在游历中不断地增长见识、积累经验。像孟子著名的《齐人有一妻一妾》讲的虽然是齐国的故事，但"齐人"的人物原型却是源于邹国或鲁国的生活体验。孟子从小生活在邹鲁之地，和母亲曾经住在坟墓的旁边，他看到过有人讨要祭品的情景，后来到了齐国他又看到一些人在拍马屁、走门路、升官发财之后，对自己的妻妾摆谱儿的现象，这是孟子把邹鲁的生活素材和齐国的生活体验结合在一起写成的故事。

《吕览》纪年中隐藏惊天大秘密

杨阳：《吕氏春秋》内容驳杂，是一部杂家的巨著，但是当时适逢战乱，秦国内忧外患，吕不韦为什么要如此不合适宜地著书立言呢？

杨义：战国末年，吕不韦不惜重金供养三千门客为其编写《吕氏春秋》，在秦国对外战争、对内政治都异常紧张的局势下编一本杂学之书，若说没有个人的如意算盘，那是不可思议的。吕不韦是个精明的生意人，凡事都讲高回报，甚至超级回报，他也是战国时期耍银子耍得最出彩的人，为什么会这么做？

我们可以从《吕氏春秋》的纪年情况看出编者的真实用心。据记载，《吕氏春秋》写成于"维秦八年，岁在涒滩"。汉高诱注，维秦八年，即秦王嬴政八年。后来大多数的学者都沿袭这个说法。但是"岁在涒滩"是在申年，申年是秦王嬴政六年，而不是八年，这显然是个错误。清代学者也发现了这个问题，却只是提出质疑、做出校正，没有想到更深层的意义。

杨阳： 那么我们应该如何理解这个明显的"笔误"呢？

杨义： 其实，《吕氏春秋》的年代不是按照秦王嬴政的纪年来编的，而是向前推了两年，即秦始皇的父亲执政的最后两年。当时，吕不韦任丞相，并灭了周，周的纪年从此断了，而《吕氏春秋》将自己主谋灭周的时间作为秦纪年的开端，吕不韦居功拿大的不臣野心昭然若揭。为了将来能够坐拥江山，做一个开国大典，吕不韦殚精竭虑，不惜时机地为自己统一六国制造舆论。儒家、墨家都是"非兵"的，吕不韦却提出"义兵说"，称颂"义兵之为天下良药也亦大矣"，他最推崇商汤周武的"征不道"，他还推崇齐桓公、晋文公。吕不韦在咸阳的宫门前竖一块板子，号称增删一字者，赏千金。他这么做不是给门客们做面子，而是给将来的皇朝大典做面子。战国时期，最会做广告的就是吕不韦，他追求的是广告效应。

古今应互通智慧

杨阳： 《论语》记载了大量孔子的言行，是儒家学派最重要的著作，早在汉代就被奉为经典，但是它到底是由什么人编辑的，却一直争论不休，您能谈谈您的观点吗？

杨义： 关于《论语》的编撰问题一直都存在争议，如果按照宋儒的说法，是曾子的弟子们编的，有很多问题就无法解释。比如，为什么颜回和子路有那么多鲜活的材料，为什么"四科十哲"中没有曾子？其实，《论语》经过两次重大编撰，一次是仲弓等人负责编撰，一次是曾子的弟子编撰，一个是汉儒的源头，一个是宋儒的源头。中国这两个最重要的儒学流派，其不同之处，在编撰《论语》时就已然初露端倪。

杨阳：对孔子的评价历来分歧很大，今天我们该如何看待这些评价？

杨义：围绕孔子的评价问题，有各种各样的说法。"天不生仲尼，万古如长夜"，这是一种；"其流毒诚不减于洪水猛兽"，这是又一种。此外还有第三种、第四种，不一而足。把握世界的文化姿态不同，必然导致被把握到的世界不同。就好像一桩姑妄言之的苏东坡与佛印公案所说，佛印看东坡坐姿像一尊佛，东坡却把佛印坐姿嘲弄为"一堆牛粪"，从禅宗的"心中有佛则众生皆佛，心中有屎则众生皆屎"来看，恰好证明东坡心中有牛粪。这是禅宗的"垢净观"。其实，人的心理结构是复杂而且不断发展变化的，"心中有"不等于"心中皆是"，超凡入圣的纯粹佛光和万恶不赦的纯粹屎橛，是很难见到的，对复杂人生的考察应有多层次、多维度、多情境的历史理性意识。

杨阳：您认为祖先留给我们的精神财富对当代最重要的启示是什么？

杨义：以往的历史观多是一维的，从汉到清，绵延两千年，都在崇圣，都仰着头看圣人；到了民国，又以疑古为尚，以为喊着"打倒孔家店"就行了。单维态度容易造声势，但我们现在更需要的是多维、动态、开放、创新的文化态度，还原中讲究创新，同情中知所超越，将文化遗产梳理出脉络和生趣。我的历史观是不要古今互相埋怨，而是要古今互通智慧，还古人以他应有的伟大，同时给现代人以充分的创造性空间。孔子做了他那个时代应做的事情，他的思想是伟大的，也代表着当时的最高水平。但是，现在的形势已经变化了，孔子毕竟未曾经历全球化和现代化，也没有遭遇过金融危机，现在的我们如果没有新的思维和新的实践，没有创造空间和创造欲望，又何以面对千古文明、大千世界、万里鹏程？

（杨阳：中国社会科学杂志社编辑）

原载于《中国社会科学报》2009 年 8 月 20 日第 16 期第 3 版

从世界的文学视野看中国比较文学

——访乐黛云教授

褚国飞

乐黛云（1931— ），北京大学中文系现代文学与比较文学教授，博士生导师，并担任上海外国语大学顾问教授，东北师范大学、天津师范大学、厦门大学、南京大学、南京师范大学、中国语言文化大学、北京外国语大学兼任教授；曾任加拿大麦克马斯特大学兼任教授、香港大学访问教授、澳大利亚墨尔本大学访问教授、荷兰莱顿大学胡适讲座教授、香港科技大学访问教授、美国斯坦福大学访问教授。在北京大学比较文学研究所

乐黛云

先后建立中国大陆第一个比较文学方向的硕士点、博士点和博士后流动站。多次赴美国、加拿大、德国、奥地利、法国、挪威、荷兰、瑞典、捷克、斯洛伐克、匈牙利、澳大利亚、突尼斯、南非等地访问、讲学。1990 年获加拿大麦克马斯特大学荣誉文学博士学位，2006 年获日本关西大学荣誉博士学位。历任北京大学比较文学与比较文化研究所所长 15 年、国际比较文学学会副主席 7 年，自 1989 年任中国比

较文学学会会长至今，现任北京大学跨文化研究中心主任，中法合办《跨文化对话》杂志主编。

和蔼可亲的乐黛云教授谈论了中国的比较文学研究、中国文学与世界文学、全球化视域下的文化多元化等问题。

褚国飞（以下简称"褚"）：在当前全球化大趋势下，您如何看待经济全球化与文化多元化这对矛盾，从文学角度怎样促进文化的多元化发展？

乐黛云（以下简称"乐"）：全球化问题以及文化多元化问题，这些都不是偶然产生的，它们的出现有一系列时代和社会背景。首先是殖民体系崩溃后，各个独立国家都要把他们的文化身份、文化认同和文化主体性表现出来，这些国家与民族都有了彰显自身文化的迫切性，如马来西亚把马来语定为国语，以色列恢复希伯来文，中国也提出了传统文化的问题等。为什么要提出多元文化，这是第一点。

第二点，20世纪，两次世界大战都证明了文化的征服是不可能的，或者说，一个文化要把另一个文化征服掉、同化掉、消化掉或吞并掉，都是不可能的，外来者可以把一个国家的经济控制起来，但无法征服或者吞并这个国家的文化。经过两次世界大战的悲惨遭遇，大家逐渐认识到，文化之间只能对话、只能共存，只能承认彼此各有特点，而不能用暴力手段来解决问题，这也是20世纪总结的经验教训。

再者，就是从当前的情况来看，文化间的冲突由上世纪日益严重的趋势，转变为当前有所缓和，特别是中美关系的缓和。在很长一段时期内，有很多关于文化冲突的讨论：集中表现为或强调单边文化的统治，或固守文化的原教旨主义，不允许变通和发展，否则就以暴力来对付。这种尖锐的对立促使大家努力探索一条新的道路，既不是单边主义，也不是原教旨主义或封闭主义，这就产生了文化共生的理论和现实。

你说经济全球化与文化多元化是一对矛盾，其实也并不矛盾，或者说是矛盾共存。经济要有必要的一致性，否则很难操作，而文化允许而且也需要差异，就是说你用你的文化方式来处理你的经济问题，我用我的文化方式来处理我的经济问题，大家可以通过不同的文化方式来操作各自的经济利益和原则，两者并不存在直接矛盾。20世纪后半期以来，大家都在探讨另一种全球化，这就是文化多元共生的全球化。迄今为止，学者们可以清楚地看到，文化多元共生的全球化已经实现了相当一部分，因为没有哪一个文化把另一个文化吞并或压服，而是按照各自的文化方向和需求在发展。

从中国文化中探索解决世界性问题的资源

褚：中国文化在世界文化总体对话中的地位和现状如何？

乐：文化多元化的发展自然引起了大家对中国文化的关注，这不单单是中国国力日益强盛的结果，也是因为中国是一个有着从未间断的悠久文化传统的国家。就目前看，学者对中国文化的探讨有三种比较明显的倾向，第一种倾向是探讨中国文化中有哪些宝贵的东西，可以用来和其他文化对话，以助于解决世界性问题。这种文化间的对话非常重要，例如美国学者安乐哲、郝大维在《通过孔子而思》一书中说："我们要做的不只是研究中国传统，更是要设法使之成为丰富和改造我们自己世界的一种文化资源。儒家从社会的角度来定义'人'，这是否可用来修正和加强西方的自由主义模式？在一个以'礼'建构的社会中，我们能否发现可利用的资源，以帮助我们更好理解哲学根基不足却颇富实际价值的人权观念？"再如被誉为法国"当代大儒"的汪德迈院士在"五经翻译"的学术会议上提出：为什么不思考一下儒家思想可能指引世界的道路，例如"天人合一"提出的尊重自然的思想，"远神近人"所提倡的拒绝宗教的完整主义以及"四海之内皆兄弟"的博爱精神呢？其实有类似看法的学者还不少，他们都在探讨如何从中国文化中找到一些资源以解决世界的共同问题，这是一种新动向。

第二种倾向是力图回归自身文化的源头，重新审视过去的问题和缺点。这需要寻找新的视野，需要一个"他者"，以便在参照中来反观自己。法国学者弗朗索瓦·于连认为中国文化是一个最好的"他者"，因为它遥远、陌生、独立，有利于研究者暂时离开习以为常的思维方式，而从另一个角度来思考。他对中国的研究正是为了反观希腊，加深对希腊的了解。

第三种倾向是重视研究中国的经典。荷兰汉学家施舟人教授提出，像

《可兰经》、《圣经》这些经典在世界上已有太多版本和翻译，但中国的经典主要是《五经》，翻译太少，想看都看不到，《易经》相对而言流传较广，但也还是很少。他认为现在最重要的是要让世界了解中国文化的原典，让世界对中国文化的了解更本真、更准确、更多。他的主张引起了很多人的重视。在中国国家汉办领导下，2009 年启动的 12 个国家合作的"五经翻译工程"，由国家汉办主持，预计将在 3—5 年内陆续推出英文、法文版，以后还要陆续推出其他各种文字的版本。

褚：比较文学的国际性与民族性之间的关系是什么？在具体文学研究中是如何体现的？

乐：国际性和民族性比较复杂。上面探讨的中国文化在世界文化对话中的地位就是国际性的一些方面。民族性是指民族文化特有的基因，也就是民族文化的主体性。民族性不是民族主义，不是傲视一切，中国对外来文化的接受一向是很主动的。当然也有一些人持排外的态度，但是强调尊重和接纳各民族文化是主流。纵观中国几千年来文化发展的历史，总是不断接受外来文化并与之融会贯通，如对印度文化、西域文化以及近百年来对西欧文化的接受，这为中国文化带来了生生不息的发展动力与源泉，因此中国文化始终是"多元一体"，持续发展，从未中断。

褚：目前有越来越多的学者强调要互动认知，从"他者"的视角来重新认识和发现自我。您认为如何在具体研究中实践"互动认知"？

乐：互动认知，就是从一个和自己不同的"他者"的角度来反观自己，"我眼中的你，你眼中的我；你中有我，我中有你"，对自己的认识就会产生一个新的飞跃。如果能把别人看自己的不同角度都结合起来，这就是一个立体的看法，然后再通过这种新的看法来看别人，那又不一样了，这就是一种互动。认识只有在不断的互动中才能前进，才能提高一步。这就是比较文化和比较文学的根本原理：必须从他者角度看，才能更好认识自己，必须充分认识自己，才能更好理解他者，两者的互动和碰撞，才能创造和产生新知。

中国比较文学从一开始就具备了广阔的世界文学视野

褚：中国比较文学发展与国际比较文学发展存在哪些差异？

乐：中国文学发展到了 19 世纪末，无论从社会变革和文学发展本身的要求来说，都需要有一个改变：文学研究的观念要变革，研究的方法也要更新，不能总是走过去的老路。比较文学在 20 世纪中国的发生、发展和繁荣，首先是基于中国文学研究观念变革和方法更新的内在需要，这决定了 20 世纪中国比较文学的基本特点。学术史研究表明，中国比较文学不是古已有之，也不是舶来之物，它是立足于本土文学发展的内在需要，在全球交往的语境下产生的、崭新的、有中国特色的人文景观。

这一开端及其后来的发展决定了中国比较文学与西方比较文学的诸多不同：

比较文学当初在欧洲是作为文学史研究的一个分支而产生的，它一开始就出现在课堂上，是一种纯学术的"学院现象"。比较文学在中国的发轫，却并不是作为一种单纯的学术现象，也不是在学院中产生；它与中国社会改革，与中国文学由传统到现代的转型密切相关；它首先是一种观念、一种眼光、一种视野，它的产生标志着中国文学封闭状态的终结，意味着中国文学开始自觉地融入世界文学，与外国文学开始平等对话。

1901 年林纾对法国小说的翻译是中国比较文学的开始。林纾不懂法文，他的一位挚友法文特别好，他将法文小说一句一句翻译给他听，林纾边听边做记录。他的古文非常好，动笔速度也很快，就这样边听边写，竟将 100 多部小说译成了中文，而且每一本都有序或跋，讨论该部作品与中国小说之异同，比较其优劣。还有鲁迅，他的论文都是从社会改革需要出发，谈了很多文学的"旅行"和中国文学与外国文学的异同，特别是 1907 年前后在日本发表的四篇论文很值得深入研究。还有王国维、吴宓、胡适等，他们都是中国比较文学早期的开拓者。总之，西方比较文学发源于学院，而中国比较文学则与政治和社会改良运动有关，是这个运动的组成部分。它从一开始就是从中西结合的角度来探讨各种问题，讨论如何用文学来改良社会，与社会政治的改良运动结合在一起。

　　这第一点不同决定了中国比较文学与欧洲比较文学的第二点不同，那就是欧洲的比较文学强调的是欧洲各国文学的联系性、相通性，而中国比较文学则在相通性之外，更强调差异性和对比性，着重在从差异的比较中认识自己，在彰显自己的过程中学习他人，从而发掘出两者之间应有的更深层的共同质素。例如王国维在《红楼梦评论》中，以叔本华的哲学思想来解读《红楼梦》，又以《红楼梦》所描写的人生来体认叔本华的世界，从而指出过去的中国小说少有描写人的精神生活，少有对灵魂作深层的追问，而从《红楼梦》看来，这正是中外文学应有的共同质素。

　　这种发生和发展的不同，意味着中国比较文学与西方比较文学之间的另一层深刻的差异，那就是欧洲比较文学主要是在西方文化这一特定的、同质文化领域的文学内部进行的，它在很长历史时期都是一种区域内部的比较文学；而中国比较文学一开始就是在中西两种异质文化之间进行，是在世界文学的大背景下发生的。它一开始就跨越了区域界限，具有更广阔的世界文学视野。

多文化、跨文化文学研究的集中表现者

　　褚：比较文学的发展经历了几个阶段？

　　乐：世界比较文学的发展大致可分为三个阶段，第一阶段以影响研究为主，第二阶段以平行研究为主。平行研究讨论的对象彼此间不一定有太多的关系，主要是对同一个问题阐发各自不同的看法，如文学是如何表现生命的。我经常举一个例子说明这个问题。如美国作家海明威认为，人的一生开始时有如小溪，从山上流下来，嬉闹着，欢唱着，慢慢变成大河，奔腾澎湃，然后静静地流入大海，汇入大海永恒的宁静；中国的陶渊明也一样，他说："纵浪大化中，不喜亦不惧，当尽便须尽，无复独多虑"，表达的方式完全不同，但表达的是类似的看法。第三阶段是对多文化、跨文化的文学研究，这是比较文学正在经历的现阶段。中国在这方面起了很重要的作用。

　　褚：您能具体谈谈中国在比较文学发展的第三阶段发挥的作用以及原因吗？

乐：中国比较文学是比较文学发展第三阶段的集中表现者。之所以这么说，有几点原因，首先是由于中国作为发展中国家，它没有力量，也没有理由成为帝国文化霸权的实行者。只有全力促进多元文化的发展，才对其本身最有利、最合理。第二，长期以来，中国和印度、日本、波斯等国已有过深远的文化交往。近百年来，中国人更是对外国文化和外国语言勤奋学习，不断积累（包括派送大批留学生和访问学者），普遍来说，中国人士对外国的了解（包括语言文化），要远胜于外国人士对中国的了解。这就使得中国比较文学有可能在异质文化之间的文学研究方面置身于前沿。第三，中国比较文学以"和而不同"的价值观作为文学研究的根本原则，对各国比较文学的派别和成果兼收并蓄。20世纪30年代初，梵·第根的《比较文学论》、洛里哀的《比较文学史》都是在出版后不久就被中国名家翻译成中文的。到20世纪末，中国翻译、编译出版的外国的比较文学教材、著作、论文集（包括俄国、日本、印度、韩国、巴西）已达数十种，对外国比较文学的评价分析文章不下数百篇，绝大多数的中国比较文学教材都有专门评价外国比较文学的章节。或许在世界上任何一个国家，也都没有像中国学者这样对介绍与借鉴外国的比较文学如此重视、如此热心的。最后，还应提到中国传统文化一向文史哲不分，琴棋书画、舞蹈、戏剧相通，这为跨学科文学研究提供了全方位的各种可能。

褚：那么，比较文学对中国的文学研究有什么影响？

乐：比较文学在中国的兴起，深化了中国的文学研究，使以文学理论、文学批评、文学史为主体的中国文学研究发生了一系列深刻变化。这主要表现为研究视野的扩大，新的研究对象的发现和文学观念与方法的更新等。诸如《现代学术视野中的中华古代文论》、《中国现代文学接受史》、《中国古代文学接受史》、《多种文学·多种文学理论·多种文学史》、《中国翻译文学史》，特别是800余万字的《中国文化的人类学破译》、6卷本的《中国象征文化》、8卷本的《中国形象：西方的学说与传说》、15卷本的《在古今中西的坐标上——跨文化对话丛书》和10卷本的《中学西渐丛书》等都能说明这一现象。应该说30年来，比较文学的基本精神已深深地渗入了文学研究的各个学科领域。

中国话语

中国社会科学学报

（2009—2010）

对话

在多学科和各个领域中遍地开花

褚：21 世纪中国的比较文学研究有哪些新的发展？

乐：世界进入 21 世纪，中国比较文学除了对学科的常规研究如"中外文学关系"、"形象学"、"主题学"、"文类学"等都有了长足的进展外，特别在以下几方面，有了较大的突破。

首先是比较诗学的新进展。世界进入后现代时期，比较诗学有了根本的改变。各色各样的"理论"代替了原有的大哲学体系。这些理论不仅跨越学科，也跨越不同文化，这正是萨义德以"理论旅行"命名的后现代理论的特征。新的比较诗学力求突显原创诗学、国别诗学、民族诗学在理论及美学价值上呈现出来的共通性、普遍性与世界性；同时在共通性、普遍性与世界性中寻求不同诗学的差异性、特殊性与民族性，进行解释学的视阈融合，进而形成有解释力的可流通的诗学观念，最终汇入到多元化的流动性的世界诗学的潮流中。这就是在中外诗学的会通与整合中生成的新的诗学。这种诗学既非原有的任一种外国诗学，亦非中国固有的传统诗学，而是在"材料间性"、"美学间性"与"学科间性"的基础上，通过互动而生成的、广泛吸收外来诗学、而仍以本土特色为主体的多元的新诗学。

文学人类学与国内少数民族文学比较研究正在成为目前中国比较文学研究的核心问题。从事这方面研究的比较文学学者深深感到：当前的文学专业教育遮蔽和压抑了本土知识的发展，形成了文本中心主义、大汉族主义、中原中心主义三大弊端，他们认为应更加重视活态文学，多元族群互动文学和口传文学，充分发挥其融合故事、讲唱、表演、信仰、仪式、道具、唐卡、图像、医疗、出神、狂欢、礼俗等的文化整合功能，逐步完成从仅仅局限于文学性和文学内部研究的范式，走向文学的文化语境还原性研究范式的演化，提出重建文学人类学意义上的、多元一体的中国文学观，倡导从族群关系的互动及其相互作用的建构过程入手，在中原王朝叙事的历史观之外，寻找重新进入历史和文学史的新途径和新材料。

近年来华人流散文学研究也有很大进展，海外华人是世界最大的移民和侨民文学创作群体。21 世纪以来，数以百计的著作和大量学术论文提出了有关华人流散文学深化和发展的一系列理论话题。海外华人文学的"本土性"、"流散性"与"现代性"及其"世界性"、"边缘性"与"跨文化性"的研究，特别是华人流散文学中母语与非母语文学的比较研究等都已成为中国比较文学的重要热点。

中国不仅有着近 2000 年的翻译历史，而且从事翻译工作的人数和翻译作品的数量在全世界也都遥遥领先。文学翻译不只是文字符号的转换，而且是文化观念的传递与重塑，翻译文学不可能脱离译者的文学再创造而存在，翻译家的责任不仅是创造性地再现原意，而且还要在"无法交流处，创造交流的可能"。因此翻译文学不等于外国文学，翻译成中文的文学翻译作品应是中国文学的一个不可或缺的重要组成部分。翻译学正在从传统的外语教学学科中独立出来，成为比较文学的一个重要组成部分。

文学与宗教学的跨学科研究正在逐渐成为一门"显学"。学术研讨班经常讨论"文学与文化的宗教诠释"、"文化研究与神学研究中的公共性问题"、"文学与文化研究的神学进路"、"汉学、神学、文化研究"、"神学与诗学"等问题。《基督教文化学刊》编撰了"诗学与神学"、"诗性与灵性"等专辑，《神学美学》和《圣经文学研究》等多卷学术辑刊也已陆续出版，其作者队伍扩展到宗教学、哲学、史学、人类学、社会学等多个学科，成为业绩显著的跨学科研究的前锋。

总之，进入 21 世纪以来，中国文学研究界发生了巨大变化，比较文学所提倡的在平等对话的过程中，互识、互证、互补、双向阐释等观念和方法普遍代替了过去的单向吸收、借鉴、批判和仿制，这不仅是在世界文学与比较文学的学科范围内，而且正在遍及中国古典文学、现代文学、文学理论以及外国国别文学研究和其他人文学科的各个领域。

不同文化对话的话语等多个问题等待解决

褚：中国的比较文学在经历转型和快速发展的时期中，存在着哪些问题？

乐：首先，是我们曾长期讨论的"普适性和差异性的关系"问题。20世纪殖民体系瓦解后，一部分新独立国家的人民急于构建自己的身份认同，强调了不同文化之间的差异；但是也有一些国家片面强调不同文化之间的绝对差异，强调"不可通约性"。既无共同点，又"不可通约"，这就否定了对话和沟通的可能。那么，文化的普适价值是否存在，或者不同文化之间是否真的不可能通约呢？

其次，是坚守传统文化与接受外来影响的关系问题。中国长期以来流行着一种说法，即"越是民族的，越是世界的"，但"民族的"远非封闭的，更不是一成不变的，它必然在与他种文化的互动中得到发展；"民族"和"世界"也不是割裂的，"民族的"特色要得到"世界的"认可和喜爱，在突出自身特点的同时，还必须考虑其受众的期待视野和接受屏幕。那么，不同文化之间不可避免的渗透和吸收是否有悖于保存原来文化的特点和差异呢？这种渗透交流的结果是不是会使世界文化的差异逐渐缩小，乃至因混同、融合而消失呢？

再次，是对话中的"自我"与"他者"的问题。"他者"即是我所"不是"，就应该首先关注其相异本身。只有充分显示这种"面对面"的相异性，"他者"才有可能成为可以反观"自我"的参照系。然而，只强调相异性，往往又会"各不相干"，难于达到理解和沟通的目的；不强调相异性，又会牺牲对方的特色而使他者和自我趋同，应该如何处理这个悖论呢？

更重要的是不同文化对话的话语问题。平等对话的首要条件是双方都能理解和接受，可以达成沟通的话语。目前，发展中国家所面临的，正是多年来发达世界以其雄厚的政治经济实力为后盾所形成的，在某种程度上已获得广泛认同的一整套卓有成效的概念体系。抛弃这种话语，生活将难以继续；然而，只用这套话语及其所构成的模式去诠释和截取本土文化，那么，大量最具本土特殊和独创性的、活的文化就会因不能符合这套模式而被摒除在外，果真如此，所谓对话就只能是同一文化的独白，无非补充了一些异域资料而已，并不能形成真正互动的对话。如何才能建构一套真正有利于平等的对话机制，有所创造的新的话语呢？

还有许多新的问题不断涌现，如强势文化对新独立文化的"挪用"以及后者如何才能终于从精神的殖民中得到彻底解放的问题；如何勾画出跨文化、跨时空边界的书写史和阅读史的问题；以及中国和世界正在经历的印刷文本文化的移位和媒体意象文化的兴起，以及两者交织互构的动态关系问题等等。

　　总而言之，我们正处于一个前所未有的全球性的转型时期，人们越来越感到在建构一个全球文化多元共生的理想世界的过程中，文学，特别是比较文学所起的重要作用。全世界比较文学研究者和所有文学研究者将并肩前行，为重新考虑人类的生存意义和生活方式、铸造新的精神世界而共建伟业。

（褚国飞：中国社会科学杂志社编辑）

原载于《中国社会科学报》2009 年 12 月 24 日第 50 期第 3 版

中国话语

中國社會科學報

（2009—2010）

对话

中国历史上的科举、考据与科学

——访艾尔曼教授

褚国飞

本杰明·艾尔曼（Benjamin Elman）现为美国普林斯顿大学历史系和东亚系双聘教授，同时还担任普林斯顿东亚研究项目主任，主要教学及研究领域包括中国思想文化史（1000—1900）、中国科学史（1600—1930）、中华帝国晚期教育史（1600—1850）等。他的主要著作有：《从理学到朴学：中华帝国晚期思想与社会变化面面观》（From Philosophy to Philology: Intellectual and Social Aspects of Change in Late Imperial China）（1984；1990；2001）；《经学、政治和宗族：中华帝国晚期常州今文学派研究》（Classicism, Politics, and Kinship: The Ch'ang-chou School of New Text Confucianism in Late Imperial China）（1990）；《晚清中华帝国科举文化史》（A Cultural History of Civil Examinations in Late Imperial

本杰明·艾尔曼（Benjamin Elman）　■王磊/摄

China）（2000）；《自我主张：中国的科学，1550—1900》（On Their Own Terms: Science in China，1550—1900）（2005）；《中国近代科学的文化史》（A Cultural History of Modern Science in China）（2006），该书中文版于 2009 年 8 月由上海古籍出版社出版。艾尔曼教授还与他人合著了一本世界史教科书《分分合合》（Worlds Together, Worlds Apart）（2008），并编辑了一部在线的中国经典文献工具书录，Classical Historiography for Chinese History（网址为：http://www.princeton.edu/~classbib/）。

中国科举制度、考据学和近代科学发展史是海外汉学研究的重要领域，艾尔曼教授主张应该从文化史、政治史和社会史综合的角度来研究这类领域，他的这一研究主张受到了学界的重视和关注。艾尔曼教授曾在代表作《晚清中华帝国科举文化史》一书中，叙述了科举制度从创立到终止的历程，是西方研究中国历史上科举制度的力作。在研究明清时期中国科学问题时，艾尔曼教授避开了通常描述现代科学兴起过程时常有的"欧洲中心论"，把 1600—1900 年的中国近代科学发展史作为一个连贯的整体，并分析了西学进入中国所经历的传入、调和与融合三个阶段，详细记述了中国近代科学的兴衰变迁。

艾尔曼教授近日在复旦大学访问授课，本报记者赴上海对他进行了专访。

激励人才的中国科举制度

褚国飞（以下简称"褚"）：很长一段时间以来，中国科举考试制度一直被认为是中国传统文化制度中妨碍进步的一种，您是否赞同这种解读？

本杰明·艾尔曼（以下简称"艾尔曼"）：虽然中国的科举制度在 1905 年被废除了，这种传统却以另一种方式被传承下来。如今各个国家普遍设立考试制度，这是从以前的中国科举制度转变而来的。尽管其内容改变了，但它的技术、方法和规制都被延续了下来。从这个方面看，我不赞同科举制度是落后的这种观点，我认为它是进步的，只是到了清朝末年，大家都把它与清政府联系在一起，因为清政府是腐败的，所以与之有关的东西都要废除。现在我们可以看到，在科举考试被废除后，考试制度还是得到了继承，如孙中山时期的考试院，实际上是把科举制度现代化了。以科举为主的考试制度实际上是非常有意义的。我们要多了解其作用，并给出它一个新的评论，而不是全盘否定，认定它没有价值。

中国在隋唐时期就开创性地设立了科举制度考明经和进士，当时考点仅设在洛阳和长安，所有的考生，不论贵族和平民都要去首都参加考试；在宋朝，考点的分布范围扩大到各省（府之解试）；到了明朝，又进一步扩大到每个县（岁考与科考），当时中国共有 1500 个县设有考点；到了清朝，科举考试已经非常有影响力了。所以说，科举考试长期以来之课程与范围一直在发展。中国在很早就开始通过考试广纳人才，这用英文说是非常"precocious"（较早具备某种能力的）的，中国之外的学者们也很清楚地认识到了这一点。

褚：您认为中国科举考试最大的积极意义是什么？

艾尔曼：科举考试的目的是选拔人才，为政府筛选出最优秀的人来担任官职。但是到了宋明时期，又出现了新的问题，即参加考试的人数太多，最后被选上的人非常少，后来甚至有 90% 以上的考生会被淘汰。一个淘汰率如此之高的制度是没有什么用处的，因为大部分参加考试的人都失败了，这事实上说明了其制度本身也是失败的。

然而，我们也不能这么简单地看这一问题。因为这一制度培养了一大批人才，虽然这些人才最后能通过考试进入仕途的为数不多，但是客观上却在推动社会的发展和进步。参加科举考试的人懂语言、懂古文，能读会写古文，虽然很多人最终不能做官，但是还可以有很多其他的选择。比如李时珍成了著名的中医，还有人当了教师，甚至还有很多人否认当初是为了科举而学习，最终研习佛学，皈依佛门，这是一个很有趣的现象。即使在元朝初年没有科举考试的时期，他们依然可以写戏剧和小说，在文学方面有所成就。

褚：也就是说，社会向这些人传递了这么一个信息：即虽然参加科举考试失败了，但还有很多其他出路，因此这些人的自由度、活动空间和选择范围也就变得相当大。科举时代参加考试的人数占社会总人数的比重有

中国话语 中国社会科学学报 (2009—2010) 对话

多大？

艾尔曼：明朝的考生总共大概有 200 万，到了清朝增长了约一倍，达400 万左右。虽然就全国总人数而言还是少数，但如果与其他国家比起来，这已经是一个相当庞大的数字了。在这些考生中，明朝总共有 25000人中了进士，清朝考中进士的人数与明朝差不多。最后被选中的不超过候选人数的 5%，其他 95% 以上都要另谋出路，这是很有意思的。

科举考试在变化中不断丰富

褚：您认为隋唐时期的科举考试与明清时期的科举考试存在传承上的割裂吗？

艾尔曼：科举考试不是一成不变的，其考试科目一直在变化。在宋朝以前，隋唐时期考试科目偏重明经与诗赋，可以写经义，但是为了当进士学位还是文学比较多，以文为主。到了宋朝，开始看重其他科目，以经义为主，认为文章不应该只注重文学性的诗赋，而更应注重经义。在蒙古族人主中原之后，科举制度暂时被取消了，到了 14、15 世纪才又恢复起来。到了明朝，考试开始要写八股文，离开了诗赋。考官认为士子们要做官，其最好的学问应该与《四书》、《五经》、《史》有关，要与道德学有关，这才是主要的。士子们还是喜欢诗赋，但诗赋不再被列入科举科目中。到了乾隆时期，虽然依然考八股文，但是开始恢复诗赋，乾隆中叶，一方面要考《四书》、《五经》、《十五史》，但律诗也成为考试的内容之一。

此外，科举不仅仅只考诗赋或经义，策论一直是其中一个重要内容，它与政治有关，涉及具体的问题如财政、经世等。策论考试形式可以追溯到汉朝，《汉书》记载，当时皇帝问了董仲舒一些问题，虽然这些问题没有用笔和纸以文字的形式写下来，只是口头问答，但这实际上就是策论。这种考试形式在隋唐宋元明清都有，在科举考试第三场中举行。通过这些策论，我们可以了解当时的一些具体现象和问题。如复旦大学历史系主任章清先生与他的学生发现清朝末年的策论里有关于对待历史态度的问题，里面有很多争辩：历史是什么，春秋是榜样吗？还是以其他什么作为榜样呢？等等。策论被很多研究者忽略了，一提科举就是八股文或者诗赋，实际策论是非常重要的一部分。

褚：您刚才谈到，策论是在第三场考试中出现的，然而，大家往往注重第一场，对第二、第三场则不那么看重。

艾尔曼：但问题是，什么时候开始忽略它的？宋明时期，第三场是很重要的，大家最后判断第一、二名，主要看其策论写得好不好。到了清朝，尤其是 18 世纪，由于考生人数太多，考生觉得考官对策论这些文章看不过来，而主要看八股、律诗这些内容，因为它们简短，而且以八股和律诗来判定名次。在这种情况下，第三场才逐渐被忽略了。但是从整个历史发展过程看，在汉朝的口试中以及历朝历代在首都的考试中，策论都是很重要的。宋元明清都有策论，它是科举考试一直没有被取消的标准科目。现在大家发现，科举考试的内容很丰富，不仅仅是八股文。虽然正如你所说，清朝时策论被忽略了，但是一直到明朝末年，策论还是很受重视的，当时考生的答卷有 3000 至 4000 字左右的篇幅，而考官也看得非常仔细，有很详细的评论。

褚：您说科举考试科目从隋唐偏重文学到后来逐渐改变，到了乾隆中叶后又开始恢复诗赋。这一系列变化背后的原因是什么呢？

艾尔曼：这个很难说，一方面，满洲人对诗赋感兴趣；另一方面，从技术的角度看，八股文和律诗写的字不多，这样考官容易批阅。还有一点是对宋明理学的批判，清人认为宋朝以前的隋唐诗赋没有受到佛教的影响，汉学家提出要恢复以前的文字，即诗赋。

科举并非唯一的入仕途径

褚：在清朝，科举制度的重要性有多大，它是否是士人做官的唯一途径？

艾尔曼：不是这样的。清朝重兴科举制度，是基于对元明两朝历史经验的总结。元朝统治者一开始不愿意恢复科举，一直到 1313 年后才慢慢恢复，但规模很小。他们认为汉人不可靠，汉人可以在地方做官，但是不需要一个全国性的选拔制度。我们看一下数据就很清楚，元末之前 100 多年的时间里，进士人数一共才 1100 名左右，而宋朝一共有 39000 名左右，后来明朝与清朝也各有约 25000 名进士。到了明朝,汉人又恢复了科举,认为在全国范围内挑选人才做官的制度很重要。

清朝吸取了元朝和明朝的历史经验。满洲人认为元朝之所以没有成功、统治时间比较短,主要是由于没有和汉人合作,汉人没有很好地参与到国家事务中来。1645 年满洲人入主中原后,立即继承了明朝的科举考试制度,他们支持与汉族合作这种观点。但同时,他们还有翻译考试,既有满文翻译成汉文的,也有汉文翻译成满文的,虽然规模不大。

但是,清朝最上层的官员不是通过科举入仕的,他们是通过宗族或者军功这些渠道。满洲人自己不一定通过科举途径做官,但是对这一制度本身,他们是非常支持的,他们赞同汉人一起参与统治。

当代的考试制度是一种新的选举方式

褚:结合您对中国科举考试制度的研究,您对当前的公务员考试有何看法?

艾尔曼:很多人都认为考试是一种好办法,这是一种新的选举方式。我个人不太喜欢考试,我自己上的课也不实行考试,而是让学生写文章。我觉得考试是一种制度、一种技术。为什么需要考试?因为参加的人太多,必须要有一种选拔机制,至于选拔的结果是否正确,这是另外的问题。在中国古代的科举制度中,选出来的人也不一定是最好的,甚至可能是没有用的,而真正好的人却没有被选上。所以批判的态度很重要。

中国科举考试的历史很长,里面的经验也很丰富,可以给我们很好的教训。美国有人觉得大学入学考试不好,认为写一篇文章即可,那么这种文章是八股文吗?如果一个人考上了,其他人是不是要模仿他的文章?是不是大家都要写一样的?这样是不是成了新的八股文?所有这些都不是新问题。还有,考官作出评判也不容易,有 10 个学生可以用考试来判断,那 1000 个、10000 个学生呢?

科举在技术上非常值得称道,虽然它不一定完善,但是在选拔人才的时候需要这个制度。而在教课的时候我认为不需要考试,因为这不是培养人才的最好方式,考试是把人才都当做对手,结果考得好的人不一定是聪明的人，只是他们更了解考试。比如有些中国人考 GRE 考得比我好，但是他们到了美国，在实际学习过程中却不行。这就是考试制度的问题，中国人在历史上就已经发现了这些问题。再比如，美国发现很多出身贫穷的孩子学习不好，究其原因，有家庭经济状况、文化差异和社会平等等因素。这一点，中国人在明朝初期就已经发现了，他们发现北方人考试成绩没有南方人好，于是就采取了配额的办法，40% 的名额给北方人，60% 的给南方人。在这些方面，中国人的经验是非常丰富的。考试是一个国际性的问题，现在的考试是当代的选举制度，但同时也有局限性。

考据学是中国近代科学发展的原动力

褚：考据学在中国科学发展中发挥了怎样的作用？由此给中国近代科学带来了哪些变化，这些变化的深层原因是什么？

艾尔曼：考据学是一种很有意义的现象，它要求利用文献分析问题。在经典研究的问题上，考据学对证据的要求很严。考据学也重视天文学、算学等，将之列入研究范围之内，认为这可以辅助经学研究，这一点与程朱观念有所不同。明末清初，西方传教士给中国带来了西方天文学，也丰富了考据学的素材。

考据学对很多领域都产生了重大影响。例如，当李时珍发现很多关于中药材的资料十分混乱甚至有很多是错误的，于是就重新整理出版了《本草纲目》。很多人与李时珍的想法相似，面对中医的很多资料如《黄帝内经》、《伤寒论》等，都发现它们存在一些版本、来历上的问题，如发现《黄帝内经》是汉朝写的医书，并不是出自黄帝之手。我认为，18 世纪佛教、道教提倡整理自己的宗教经典，也是受了考据学的影响。迄今为止，还没有人很好地了解考据学与佛学、道教之间的关系，我想他们之间是相关的，因为这是那个时代的潮流，不仅是儒学自身的一种现象。

考据学可以说是一种方法上的革命。人们用这个方法来整理资料，追溯以前的思想。考据学最初的出发点和后来的结果不一样，学者本来是希望借此来恢复经典材料的真面目，但是从宋朝追溯到汉朝，汉朝追溯到周朝，最终追溯到哪里？圣人吗？问题是，圣人就是圣人、《五经》就是《五经》吗？大家想恢复历史真面目，但这一目的真的能实现吗？考据学分析是要复古，后来到了19、20世纪态度不一样了，不是复古而是疑古了。从复古到疑古，在内容上发生了很大变化，但是从方法上是延续的。中国的顾颉刚等学者，虽然是近代的知识分子、历史学家，但他们受考据思想的影响很大。我们要了解，18世纪的考据学是为了复古而非疑古，但问题是结果出乎意料，他们没有预料到，用他们的方法发现经不再是经，圣人不再是圣人。这一点我们现在用"后见之明"是可以理解的，但他们当时并不理解。

褚：刚才您提到了西方传教士，很多学者认为西方传教士来到中国，带来了近代西方科学，这对中国近代科学发展起了很大的作用。但是从您的上面对考据学的看法可以看出，您是提倡从另一个角度来看中国近代科学发展这个问题，把中国近代科学发展史作为一个完整的整体，认为考据学的兴起、研究方法的革新，是中国近代科学发展的真正原动力，而西方近代科学对其影响只是其中的一部分，是一个催化剂。

艾尔曼：对，科学在中国自古有之，后来受到西方影响并与西方科学结合起来。西方的自然科学，中国人解读为格物致知，认为西方人的格致与中国人的格致是一样的。那个时候西方传教士是天主教的，他们的知识还不是近代科学，而是用12世纪的希腊哲学来分析一些问题。例如他们有四元性的看法，用四元性来分析一些现象，这与中国的五行说有相似之处，因此中国的知识分子认为中西科学体系是可以协调的。中国人认为金、火是可靠的，西方人则认为气象比较重要，对此双方发生了激烈的学术争辩。当然，我们用现在的观点来看待这些争论，知道他们其实都错了。但是我们要看到的是两者之间的沟通，他们探讨的不是近代科学而是当代科学，他们的教训让我们认识到什么是科学。我们现在对科学的定义，可能会在100年或者200年后被再次否定，每个时代都有其局限性。

天主教传教士之所以提倡与天文学、医学有关系的新学问，是因为他们知道这些知识在中国会受到欢迎。他们也曾到过其他的一些地方如日本，发现那里的人对这些知识不感兴趣。于是他们就想把这些知识教给中国人，以便赢得他们的尊敬，为传教活动创造便利。这是一个很聪明的战略。虽然传教士认为中国人对五行、阴阳、无极和太极的看法是不对的，但是他们也认为，为了与中国人交流、沟通，就要和他们辩论，并向他们传授西方的自然科学。所以当时西学与中学之间并不缺乏沟通。当时西方在政治军事方面并不强大，所以这种学术上的沟通是非常必要的。如果西方人不和中国人讨论、争辩，这些传教士就会被赶走，这与 19 世纪完全不一样。因此可以说，面对最先传到中国的西方科学，中国是可以说不的，是有选择要或不要的自由的。

19 世纪，这一状况被改变了，那时基督教传教士来到中国是在工业革命之后，当时的西学已是另一种西学。而 18 世纪耶稣会士与中国讨论的东西并不是现代科学，而是前近代的自然学。当时西方也还没有科学，他们称作"scientia"，是自然科学与人文科学综合的产物。中国人翻译成格致或者是学问，认为这与中国的传统一样，是对"理"的认识。因此，耶稣会士与中国人的沟通是世界文化交流史上很有意义的事件。

"西学中源"的变化反映了不同时代特征

褚：谈到中西文化的碰撞，明清之际的"西学中源"提出的背景是什么？

艾尔曼："西学中源"是指有很多东西是从汉唐传到西域去的，如火药、指南针和造纸术都是通过阿拉伯传到西方，但西方人却不知道这些东西是从中国来的。后来耶稣会士来到中国，中国人发现他们带来的很多东西是中国很早就有的，只是以前注意的不够。于是一些中国人提出，可以把他们再次恢复起来。比如钱大昕、戴震他们看了传教士的数学，发现这与中国的天元术四元术等有关系。他们这种"恢复以前的"提法是有一定道理的。

另一方面，当新生事物来到一个有着几千年历史的中国，必然面临一个问题：中国人会接受吗？那么通过"西学中源"，接受起来就相对容易了。中国人需要改革，但是通过直接否认自己来学习西方的这条路径是走不通的，因此通过承认西方是进步的，但源头来自中国，这种迂回的方式可以使改革的阻力变小。所以这个说法自明朝末年到乾隆时期一直很流行。到 19 世纪末，这种说法被日益放大，最后变成什么都是源于中国了。

"democracy"（民主）是从《周礼》来的，"赛先生"和微积分也来自中国。到了中日甲午战争之后，人们开始觉得中国的"西学中源"是没有道理的，认为中国自己什么都没有，什么都是西方的，这时观点发生了巨大的转变。中日甲午战争是个转折点，之前很多人持有"西学中源"的观念，但之后的革命家、改良家就开始觉得自己什么都落后了，一概否定中国文化，认为中国从政治、经济到文化什么都不如西方。"西学中源"的出现及变化都有特定的历史和社会背景，反映了中国的自信心以及后来这种自信心在遭受列强挫败之后突然丧失的历史过程。

科学在科举考试中不占重要地位

褚：总体上，科学在科举制度中占有什么地位？

艾尔曼：科举制度的内容是不断变化的。宋朝时候，虽然它是以程朱思想为主，但仍有很多算学方面的东西。但是到了明朝，在策论里面有很多内容与数学天文学等有关。为什么呢？因为到明朝末年发现日历不对，差了一两天，这样吉凶就都不准了，所以从策论中我们发现科举制度还是保留了自然科学的一些问题。这在清朝被延续下来了。19世纪八九十年代的洋务运动时期，科举制度开始受到西方的影响，这时是可以把科学的内容放在科举考试里面的。到了义和团运动之后，即1901年后，科举制度又有了很大的改革，甚至可以说义和团前后的科目发生了很大改变，此后科目新增了很多格致学方面的内容。因此，科目要是能被进一步改革的话，科学不但会被放进去，还会占很大比重。

1901年到1904年的科举有很多问题是与国家、世界政治有关的，最后才是《四书》、《五经》的问题，这时的科举已经被改良了，但是太晚了，那时大家觉得要全部废除。后来上海有格致书院，其考试都与科学有关。当时有很多人在江南制造局工作，他们利用格致书院的考试，通过文章比赛等写一些科学方面的东西，这些清朝末年的人中有很多在后来影响了学术界。但从总体上来说，科学在科举里处于二流、三流的地位，是不受重视甚至被边缘化的，虽然到了清朝末年忽然发生了很大改观，但为时已晚。历史的潮流发展到这个阶段，已经无可扭转。我认为这种全盘否定的态度是不对的，但是革命家希望利用这一潮流，改革一切东西，建设一个全新的中国。革命的逻辑压倒了改良的方案，这是当时历史的必然。

（褚国飞：中国社会科学杂志社编辑）

原载于《中国社会科学报》2009 年 12 月 29 日第 51 期第 4 版

中西语言文化交流中的翻译与误读

——梁燕城与桑宜川对话录

梁燕城　桑宜川

梁燕城

梁燕城，美国夏威夷大学中国哲学博士。曾先后任香港浸会学院（现浸会大学）高级讲师，加拿大卑斯大学（UBC）维真学院中国研究部主任，并担任加拿大西三一大学（TWU）教职以及中国内地数所大学的客座教授。1993 年在加拿大创办文化更新研究中心并出任院长，该中心为加拿大政府国际发展委员会（CIDA）唯一拨款支持的华人研究机构。梁燕城博士还是在加拿大出版的《文化中国》学术季刊主编，同时也是香港《信报》和加拿大《明报》专栏作家，美加四大城市中文电台时事评论员。代表作有《寻访东西哲学境界》、《中国哲学重构》、《文化中国蓄势待发》等。

桑宜川，澳大利亚梅铎大学 (Murdoch University) 语言哲学博士，师从著名语言哲学家、德国学者贺思特·鲁索夫 (Horst Ruthrof) 教授，曾任教于四川大学外国语学院，近年来主要从事国际教育与文化交流工作，现为加拿大环球教育服务公司董事长，加拿大枫叶出版社社长，以及曼尼托巴大学 (Manitoba University)《世界文学》杂志国际

桑宜川

编辑。近期策划并主编中国语言文化"误读"系列丛书，其中《误读的语言》、《误读的哲学》、《误读的历史》、《误读的民俗》、《误读的宗教》、《误读的中国大百科全书》等将陆续出版发行。

语言是一种很精妙的艺术，虽然译者努力追求释义的"信达雅"，但基于文化背景的差异，中西交流中确实会遇到"只可意会，难以言传"的情境，梁燕城和桑宜川是两位从事过中西文化交流的学者，他们的对话对此做了独到的解读。

梁燕城（以下简称"梁"）：就语言的共同性而言，人类是会使用语言的，与动物最大的区别也在于人类会使用语言。这曾经引起过很有趣的讨论。柏拉图曾说过，人类是一种没有羽毛的、用两条腿走路的生物。这就像是一只被拔掉了毛的鸡，是仅从外在来定义人的属性，不完全准确。如果从内在来定义人，亚里士多德认为人是理性的动物。但是理性这一点我们是看不见的，比较抽象，也较难理解。因此我们说从外在和内在来定义人，都会产生一些问题。中国的孟子讲过人性是善的，这是人与禽兽的区别。当人类看到痛苦时会产生恻隐之心，这也是仅从内在来定义人。我觉得比较客观的视角和方法是将人看成一种会使用符号的生物，卡西罗也曾这样讲过，符号可分为两种，一种是神话的符号，另一种是语言的符号。语言符号是客观的，因为是写出来的符号，人类通过语言来表达心里所想的东西。在远古时代，文字还没有形成的时候，人类便使用符号来表达狩猎活动。现代人生活中的各种符号，比如厕所门上的符号，表达了关联的意义。所以说，符号是客观的，但是其指代的意义是内在的。说人是理性的动物，是因为他能够运用符号。

桑宜川（以下简称"桑"）：确实如此，事实上动物的智慧还远未到达人类能理解意义这一理性层面，自然更无从谈起对语言符号的正确解读。汉字从甲骨文、篆书、隶书等演变为楷书，虽然字型由方到圆，笔画由繁到简，表音的成分越来越重，但在根本上依旧是表义文字。这就要求设立新词时必须考虑表义的因素。莎士比亚说过："玫瑰即使换了另一个名称，依旧如此芬芳。"语言符号一旦约定俗成，就和事物本身的属性相联系。

两种语言确实存在差异，但那是指在约定之前的情况。在约定之前，拼音文字符号与其所指之间关系是非常任意的。比如说人们可以用 Chicken 和 Cat 来描述鸡和猫，只需要同一语言圈里的成员能理解即可。再比如袋鼠，据说18世纪英国一个探险家初到澳大利亚，看见这样一种动物很是惊讶，问那里的土著居民："这是什么？"土著回答到："Kangaroo"，于是这个单词就成为"袋鼠"的英文名称。可是 Kangaroo 难道真的就是这种动物的称谓？我在澳洲留学生活过多年，知道 Kangaroo 在澳大利亚土著语里表示"我不知道"。可是这已经约定俗成了，日语也音译为"カンガルー"，而在中文则创造了"袋鼠"这一表意词汇，指代这一特定的动物。

语言符号体系不同造成翻译的"缺项"

梁：是的，人与动物的区别就在于人能够使用语言。语言文字建立了一个抽象的意义思维系统，然后人通过语言网络来看待和理解周围的世界。正如你所说的，在各种语言自身的发展过程中，语言文字会慢慢地影响文化，同时文化也会反过来影响语言文字。当我们在使用中文时，中文的语言系统会影响我们的思维，但是当我们使用英文和其他西方语言时，思维方法却是不完全相同的，这一点很有趣。

西方的语言文字系统比较严谨，比如希腊文，很讲究语法和逻辑性。希腊文里的 Logos 就是中文的逻辑。然而在中文语言系统里似乎没有逻辑性这种思维。中文是用具体的语言来表达特定的形象思维。中文是形象性的表意语言文字，这影响着整个中国文化的具体思维和表达方式。我们所讲的许多真理和价值观念，比如孝顺、爱国、爱人等，都与我们的语言文化很有关联，这些都需要领悟，需要通过具体的过程来理解。然而当讲西方语言的人用逻辑和经验来试图表述和论证这些观念时，便会遇到困难。这就使得中国和西方对真理观的理解有所不同。中国的真理观比较具体化，而西方则是从比较抽象的角度来加以论证。中国的语言文字在表达艺术、伦理、道德等方面较强，西方的语言文字在表达科学、数学等方面较强。

桑：英文里的几个词汇，如 Logos、Mythos、Piety 等，如果从词源学寻根，可知原本由古希腊文演变而来，都是一些很古雅的词汇。在东方和中国文化里也能找到较为接近其意义的对应词。但是中国文化里的"道"、"神话"、"孝悌"等的语意与这些对应词的语意在文化上有着细微或显著的差异。这种差异之所以存在，是因为中西文化之不同源。中国传统文化里的"道"与西方文化里的 Logos（逻各斯）在语意指代上有相近之处，目前在某些学术翻译中亦常用作替代词，但二者并非语意对等。如果加上必要的注释，可以使读者更好地理解其词意的内涵与外延，以免误读之嫌。中国传统文化里的"神话"一词，其本身所表达的语意，由于几千年来受到佛、道、儒这三种宗教或曰伦理学说的影响，也与西方文化里的Mythos 在释意上有所不同，不完全对等。至于中国的"孝悌"与西方的Piety 分别根植于自身不同的宗教文化和家庭伦理范式，所传达的语意也不尽相同。

历史上，中西语言学均是在非常相似的初始条件下开始起步的。最初的语言学工作都是文本注释性的，最初关于语言本质的思考都是由语言和现实的复杂关系而引起的。然而，相同的使命和目的并没有导致相似的结果。在中国和在西方形成了两种几无共同之处的语言学传统，对语言提出了非常不一样的分析模式。这是由于中西语言学是在不同的思想背景下，从对语言现象提出完全不同的问题开始的。中国语言学传统的取向不同于西方语言学，它更着眼于对语言符号体系的整体把握。这个取向提供了创立一个具有自己特色的文化话语范式。也正因为此，中西文化尤其是宗教文化和伦理概念中，存在着大量的词语从翻译学和释意学角度至今仍无法找到恰当的对等词。这一现象被称为语意上的文化缺项（Cultural Absence）或曰阙如。即便选用某一个比较接近其词意的目标语（Target Language）词汇作为替代，也只能"牵强附会"，很难做到"传神"。

"各译"与"误读"

梁：这就叫做"各译"，即早期佛教传入中国之际，译经者利用道家学说的固有词汇来翻译佛教经典的一种方法。

桑：从景教传入中国伊始就使用了这种译法，近代史上那些具有献身精神的耶酥会士们也采用了这种译法，目的是为了让自己的母语文化和基督教教义能更好地被读者接受。几千年的历史走到今天，当我们回过头去审视中西语言文化变迁的过程，细细品味那厚重的语言文化大书，仍然会发现有许多我们对西方语言文化误读的领域，甚至涉及不少重要命题，比如说西方的哲学概念 Eclecticism（"折衷主义"）与中国传统文化里的"中庸之道"（Doctrine of the Mean）在语意上虽然有着相同之处，但是出发点是不一样的，因为它们彼此根植的文化基础不同。西方的 Eclecticism 一词，源自于古希腊文，其词意本身凝聚着早期古希腊罗马时代辩证法（Dialectics）和语言哲学的精髓，是亚里士多德、柏拉图、苏格拉底、笛卡尔和西塞罗等无数先哲治学的方法论，是一个地地道道的褒义词。中国学者钱钟书先生在他的著作里对 Eclecticism 这一源自于古希腊文的词汇也有正面的、肯定的诠释。然而，当它被翻译介绍到了中国大陆，在过去大半个世纪的文化语境和文本中，其词意被完全颠覆了，变成了一个贬义词。对于这一词汇始终被误读的状况，一直延续到了 21 世纪的今天。还有许多类似的人文社会科学领域英文词汇，在西方语境中原本都是很好的褒义词、中性词，可是当它们被翻译引入了中国文化以后，却产生了歧义，甚至原词意已变得面目全非了。这些误译或曰误读的例子，今天仍然可以从中国大陆非常权威的《英汉大辞典》、《中国大百科全书》等出版物中找到出处。简单地说，这就是中西文化乃至意识形态差异而凸现的负面结果。

梁：为什么会有这样的差别呢？

桑：这是一个很复杂的问题，涉及诸多跨文化因素。从深层结构上讲，文化中的语言和语言中的文化两者之间存在一种互动的关系。翻译中损失的意义有时不是由于译者对中文话语内容的掌握不够，精通两种语言的译者仍会遇到两种语言内在的语义学组织的歧义性障碍，甚至受到来自意识形态方面的干扰而不能达至满意的翻译。比如，在中国大陆正式出版发行的《毛泽东选集》和"文革"时期的《毛主席语录》等的英文版本中，我注意到不少十分有趣的误译之处。这里仅举一个有关"文化"被误译的典型例子，在"毛选"和"语录"英文版本里都可见毛泽东的原文"没有文化的军队是愚蠢的军队，而愚蠢的军队是不能战胜敌人的"，被误译成"An army without culture is a dull-witted army, and a dull-witted army cannot defeat the enemy"。请注意这个句子里的汉语关键词"文化"被生吞活剥地译成了英语中的"Culture"，中英文里的文化（Culture）一词从表面看在语意上似乎是很接近的，但是在具体的语境和文境中却相去甚远。在英文里，Culture 和 Civilization（"文明"）的词意比较接近，较多体现西方社会人文历史诸方面的进步；然而在中文语境里"文化"一词则多指代艺术、教育和智识，其语意内涵与英文里的 Culture 不完全对等。

这里再试举一例，在"毛选"和"红宝书"里，"宣传"这一词语大量存在，我注意到在英文版里大多被翻译成 Propaganda，而非兼有褒义词和中性词词意的 Publicity。从各种权威版本的英汉大词典里查询，Propaganda 确实被注释为中文的"宣传"或"宣传报道"等意思，看似无误，然稍加深究，却发现了误译的大问题。研究西方的现当代历史，可知自20世纪的第二次世界大战以来，在西方国家的政治术语中，Propaganda 早已蜕变为一个贬义词，是政客们操控媒体报道、玩弄舆论于股掌之间的代名词。然而至今各种权威版本的英汉大词典对此并无恰当注释，以至于以讹传讹，误人子弟千千万万。

这种误读情形目前还在延续着，不能不说令人遗憾。类似的误译词语在毛泽东著作的外文版和现当代中国官方外文出版物里至今仍然能看到不少。至于"毛选"里涉及意识形态方面的误译和误读更是比比皆是。例如在北京外文出版社1977年英文版"毛选"第2卷第32页里，将毛泽东的论文《反对自由主义》中通篇出现30多次的"自由主义"一词，几乎全误译成 Liberalism。可参见如下句子："革命的集体组织中的自由主义是十分有害的。它是一种腐蚀剂，使团结涣散，关系松懈，工作消极，意见分歧。它使革命队伍失掉严密的组织和纪律，政策不能贯彻到底，党的组织和党所领导的群众发生隔离。这是一种严重的恶劣倾向。"不难看出"自由主义"在那残酷的斗争年代所蕴涵的负面语意。英文读者在阅读到毛著作里这样的语句时，用西方 Liberalism 的语意逻辑推理中国的"自由主义"一词的涵义，想必是不知所云、难以理解，惊讶一位中国伟人何出此荒唐之言。因为在西方文化里，Liberalism 如同前面谈及的 Eclecticism（折衷主义）一词，均源自古希腊文，其词意本身凝聚着早期古希腊罗马时代辩证法和语言哲学的精髓。随着历史的演变，在现当代西方社会里，Liberalism 仍然是人们所倡导和崇尚的一种积极的价值取向。

由此可见，语言与文化的互动关联以及两种不同的语言在文化碰撞时的境遇。其实，对于那些合格的译者或原文地区的读者来说，在译文中理解任何一种源语言的原初意义细节时并无困难，因为目标语言已相当于源语言的一套临时建立的相应实用记号系统。然而，对于那些不熟悉源语言的读者，目标语言（译文）就变为不充分的甚至部分歪曲的信息载体。或者更准确说，当所译文字属于中国哲理文本时，所涉及的形而上学、本体论、伦理学话语含有复杂丰富的修辞学机制时，上述源语言中的意义损耗就会十分显著。

中西之"道"与翻译中的"名实之辩"

梁：关于"道"和 Logos，我也写过论文探讨二者异同。Logos 最初是希腊哲学里的一个命题，指代变化中的平衡，中间是一个和谐点。中国哲学里的"道"原意与西方的 Logos 不同，其原本的意思是"走路"，后来却演变成一个宇宙性的原理。

桑：对中国易经文化里所谈到的"道"和古希腊哲学里的 Logos（逻各斯）做进一步的深究，可知有一定的规律和方向可寻。中国近代在解读、翻译和引进西方学术的过程中，对其基本概念或术语往往采取译词重于借词的方法，从而引发中西学术思想转换中的"名实之辩"。中西哲学之间的学术转译、通约和交流的过程实际上就是一个比较语言哲学研究的过程。一般来说，"人有我有"就得比较，从比较中找到双方的共性作为共同的标准，应避免在价值判断上以一方剪裁另一方。比较研究的目的是取长补短、促进交流、共同发展。对于"人有我无"的东西，要么舍弃，要么"拿来"。近代中西文化碰撞中"人有我无"的宝贵东西实在太多了，中国学者唯有奉行"拿来主义"，才能为我所用——不管是器物、思想、理论，还是某种学科。但是，所有"拿来"的东西都有一个根据中国具体情况而加以融通的再造过程，即外来文化的中国化过程。外来文化的中国化，自然也始终存在着一个合理性的问题。

在汉语中，"逻各斯"是一个借字（音译），源出于希腊哲学家赫拉克利特的Logos。"逻各斯"的意思主要有三层，即规律、本体和本源。实际上，在中国哲学中，相当于"逻各斯"的范畴就是"道"。儒、释、道三家都讲"道"，宋明理学也讲"道"，中国哲学之"道"主要也是指规律、本体和本源三义。虽然中国哲学中没有希腊的"逻各斯中心主义"，但事实上存在着中国的"道中心主义"。中国学者最初在翻译Logos时没有使用译词"道"，然而当年法国汉学家雷缪萨（Rémusat）就曾用"逻各斯"（Logos）翻译中国哲学中的"道"。黑格尔认为这种译法"是很不明确的"，因为随着希伯来思想的侵入，希腊原初的"逻各斯"秉赋了宗教的意蕴，成为一种宇宙精神、宇宙理性或"圣子"，与"奴斯"（nous）相当，这是"逻各斯"比"道"显得较为复杂的一面。但如果我们细究老庄之道、宋尹之道和秦汉后的道教之"道"，"道"的宗教意味也是显而易见的。

当然，中国的"道"常常也被解释为"物"，这正是黑格尔所极力贬斥的。所谓"形而上学"（metaphysics），乃是"本体论"和"逻各斯中心主义"的另一种表述方式，意指研究器物形体之上或之后的终极本体的学问。《易经》中写道："形而上者谓之道，形而下者谓之器。""道"就是形而上的超验本体，器是形而下的经验物体，中国人几千年前就有了"形而上"和"形而下"的超验与经验二元世界区分的思想。中国人不仅区分了二元世界，而且有二元对立统一的思想以及"一与多"的思想，如《易经》中的"一阴一阳之谓道"和老子的"道生一，一生二，二生三，三生万物"的表述。道家的智慧是围绕着那个作为宇宙终极意义的"道"发散出来的，而"道"的基本属性是实有性、运动性和自然性。

所谓实有性，是说道虽然超形绝象、不可感知，但却"惚兮恍兮，其中有象；恍兮惚兮，其中有物"，即使将其称之为"无"、"无名"，它也"无所不在"。所谓运动性，是说道作为天地万物的原初者和发动者，它"独立不改，周行而不殆"，在推动事物变化时表现出相反相成的矛盾状态和返本复初的循环运动的规律性。所谓自然性，是说道演化为天地万物的过程完全以其自性、自因和自身所具有的力能为向度，它生养万物而不私有，成就万事而不持功，自然无为而无不为，其本身即内含在各种具体存在者之中。

道家建构道论的实质，不在于像西方早期哲学那样提出一套自然哲学体系，也不在于像中国儒、墨诸家那样为社会、政治和人生作一番技术性设计，而在于从道生万物的循环不已的大化流行中获得一种功能性体会，从而为觉解人类的安身立命之本提供一种深沉的生存智慧。所谓"道可道，非常道；名可名，非常名"，就意味着"道"涉及的是超名言之域；它作为理论的抽象而非经验的存在，不能由实证手段所把握，只能由哲学智慧所参透。

挖掘智慧是各国哲学走向世界的共生点

梁：其实，争论中国有无"哲学"之"名"并无意义，关键在于中国有无 Philosophy（哲学）之"实"，这才是问题的核心。

桑：人们只知道日本人西周氏在 1837 年首创"哲学"一词翻译中国传统的儒、释、道的"义理之学"，而不知早在数百年前，西方人便认定中国的"义理之学"就是西方的 Philosophy。如 16 世纪进入中国的基督教学者利玛窦就把孔子的道德学说译成 Philosophy。另一位传教士葡萄牙人曾德昭在其 1638 年完成的《大中国志》一书中也提到了《易经》和孔子及其"自然哲学"与"道德哲学"。20 年后，著名的意大利传教士马尔蒂尼（卫匡国）在欧洲出版了汉学名著《中国上古史》，在这本书中，他认为"易学"原理跟毕达哥拉斯学派相同，都是把"数"看成宇宙的本体，所以"易学"就是 Philosophy。17 世纪，柏应理写了一本对欧洲思想界产生深远影响的书，即《中国哲学家孔子》，笛卡尔学派的马勒伯朗士撰写了一篇《一位基督教哲学家与一位中国哲学家的对话》，他们都使用了 Philosophy 来指称中国的"易学"和朱熹"理学"。

至于伏尔泰、莱布尼茨等人更是对中国的 Philosophy 赞不绝口，莱布尼茨说："在中国，在某种意义上，有一个极其令人赞佩的道德，再加上有一个哲学学说或者有一个自然神论，因其古老而受到尊敬。这种哲学学说或自然神论是在约三千年以前建立起来的，并且富有权威，远在希腊人的哲学很久以前。"可见，早在 16 世纪，西方人就"发现"了中国哲学，这早于日本人西周氏把 Philosophy 翻译为"哲学"近 300 年。无论是 16 世纪的利玛窦把中国的"易学"翻译成 Philosophy，还是 19 世纪的西周氏把 Philosophy 翻译成"哲学"，都说明在中国的确存在着 Philosophy 这一基本事实。

Philosophy 在两个文化系统中不可能完全等同，必然表现出个性化的差异，但就其一般的本质属性来说则没有什么不同。为了避免"惑于以名而乱实"或"惑于以实而乱名"，今人在讨论哲学史上的问题时，应该标以"中国哲学"和"希腊哲学"以示区别。"哲学"作为古希腊文中由"爱"（Philos）和"智慧"（Sophos）二字所组成的词语，自从它作为一门学问起，就担负着给人以智慧、使人聪明的功能。仅就道家哲学来说，它是一种对人类生存怎样进行终极关怀的学说，在本质上所提供的是一种生存智慧。而在现代化、全球化不断发出挑战的今天，中国哲学怎样才能走向世界的问题已成为人们所关注的焦点。人们也由此作出过各种探索和设计。在我看来，把挖掘东西方及世界各国哲学的智慧作为哲学走向世界的共生点，应属于一种明智的选择。从这个意义上说，研究道家哲学的智慧和特点，不仅有助于开掘包括儒、道、释在内的整个中国哲学的智慧，而且也有助于中国哲学走向世界。

（本文经中国社会科学杂志社编辑范勇鹏整理）

原载于《中国社会科学报》2009 年 9 月 17 日第 24 期第 3 版

百年词学的文化反思

——访叶嘉莹教授

祝晓风

　　叶嘉莹，1924 年生。1945
年毕业于北京辅仁大学国文系。
自此，任教生涯已长达六十余
年。曾先后被美国、马来西亚、
日本、新加坡、香港等地多所大
学以及大陆数十所大学聘为客座
教授及访问教授。1990 年被授予
"加拿大皇家学会院士"（Member
of the Royal Society of Canada）
称号，是加拿大皇家学会有史以
来唯一的中国古典文学院士。此
外，还受聘为中国社会科学院文

叶嘉莹　■侯艺兵/摄

学研究所名誉研究员及中华诗词学会顾问，并获得香港岭南大学荣誉
博士、台湾辅仁大学杰出校友奖与斐陶斐杰出成就奖。在数十年教学
生涯中培养了大批中国古典文学研究人才。主要著作有：《王国维及
其文学批评》、《杜甫秋兴八首集说》、《迦陵论词丛稿》、《迦陵论诗丛
稿》、《中国古典诗歌评论集》、Studies in Chinese Poetry、《中国词学
的现代观》、《唐宋词十七讲》等，影响广泛。
2009 年以来，叶嘉莹教授以"王国维《人间词话》问世百年的词学反思"为总题目，在南开大学、南京大学作了三次长篇演讲，涉及中国词学百年发展及其他文化问题，引起较大反响。2010 年元旦，《中国社会科学报》特派记者专程到天津采访叶嘉莹教授，话题就从王国维的《人间词话》开始了。

千年词学的困惑

祝晓风（以下简称"祝"）：王国维《人间词话》的发表，可以说是 20 世纪中国文学和中国文学研究的一件值得记录的大事情，其中一个原因，就是因为这是中国学者有意识地运用西方文学理论来解释中国文学现象的一本著作，而且很可能是第一部。时间过去了百年，站在现在的立场来看，《人间词话》对于词学的传统意味着什么？对其后的发展有什么作用？

叶嘉莹（以下简称"叶"）：我有几次演讲，总的题目是"王国维《人间词话》问世百年的词学反思"。《人间词话》是研究、评论词的著作，它问世百年了，这个时候，我们需要对于词学有一个反思、一个回顾。一方面是向前推溯，《人间词话》发表以前，词学是什么情况，它对词学有什么继承，或者有什么创新。《人间词话》发表以后又是 100 年了，那么这 100 年我们对于词学的研究又有什么创新和进展。

祝：越是重要的著作，越是需要放在长时段的历史坐标中来考察，才能真正认识到它的价值。

叶：你给我列了许多题目，但我想我还是从比较切实的、比较有体会和了解的事情谈起吧。

中国古代的论述，如先秦诸子百家，他们的著作往往是一个个的寓言、一个个的故事，或者像《论语》都是片段的语言，不是长篇大论的逻辑性的思辨文字。中国传统的文学评论的语言也是如此。中国文学批评所长的是一个具体的、现实的一种感受、一种思维，不是把它归纳贯穿起来成为一种理论的东西。尤其是词这种文学体式，更加缺乏一个理论上的价值观。

中国传统对于诗和文章还有一个总的看法，认为诗是言志，文是载道。而且言"志"包括两种不同的内容，一是指你的一种理想、一种志意，比如孔子在《论语》中说"盍各言尔志"。另一个是指一般的感情活动。以前朱自清先生写过一本书，叫《诗言志辨》，谈到这个问题。

可是词是一种很微妙的文学体式。常常说词与诗有什么不同，它不仅是形式上的不同，一个是长短不整齐的句子，另一个是整齐的句子。不只如此，从一开始，词跟诗的性质就有不同。词本身是配合音乐歌唱的流行歌曲，是给流行歌曲填写的歌词。在隋唐之间就有很多流行歌曲的曲调，长长短短什么都有，而且非常通俗化、市井化。无论是贩夫走卒，无论是何种职业、何种阶级的人民，你心有所感，都可以按照流行歌曲的调子写一首词。

我们追溯到有文字整理、刊印、编辑成书的第一本词书是《花间集》。《花间集·序》说，这些词只是整理出来的一些比较典雅的诗人文士写的歌词，是为了给诗人文士在饮宴聚会的时候可以有这些美丽的歌词以供歌唱。这样的目的，第一不是言志，而是为了歌舞宴乐，跟诗的言志不一样。第二也不是抒情的——这里我是指狭义的抒写自己的感情——因为是给歌女填的歌词，不代表自己的感情。所以词在一开始是俗曲，大家都不注意、不整理。等到整理的时候，其目的则是给歌宴酒席之间歌唱的歌女一个曲辞去唱。所以它跟诗的目的完全不同，既不是言志，也不是抒发自己个人的情感。

祝：这在中国传统的文学理论中，就不好用"诗言志"、"文以载道"来解释了。

叶：所以中国词学的评论一直在困惑之中，尤其是在中国传统儒家思想道德的观念之中，只写美女跟爱情这种内容的文学有什么意义，有什么价值？可是很奇妙的是，这种既不言志，也不写自己感情的歌词，当它流传和被接受下来以后，反而在读者之间引起了很多的感发和联想。过去古人的词论对这种情况的发生一直是迷惘的，宋人的笔记凡是谈到词的，都很困惑，都不知道它的意义和价值。

词后来诗化了。早期的词是不写自己的感情的。到了后来东坡、稼轩时，不但写自己的感情，也写个人的志意，所以有了这一类的作品。可是在中国传统的观念中，第一层困惑是，不知道写美女爱情的歌词有什么意义和价值。等到苏、辛出现后，有了第二层困惑，这还是不是词呢？所

315

以李清照曾批评说，像欧阳修、苏东坡这样的人，写的都是句读不整齐的诗。那这样还算不算是词呢？

其实我个人以为，词的每一次发展和变化，都与时事的变化有很密切的关系。我们先从早期的歌词来说。南唐，像冯延巳的词在伤春的表面的叙写之中，包含了很深的意思，因为南唐的局势，冯延巳做了南唐的宰相，而南唐在危亡之中。而李后主的词是个很大的拓展。李后主为什么会有这么大的拓展，为什么他能够写出像王国维所说的"变伶工之词为士大夫之词"？伶工之词就是为歌曲填写的歌词，士大夫的歌词是自己言志抒情的作品。有李后主这样的作品出现，是因为李后主破国亡家。所以小词的发展是慢慢有它深层的意思，都与时代外在的变化有密切的关系。大家以为小词写美女爱情与时代不相关，可是就是这样不相干的东西，它其实是相干的。

《人间词话》的理论悬念

祝：那以后的人，从词中读出了许多深意，看来也不无道理。您曾多次讲过张惠言在词学史上的重要性。

叶：一直到张惠言编了《词选》，他把他的见解放在《词选》前面的序言中提出来，它不是给朋友写的序，不是说好话赞美人，而是表达对整体的词的体会和认识。张惠言提出了词是可以写"贤人君子幽约怨悱不能自言之情"等等，虽然他的这些认识是对的，但他为了要证明他的话是对的，所以他就把温庭筠、韦庄、欧阳修的小词都指实了，说温庭筠的"照花前后镜"就是《离骚》的意思，韦庄的那些"红楼别夜"，都是怀念他的祖国。欧阳修的《蝶恋花》是写韩琦、范仲淹的被贬黜，他一个一个指实，就变得很牵强、很拘板、很狭隘。所以他的说法有他的道理，但是没有得到普遍的认同。

到了王国维，他也认识到词里面有一种很微妙的作用，是非常奇怪的，就是不管它表面写的是伤春怨别、美女爱情，常常在它表面所写的这些景物情事之外，好像还有什么东西。他也体会到了这一点，但因为中国过去的文学批评不是逻辑性的、不是有理论的，它缺少那种逻辑性的、思辨性的批评的术语，所以他很难表达出来。张惠言也是这样，他说"不能自言之情……盖《诗》之比、兴、变风之义，骚人之歌"，"则近之矣"，大概差不多就是这样吧。

王国维认为张惠言牵强，他说："固哉，皋文之为词也"，认为张惠言的解说是死板的、牵强附会的。他所赞成的是小词可以有一种像孔子说诗那样的兴发感动的自由的联想。好的小词就是能给你这么一种联想，而这个联想有多种可能性。所以王国维说古今之成大事业、大学问者，必经过三种境界。他说的这三种境界，与原来的词已经完全不相干了。这虽然是静安先生自由的联想，可是他还说了，"然遽以此意解释诸词，恐为晏欧诸公所不许也"。——他意识到这不是原作者的意思，承认这是他的联想。

祝：这涉及词学中一个重要的理论问题，在整个文学理论中，对其他的文学体裁来说，也有普遍意义，即作者本意与"作品意义"之间到底是怎样一种关系。

叶：关于"本意"与"意义"，西方诠释学称为 meaning 和 significance。我在《词学新诠》一书的第二节中曾经讨论过。至于说词里面有个东西，可是又不要用张惠言的牵强比附的说法，那么这种东西是什么？王国维说是"境界"，就是词里面有那么一个世界、一种境界。王国维找到了这个东西，并且尝试用一些西方的、哲学的说法来解释，他用了一些西方的思辨性的说法，但是根本的"境界"是什么没有弄清楚，所以这些思辨性落实下来，仍然是模糊的。但王国维有他的贡献，就是他体会到了词的"境界"。

可是，《人间词话》还有一个缺憾，王国维说"词以境界为最上"，因为诗可以言志、可以载道、可以抒情，都知道说的是什么。可是词不好用这些来概括，于是他提出"境界"。既然用"境界"，那就用"境界"说词就好了。可是王国维说到"境界"的时候，他引用的例证却都是诗。他说"境界"有大的也有小的，什么"落日照大旗"、"有我之境"、"无我之境"，引的都是诗。那么词的"境界"是什么，他也没说清楚。

祝：这也算《人间词话》留给后人的一个学术悬念。

叶：王国维还有一个缺点，就是他不会欣赏南宋的词。他重视直接的感发的词，不喜欢南宋的词。可是南宋的词之出现，在词的发展历史上有一个必然的缘故，那就是因为词这种长短句的句法，如果都用直接的叙写，就成为大白话一样。凡是成为大白话的说法，变得很浅白，就没有余味了。所以当词是小令的时候还可以，它短小，话都还没有说完，留给人很多联想。词的长调如果用长短句都说出来就没有余味了。所以同样写美女早晨起来化妆，温庭筠的"照花前后镜"这个可以，"新帖绣罗襦"这个也让人有联想。可是柳永写的美女起床"倦梳裹"一类的，就不能引起什么联想。就是你把这个事情用白话都说了，就没有联想了。所以后来南宋写长调的人，就要把它隐藏起来说。他不得不用这个办法，就如同我们的新诗，如果都用白话写了，就没有余味了。所以我们为什么要变成朦胧诗呢，这是没有办法。因为都用大白话，意味就很浅俗了，所以就用朦胧诗，在台湾，上世纪六七十年代就是用现代诗。这都是不得已，都是没有办法。

而南宋这些词，你要透过它这些委曲的或勾勒的手法体会其深意。因为中国古人的诗都注重直接感发。这样的词，用了很多思想、很多安排、很多刻画，王国维就觉得这个隔膜了，所以他就说南宋词是隔膜的，因为他不能体会。在王国维那个时代，他能够把西方的一些哲学的、美学的东西引用进来，这未尝不是他的一个进步，也是中国文学批评的一个进步。可是他的时代有一定的局限性，他的《红楼梦评论》是一样的，他想用叔本华的哲学讨论红楼梦，而不是用中国传统的索隐、猜谜的方法来研究文学。不过，王氏的《红楼梦评论》完全用叔本华的哲学来讲，也不免受到局限而有很多牵强附会之处。

我只是说王国维的"境界说"在承前启后的情况，对于以前的继承，对于以后的开拓，一个时代有一个时代的文学批评，所以我们对于《人间词话》的评价，应该是有肯定它的地方，但是我们也应该知道它不足的地方。尽管如此，我还是要说，王国维是很了不起的，张惠言也是了不起的。

祝：西方有一种很有影响的文学理论，把文学研究分为外部研究与内部研究。对待传统词学的各种困惑，大概需要更多地进行内部研究。

叶：我认为，首先，诗可以有多重的意蕴，多重的意蕴又出于多重的原因，而其中主要的则在于诗歌之中，词句之间、语言文字符号之间彼此的关系结构和作用产生不同的意蕴。所以要用西方的语言学和符号学来分析，因为语言就是一种符号。在诗歌中，存在一种 micro-structure，就是一种"显微结构"。如果根据克里斯托弗（Julia Kristeva）的说法，语言在文学诗歌中的作用和诗歌的语言作用有两种，一种是象喻性的作用，比如我说松树代表一种坚贞的品格，或者我说美女的蛾眉代表贤人君子的品格，那么这种语言和它所象喻的意思，是固定的，是约定俗成的。这就是象喻的，有一种象征的意思。有的语言，并没有约定俗成的象征意义，比如"菡萏香消"，在诗歌历史中，很少有人说过"菡萏香消"。没有约定俗成的象征意义就不是象喻性的语言。那是符示性的语言，是通过语言的符号所表现的微妙的作用，它没有成为一种固定的、象征的性质。

而小词中除了象喻性的语言之外，有很多符示性的语言，给读者很多联想的可能性。张惠言说的都是象喻，什么蛾眉就代表贤人君子，王国维提出"境界"，可是"境界"他说的不清楚，所以我以为，如果我们现在说小词里面有一种微妙的作用，我们可以借用西方的理论，但是不必尽用西方的语言，因为我们讨论的是中国的文学批评。我认为在小词的形象和语言之中，包含了一种可能性，就是西方的接受美学提出的 potential effects，即一种"潜能"，它有一种语言当中潜藏的、可以引发读者多种联想的可能性。

至于词何以富于引人联想的特质，在于最初的《花间》词所形成的"双性人格"。为什么那些小词，写的是女子梳妆，却给人以其他的联想呢？"小山重叠金明灭，鬓云欲度香腮雪，懒起画蛾眉，弄妆梳洗迟。"为什么就给人丰富的联想，我认为那是因为《花间》词中的女性形象，是把一个女子作为主体，作为一个主体的人，在感受，在表达。而作者却是男性，所以读者就会把词中所写的"画眉"、"照镜"都联想成是作者的托喻。小词之所以容易引发读者联想，是由于小词中的双重性别。

至于韦庄、冯延巳的词让人产生很多联想，用西方的新的理论来说，就是每个人说话的语言，都有一个语言的环境，就是"语境"（contact）。南唐的小环境是歌舞宴乐的，可是它的大环境是在危亡变乱之中的，所以就在歌舞宴乐的小词中反映了那种危亡变乱之中的忧患之思。那是双重的语境。我把它根本的原因说出来，这就是为什么小词有那么丰富的含义的

百年词学的文化反思

根本原因。

用现在的、王国维以来的百年西方文学理论说明，温庭筠的小词有很深的意思，是因为双重的性别，南唐的作品有很深的意思，是因为双重的语境。

而王国维以联想说词，是以作品的文本所传达的感发作用之本质为依据的。所谓"感发作用之本质"，这是我自己杜撰的一个批评术语。我以为对作品中"感发作用之本质"的掌握，是想要理解王国维词论中的"境界"，这是"在神不在貌"诸说的一个打通关键的枢纽。王氏之所谓"境界"，并不指作品中所表现的作者潜意识中的主题和情意，而是指"作品本身所呈现的一种富于兴发感动之作用的作品中之世界"。由此而言，只有伟大的作家，才能在作品中创造出这样的世界。

祝：您的这些工作，是从词学研究的角度，站在现代立场审视传统文化，为中国文化寻找其历史存在的价值，一方面保存古代传统固有的精华，一方面又使之得到理论化的补充和扩展，使其具有了时代的生命力。您站在现代立场，激活了古典诗词的内在意蕴。可以说，中国古典诗词，不仅会常有新的意蕴，而且应该有对新意蕴的新阐发。

叶：总而言之，我以为王国维比起前代的词学家来，有了一些理论的性质了，但他受了局限，他不能说得很透彻、很清楚。那我们经过王国维以后的 100 年，我们有了新的知识，有了很多新的文学批评的术语，所以我们可以说得更清楚一点。

祝：在谈到您用西方的理论来解说中国古典诗词时，您曾说，"就是想从一个较广也较新的角度，把中国传统的词学与西方近代的文论略加比照，希望能借此为中国的词学与王国维的词论，在以历史为背景的世界文化的大坐标中，为之找到一个适当而正确的位置。"

叶：我以为，真正的精神和文化方面的价值，并不是眼前现实物欲的得失所能加以衡量的。近几个世纪来西方资本主义过分重视物质的结果，也已经引起了西方人的忧虑。1987 年美国芝加哥大学的一位名叫布鲁姆（Allen Bloom）的教授，曾出版了一本轰动一时的著作，题目是《美国心灵的封闭》（The Closing of the American Mind）。作者在书中曾提出他的看法，以为美国今日的青年学生在学识和思想方面已陷入了一种极为贫乏的境地，而其结果则是对一切事情都缺乏高瞻远瞩的眼光和见解。这对于一个国家而言实在是一种极可危虑的现象。

祝：近年来，您运用西方文学理论对词及词学做了透彻的解释。缪钺先生曾这样评论《中国词学的现代观》，称它是"继静安之后又一次新的开拓"，对您创造性地运用西方女性主义理论研究中国词学的《论词学中之困惑与〈花间词〉之女性叙写及其影响》一文，他也给予很高的评价，称之为"体大思精，目光贯彻古今中西，融会西方女性主义文论，反观《花间》诸词"，"确实是一篇杰构"。该文运用西方现代理论，进行了成功的批评实践和理论建设，打通诸家隔碍，在中西文论之间架起了一座桥梁。可是，近年来，听到许多年轻人都说，叶教授所提及的这些西方理论，我们也都曾涉猎过，可是我们从来没想到把它们与中国古典诗词联系起来。

叶：我以为那是由于这些青年们虽然热衷于学习西方的新理论，但是对于自己国家的古典文化传统却已经相当陌生，而这种陌生就造成了要将中西新旧的多元多彩的文化加以选择取舍和融会结合时，存在一个重大的盲点。所以他们不能将这些理论和术语在实践中加以适当的运用，这自然是一件非常遗憾的事情。前些年，台湾有人把李商隐的"蜡炬成灰泪始干"，解释为性的象征，就是牵强附会。用西方理论来解说中国古典诗词，不能背离传统，不能扭曲传统。我运用西方理论，不是拘于一家，而是取其适用者，为我所用。

（祝晓风：中国社会科学杂志社编辑；本文经李萍、李欣／采访录音整理）

原载于《中国社会科学报》2010年3月18日第72期第5版

百年词学的文化反思

毕生报国成何计

残志诗骚守杜魂

叶嘉莹

一九九九年冬

于北京

探寻历史与现实之间的脉络

——访包弼德教授

张冠梓

　　包弼德（Peter K. Bol），哈佛大学文理学院东亚语言文明系教授。哈佛大学 Charles H. Carswell 讲座教授，哈佛大学东亚语言文明系前主任，中国历史地理系统管理委员会主任。他是美国近年来比较活跃的中国学家，著作包括《斯文：唐宋思想的转型》(1992)和《中国历史地理信息系统》(2005)等。最近十余年的研究专注于理学的历史角色和地方文化史的发展。他的新书《历史上的新儒家》已于近期出版。

包弼德（Peter K. Bol）
■ Claudio Cambon／摄

　　2008 年 12 月 9 日，包弼德教授接受了中国社会科学院研究员、哈佛大学肯尼迪政府学院访问学者张冠梓的访谈，回顾了自己的学术研究道路，畅谈了他对中国历史文化的独到体悟。

　　张冠梓（以下简称"张"）：包弼德教授您好。您的一堂课我印象很深，您播放了 2008 年 8 月北京奥运会开幕式的片段，那场面和气势确实让人震撼。您作为中国史研究专家，怎样看待中国人通过这次奥运会展示出来的对自己的文化和历史的诠释？

包弼德（以下简称"包"）：像历届奥运会一样，2008年北京奥运会不只是体育盛事，而且是人类文化交流的重大事件。回顾一下历史，古代中国并不缺乏对外交流的传统。这次奥运会也是一样，从文化交流的意义上说，可以让其他国家和民族明白中国既是一个正在迅速走向现代化的国家，又是一个富有历史传统和文明根基的国家。我发现有些中国人对自己的历史存在着这样或那样的偏见，这说明中国需要加强对外交流。通过各种形式的、能够有实际效果的展示和宣传，逐步增加中国和世界的互相了解，同时也能增加中国人对自己历史与文化的了解和把握。

张：对于美国或其他国家的学生而言，中国史是一门外国史、国别史，可以说是比较偏、比较专的课程。您能在哈佛的课堂上将中国历史课讲出这么"火爆"的效果，值得我们学习和借鉴。

包：我刚开这门课的时候，不少学生觉得，研究中国最重要的是了解现代中国的情况。现在他们都意识到中国的现代和古代其实是有着逻辑的连贯性和继承性的，不可以把中国的历史割裂开来。明白了这个道理，他们对我开设的这门课程就有了积极性。不仅很多美国学生在听，世界各国的学生都在听。了解了中国古代历史，对于了解现代中国是有很大帮助的。

走上中国研究之路

张：您是如何走入中国历史研究领域的？

包：我开始接触中国的历史和文化是1965年左右。当时我正在上高中，对政治非常感兴趣，注意到美国只承认台湾政府，而不承认拥有世界人口五分之一的中国大陆政府。我相信这样的政策显然不能持久。所以，我开始学习中国历史，试图多了解中国。我找到了一个专门给高中生开课的辅导班，还参加了一些汉语班。当时，我属于"左"的一派——这也是我家的传统，觉得中国属于社会主义，没有什么不好。那时候，美国的中学课堂上学习的世界史没有关于中国的内容。我们讲人类的早期历史，主要讲地中海地区的文明发展，避而不谈中国的历史。为此，我决定，自己去主动学习、了解中国的历史文化。我当时的想法是从学汉语开始。

张：后来您曾经到荷兰莱顿大学学习过。莱顿大学的中国学研究很有特色和传统，想必对您的汉语学习很有帮助。

包：在莱顿大学，一位老先生主张我学习中国古代史，他说："如果你不在莱顿学习的话，你的中国研究将不会很好，因为你们美国人喜欢研究现代的东西，殊不知历史绝对不能忽视。你在这里学习，可以把古代史的基础打好，对你以后学习现代史肯定会有帮助。"越学中国古代史，越发现那么多让我惊奇的地方，使我对中国历史的兴趣越来越浓。我转到台湾后的 4 年时间才真正学习了汉语口语。在台湾，我阅读了不少中国古代典籍。后来，1985 年底，我利用到北京一所大学教书的机会，进一步学习了汉语，这对我汉语口语的提高有所帮助。

对宋史的特殊情结

张：您是著名的宋史研究专家。中国的历史文化很漫长、也很丰富，您为什么选择了宋代作为自己的研究领域？

包：宋朝的历史有积贫积弱的一面，但也有自己的特点。研究思想史的人常常要研究诸子百家，同时还要对通史有了解，要看思想和历史的关系。这方面，宋朝的资料非常丰富。在思想史上，我注意到一个很重要的问题，就是为什么宋朝会出现理学。我认为首先是社会现实的改变。唐朝还保留着门阀制度，但宋朝就没有门阀了，产生了士大夫文化。士大夫的产生应该和新的思想有关系，而思想的变迁与社会的变迁有关。我的博士论文重点选择了苏轼及其弟子兼学友"苏门四学士"——黄庭坚、秦观、晁补之和张耒。我们讲的总是"道"，他们却讲"文"，所以我就开始研究"文"与"道"的关系，不但研究苏轼，还研究司马光、王安石等人。我写《斯文：唐宋思想的转型》这本书时，先看唐初的学者是怎么样的，然后看"安史之乱"后的学术界是怎样的，最后再讲 11 世纪。

张：您能否对这本书的主要观点作一个简要的评价？

包：简单说，这本书主要围绕"文"在唐宋士人观念和创作中的变迁，大致描述了唐宋士人价值选择的演变轨迹，呈现了他们寻求价值观基础的思想历程。

回顾一下对唐宋思想史的一般研究，不难发现，学术界主要是从哲学史的角度提出和分析问题。有鉴于此，我试着从"文"这一视角出发来分析唐宋思想的嬗变。所谓"文"，从狭义上讲是指一般意义上的文学，从广义上讲则是指儒家经典所代表的文化。思想史就是价值观演变的历史，而探讨价值观的演变，就要特别注意"士人之学"这一重要的思想文化现象。唐宋时期，士人的价值观经历了从以"斯文"为基础到以伦理原则为基础的转变。

唐以前所形成的"斯文"概念，包含两个层面：狭义地讲是指古代圣人传授下来的文献传统，广义地讲是指孔子在六经中所保存的古人在写作、从政、修身等各个方面的行为规范。进入初唐时期，士人认为"斯文"本身就是价值观的基础和来源。而到了北宋，在道学文化兴起以后，士人的价值观基础转向了伦理原则。具体地说，从中唐到北宋，士人一方面主张要对价值做独立的思考，一方面仍然希望坚持"斯文"在确立价值观方面的权威意义。这两者之间的张力，构成了唐宋之际价值观演变的内在动因。

我的《斯文：唐宋思想的转型》一书把文学放在了价值观讨论的核心位置，将唐宋之际许多重要的思想家首先看成文学家。我将原来许多在文学史上占有相当篇幅，却被哲学史所忽视的人物，如中唐的贾至和独孤及，宋初的杨亿、刘筠以及欧阳修、苏轼等人进行叙述和讨论。而对于韩愈这样在哲学史上已被详细论述的人物，我则更多地去关注他的"古文"思想与实践。

唐宋之"士"有所不同

张：您在学术研究中一直强调"士"的作用，您能不能具体地解释一下"士"对中国历史发展到底发挥了怎样的作用？

包：《斯文：唐宋思想的转型》一书里的一个观点是，唐宋时期的士人经历了从士族到文官，再到地方精英的角色转变，这是唐宋思想转型的社会基础。这条社会史的线索其实贯穿了我对唐宋思想史的具体考察。唐宋，特别是宋代，社会价值取向从注重形式转向注重实效和注重功利，它体现了人性的要求，整个社会焕发出一种新的精神生活面貌，整个社会具有活力并呈现开放的特征。谈思想史，要与时代特征和社会特征联系起来考察。

从先秦到清朝末年，一直有"士"这种身份，可是他们在社会中的地位和作用是有变化的。从南宋到元、明、清，大部分士人不是什么大官，甚至是没有做过什么官。可以说他们是自我存在、自我延续的社会精英。他们的行为、他们的存在，对当时当地的社会非常有影响，对官僚体制和社会秩序的维护，起了很大的作用。

张：您谈到唐代的士和宋代的士有所不同。您能否再具体地解释一下？

包：宋代的士是生自于民间。这和五代十国时期的官员——他们多是武官的后代，而后变成文官、文人——有所不同，也和唐代依靠科举制度取士的情况不一样。在唐朝，至少在开元时期，很多官吏是通过门荫得到的。至多15%的做官的人，才是经过科举制度擢升的。宋朝开始真正通过科举制度选拔官僚。而且，在王安石变法的时候，科举制度还进一步地规范化了。宋代初期开始正式实施的科举制度，把唐代以血缘和门阀为基础的社会结构摧毁了。这种新的社会制度导致大量的人涌入科举考试。

但是，每年的科举考试只能有极少数人被录用。大量不能录用的考生，对自己的人生价值定位远高于一般人，而社会主流价值也是这么看他们的。宋明理学给这些人的人生自我定位提供了崭新的思路，极大地满足了他们的心理需求。这大概是宋明理学受到欢迎的重要社会原因之一。因为按照宋明理学，每个人天生就具备了良好的天性，只要他能充分发挥自己的天性，就可以成圣成贤，而不一定要在朝廷当官。宋明理学把一个社会真正的权威看做是道德而不是官位。而宋代社会结构的变化为他们这样做提供了相应的条件，因为宋代的社会经济制度比唐代自由、宽松得多。

中国话语

中国社會科學報

（2009—2010）

对话

地方史要反映宏观历史

张：唐宋之际，经济文化的重心逐渐往南方转移，在这个转移的过程中，实际上催生了一批社会文化精英，进而形成并维持了南方的"地方自治社会"。那么，这些地方自治社会和中国的专制制度、皇权制度是一种怎样的关系？前者对后者是一种瓦解的力量，还是一个基础性的、支持性的力量？

包：我觉得两者都是。我不赞成那些所谓中国自从唐宋以来就是专制政治的观点。明朝除朱元璋外你能举出哪一个皇帝是完全专制的吗？再看宋朝，有哪一个皇帝是专制的呢？另外，中央政府和地方政府之间、地方政府和地方精英之间都会有矛盾。很多个体，特别是在南方，变成了新的精英。他们就与地方政府之间存在矛盾，有时候支持政府，有时候则不支持，构成了一种复杂的关系。

张：2001 年您在《哈佛亚洲研究学报》上，曾经发表了一篇题为《地方史的兴起》（The Rise of Local History）的论文。你是怎么看待地方史这一问题的？

包：差不多 15 年前，我的研究开始涉及这个问题。通过对浙江省金华历史的研究，我越来越觉得，要研究中国南方的许多历史文化现象，有必要多看一看这些现象在地方文化中的发展。中国学者的研究，确实在很长时间里忽略了地方的差异性而强调了整体同一性，其实应当加强对地方历史的研究。这样做的好处是，可以了解区域与区域之间的经济、政治和文化差异，弄清楚不同区域、不同位置的士绅或精英在立场与观念上的微妙区别，甚或了解到家族、宗教、风俗的辐射力与影响力等。我曾经提出过，要超越行政区划进行研究，重视宗教信仰、市场流通以及家族和婚姻这三种"关系"构成的空间网络，因为这种区域研究更符合当时的实际社会情况。

我从 1994 年开始研究宋、元、明、清时期的金华地区历史，多次到金华考察古村落和古建筑。2001 年 10 月，我们与浙江师范大学地方史研究所正式签订了"中国浙江省金华地区祠堂、古建筑、地形及历史文化研究"合作科研项目，目的是将金华地区所保存的不为人知的元代、明代及清代建筑介绍到全世界。

2002年夏天，我带领哈佛大学博士研究生及美国《地球观察》杂志社志愿者40多人，与在中国从事地方史研究的专家一起，对金华市区、永康、义乌、武义、兰溪等地的古村落、古建筑进行考察研究。2004年六、七月间，我再次带领数十名专家去金华考察。我坚持每隔三年左右去一次金华，进行田野调查和资料搜集。

目前，我利用了不少金华史志资料去研究宋元时期的思想文化史，已发表了十余篇学术论文。在这些文章里，我提出了一系列问题。譬如：其一，为什么会有这些地方史资料？为什么在南宋开始写地方志，而且几乎每个州县都开始修志？为什么会出现方志这种新的形式？这些方志和以前的图经有何不同？其二，在方志的撰修过程中，士人起了什么样的作用？他们和政府对待方志的态度有何不同？换句话说，新的方志是私人的还是政府的？其三，地方学校是什么样的？它与浙江全省乃至全国的思想运动的关系如何？其四，道学是怎样传入这些地方并流行起来的？它是在什么时候兴起、又是在什么时候衰落的？最后，东阳县的学校属于什么学派？为什么在一个县里会有那么多的学派？还有许多诸如此类的问题。

张：中国的家族传统比较深厚，特别是南方，几乎每家都有自己的家谱、族谱。我想知道，中国的宗族势力，为什么对地方社会有那么强大而持久的影响力呢？

包：中国的家族、宗族势力的确对中国社会特别是地方社会有着很大的影响，所以研究家谱，对于研究中国历史有着重要的意义。我曾经运用一些家谱资料，进行思想史的研究。比如，我曾在《斯文：唐宋思想的转型》一书中，将北魏颜之推的《颜氏家训》与南宋袁采的《袁氏世范》作了对比，以说明两个时代的思想价值观差异。具体地说，以颜之推为代表的士家大族，重家族传统和声誉，推崇文化之"学"；而以袁氏家族为代表的宋代庶民地主则从人的实际行为出发，注重实效和伦理关怀，这是两种不同的价值观。

但是目前做社会史和历史人类学研究的一些人只把眼光放到一些很小的问题上，并不能反映历史。比如很多研究族谱和宗族的文章基本不能反映从族谱到宗族到社会一直到国家权力的互动过程。我对这种做法是反对的，尽管那些文章提供了一些非常好的资料。我们做研究除了要有从下往上看的历史，也要有从上往下看的历史。这是一个互动的过程，而不能只强调从下往上或只强调从上往下。所幸，历史学和人类学研究的内容和研究视野现已开阔了不少。

多角度认识中国的大一统

张：唐宋是中国历史上发生巨变的时期，其表现之一就是版图的分合。但是此后连续出现了元、明、清三个大一统的王朝，请问这前分与后合之间有什么内在的联系？

包：我想肯定有内在的联系。唐朝的文化中心是长安，经济中心是长安，社会精英也在长安、洛阳，其他地区难以匹敌。而在宋、明、清各个时期，首都以外的许多地区发展起来了。从社会经济发展立场来讲，唐朝的发展是比较不合理的，因为首都一般是靠赋税供养。而宋朝的开封，清朝的扬州、杭州、广州则主要是靠工商业的发展，不是靠收税。再者，如果我们放长眼光，在整个中国古代历史上，秦、汉、隋、唐、元、明、清等王朝是大一统的时期，但也经过了三国、两晋、南北朝、五代和宋辽金这样一些多民族、多中心的时期，即使那些大一统的朝代，其内涵和特点也是有所不同的。司马光在写《资治通鉴》的时候，回顾了他之前的1500年，就认为大一统不是常态，多国并立的情况也不是异常。所以，我们对中国的大一统的特点要从多个角度来认识。

张：在课堂上，您曾给学生播放了从秦代直到民国时期中国历代版图的变化，时大时小、时分时合，您是出于什么考虑？

包：我播放这个不断变化的地图，是要学生们在学中国历史之前，了解一下中国不同时代版图的变迁，并从中推知，中国的历史到底是怎么变化的，不同时代的变化及其互相影响。譬如说，中国北部的疆界因为战争经常改变。即使到了20世纪60年代，中国跟俄国仍有边境冲突。"中国"这个词有的时候是指地方，有的时候是指文明。开始的时候，中国的历史主要在中原地区，西及渭河两岸，但随后的历史就经历了很大的变更。在古代，没有一个地方叫中国。历史上有唐、明、清，可是当时没有人说它们是中国。现在用"中国"这个名词，其实是反映西方国家的"China"的意思。西方人说"China"，就像说英国、法国一样，是指同一个地方。而古代中国说中国，就是世界或者说天地之间的一个中央国家。我们现在用的中国概念是英语"China"的意思，而不是指中央国家。

不存在统一的"国学"

张：最近这些年，中国出现了"国学热"，中国人开始重新强调传统道德的价值。您认为，对现在的中国人来说，中国的道德价值里面应该继承和弘扬什么？哪些是具有世界性、普世性的价值？

包：中国国内关于国学的争论，我认为是有问题的。首先是，国学到底是指什么？如果说是传统道德，而传统道德又是指什么？传统道德自身有着不同的内涵，互相也存在着不一致性，有着互相的批评和争论，而这些不同观点是有其各自思想价值和社会合理性的。譬如，老子、孔子、墨子、孟子、荀子、韩非子等等，都是大思想家，他们的主张、观点是不是传统道德？可是他们的观点是不相同的。再如，宋朝的司马光和王安石，两个人都是伟大的思想家，但他们的思想观点非常不同，那他们所体现的传统道德又是什么呢？这也是中国学术界存在着比较大的争议的原因。

从这点上看，谈国学根本没有意义。如果说国学是指中国传统文化，所有的中国文化都包括在内，我可以赞成。如果说中国全部的文学、历史和思想都统于一，那我不相信，也不同意。这就如同说我们西方文化、西洋学有统一的思想一样，这些说法是一样荒谬和不真实的。这方面，一些学者常常把中国跟西洋，或者东洋跟西洋，分成两个不同的，甚至互相排斥和对立的思想系统，这是没有历史根据的。

（张冠梓：中国社会科学院研究员、哈佛大学肯尼迪政府学院访问学者）

原载于《中国社会科学报》2009 年 9 月 3 日第 20 期第 3 版

古史文化与当代思想的碰撞

——访克莱瑞斯教授

郭子林

魏利·克莱瑞斯（Willy Clarysse）

魏利·克莱瑞斯（Willy Clarysse），比利时鲁汶大学古代史系资深教授、系主任、文科学院和古代史系学术委员会和职称评审委员会主任，比利时皇家科学院研究员（1999 年至今）。1975 年在鲁汶大学获得博士学位，1996 年获得法国最高学术奖圣杜尔奖（Prix Saintour），1998—1999 年在布鲁塞尔自由大学执掌教席，并担任著名《古代社会》（Ancient Society）杂志主编。研究领域是希腊罗马统治时期埃及（Greco-Roman Egypt）（公元前 323—640 年）的多文化社会。编辑了很多希腊文和世俗语（古埃及象形文字的草书体）的纸草档案文献，出版了大量关于托勒密和罗马埃及语言、专名、（历史性的或文学上的）人物研究（Prosopography）、制度和宗教等问题的研究论著，目前正指导法尤姆地区若干问题的研究，从事纸草档案的收集整理工作。代表作有《托勒密埃及的人学研究》（1981 年）、《亚历山大里亚的齐名祭司》（1983 年）、《公元前 103/101 年埃及与叙利亚的战争》（1989 年）、《皮特里遗嘱》（1991 年）和《计算希腊化埃及的人口》（2 卷，2006 年）。

2009 年 12 月，笔者在比利时鲁汶大学文科学院古代史系做访问学者。该系是当前国际学术界希腊罗马统治时期埃及史学和纸草学研究的重镇。其间，有幸访问了魏利·克莱瑞斯教授。

纸草学与埃及史的研究是互通的

郭子林（以下简称"郭"）：中国学者近些年才开始研究希腊罗马统治时期的埃及史，而纸草学研究在中国几乎是一片空白。您在希腊罗马统治时期埃及史和纸草学两个领域都取得了令世人瞩目的成绩，是这两个领域的国际著名专家，而这两个领域又都是世界古代史研究当中非常困难，甚至是令人望而生畏的分支学科，即使在其中一个领域做出成绩已经非常困难了，而您却能够同时在两个领域取得突出成就。您能谈一下个人的体会吗？

魏利·克莱瑞斯（以下简称"克莱瑞斯"）：对于这个问题，我认为应该这样看待。

首先，希腊罗马统治时期的埃及史是指公元前 323 年马其顿的亚历山大大帝去世直到公元 640 年阿拉伯人入侵埃及这近 1000 年的历史。这1000 年的历史已经很长了，发生了许多故事，内容丰富，我们完全可以将其作为一个独立的学科来对待。纸草学是指以纸草文献的解读为基础进行的文字学、语言学、历史学等方面的综合研究，涉及的时间和空间范围都非常广泛，自然也是一个庞大的学科。所以，我同意你把这两个研究领域作为两个学科的看法。

其次，你认为这两个领域的研究很困难，这在某种程度上是事实。实际上，世界古代史和纸草学研究都很难，甚至可以说，在古代史的研究当中，没有容易解决的问题。当然，人们之所以认为这两个领域的研究非常难，甚至望而生畏，主要是因为人们对古代语言的掌握不够深入，这里涉及古代埃及语、古希腊语和拉丁语，还涉及这些语言在不同历史时期的变形，一般的学者和科研机构很难在这两个方面都有深入研究，就是因为他们的古语言能力不够，而我和我们系的学者并不存在这样的问题。

再者，虽然这两个领域是不同的，但它们是互通的，也就是说，纸草学的研究为这段埃及史的研究提供了基础，而历史的研究又可以帮助纸草学的分析，所以我可以同时在两个领域进行研究，而且我们古代史系是纸草学和希腊罗马时期埃及史研究的最好机构。

郭：您是怎样把纸草学研究与托勒密埃及史研究结合起来的？

克莱瑞斯：这实际上是一个研究方法的问题。世界古代史的研究非常注重原始史料，而托勒密埃及史的研究恰恰有很多原始史料，除了碑铭和考古实物而外，最多的是纸草档案文献，目前仅仅在法尤姆奥克西林库斯一地发掘出的纸草档案文献就多达 10 万多篇，还有其他一些地方的纸草文献，数量可观，而且考古发掘还在陆续增加纸草档案文献的数量，当然已经解读和档案发表的还不足其中的 1/20，这需要我们继续努力解读纸草文献。所以，要研究托勒密埃及史，首先应该能够阅读纸草档案文献。我在读博士期间就通过阅读、翻译、注释皮特里爵士从埃及带回的遗嘱纸草文献而打下了基础。在这样的基础上，我弄清楚了托勒密埃及的很多历史问题，并发表了一些文章，这些文章被很多人参考。

在厘清了一些历史问题以后，我又对纸草文献中的一些问题有了进一步理解，纸草文献的阅读就更准确了。可以说，我首先是把纸草文献的阅读作为基础性研究进行的，当然这种由史料到史学的研究方法被一些学者称为传统方法，甚至已经被某些学者和学派否定了，他们喜欢用社会学的、人类学的方法对古史进行研究。我反对我的学生一开始就用某些由理论到理论的研究方法，我本人和我的学生、同事都坚持传统的史学方法，尤其在研究托勒密埃及史这方面更应该这样，史料更能说明问题。

郭：您刚刚说对于您和您的同事来说，古代语言并不是问题，那么你们是怎样做到的？

克莱瑞斯：这很简单，我们在引进人才时，首先要求应聘者要具有非常好的古代语言阅读能力，而我们的硕士生和博士生要把大量时间用在学习古代语言上，甚至在他们读大学准备学习古代史的时候，就必须认真学习古代语言。我们在初等教育阶段，就接受了古希腊语的教育。另外，比利时本身就是一个多民族、多语言的国家，仅官方语言就有荷兰语、德语和法语等三种，其他很多语言甚至是我们的方言，所以我们天生就对语言有很强的适应性。

古史研究也有当代关注

郭：目前，国际纸草学研究当中值得学习和参考的著作有哪些？研究托勒密埃及史应该利用的纸草档案文献集有哪些？

克莱瑞斯：在我看来，时至今日，在西方纸草学界，比较有影响的纸草学概括性著作主要有两部，一部是《阅读纸草，书写古代史》（Reading Papyri, Writing Ancient History，鲁特莱格出版社 1995 年版），这是美国著名纸草学家巴格纳尔（Roger S. Bagnall）的经典著作。另一部《牛津纸草学手册》(The Oxford Handbook of Papyrology，牛津大学出版社 2009 年版) 是巴格纳尔最新主编的纸草学指导性著作，集合了国际上几乎所有著名纸草学家的作品，也有我的一篇关于希腊罗马统治时期埃及宗教的文章，这是一部不可不读的著作。至于纸草档案文献集，除了巴格纳尔主编的英文版文献集外，还有一些系列纸草丛书，例如《奥克西林库斯纸草》(The Oxyrhynchus papyri)（已出版 73 卷）、《密西根纸草》(Michigan Papyri)（已出版 18 卷）、《塔布突尼斯纸草》(The Tebtunis Papyri)（共 4 卷）和《弗林德斯·皮特里纸草》(The Flinders Petrie Papyri)（共 3 卷），后面这套纸草集有一卷是我的《皮特里遗嘱》，是你应该学习的。另外，还有一些电子资源，例如我们主办的"TRISMEGISTOS"（http://www.trismegistos.org/index.html）和"鲁汉古代丛书数据库"（LDAB）（http://www.trismegistos.org/ldab/）以及加州大学伯克利分校主办的"塔布突尼斯纸草中心在线阅读"（http://ist-socrates.berkeley.edu/~tebtunis/index.html）等等。

郭：您研究托勒密埃及史时，主要关注族群和族群认同问题。比利时是一个多民族、多语言的国家。托勒密埃及也是由外来的希腊人对埃及当地人和其他外来移民进行统治的一个国家。那么，是否您的研究与这两者的相似性有关呢？

克莱瑞斯：你这个问题非常好。托勒密埃及与现代的比利时确实有很多相似之处。如上所述，比利时是一个多民族、多语言的国家，人们基本上根据语言分为三个群体，互相之间的关系也很复杂，牵涉很多政治的、经济的、宗教信仰的问题。而托勒密埃及也是同样的情况，有希腊人、马其顿人、犹太人、波斯人和埃及人。希腊人讲希腊语，马其顿人讲希腊语的马其顿方言，犹太人有自己的语言，埃及人也有自己的世俗语。正是这种相似性促使我们关注托勒密埃及的族群问题。事实上，任何古史研究都是因为现实问题促动的，这一点自从后殖民时代我们这些所谓的西方学者对古希腊历史（尤其是希腊民主制）的研究就已经开始了。反过来，我们在选择自己的研究领域时，也应该主动地考虑当代问题和当代思想，我的导师在选择这个研究领域时（严格来讲，我是继承了导师的研究领域），也是受到了当时比利时人思考自己国家的民族问题的影响，可以说他的研究是古史文化与当代思想碰撞（crash）的结果，而我只是延续了这种碰撞，当然，我也希望我的学生和同事能够把这种碰撞延续下去。

人名研究是理解托勒密埃及族群问题的钥匙

郭：的确，任何古史问题的提出，都是受到了研究者所处时代背景的影响。那么，您是如何进行托勒密埃及族群问题研究的？能介绍一下您研究该问题的切入点吗？

克莱瑞斯：很多学者关注族群（ethnic）和族群认同（ethnic identity）问题，这些问题是后殖民时代诞生的，尤其关于希腊族群认同的探讨最为热烈，这也是目前学界的一个研究热点，我相信中国的学者也关注这个问题。学者们在研究族群问题时，往往从语言、习俗、宗教信仰、体貌特征等方面进行探讨，实际上语言、习俗和宗教信仰都是很不稳固的文化现象，是很容易随着环境的变化而变化的，虽然体貌特征不容易变化，但也存在很多局限，不足以说明问题。我们在研究族群问题时，主要依靠的是纸草档案文献中托勒密埃及人名的使用、构成和演变。虽然托勒密埃及的语言划分比较明显，但到了托勒密王朝统治中期以后，尤其到了后期，越来越多的埃及人会讲希腊语，由于希腊语占据官方语言的地位，很多埃及人之间的契约也用希腊语书写，所以完全靠语言来判断族群问题并不科学，但人的名字能够反映这个人的族群归属，因为任何一个民族或种族都有自己的命名习惯。比如，希腊人的名字能够体现祖孙关系，也就是说，孙子的名字往往是采用爷爷的名字；埃及人的名字也有类似特点，但他们更喜欢与神扯上关系。所以，通过考察托勒密埃及人名的演变，可以观察出不同的族群及其演变过程，甚至可以考察托勒密埃及的族群政策。

郭：2004年3月，您在美国加州大学伯克利分校做演讲时，提交了一篇关于托勒密埃及族群认同的文章，那篇文章是否体现了您的这种研究路数和方法？

克莱瑞斯：是的，那篇文章是《希腊罗马时期埃及的族群认同》，因为那只是一篇演讲稿，所以仅粗略地从几个方面（个人名字、语言、社会、教育、宗教）对当时埃及的族群认同进行了介绍。后来，我根据这篇文章撰写了另一篇文章，题目是《创造希腊人：托勒密埃及的族群政策或统治政策？》。在这篇文章里，我运用大量的统计数字和对名字的分析，证明同一个埃及人家庭谱系（祖孙三代）却存在两种家谱，埃及人和希腊人的谱系。其实这两个谱系是一个家族的，原因是这个家庭的第二代中至少有两个男丁：一个是村长，村长是埃及人充当的官吏，所以他必须使用埃及人的名字，而以他为核心建立起来的三代家族谱系自然是埃及人的谱系；另一个男丁则是这个村庄的警察，警察是希腊人的官吏，因而这个男丁就必须使用希腊人的名字，因此以他为核心建立起来的家庭谱系自然是希腊人的谱系。我在文章里还提到了其他一些官职引起人名的变化。我最终的结论是：在托勒密埃及，希腊人和埃及人真正地混合起来了，而且族群始终在起作用，但是政府政策也为埃及人进入王室系统和变成希腊人敞开了大门。

当然，我还在其他很多文章里面运用了这样的研究方法。例如，在最近发表的两篇文章里便充分探讨了人名问题。其中一篇是关于人名在希腊和埃及的使用特点，尤其阐述了人名在托勒密埃及的变化情况，以及人名研究是研究族群变化的基础的观点。另一篇是以萨拉皮斯的纸草文献为依据，在充分分析人名数据的基础上，提出了萨拉皮斯地方埃及人的名字倾向于与神联系起来，也就是说大多数名字来源于神的名字。

郭：您在研究托勒密埃及的人名，并运用人名研究族群问题的过程中，是否考虑过希腊文化对埃及文化的影响？能谈谈您是怎样看待这个问题的吗？

克莱瑞斯：2004 年，我在加州大学伯克利分校做学术访问时，提交了另一篇文章，探讨了公元前 500 年至公元 500 年希腊文化对地中海地区的影响。我从政治、经济、语言等方面进行阐述，认为亚历山大大帝东征以前地中海周围地区的希腊化就已经开始了，首先是商人对希腊文化的传播，然后是雇佣兵对文化的传播，最后是亚历山大东征以后希腊化王国统治阶级有意识地传播希腊文化，到罗马时期，虽然希腊语不再是官方语言，但希腊文化的强大影响依然存在，一直延续到公元 500 年左右，甚至更持久。

托勒密埃及是一种寡头政府

郭：谈到这里，我不得不问另一个关于希腊文化与埃及文化之间关系的问题。我一直在研究托勒密埃及的专制王权，我认为托勒密埃及的专制王权是结合了马其顿的君主制和法老埃及专制主义的一种特殊制度，这种制度体现了希腊因素与埃及因素的结合。您也关注托勒密埃及的政体，请问您是如何看待托勒密埃及政治制度的？

克莱瑞斯：首先，专制主义绝对不是一种积极政治，而是一种消极政治。事实上，没有任何人喜欢专制政府。其次，自古以来很多政府都是寡头政府（Oligarchy），托勒密埃及也不例外。1939 年，希姆（Ronald Syme）所著《罗马革命》（The Roman Revolution，牛津大学出版社）的第二章"寡头政治"可以为我们提供一些线索，托勒密埃及的政治制度与罗马共和国后期的情况很相似。另外，如果我们对近现代某些国家的政体进行分析，那么从一定程度上讲，我们认为德意志的希特勒纳粹政府、意大利的墨索里尼政府、法国的拿破仑帝国等都是寡头政府。托勒密国王把权力都掌握在自己手里，使希腊人成为统治阶级，给埃及当地人中的贵族一些特权，利用他们来统治，并充分利用了宗教的魔力，通过宗教来控制当地人和希腊人，他发号施令会得到一群既得利益者的拥护和支持，从而保证了国家的寡头统治。当然，我知道我的这种观点并没有得到很多人的认可，大多数学者还是坚持托勒密埃及是一种君主制的，而且是专制性质的君主制，这个问题还有继续探讨的必要。

郭：您刚刚提到托勒密国王充分利用了宗教，能进一步阐述托勒密埃及统治者与祭司集团的关系吗？

克莱瑞斯：这个问题实际上是我非常关注的一个问题，最近我也参加了一些相关著作的撰写，也都直接或间接地论述了这个问题。托勒密埃及国王的地位比法老时期要高，从而他们能够更充分地利用宗教因素，祭司集团是为国王服务的，当然高级祭司集团在托勒密埃及占有举足轻重的地位。就托勒密埃及国王与宗教祭司的关系而言，还有很多具体问题没有探讨清楚，这方面除了可以参考我的一些论著而外，还可以根据史料进行更深入地研究。

土地开发与环境破坏是一对难解矛盾

郭：正如您前面所说，古史文化与当代思想的碰撞可以促发很多历史问题的探讨。目前，环境污染备受关注，这使我联想到了托勒密埃及的农业开发与环境破坏的问题。我认为，托勒密埃及之所以对法尤姆地区进行农业开发，主要是为了安置老兵和希腊移民、发展经济，而农业开发确实达到了预期的效果，但同时也对环境造成了一定程度的破坏。您长期关注学界对法尤姆地区的研究，也正在主持托勒密埃及法尤姆的研究项目。您能谈一下对这个问题的看法吗？

克莱瑞斯：法尤姆地区是托勒密埃及一个非常重要的地区，具有举足轻重的意义，而且我们从这里获得的史料也最多，事实上，我们对托勒密埃及的研究，主要依靠的是法尤姆地区出土的纸草文献，比如奥克西林库斯纸草、塔布突尼斯纸草、芝诺纸草、皮特里纸草等等。所以，我们比较关注这个地区的档案文献和管理制度。

法尤姆的农业开发是一个很重要的经济问题，关于这个问题美国斯坦福大学的马宁（J.J.Manning）博士是专家，我想你一定读过他的《托勒密埃及的土地与权力》（Land and Power in Ptolemaic Egypt），他在那本书里面对这个问题进行了一定的探讨，当然他没有提到土地开发与环境破坏的问题，他关注的主要是国王的经济专制。所以，这个问题的研究还是有前途的，但是要更多地依靠已经解读的文献史料，你不一定过多地关注考古挖掘方面的东西，因为那些史料都是没有解读的。

但我的观点跟你的观点稍有不同。我认为法尤姆农业开发主要是为了安置希腊移民，而且从法尤姆发现的一些纸草来看，托勒密埃及确实对法尤姆进行了大规模的开发和建设，托勒密国王向这里迁移了大批希腊人。当然，这些希腊人里面也许有雇佣兵，但直接证据并不是很多。从人名统计数字来看，希腊人占绝大多数，其他人口包括波斯人、犹太人、埃及人。至于你说的其他方面的原因，我想托勒密国王是有发展经济的考虑，但我没研究过，我不敢说什么。至于土地开发会影响环境，我想这是一个不争的事实，只要看一看现代的法尤姆沙漠就知道了，而且土地开发与环境破坏始终是一对很难解决的矛盾，即使在当今社会也不例外。

创办古代奥林匹克运动会网站

郭：在 2008 年奥运会举办之际，您带领自己的学生索菲（Sofie Remijsen）与北京大学颜海英教授共同创办了一个古代奥林匹克运动会网站（http://ancientolympics.arts.kuleuven.be/），以英语、荷兰语、汉语和阿拉伯语等四种语言文字向世界人民介绍古代奥林匹克运动会的历史与文化，介绍 2008 年北京奥运会的盛况。能谈一下您办这个学术网站的初衷吗？

克莱瑞斯：几年前，北京大学的颜海英教授邀请我到中国讲学，我去了北京、武汉和四川，深深感受到了中国已经发生了翻天覆地的变化，人们的精神面貌空前高涨，学生的学习热情和学者的研究精神都令我感动和吃惊，这一切改变了我去中国之前的想法。我对中国古老的文明产生了很强烈的好奇感，很想更进一步了解她。我相信世界其他地方的很多人都与我一样，对中国的想象并不能准确反映中国的现状。2008 年北京举办奥运会，这再度引起了我对中国的好奇。我希望亲自目睹 2008 年奥运会的盛况，只可惜我已经很老了，身体不允许。所以我希望从网上观看。此时，恰好颜海英教授提出建议，希望与我共同建立一个网站，既向世人介绍 2008 年北京奥运会的盛况，也介绍古代奥林匹克运动会的历史和文化，这一定是很多人关心的。我想，这也是古史文化与当代思想碰撞的结果吧。

（郭子林：中国社会科学院世界历史研究所助理研究员）

原载于《中国社会科学报》2010 年 4 月 8 日第 78 期第 5 版

古史文化与当代思想的碰撞

史学理论、后现代主义和多元文化政策

——访加拿大史学家肯特

刘 军

克里斯托夫·安德鲁·肯特（Christopher Andrew Kent）是加拿大萨斯卡彻温大学（University of Saskatchewan）历史系教授，曾任该系主任、

克里斯托夫·安德鲁·肯特（Christopher Andrew Kent）

《加拿大历史杂志》（Ca nadian Journal of History）主编、西加拿大维多利亚研究协会主席、《维多利亚研究》、《维多利亚评论》、《反思历史：理论与实践杂志》等多家杂志的编委或评委，主要研究领域是 19 世纪英国社会史、史学理论与史学史。

2009 年 11 月 21 日，刘军在加拿大访学期间，采访了肯特教授，请他谈论了史学理论教学和研究中的若干问题。

过去与现实之间的平衡与妥协

刘军（以下简称"刘"）：我很高兴在毕业 16 年后再次回到母校，见到老师们，特别是看到您的身体很好。

克里斯托夫·安德鲁·肯特(以下简称"肯特")：我也很高兴与你重逢，时间真是太快了！明年初我就要退休了，虽说退休后还可以搞研究，但不能教学了。可我喜欢教学，一想到要告别教室和同学们，我就有些失落。

刘：没关系！您现在就可以再给我上一课。我曾读过您的一篇书评，题为"史学史和现代主义"（Historiography and Postmodernism），里面点评了 20 本 20 世纪 90 年代出版的史学理论新著，我以前还没看过这样规模的书评。您如何看待史学理论？

肯特：在英国乃至欧洲，理论总是和哲学这样宏大的观念相联系的，大多数史学家更愿意研究贴近事实的具体事件，他们面对理论总有些不自在，觉得它们太大、太模糊了。然而，对于史学家来说，他们对现在的理解决定着他们对历史的认识。史学家不能装作对未来一无所知的样子看待历史，似乎过去就是过去，与现在没有关系。比如，我们研究 18 世纪 60 年代的北美殖民地，不能像当时的人那样没有意识到革命的必然性。当时殖民地发展的最大可能性不是革命，王室对民众很重要，但让历史学家不用后来的眼光研究那个时代是很困难的。尽管也有历史学家认为，革命不一定是不可避免的，殖民地发展还有其他可能性，只是这些可能性都没有实际发生。

每个史学家都要在过去和现在之间保持一种平衡或妥协的立场，在过去与现在之间的位置问题是史学家们不可避免的一种理论问题。一般而言，研究大的问题，如美国革命，史学家的眼光会更靠近现在；若研究一些小的和具体的问题，史学家受现在的影响小一些，与过去更近一些。两百年前人们认为重要的事件，现在可能不重要了；现代人认为重要的，过去人可能都没有意识到。同时，由于历史学家们的位置不同，这个人认为重要的问题，那个人可能认为不重要。以上这些问题都是史学理论问题。

刘：史学家的观念很重要，选择大题目或小题目，靠近现在或过去，有时就取决于这种观念。但无论如何，这种选择应该对现在有益处或有用，否则，我们为什么要耗费精力做没用的事呢？

肯特：这又是一个有意思的问题。史学家一直在争论，我们究竟为了谁在写作？是为我们的同行，还是为更广泛的读者？我的第一本书是在我的博士论文基础上完成的，是写给史学家看的，没有考虑其他读者。它奠定了我在这个学术圈里的地位，证明我可以从事史学研究工作。现在我写的这本书则是给更多的人看的。我们历史系有的人更愿意做专业研究，有的则愿意写给更多的人看。当然，我也承认，所有历史作品或多或少都会对当代人有影响。

史学史渐受重视

刘：在加拿大如何讲史学理论课？它是必修课吗？您为何对这门课感兴趣呢？

肯特：近十多年，史学理论课比以前多了。四十多年前，读研究生时的我就对史学理论问题有兴趣，最初是想解决我自己学习和研究中的一些困惑。但当时的学校没有这门课，也没有多少史学家对理论感兴趣，这方面的书也很匮乏。二十年前我开始在研究生中开设史学理论讨论课；大约五、六年前，我也开始为高年级本科生讲授史学理论，很受欢迎。史学理论课在本科阶段不是必修课，我们只是希望学生能了解一些最基本的知识。在硕士研究生阶段，它是必修的，对史学理论主要内容和发展过程都需要了解。相应地，我们系里的老一代史学家，大多对理论不感兴趣，我可能是极少数的例外；年轻一代对史学理论大多有兴趣，区别只是兴趣有大有小，史学家逐渐重视理论的趋势很明显。

刘：您在史学理论课中讲史学史（historiography）吗？

肯特：我没有讲你说的那种史学著作史，但讲不同时代对史学的不同认识。以前人们认为史学是一种科学，一种关于社会进步的科学，科学就不太需要科学史。如化学，人们认为现在的化学研究肯定比两百年前要先进，谁还会对过去的研究感兴趣呢？20世纪60年代，有一项对美国史学界的调查显示，只有1%的史学家认为史学史是他们的第一或第二研究领域。一些人认为，研究史学史有寄生性之嫌，如同文学评论之于文学那样，似乎研究历史比研究历史是如何研究的要强一些。什么是史学史呢？有人认为，史学史就是回答什么是历史的问题，这是本体论（什么是现实）和认识论（什么是真实）的内容，这些问题应该由哲学家去考虑。

近几十年来，这种观念不再流行，因为史学家们逐渐意识到他们的历史研究并不比前人优越；相反，不同时代的史学家面对史学问题时有很多相似之处。因此，他们开始重视过去史学家的经验，尊重他们的研究成果，变得虚心多了。在这样的情况下，史学家才可能讲授史学著作史。

刘：在史学理论课上，您最希望学生了解些什么？

肯特：我经常强调的一点是，史学家不能因其职业而垄断历史，认为他们最了解历史，最有权讲述历史。实际上，历史的内容远比史学家理解的要多，每个人都有自己熟悉的领域和对这领域的独特理解和感受，所以每个人都能讲述他自己及其时代的历史。

我在课上讲到史学的用处时，会谈其政治功能，如民族认同，我们是什么人，从哪里来，现在面临什么问题等。例如，在南斯拉夫分裂后形成的一些国家里，史学有很强的一种排外的民族主义特征。你可能会说这是一种不好的史学，但在那些地区，这种史学很重要，也是一种强有力的史学。最近我讲这种史学时，引用的是一位加拿大女史学家的著作《史学的用处与滥用》（The Uses and Abuses of History, by Margaret Macmillanv, 2008）。加拿大反对党领导人、自由党领袖伊格纳季耶夫（Michael Ignatieff）是一位著名的历史学家，有历史学博士学位。他在加拿大多所大学和英国剑桥大学教过很多年历史，出版过 17 本书。2010 年最新的一本是《真正爱国者的爱》（True Patriot Love），通过他母亲一家四代人的经历映出加拿大的历史。很少人知道，英国首相布朗是爱丁堡大学历史学博士，他的博士论文写的是一个苏格兰劳工活动政治家詹姆斯·麦克斯通（James Maxton）与苏格兰工党在 19 世纪 20 年代的活动情况。历史对个人成长以及对社会发展的潜在影响是很大的。

刘：中国国内近年来翻译了不少西方史学理论著作，大多是英国、法国、德国和美国的，我还没有见到加拿大人写的，是不是整体比较而言，加拿大史学界不太重视史学理论？

肯特：好像不是，加拿大的史学环境和发展趋势同西方其他国家是一样的，但加拿大没有特别出名的史学家，尤其在史学理论方面。这个原因可能跟加拿大有英语区和法语区两部分有关，加拿大历史在英语区和法语区的讲述是不同的，史学家们因此也有很多争论，难有一致的认同。研究加拿大历史一定要懂英、法语才行，法语区的史学家至少要可以读英文，同样，讲英语的史学家也最好能看法文，这样才能了解加拿大史学研究状况。加拿大史学家协会很谨慎地对待这些争论，每年轮流安排英语区和法语区的史学家担任协会主席。

史学中的两种后现代主义

刘：近十几年来，后现代思潮对史学影响很大，您怎么看后现代主义史学思潮？或者它根本不能称为一种思潮，只是很多相关观点的集合。

肯特：后现代主义这个概念是有些问题。一般人们认为，现代是从法国大革命开始的，后现代应该在它之后，可是现代是在什么时候结束的呢？为什么结束呢？它结束了吗？没有人能说清楚。有一种说法是，现代结束于苏联解体和苏联式马克思主义的终结，因为马克思主义是最具现代性的，即最信奉科学、进步的一种观念。这是一种带有意识形态色彩的解释，可是却不那么有说服力。苏联和东欧的一些社会主义政权是解体了，马克思主义意识形态也被淡化了，但社会进步的观念瓦解了吗？马克思主义是一种进步观念，但它就等同于进步观念吗？进步观念就是现代吗？这些都不清楚。另一种是意识形态色彩较少的观点，史学界感受的后现代主义是更少科学性的、更多艺术和文学化的史学观念，强调史学应更开放，史学家应有更多的自由。这使一些严肃的史学家感到不快，他们强调史学和文学的界限，强调史学家自由的程度，即他们在多大限度内可以超越史料去解释历史。即使史学不是严格的科学，如化学和物理学，没有那么严格的规律，但史学毕竟是与事实相联系的，它不能脱离事实。

刘：我也觉得，仅将马克思主义与现代观念或思潮关联在一起有些牵强，马克思主义是一种现代思潮，但它又超越一般的现代思潮，在对很多现代社会现象的批判上，也带有某些后现代的特征。如果将马克思主义视为一种现代批判理论，甚至社会革命理论，后现代主义则是一种单纯的观念变革，或思想领域的一种革命。现在马克思主义与后现代主义的关系已经成为一个研究领域，中国国内也发表了不少这方面的文章，还召开过国际研讨会。您是怎样看这两者的关系呢？

肯特：这两种"主义"都有很强烈的现实批判性，但实际有很多不同。我认为，马克思主义在提供一种对人类社会过去与未来的科学理解的意义上，可以被看做一种最终的现代主义观念。它认为的真实是在现代科学认为真实的意义基础上，并基于这样的科学规律提供可以证明的社会发展规律和预言。马克思主义也可以被看做是启蒙主义思潮的一种最终版本。启蒙主义关于人类进步的观念最初在 18 世纪得到较为清楚的理论阐述，并在法国大革命中见证了其最初不完全的实践。

后现代主义则认为，启蒙主义的进步发展并不一定是一种不可避免的结果，关于社会发展的主叙事也不一定是一种不可避免的进步。现代主义相信历史会有终结，马克思主义认为它提供了实现这种理想社会的最短途径。

我认为，接受后现代主义观念就包括在某种意义上承认，启蒙主义关于不可避免的进步观念失败了，而失败的主要征兆是苏联、东欧马克思主义政权的解体。如果苏东马克思主义的失败代表着现代主义的失败，那就应该问：在现代主义之后还有些什么？这就是后现代主义。在我看来，后现代主义是一种理论热情，尤其在那些用历史性"失败"剥夺了马克思主义的人中。

当然，需要说明，我对马克思主义的理解很粗略，甚至有不对的地方。加拿大现在没有很多马克思主义史学家，老一辈史学家中有一些。他们会否认马克思主义已经死亡并被后现代主义取代了，因为后现代主义没有论及马克思主义意义上的"现实"，也没有提供什么（尤其是社会分析的）方法。也可以说马克思主义没有在世界上失败，一个例子就是中国认为自己是一个马克思主义国家，如果是这样，那它就是一个很成功的马克思主义国家，也是一种现代主义没有结束的证明。我不知道西方马克思主义如何看待中国，但我认为他们面对中国版的马克思主义时一定有很多问题。

刘：请您接着谈另一种意识形态色彩较少的后现代主义，这与专业史学家的关系更密切些。

肯特：这种后现代主义或许出自一些人对那种不仅能解释过去，也能预测未来的一种宏大叙述的觉悟。我重视的是这种负责任的后现代主义，它的批判性是值得认真对待的。大多数史学家对福柯都有些看法，我仔细看过他的著述后，觉得福柯首先是一个严肃的历史学家，也许他还是最伟大的后现代主义思想家，我现在还想不出其他人可与之相比。为什么很多史学家不愿接纳他，是一个有趣的问题。我觉得他不是一个破坏者，而是一个建设者。

海登·怀特也是一个遭很多史学家反感的人，人们认为他破坏了史学与文学的界限。我读过他的绝大部分著作，他没有破坏史学与小说的界限，他最多是模糊了这种界限，而这种界限本来就不是很清楚。他认为，史学与文学不是完全不同的两回事，这两者的关系比大多数史学家认为的要接近，但它们还不是一回事，还是有区别的。有些人指责他将两者混为一谈，或许他们没有仔细地看他的书。如果说史学与文学是一回事，那确实是很危险的，但怀特不是那样的。

刘：中国有句老话：文史不分家。但后现代主义似乎也是对近年来史学界讲故事趋势的一种讽刺，人人都是自己的史学家，大家都在讲自己的故事，史学还有什么可信性呢？

肯特：史学向文学靠拢本不是什么坏事，看看十多年前的那些历史著作的可读性多么糟糕，史学在高中和大学生中多么令人生厌。1994—1997年间，加拿大大学历史系的注册人数减少了22%，历史在47个专业中排名43位。美国很多高中生也表示最不喜欢历史课。这样你就能理解史学界为什么要讲故事。但后现代主义风行不单是因为故事讲多了，更是与史学潮流转换有关。就像20世纪60—70年代，社会史取代政治史，90年代前后，思想史又占据了社会史当年的位置。有人注意到，后现代主义阐述者大多是思想史学家，与经常去档案馆的传统史学家不同，他们去的是图书馆，接触的是二手资料，其中有经典文献，这些文本解释有很大余地。他们嘲笑那些因接触原始资料而自命不凡的史学家的天真，殊不知这些一手资料也有人为的痕迹，有些更不靠谱。

刘：后现代主义确实通过揭露史学的一些盲区，打击了史学的过分自负。您如何评论您所谓的负责任的后现代主义。

肯特：我不是后现代主义者，但我认为虽然后现代的一些观点很尖锐，让我们不舒服，却值得我们去思考。如有人一方面无情地揭示，没有中立客观的历史解释，没有无倾向的社会调查，没有无立场的立场，历史总是现实中某些人的历史，史学家不过是高等教育中的工薪者；但另一方面，史学家应该成为在史学不可避免的功利化和意识形态化趋势下的守门员。这听上去有些矛盾，但其中有一种责任感。所以，某些后现代主义对学历史的人有益处，也不必然是危险的。

多元文化政策妨碍加拿大民族认同感

刘：您如何看待阶级、阶级分析问题，这些年，阶级分析的史学研究似乎在减少。

肯特：的确是这样，近年来，阶级问题相对性别问题、种族问题，没有像以前那样受关注。尤其在加拿大这样的多元文化的移民国家中，种族意识一直比较突出，史学家在很长时间内都在讨论加拿大的民族认同问题，在这里教加拿大史很困难。如果你讲欧洲白人或盎格鲁—撒克逊人的历史，那些土著人、非洲裔、魁北克法裔等就会认为，这是你们的历史，不是我们的历史。如何讲述各个种族都能认同的加拿大历史以及如何形成加拿大民族的凝聚力，是加拿大史学家的一个重要任务。所以，这种国情特点就决定了阶级问题没有种族问题更明显、更受关注。当然，因各自的研究题目不同，有的史学家重视阶级，有的不重视。但总的说来，阶级问题不如二十年前那样受重视。

刘：您的意思是说，研究加拿大的史学家不太重视阶级，研究其他国家历史的可能会重视。

肯特：是这样。在我的研究领域，19世纪英国社会史，阶级就是一个非常有用的概念，那个社会很小，没有什么移民。富人和穷人、不同等级的人的区别非常明显。当然，直到20世纪，阶级仍然是一种重要的政治力量，受到学者和政治家的关注。

刘：您刚才提到，加拿大历史被碎化为各种族的历史，这不利于加拿大民族精神凝聚与发展，这与多元文化政策有什么关系吗？

肯特：上世纪 60—70 年代以前，加拿大历史主要是英国人和法国人的开拓和发展史。其后，土著人和其他少数民族的历史研究才逐渐出现，政府也鼓励多元文化。但有人认为，这也是造成民族认同缺乏的一个原因。有一本书《谁消灭了加拿大历史》（Who Killed Canadian History? by Jack Granatstein, 1998），就是这种观点的代表作。作者认为，每个族裔、每个教派都有权讲述自己的历史，但谁来讲述加拿大的历史？政府根据多元文化政策，用纳税人的钱来鼓励这些文化，不仅是浪费，更是培养分裂情绪。加拿大人总强调自己是"马赛克"文化，以示与美国的"熔炉"文化不同，其实加拿大的"熔炉"一点都不比美国差，只是由于各种原因，加拿大始终没有发展出一种加拿大人的民族认同，近几十年多元文化政策更妨碍了这种认同的形成。我觉得，如何对待少数民族的历史，尤其是过去少数民族带着伤痕的历史，如何着眼现在、面向未来，史学家们有着不同的观点，也有很多工作可以做。

刘：您刚才说，您现在正写一本书，是什么题目呢？

肯特：我现在写的这本书，讲的是维多利亚时期一个在英国和美国很活跃的通俗艺术家 Matthew Somerville Morganv（1837—1890）的传记故事，这个人专门为杂志画插图、讽刺性漫画，讽刺对象是包括英国女王在内的很多社会上层人物，到他去世时几乎是美国最有名的通俗漫画家。我通过这个人的丰富经历，使读者了解那个时代通俗艺术的社会影响和人们在这方面的审美娱乐情趣。这本书不是那种严肃的专业著作，感兴趣的读者可能比较多，已经快写完了，我在找一家能制作很多插图的出版社。然后，我还要写一本有关伦敦 1815—1914 年间绅士俱乐部（The Gentlemen's Clubs）的书，这也是个社会史的题目，我已经考虑了好几年，资料都收集好了。

（刘军：中国社会科学院世界历史研究所研究员）

原载于《中国社会科学报》2010 年 1 月 28 日第 60 期第 5 版

魏斐德的治学与中国史研究

——访埃尔文·沙伊纳教授

王 平

埃尔文·沙伊纳（Irwin Scheiner），美国加州大学伯克利分校历史系教授，著名日本学研究专家。主要进行日本德川时代和明治维新时期的知识界问题研究，以及思想史与社会转型问题探讨。他早年毕业于密歇根大学，获得博士学位，精通日语。魏斐德早年的一部著作《历史与意志》，扉页上写着专门赠送三位尊敬的人：他的父亲、他的导师列文森，再一位就是他的亲密朋友埃尔文·沙伊纳教授。

魏斐德（Frederic Wakeman, Jr.），美国著名中国学家、历史学家、社会活动家。生前曾任美国历史学会会长、加州大学伯克利分校东亚研究所所长、中国研究中心主任。他也是美国国际研究委员会会长、中国研究联合委员会会长、美国学术团体理事会主席、美国学术团体理事会中国研究文明委员会主席、美国社会科学委员会主席。

魏斐德一生共有论著八部，分别为《大门口的陌生人——1839—1861年间华南社会的暴

魏斐德在加州大学伯克利分校办公室 ■ Jane Scherr／摄

乱 》（Strangers at the Gate: Social Disorder in South China 1839—1861）、《历史与意志——毛泽东思想的哲学透视》（History and Will：Philosophical Perspectives of Mao Tse tung's Thought）、《中华帝国的衰落》（The Fall of Imperial China）、《洪业：清朝开国史》（The Great Enterprise: The Manchu Reconstruction of Imperial Order in Seventeenth-Century China）、《上海警察，1927—1937》（Policing Shanghai 1927—1937）、《上海歹土——战时恐怖活动与城市犯罪，1937—1941》（The Shanghai Badlands: Wartime Terrorism and Urban Crime, 1937—1941）、《间谍王——戴笠与中国特工》（Spymaster: Dai Li and the Chinese Secret Service）、《控制与冲突》（Conflict and Control in Late Imperial China），论文约 150 篇。他的著作曾获美国亚洲研究协会 1987 年颁发的列文森奖、加州大学出版社 1987 年颁发的伯克利奖。他还曾获得美国城市历史协会颁发的非北美城市历史最佳书籍奖。由于他对美国中国学和加州大学伯克利分校教育工作的杰出贡献，曾被授予"伯克利最高奖章"。

2009 年夏，笔者有机会到美国访问，特地拜访了加州大学伯克利分校历史系教授、著名日本学研究专家埃尔文·沙伊纳先生。沙伊纳是魏斐德生前的亲密同事和老朋友，对魏斐德的学术道路和治学思想有很深的了解。他热情接待了我，并回答了我有关魏斐德生平和中国学研究的问题。

一次促使魏斐德转变学术研究方向的对话

王平（以下简称"王"）：魏斐德在哈佛大学攻读的专业并不是中国历史，而是欧洲历史与文学，那么是什么使他转向中国历史研究？

埃尔文·沙伊纳（以下简称"沙伊纳"）：1965 年，我在伯克利遇见魏斐德。我比他早一两年来到加州大学伯克利分校。他当时刚刚毕业，是中国历史专业一名年轻的副教授。我从事日本研究，他从事中国历史研究。从那时起到他去世为止，我们一直是同事和朋友，我俩的办公室紧邻着，就这样度过了 40 年。

他本科就读于哈佛大学，主攻欧洲历史与文学，可以说是哈佛学习最认真、最刻苦的一个学生。其间，他偶然认识了在芝加哥大学学习中国历史的柯文（柯文当时正打算去哈佛读研究生），他告诉我，他的研究方向之所以从欧洲历史和文学以及苏联问题转到中国历史方面，与柯文关于中国历史的谈话是其中一个原因。是他俩的一次偶然谈话改变了他，他开始对中国研究产生了浓厚的兴趣。毕业后他去法国深造，研究苏联问题与政治理论，但此时他开始思考今后到底研究什么领域。

不过当初他申请来伯克利攻读硕士学位的时候，所关注的焦点并不是历史，而是"亚洲研究"。当时东方语言系的日本文学与文化专业唐纳德·夏夫利（Donald Shively）教授看到了魏斐德的申请表以及他在哈佛的学业记录和突出表现，认为当时学校"亚洲研究"还没有得到足够的重视，学科建设尚不完善，所以建议他去读中国历史。他写信给魏斐德说："我个人认为你应该去历史系跟随列文森教授学习中国历史。列文森对你来说是一个非常重要的老师，他能力很强，在学术上也有独到见解。"魏斐德接受了夏夫利教授的建议，转向了中国历史专业。

夏夫利开始是加州大学伯克利分校的教授，后来去了斯坦福大学，接着去了哈佛大学，最后又回到加州大学伯克利分校，担任东亚研究图书馆馆长，直到退休。他是列文森同时代人，曾是列文森的同学。所以说，最早是柯文使他对中国产生了兴趣，后来是夏夫利给了他诚恳的建议，使魏斐德完全转变了学术研究的方向。

《历史与意志》：为纪念列文森而作

王：在美国，曾对魏斐德产生过重大影响的学者和学术思潮有哪些？

沙伊纳：列文森曾对他的学术研究产生过重大影响。列文森既是非常杰出的历史学家，也是杰出的思想家，对魏斐德来说，他是非常理想的导师。读一下魏斐德所撰写的《历史与意志》，你会发现这本书献给三个人：他的父亲、导师列文森以及我。他研究毛泽东的原因之一也是为了纪念他的导师列文森。列文森的去世使他非常悲痛，所以他要以他导师研究思想史的方式来研究毛泽东。

他阅读非常广泛，就我所知，关于法国历史的论著对他产生过重大影响；法国的年鉴派也对他产生了深远影响，比如其中的重要人物马克·布洛克就给魏斐德留下非常深刻的印象。另外，著名社会学家马克斯·韦伯、人类文明比较专家史华慈、英国著名史学家霍布斯鲍姆、以色列社会学家艾森斯塔特（Shmuel N. Eisenstadt）以及费正清等人的著述都对魏斐德产生过深远影响。当他研究毛泽东的时候，曾阅读了有关欧洲哲学研究的文章。

王：但后来他为何不再提及《历史与意志》？

沙伊纳：这本书是思想史领域里的一个不同的声音，当然也是为了纪念对他极其重要的人——列文森。起初，魏斐德想写一篇关于毛泽东的文章，但渐渐地，文章越写越长，成了一本书。为了研究、了解毛泽东及其思想，他自学了很多东西。当时，为了追溯毛泽东思想的理论根源和毛泽东早期所接触过的各种思潮，他阅读了毛泽东所读过的所有中西哲学家的作品。打开《历史与意志》，你就会发现，他研究过很多中西哲学家、史学家、思想家，像康德、黑格尔、王阳明、康有为等。所以这本书与其他书的不同之处在于，它是一本思想史著作，同时，写这本书的过程也是魏斐德深入学习和研究的过程。

在中国内部寻找动力

王：魏斐德与他导师的观点有何异同？

沙伊纳：当然他们各有各的见解。但魏斐德受列文森的影响很深，尤其是研究方法。然而，在他后来的研究生涯中，你会发现他治史的观念和对事物的理解与他的导师有不同的地方。

王：对于费正清的"冲击—反应"论和列文森的"传统—近代"说，魏斐德本人持有截然相反的观点：中国的历史从来就没有停滞过，中国的历史一直是鲜活的、动态的。那么，是否可以这样说，魏斐德在最初阶段与他的导师观点相同，后来改变了？

沙伊纳：我想不能这么简单地看待问题。他的第一本书《大门口的陌生人》，既受了费正清的影响，又有他自己的创新。他曾阐述，西方入侵的确改变了中国，但同时，他已经在寻找中国内部的动力，他认为中国内部的动力是不可忽视的。而列文森关注的是思想史——人们对西方冲击的反应以及在思想上的转变。魏斐德认为，当你在进行内外因素关系对比时，一定会探讨这些因素对社会产生的影响，所以写完《大门口的陌生人》后，他真正开始在中国内部寻找动力。这在他随后的著作中可以看出，《历史与意志》一书就是从思想史的角度来关注中国历史的。其实他也在作东西方比较研究，并由此阐述西方哲学对毛泽东的影响。《自治的代价》（Price of Autonomy）一文中，也从中国社会内部寻找社会变革的原因，其中涉及中国的腐败问题与政府的改革。《历史与意志》是从比较研究角度写的一本关于中国历史和社会的书，在他的治史生涯中，《自治的代价》也非常重要。

　　他的第一本书《大门口的陌生人》对于一个年轻的美国中国学研究者来说，简直是一部划时代意义的杰作；第二本书《历史与意志》我刚才已谈过；第三本书《中华帝国的衰落》是一本集大成之作，充分显示了魏斐德中国学研究逐渐成熟。接下来，魏斐德的研究又回到历史的更早时期，开始研究明清两朝的嬗替，也就是他那部曾获美国亚洲研究协会颁发的列文森奖的代表作《洪业》。之后，他写了一系列关于大清王朝统治体系的文章，这是他一生所关注的主题之一。而他的"警察研究"就与此有很大的相关性。他非常注重研究中国内部事物或因素之间的内在联系。自20世纪60年代起，他就在思考《洪业》中的问题，其中一个让他苦思冥想的重要问题就是关于"忠"的问题。他的一系列著作的创作灵感，来自于对"忠"的问题的探讨，如《洪业》、《上海警察》、《上海歹土》、《间谍王》等。"忠"是贯穿他一生的研究主题。在我看来，作为一个美国中国历史学家，要处理这个问题，得研究中国社会鲜亮的一面与黑暗的一面、真诚善良的一面与邪恶阴险的一面、秩序井然的一面与鱼龙混杂的一面。他甚至对民国时期的"地方帮派"也感兴趣。所有这些盘根错节的因素，是魏斐德一生研究的主题。他倾注一生心血，想要解开这些谜团。

不妄加评判　不厚此薄彼

王：他甚至写过与泰国文化有关的东西？

沙伊纳：是的，他的兴趣非常广泛。

王：如此我便更加困惑了：他的不同的研究领域之间有什么必然的联系吗？例如，从清代历史研究到毛泽东研究再到上海研究。

沙伊纳：它们彼此关联——都与"忠"相关。他研究了明代的"忠"，又研究清代的"忠"，他看到了"忠"光明的一面，又看到了"忠"残忍的一面。它们总是彼此纠结在一起。所以，将社会置于接近它原有的、复杂的历史背景中去研究，不妄加评判，不厚此薄彼，由此形成他一贯的学术研究风格。

王：您所提到的"忠"的问题可能是我们以前关注不多的问题，在魏斐德的著作中，确实多次提到"忠"的历史意义的问题，这是他的一个重要历史观点，也是对儒家思想的社会影响的重要探讨，有待我们深入研究。还有一个问题，可否说"混乱与控制"是他研究中一直关注的主线？

沙伊纳：不那么绝对。他还关注其他问题，例如，在《自治的代价》中，他谈到了中国19世纪的社会问题，谈到了如果国家想要自救，就要给予像李鸿章、左宗棠、曾国藩这样的人一定的、自治的权利。他对问题之间的复杂性感兴趣：为了保全国家，更好地控制国家，政府必须付出代价——放弃部分权力。除了"忠"的问题以外，"得到"与"失去"、"好处"与"代价"、事物复杂的两面性甚至多面性、模糊性都汇聚在他的笔下。从某种程度上说，他对社会因素中各种复杂的、彼此纠结的那种模糊性、暧昧性的问题感兴趣。他对这些因素的研究，也可以说是一贯关注的主线，"忠"的问题当然包括在内。他不同时期的作品，就是这样彼此关联的。

王：但这种彼此纠结的模糊性或暧昧性，对我的研究来讲是很难处理的。

沙伊纳：但他说那样才够得上是一个真正的史学家。

把历史史实置于戏剧般背景中

王：那么他在《讲述中国历史》中所阐述的许多内容是否就是他研究中国历史的方法？他总是将历史和小说合二为一吗？

沙伊纳：他的父亲是一个非常成功的小说家，但他想成为一名伟大的历史学家。我想，小说家和历史学家之间的相似之处是他们都有超人的叙述技巧。他在伯克利读书时曾写过一本小说——《第十七棕榈大道》，但我认为那本小说太简单，不算成功。他写此小说仅仅是为了改编成电影。他不想当小说家。他知道写小说与写历史不同。

王：那么他总是将讲故事与历史史实放在一起吗？他用讲故事的方法讲述的历史掺杂个人的观点与情感吗？

沙伊纳：写小说的经历也许使魏斐德成为一个对事物更加敏感的历史学家。我认为他只是将历史史实置于一个戏剧般的背景中而已。那个背景也是最大限度地接近真实。

王：您能谈谈魏斐德的政治观点和不同时期美国政治对他的学术影响吗？例如，美国 20 世纪 50 年代、60 年代和 70 年代的国内运动对他影响大吗？

沙伊纳：就我所知，在当时分为左派和右派的学生运动中，他开始是中立的。中立派对社会也有许多看法和观点。当时，他反对越战，反对尼克松，但他不是一个马克思主义派，他是个自由的民主党派。他热爱美国，但对政府当时的外交政策极为反感。当他到了伯克利以后，曾有人称他为中立派里面的左派。但我不认为他是个左派。他曾支持美国的民权运动，支持以色列，对南非大概没有好感。

王：当时，周锡瑞等人曾批评哈佛学派？

沙伊纳：是的，但我并不认为魏斐德和周锡瑞观点是一样的，因为周除了批评费正清，还批评列文森。魏斐德既非左派，也非右派。他总是以开放的心态看待社会。

王：那么不同时期的美国的政治环境对他的学术产生过怎样的影响呢？

357

沙伊纳： 肯尼迪大选对他影响较大。他极其反对越战，同情越南人民，越战让他开始关注中国。20 世纪 90 年代，他比较支持克林顿，同时也更加关注中国的现当代问题。

尚未有系统研究魏斐德思想的专著

王： 就您所知，美国还有哪些人或学术机构在研究魏斐德？要开展对魏斐德及其美国中国学的研究，您有何建议和看法？您认为他关于中国历史研究的态度和方法是怎样的？

沙伊纳： 斯坦福大学有位叫哈罗德·卡恩（Harold Kahn）的中国历史学教授，现已退休，曾在台湾发表的一本书的一个章节中讨论过一个很有趣的话题，对史景迁、魏斐德和孔飞力三位学者进行过比较。另外，在《纽约书评》、《伦敦书评》和《亚洲研究杂志》上，也有史景迁等人写的有关魏斐德的书评。但目前为止，还没有一本对他的思想进行系统研究的书，仅有一本周锡瑞、叶文心和曾小萍合编的纪念魏斐德的文集《帝国、国家以及其他》，该书已于 2006 年由加州大学出版。我认为，要研究魏斐德及其治史方法，得将他置于一个比较的框架中去探讨，将他与同时代的研究中国历史的中国学家作对比，这样才会有突破。

至于他的研究方法与风格，我想，他既师从费正清和列文森，又与他们不同。他的第一本书《大门口的陌生人》，既受费正清的影响——有"冲击—反应"论的痕迹，但又有他自己的创新。因为当时他已经将关注的焦点放到"中国社会独有的内部动力"上，开始关注社会底层，关注社会总体的变化了，而且也更加注重从全局上把握不同地方的特色研究，注重利用当地的档案来进行研究。就是说，从那时起，他就有了自己独立的、原创性的研究风格。他不是个哲学家，他仅仅是个历史学家，但在平凡之中，他能够洞见深度；对于细节的处理，他无比细致；对于整个历史史实的把握，他也是高屋建瓴。他是一个出色的历史学家。

（王平：华东师范大学海外中国学研究中心博士生）

原载于《中国社会科学报》2010 年 4 月 29 日第 84 期第 5 版

古老的故宫　年轻的故宫学

——访故宫博物院院长郑欣淼

祝晓风　李　欣

　　郑欣淼，生于 1947 年 10 月。现任故宫博物院院长，曾任陕西省委副秘书长、研究室主任，中共中央政策研究室文化组组长，青海省副省长，国家文物局副局长，文化部副部长。长期从事鲁迅研究、文化研究以及政策理论研究，曾任中国鲁迅研究学会会长，出版了《文化批判与国民性改造》、《鲁迅与宗教文化》、《社会主义文化新论》、《政策学》4 部学术专著。近年来致力于文物博物馆研究，倡导"故宫学"。在故宫研究方面，先后出版

郑欣淼　■王宙／摄

了《天府永藏——两岸故宫博物院文物藏品概述》、《故宫与故宫学》、《紫禁内外》、《守护经典》等著作。此外，从 20 世纪 70 年代开始，郑欣淼创作旧体诗词，已出版《雪泥集》、《陟高集》、《郑欣淼诗词百首》。

2003 年 10 月，故宫博物院院长郑欣淼在庆祝南京博物院成立 70 周

年举办的"博物馆馆长论坛"上首次提出了"故宫学"概念，当即引起了学术界的关注。经过六年的认识和探索，2009 年 2 月，郑欣淼的《故宫与故宫学》在北京出版，收集的 21 篇文章成为"故宫学"学科探索的一个阶段性成果。同年 10 月，《故宫与故宫学》繁体版在台湾出版，此时正值台北"故宫博物院"与北京故宫博物院合办的"雍正——清世宗文物大展"展出之际，台湾各界对故宫和"故宫学"的认同，大大促进了两岸文化的交往，增强了凝聚力。

从"故宫学"提出至今，已有七个年头。"故宫学"经历了怎样的发展？取得了哪些成果？"故宫学"对弘扬优秀的中国传统文化、推动中国文化与外界的交流起到了什么作用？带着这些问题，《中国社会科学报》特派记者专访了"故宫学"概念的提出者郑欣淼先生。

一个故宫　两个博物院

祝晓风、李欣（以下简称"祝、李"）：您好！2009 年，北京故宫博物院和台北"故宫博物院"有很频繁的交流与合作，您率团访问了台北"故宫博物院"，两岸故宫合办的"雍正大展"也取得了巨大成功，您能介绍一下这方面的详细情况吗？

郑欣淼（以下简称"郑"）：好的。2009 年可以说是两岸故宫交流有了历史性突破的一年。2 月，台北"故宫博物院"院长周功鑫参访北京故宫博物院，作为回访，我于 3 月 1 日率团抵达台湾。这次回访虽然只有 4 天时间，但是成果丰富，两岸故宫博物院之间有了更深一步的了解，特别是达成了 8 项共识，落实了两岸故宫博物院合作的具体方案。"雍正大展"是其中一项具体的合作事项。这样就有了第二次访问台湾，即 10 月初，参加了 10 月 7 日举办的"雍正——清世宗文物大展"之开幕式。这次展览引起了巨大的社会反响，据统计，吸引了超过 75 万观众前往参观。

祝、李：请问您是如何评价"雍正——清世宗文物大展"的？

郑："雍正大展"可以说是迄今两岸故宫博物院交往合作取得的最大成果。这次展览在社会上的反响很大，台北"故宫博物院"做的满意度调查显示，社会各界对这个展览的评价很高。另外，这个展览本身也意义重大，一方面说明两个博物院取长补短，将文物放在一起能发挥更大作用，另一方面也反映了两岸文化源自中华民族文明长河，是一脉相承，不可分割的。

而且，两岸故宫博物院交往合作所取得的成果不仅有展示在世人面前的这次展览，还有由此带来的人员、研究和资讯等方方面面的交流。两岸故宫博物院已经建立了两院人员互访机制，每年双方各推选1—2名研究人员，到对方博物院进行2—3个月的研究访问，目前已有台北"故宫博物院"人员在北京故宫博物院访学，我们也正在落实选派的人员去台北。此外，我们双方还加强两院信息资料与研究的业务交流，互相交换出版物等等。我们还准备利用高科技设备实现视频通话，到时两岸博物院的信息交流就更畅通了。两个博物院的交流合作将会越来越丰富。

祝、李：我们期待两岸故宫博物院交流带来更多的成果。"故宫学"对两岸博物院，甚至两岸文化的交流，以及对中国传统文化的弘扬有何积极意义？

郑：我认为两个故宫博物院合作会产生"1+1 > 2"的效果。两个故宫博物院同根同源，一脉相承，其藏品具有很强的互补性。把它们放在一起，更能全面地认识中华文明的源远流长与灿烂辉煌。归纳起来，两岸故宫交流与合作具有三个方面的意义：首先，对双方而言，加强交流合作是彼此事业发展的需要，对两院的发展有很大助推作用。其次，这是两岸同胞的福祉。双方交流合作给两岸的同胞呈现出一个完整的故宫，受惠的是两岸同胞和学术界。两院的遗产、藏物、宝藏，是中华民族几千年文化的结晶，一脉相承，我们不能人为地阻断这血脉的交融，这也是两岸民众的文化权利。最后，两岸故宫的交流与合作具有世界意义。对于在世界上弘扬中华文明、让世界人民更深入、更全面地认识中国文明的博大精深有着积极意义。而且，这种交流合作体现了中华文化中那种刚健、坚韧、包容、和合等精神内涵，显示着中华文化的旺盛生命力。

中国话语

中國社會科學報

（2009—2010）

对话

"故宫学"：连接"一个故宫"和
"两个博物院"的纽带

祝、李：大家都很高兴看到两岸故宫博物院有突破性的合作，但是这些合作能否持久下去呢？

郑：我认为两岸故宫博物院的合作是有内在动力的。两个故宫博物院有其特殊性，一方面，大家都知道，台北"故宫博物院"的藏品是过去故宫博物院战乱时期南迁文物的一部分，这部分藏品和北京故宫博物院的藏品一样，基本都是清宫旧藏，是一脉相承的，有很强的互补性，只有两者结合起来，才能看到真正清宫旧藏的原貌和全貌。另一方面，两个故宫博物院拥有一段共同的历史，就是从 1925 年到 1949 年，这二十多年是中华民族的多事之秋，包括中国的民主革命、抗日战争、国共战争等等。故宫博物院的这段历史，特别是文物南迁，和中华民族的命运相连。这些都赋予了故宫博物院特殊的意义，这里面有我们民族的感情，大家都很珍惜这段共同的院史。另外，在这段时期形成了对博物院管理的一些规矩、习惯以及对文物研究的特点，这在我访问台北"故宫博物院"的时候也深有体会。基于这些原因，两岸故宫博物院是有长期合作的内在动力的。

我在 2009 年 10 月第二次访问台北"故宫博物院"的时候就感到，两岸故宫博物院的进一步发展，结合点就在"故宫学"。"故宫学"是我在 2003 年提出来的，基于对故宫是一个文化整体的认识上提出的。"故宫学"不仅把故宫古建筑、宫廷文物珍藏以及宫廷历史文化当做一个整体，而且包括了两岸故宫博物院成立以来的八十多年历史。这一整体性，也使流散在院外、国外的清宫旧藏文物、档案文献、宫廷典籍，都有了一个学术上的归宿。"故宫学"这一提法也得到了台北"故宫博物院"院长和副院长的高度赞同和认可。台北"故宫博物院"的藏品虽然在数量上不及北京故宫博物院，但主要门类齐全，法书、绘画、陶瓷、玉器、青铜等，一应俱全。只有将两岸博物院的藏品放在一起研究，价值才能全部体现出来。试想一下，如果北京故宫博物院的研究人员不了解台北"故宫博物院"的藏品，不了解台北"故宫博物院"的研究状况，那么他的研究肯定不能说是最好的，反之亦然。就像这次"雍正大展"，台北"故宫博物院"向北京故宫博物院借了27组（37件）藏品，展览取得了很大的成功。如果没有这37件藏品，台北"故宫博物院"也可以办一场很不错的展览，但是这些承载了雍正时期记忆的代表性珍品就会缺失在世人视线中，人们对这一时代的认识就会有局限性。同样，如果北京故宫博物院要办"雍正大展"，它也需要借助台北"故宫博物院"的藏品才能呈现给大家一个完整的雍正时期全貌。从这点出发，两岸故宫博物院要有更大的发展，就必须加强彼此间的交流合作，这是割不断的联系。只有通过对文物的全面研究，才能对当时的时代、工艺等有更深刻的认识。

非常可喜的是，两岸故宫博物院的同仁都意识到了这一点，所以第二次会谈合作议题就不仅限于合办展览了，已经发展为更深层次的交流合作，即对文物的研究，也就是我提的"故宫学"。这就是两岸故宫博物院割不断的内在联系。

我认为，两岸故宫博物院是不会人为阻断彼此间的交往的，即使由于政治大环境等原因有一时的曲折，但总的趋势还是合作。我们有一个故宫，两个博物院。博物院想要发展，就必须互相取长补短。去年的交流从文物的相聚到后来着眼于"故宫学"，是两岸故宫博物院交往发展的必然，也昭示着两岸故宫博物院的交往将持续下去。

"故宫学"五年又上新台阶

祝、李：您刚才提到了"故宫学"，五年前，您接受我采访时谈到《故宫学刊》是"故宫学"明确创立的标志。一个学科能不能成立，有几个重要方面，一是这个学科研究的对象是什么；二是这个学科的研究，它的研究成果要有一定的基础。五年过去了，您能介绍一下"故宫学"在这几年取得的最有价值的成果吗？

郑：这几年"故宫学"学科一直在不断深化发展。主要取得了以下几个方面的成果。

首先，搭建了国际性的学术交流平台。"故宫学"研究涉及许多方面，但从北京故宫的文物藏品优势和其他特点来说，相对突出的有五个方面：

对明清宫廷藏瓷、制瓷、用瓷的研究，对明清宫廷绘画机构及创作和收藏品的研究，对明清宫廷建筑的研究，对明清宫廷史的研究和对清宫藏传佛教文物的研究。由此，我们在 2005 年成立了古陶瓷研究中心、古书画研究中心；在 2006 年成立了古建筑研究中心；2009 年 10 月，成立明清宫廷史研究中心和藏传佛教文物研究中心。聘请了海内外相关领域的著名学者专家作为客座研究员。这五个中心均属于非建制性的研究机构，目前挂靠在相关的文物部门。在这个平台上如何展开有影响力的学术交流活动，如何既各有特色，又能形成整体合力，正是目前筹划进行的工作。现在，我们已开始筹备"故宫学国际学术研讨会"，以庆祝故宫博物院成立 85 周年，五个中心都有重要的学术活动。

其次，组织了大型的出版工作。故宫将要出版《故宫百科全书》，这是专门知识的大型百科全书，大约有 25000 个条目，总计 2000 多万字，在撰写这部词典的过程中，"故宫学"的学科体系以辞典的形式向学界和全社会展示，这在向海内外传播、研究"故宫学"有着不可替代的作用。目前，列条目名称的工作即将转入尾声，最后出版大约需要三五年的时间。参加撰写的人员，以故宫的专家、学者为主，也聘请了许多国内外的知名学者一并开展工作。另外，2003 年创办了《故宫学刊》，目前已经出版了四期，给研究故宫学的国内外专家和学者提供了学术平台。2009 年还准备出版第一批"故宫学研究资料"丛书，争取将《故宫治学之道》、《故宫学术沙龙》、《故宫学术论坛》、《明清宫廷建筑史料长编》、《清宫金砖档案研究》、《民国故宫史料汇编》、《故宫博物院学术成果总目》、《故宫研究论著索引》赶在院庆之前出版。

祝、李：还有其他重要学术活动吗？

郑：在研究机构和高校开办学位教育和学术讲座，也是最近几年重要的工作。我们在高校举办"永远的故宫"系列讲座。"永远的故宫"系列讲座是由故宫博物院与北京部分高校联合主办的、旨在广泛传播故宫传统文化知识的活动。2006 年启动以来，我们已经在北京大学、清华大学、北京师范大学、中国人民大学等 11 所高校举办了 31 场讲座，讲座内容涉及"故宫学"、博物馆研究与比较、明清古建筑、清代宫廷生活、文物珍赏等。目前高校还没有独立开设"故宫学"这门课程，但是，许多高校邀请故宫的专家和学者讲授"故宫学"的理论、"故宫学"的实践成果等等，受到广大师生的好评。我们与中国艺术研究院研究生院联合培养的硕士、博士研究生中，其中就有"故宫学"研究方向，现在已经有了专门研究"故宫学"的博士研究生。以后待条件成熟后，故宫应该成为研究"故宫学"博士后的流动站，最终成为学界"故宫学"领域瞩目的研究中心。

"故宫学"在与多学科的互动中发展

祝、李："故宫学"研究范围广泛，包括故宫古建筑（紫禁城）、院藏百万件文物、宫廷历史文化遗存、明清档案、清宫典籍和85年的故宫博物院历程等六个方面。它是一门综合性学科，涉及历史、政治、建筑、器物、文献、艺术、宗教、民俗、科技等。那么，它与相关学科，如明清史研究、满学研究有怎样的关联？

郑：从明清皇宫到故宫博物院，"故宫学"涉及范围的确很广，其理论要旨是以明清宫廷文化遗产（可移动文物与不可移动文物，物质文化遗产与非物质文化遗产）的保护、研究、展示、传播为核心，联系并打通相关学科，在内容与方法两个方面形成特色鲜明的故宫学派。"故宫学"研究方法上的最大特色是跨学科性。

用"故宫学"研究宫廷文化，使相关学科产生有机联系。如研究满学，就其范围而论，涉及东北满族和满族入关后的八旗等等，用"故宫学"的视角去研究满学，就会将满学与清宫史联系起来，那就是研究满学在清宫的生存和发展，又由于清帝特别是康熙、乾隆皇帝热衷于汉文化，使汉文化对满学产生了积极影响，这样，在"故宫学"的视角里，清宫史、满学和汉文化产生了积极的交互影响。

例如，汉文有篆书，满文也有篆书，它是在汉文篆书和蒙文篆书基础上创制出来的新字体，其各种篆体的命名，都沿用了汉文篆书的原名。例如，乾隆皇帝的《御制盛京赋》，就曾用32体满汉文篆字编印，每种篆体各一册；乾隆皇帝钦定的"二十五宝"，其中21种都是满汉文两种篆书镌刻，以使之协调。

祝、李："故宫学"与相关学科是如何交互影响的？

郑："故宫学"一方面吸收历史、文学、考古学等其他学科的发展成果，另一方面本身的成果反过来对其他学科也有推动作用。比如说明清史研究中的明清宫廷史研究应该是"故宫学"研究的重要组成部分，明清两代大多数皇帝都在宫廷活动，留下了大量的文物和痕迹，这对明清史的政治、历史、文化、艺术、工艺方面都有重要的互动作用。我们对明清宫廷史的研究对整个清史研究有促进作用。

祝、李：故宫本身是一个巨大的有物质形态的存在，如何利用这种优势，推进"故宫学"的发展呢？

郑：物和史原本是两个不同类的事物，前者是文化载体，后者是记述历史发展的文字。我认为："物非鉴史物非物，史无物证史无史。""故宫学"就是要把这两个分家的事物牢牢地联系在一起，这就是"以物证史、以史论物、史物结合、物物相证"。过去，研究上古史，非常注重出土文物，而研究明清史，则非常注重文献，对实物却不够注重，这与博物馆的开放程度有一定的关系。故宫学研究方法的要旨之一就是要将宫廷文物的研究与宫廷历史的研究紧密地结合起来。

祝、李：古代中国人的文化和精神很大程度上是由历代思想精英和皇家统治集团提升、确立、散播天下，如儒家文化就是成为官方意识形态后才逐渐成为中国人核心价值观的。也就是说，皇家宫廷文化与古代中国人的文化精神关联极大，与中国传统文化密切相关。比如治国理念的确立、变化，牵涉国计民生的重要政策的讨论、确定的过程与程序等等均可寻出文化意味。在这方面"故宫学"是否有过研究？"故宫学"在中国文化传统中是个什么样的位置？

郑：中国传统文化从哲学层面上说，有儒家文化、道家文化和佛教文化等等；从社会层面上说，有皇家文化（即宫廷文化）、官宦文化、文人文化、民间文化等；从传统文化自身来说，其社会科学包括哲学、历史、文学、艺术等等，其自然科学则更广泛，如天文、地理、算学、医药等等。这些文化之间虽各有不同，但没有鸿沟，互有联系。"故宫学"所处的位置是皇家文化这一部分，或者说，"故宫学"所研究的核心是皇家文化。

皇家文化代表了一个国家执政家族在拥有物质文化艺术财富的程度、

享用物质生活的质量达到的当时的最高水平。皇家文化的物质水平是最高的，但不等于精神生活一定是最高尚的，因为其精神境界与水能"载舟"和"覆舟"密切相关，在他们面临上升的时期，其精神状态是比较健康的，当他们面临崩溃之时，其精神状态是极度空虚甚至是相当肮脏的。所以，我们要纠正那种"以皇家文化为最高"的片面思想。具体地说，研究皇家文化应当包括精神和物质两大类，在精神方面，研究他们的统治理念及其演变和衰落，研究他们与宗教的关系和民族关系，研究他们的统治策略，研究他们的各种礼仪等等，特别是研究他们治国方略的得失成败，研究几代帝王和大臣们的执政水平，总结其经验教训，对我们国家目前所进行的建设事业是大有裨益的。在物质方面，研究皇家的生活方式，如他们的各类建筑、饮食、娱乐、医疗、养生等等，研究他们收藏的历代各类艺术品及其他们对这些艺术品的整理和判断力，研究他们所从事的文化艺术创作的成就等等。

（祝晓风、李欣：中国社会科学杂志社编辑）

原载于《中国社会科学报》2010 年 2 月 11 日第 64 期第 5 版

古老的故宫　年轻的故宫学

权力、结构与社会再生产

——访安东尼·吉登斯

郭忠华

安东尼·吉登斯（Anthony Giddens），1938 年出生于英国伦敦北部的埃德蒙顿。曾先后在英国赫尔大学和伦敦经济政治学院学习社会学和心理学。1964—1966 年，任教于莱斯特大学社会学系。1969—1997 年，执教于剑桥大学，其间被任命为该校社会学会会长，并组

安东尼·吉登斯（Anthony Giddens）

建社会学系。1997—2003 年，任伦敦经济政治学院院长。2004 年，受封为"终身贵族"，出任英国上议院议员。吉登斯的学术贡献主要包括对经典思想家著作的反思、结构化理论、现代性理论、第三条道路、气候变化政治等。被誉为英国前首相布莱尔的"精神导师"。迄今出版学术著作40 余部。同时，他还是著名政体出版社（Polity Press）的创办者。

2009 年 10 月 23 日，应吉登斯先生的邀请，郭忠华博士对他进行了深度访谈。本次访谈主要围绕其结构化理论展开，吉登斯重点阐明了结构化理论的知识基础，尤其是他与西美尔、列维-施特劳斯、欧文·戈夫曼、塔尔科特·帕森斯等人的知识关联。

确立研究目标：现代性

郭忠华（以下简称"郭"）：从 1976 年《社会学方法的新规则》到 1984 年《社会的构成》，您前后花了 8 年多的时间建立结构化理论。当时是否存在某种特殊动力，推动您下决心去建立这一理论？

安东尼·吉登斯（以下简称"吉登斯"）：结构化理论是与社会思想史、社会科学研究方法以及对现代性进行实质性分析联系在一起的。要分析现代性的突出特性，必须既反思社会理论的历史，又拥有某种方法论。对于我来说，前者体现在对经典思想家著作的反思上，后者则通过《社会的构成》等著作，体现在新的方法论体系的建立上。这就是我为何会在结构化理论上花费如此长时间并写作大量著作的原因。在我看来，这三个方面实际上是彼此相互联系的。

郭：这是否意味着从您投身于学术生涯伊始，就确定了非常明确的研究目标，即现代性，至今所有的研究都围绕现代性问题展开的？

吉登斯：的确如此。它们是三个联系在一起的环节。当我着手写作《资本主义与现代社会理论》的时候，在我看来，帕森斯对于爱米尔·涂尔干、马克斯·韦伯的处理方式与历史事实不相符，而且与我的思路也不相符。因此，我着眼于经典思想家，从现代性的角度分析他们所建立起来的社会理论。这也是为什么我说上述三个方面实际上是融合在一起的原因。而且在我看来，帕森斯实际上并没有解决社会行动的问题，这也是我要重建社会分析框架的原因。当然，现代性是一个非常广泛的主题，可以把整个现代文明囊括在内。从这一角度而言，每一位社会科学研究人员实际上都是现代性的研究者。但我对于现代性的兴趣后来发生过某些改变，变得对亲密关系、自我认同等主题感兴趣，这些主题我在学术生涯的开始阶段没有预料到。

结构化理论的核心主题：社会再生产

郭：结构化理论明显综合了各种理论要素，如结构主义的结构，功能主义的系统，解释社会学有关行动、权力等的分析，此外还有海德格尔的时间、弗洛伊德、埃里克松等人的心理分析等，您能否用一种更加简明的方式，说明一下您是如何把这些完全不同的因素调和在一起的？

吉登斯：的确，如你所言，结构化理论是一种综合了非常多观点的理论。但实际上，所有这些要素都与一个核心的主题联系在一起，那就是我刚刚讲到过的社会再生产。这一主题包括：社会再生产如何进行和发生变化；权力如何产生以及如何与社会再生产交织在一起；文明如何转型。它们是社会再生产中的三大基本问题，我把它们与不同的思想家联系在一起。你也知道，对于这一主题的论述不可能不联系到这些理论或者思想家。就如当我们谈到权力理论时，若想理解什么是权力，便可以从列维-施特劳斯那里找到非常有趣的论述，戈夫曼的著作也同样如此，尽管权力在后者那里并不是那么重要。同时，你还可以考察权力在 19 世纪晚期至 20 世纪早期的经典思想家那里是如何得到阐述的。实际上，在论述社会再生产中的权力和社会转型等问题时，我近来的著作并没有太多引用马克思、涂尔干等人的观点，而是把精力集中在了晚近思想家身上，当然不是某个特定的思想家，其中包括列维-施特劳斯、欧文·戈夫曼和帕森斯等人。

郭：权力是结构化理论最基本的概念之一。同时，在您有关国家类型和民族国家的论述中，权力也是其中的基础性概念之一，您把权力的时空伸延程度作为划分国家类型的依据，把无所不在的行政监控作为民族国家的基本特征。您把"权威性资源"和"配置性资源"分别看做权力的基础。不难看出，前者某种程度上受马克思权力观的影响，但您为什么会把配置性资源单列出来作为权力的基础呢？它是否也受特定思想家的影响？

吉登斯：配置性资源很大程度上来源于列维-施特劳斯，其中最核心的则是其有关书写的思想。因为书写使你（的能力）可以在时间和空间方面形成伸延，因此，书写不仅仅是写一本书或者讲一个故事那么简单，而是权力的媒介。列维-施特劳斯对于这一点的论述在我看来是非常正确的。另外，他把不同文明的演进与交往方式联系在一起也非常中肯。我有关权力的论述很大程度上来源于列维-施特劳斯，我只是以一种更加概括化的方式进行了论述。

而对于交往方式，因为如果我们从印刷的角度加以思考的话，它对于现代社会的兴起来说无疑极为重要，我不认为现代民族国家的运作可以不跟印刷发生联系。当然，后来随着摩尔斯电码的发明，人类的交往方式开始与电子通讯技术联系在一起，可以与远距离的人进行即时性交流，这是人类交往方式的一次重要革命，它不仅改变了整个社会，而且还改变了战争的性质，催生了现代工业化战争。随后，人类发明了收音机、电视、互联网等。尤其是互联网，这是人类交往史上的另一次重要革命，它所影响的不仅仅是人们之间的交往，而且实际上影响了整个社会的组织。对于这些影响，列维-施特劳斯提供了极为重要的启示，尽管其研究针对的主要是那些没有书写的社会。

其他一些非常有趣的观点也可以从他那里推导出来，那就是时间的发明。他对于时间问题也写过一些著名的作品。当日历出现以后，人们形成了某种线性的时间观念。但是，只有在存在书写的前提下，你才可以编订日历，才能绘制星象图，才能对事件进行有序的规划。我认为，这些仍然是非常重要的观点，即使是后来当我写作有关全球化问题著作的时候，我还是主张，全球化很大程度上更为交往革命所驱使，而不仅仅是市场的扩张，后者是一种后来（later-day）才出现的延展（extension）。

在许多人看来，列维-施特劳斯与戈夫曼完全不同。但是，他们之间或许并不是如此差异迥然，因为他们两者都是人类学家，而且都深受拉

371

德克利夫·布朗的影响——布朗则是一位深受涂尔干影响的英国人类学家。列维-施特劳斯写作了大量有关仪式的文献，对无文字社会进行过大量的分析，而仪式同时也是戈夫曼的重要研究主题。因此，我的确认为这两大思想家之间存在着某些知识关联，并且尽可能把他们的思想应用于自己的研究。因为戈夫曼在解释社会再生产方面无疑是一位非常重要的思想家。没有类似的分析，也就无所谓社会再生产以及社会再生产如何实现的理论。

西美尔是一位被低估了的思想家

郭：您之前跟我提到过，您早年对西美尔的兴趣后来导致了对戈夫曼的兴趣。这看起来有点令人感到不可思议，因为这两位思想家在人们眼里有着很大的不同。比如，西美尔关注于对现代性问题的研究，侧重于宏观分析的视角，而戈夫曼则侧重于日常生活的分析，属于微观分析的视角，而且由于戈夫曼仅仅关注对日常生活的分析而受到诸多社会学家的指责，认为他的作品至多不过是一种茶余饭后的娱乐。因此，能否请您谈谈这两者之间的知识关联。

吉登斯：实际上，西美尔的理论在许多方面已经预示了戈夫曼的出现，后者对人们的日常生活行为，以及这种生活如何与群体化的结构和仪式化的例行常规交织在一起进行了分析。我曾经有一段时间写过一些有关西美尔的东西。从某种意义而言，西美尔与戈夫曼是存在不同，因为前者感兴趣于宏观变迁，并写了大量有关宏观历史变迁的著作，而后者则总是拒绝作类似的分析。例如，西美尔写过货币史方面的著作。在这一方面，他又把我们带回到了列维-施特劳斯那里，因为货币是一种符号，不能仅仅把它看做是你口袋里的硬币。尤其是在当今时代，货币几乎完全变成了人们银行账户上的数字。因此，西美尔的名著《货币哲学》的意义在于，它从宏观结构的视角说明了日常生活的变化。但在我看来，我们必须把这两个方面结合在一起，这是非常重要的一点。

郭：我一直非常好奇，如您刚才所言，您的学术生涯深受西美尔的影响，并且早年也写过一些有关于他的作品。但是，当您着手研究经典思想家的时候，您却把他放弃了。在《资本主义与现代社会理论》一书中，您只是把马克思、涂尔干、韦伯看做是三大经典社会学家，为什么没有把西美尔也纳入其中？难道在您看来他在社会学历史中的地位真的不如这三大思想家重要？

吉登斯：在我看来，在社会学的历史上，西美尔是一位被低估了的思想家。但对于你刚才提到的问题，我自己也说不出太多的原因。当我写作《资本主义与现代社会理论》的时候，我本应当把西美尔置于与马克思、涂尔干、韦伯同样重要的地位。但我没有这样做，部分原因是出于对帕森斯的反应。在其《社会行动的结构》一书中，帕森斯主要关注的是涂尔干和韦伯，对马克思提都没有提到一下。我的写作试图给予马克思以更加重要的地位，但却不幸把西美尔给漏掉了。帕森斯没有给予西美尔多么重要的地位，我也没有对他投以足够的关注。但在社会学的历史上，他的地位无疑堪与涂尔干等人相媲美。在我看来，他从来没有享受到其应有的地位，即像涂尔干、韦伯等人所拥有的那种影响。因此，他是一位被低估了的思想家，即使在我这里也是如此。

郭：实际上，在有关现代性的研究方面，西美尔的重要性一点都不低于三大思想家。而且在我看来，他与这三大思想家形成了一种有趣的对比。比如，与三大思想家一样，他也旨在解释现代社会的兴起和问题，他反对历史唯物主义、实证主义，旨在从文化哲学的角度解释和反思现代性问题。

吉登斯：我非常同意你的观点，在解释现代社会方面，就拿当前的金融危机来说，西美尔是经典思想家当中唯一一位从货币的角度进行过广泛分析的思想家，马克思尽管也对货币进行过分析，但主要是与资本主义相关联，而西美尔强调的却是货币的社会学意义。历史学家尼尔·弗格森去年写过一本广受关注的著作，书名叫《货币的攀升》（The Ascent of Money），该书所谈的主要是历史事实。不难看出，西美尔在几十年前就已经预见了其中的许多事实。

城市是现代性的典型

郭：那么，您是如何看待西美尔的现代性理论的呢？

吉登斯：我想他对于现代性的分析除货币之外，还体现在对城市的分析上。与许多学者一样，他也把城市看做是现代性的典型。在这方面，我想他主要受滕尼斯《共同体与社会》一书的影响。城市是变化的核心。当然，这一点戈夫曼等人的观点也一样。西美尔把城市看做是非个人关系的主要发源地，在城市中，人们与许多根本不了解的人生活在同一个地方，与大量的人毗邻而居。现代城市与传统城市迥然相异，并且与迁移和交通联系在一起。这是西美尔现代性理论的特殊之处。这一方面当然也与其《货币哲学》联系在一起。我们也可以从另一种不同的角度来看待《货币哲学》，即如何穿越时间与空间而建立起人们的相互关系。货币沟通的不仅仅是相互间从不了解的人，而且是从未见过的人。货币表现为一种媒介的功能，它原则上使人们可以与远隔千山万水的人进行交易，他们之间或许从来也不会谋面。

他还正确地指出，货币不仅仅是一种财富积累的手段，而且是现代社会赖以扩展开来的媒介，就如帕森斯后来所说的那样，是一种交往和转化的媒介。金融体系使人们可以与远距离和不同时间的人进行交易，因为金融体系使人们可以着眼将来，使人们原则上可以进行风险计算。因此，这些是我所说的现代性时空转换当中至关重要的方面，这些方面结合在一起催生了一种全球化体系。我想，西美尔对所有这些方面都进行过大量的分析。

郭：从这里可以看出，您后来有关全球化、亲密关系等的研究似乎都与西美尔的观点存在关联。

吉登斯：是的，我想还与西美尔有关"陌生人"的论述存在联系，这是对大型机构中个人关系的一种探索。在他看来，在传统社会，"陌生人"指的是来自其他地方、不与当地人进行对话交流的人。从这一角度而言，在现代性社会，人们无时不与陌生人擦肩而过。这些方面与戈夫曼的论述存在类似之处。当你在大街上遇到素不相识的人时，你不会对他们产生多大的兴趣，但你知道他们的确在那里。在那些更加传统的文化中，内部与外部有着严格的划分。如果你是一名来自"外面"的人，他们可能目不转睛地盯着你，或者对你指指点点，这是因为陌生人不经常出现在他们的日常生活中，他们对陌生人也不信任。同时，他们对大规模机构也不怎么信任，因此，农民经常不把钱存入银行，而是把它们换成金子埋在床底下。他们相信的是另一种抽象机构，因为如果把钱存入银行，就如近来所能见到的那样，产生了严重的信任问题，所有的金融机构都出现了问题。

因此，西美尔预示了帕森斯对于货币的符号性质的论述，这种符号与信任联系在一起。近年来，信任出现了严重的问题。当代社会的人们经常处于半信任或者不信任状态。例如，在民意调查中，总是反映出对个人关系的较低信任水平，这些情况就像是个人关系领域的陌生人那样。因此，把西美尔与所有这些方面结合在一起并不困难。但我那个时候却没有充分这样做，因为我没有把他置于核心的地位。

郭：如果对上面的谈话加以总结的话，这是否意味着西美尔、戈夫曼两位思想家对您形成了某种综合性影响。西美尔对您的影响主要体现在宏观社会变迁上，而戈夫曼的理论则使您看到了研究日常生活中的社会再生产的重要性。

吉登斯：的确如此。戈夫曼主要研究那些我们在日常生活中似乎已经完全理解的东西，但却很少关注宏观社会变迁，他对后者应当投以更多的注意力，我不很明白他为什么没有这样做，或许仅仅拒绝为之。但是，西美尔的著作关注的却是作为一个整体的社会制度。

《社会的构成》与其他思想家之间的渊源

郭：我们已经就您与西美尔、戈夫曼、列维-施特劳斯等人之间的知识关联谈了许多。但是，我还有一个更加具体的问题，那就是他们与您所建立的结构化理论之间存在何种关联。这一问题在阅读《社会的构成》等著作时尽管可以捕捉到蛛丝马迹，但我更愿意听您更加清晰的解释。

吉登斯：戈夫曼对我写作《社会的构成》一书有着巨大的影响。但我想，该书并不是只受他的影响。社会是如何超越行动者的日常行动而不断结构化的，社会再生产与社会结构化之间的关联等，戈夫曼的理论为解释这些问题提供了重要的线索。当然，在这一方面，他从涂尔干那里也受惠良多，因为只有使用系统、制度等分析工具才能对这些问题作出解释。在我看来，这对于社会科学来说是一个极为重要的见解，这也是戈夫曼为何会如此重要的原因。同时，我后来对"身体"问题也产生了浓厚的兴趣，而在这一方面，戈夫曼也进行过大量的论述。身体在日常交谈中的重要性，身体与癫狂（madness）之间的关系，以及身体的培育等，所有这些方面都与戈夫曼存在联系。当然，也与西美尔存在关联。

郭：反思性既是您结构化理论的基本概念之一，也是您现代性理论的基本概念之一。请问您如何将这两者区分开来呢？

吉登斯：对于结构化理论来说，反思性体现在对行动者知识性的强调上，这是人们对自身行为具有清醒认识的表现。至于现代性的反思性，突出体现在人们的生活不是为过去所构造，而是为未来所构造上。更具体地说，是更无法被预见的未来所构造，人们被迫对此进行连续不断的反思。科学和技术现在已侵入到人们生活的方方面面，使他们被迫面对各种纷至沓来的信息。例如，你可能无法在一个传统的地区安身立命，但却无法逃离这个反思性的世界。不论你是否了解，你都必须对各种各样的信息进行加工。每一次当你吃饭的时候，你意识到它对你的身体健康可能会造成的各种后果。人们对于这些问题的意识实际上是一件非常复杂的事情。具体地说，这是由于科学的影响，由于营养学等兴起的缘故。对我们来说，无论这个世界是好是坏，我们都无法摆脱它。当然，你可以尝试去忽略它，但它总是存在。

反思性是晚期现代性的重要特征

郭：迄今为止，我们已就结构化理论的知识基础问题谈论了很久。我现在更想转到结构化理论本身，这一理论提出至今已过去了20余年，回过头来看，您会如何评价自己的这一理论，尤其是较之于结构主义、功能主义和解释社会学这三种研究方法，您认为结构化理论作出了何种理论贡献？

吉登斯：在我看来，它仍然是一种非常重要的理论，因为尽管结构主义、功能主义提出了某些非常有趣的理论。功能主义以涂尔干作为起点发展到帕森斯、默顿，结构主义从列维-施特劳斯发展到福柯。他们对于现代性提出过某些非常重要的观点。

但是，他们的理论也存在某些局限。从方法论的角度来看，福柯在讨论权力的时候造成了某些无法逾越的问题。他在讨论组织权力的建立的时候尽管写下了许多优秀的作品，但说实话，他的方法论是错误的。他没有把行动者看做是具有自身能动性的个体，没有把日常生活看做是具有创造力的人们每时每刻所从事的新鲜事情。乔姆斯基的观点对我产生了强有力的影响。比如，一个不满两岁的小孩可能说出人类历史上从来没有人说过的句子。把行动者当做主体来看待非常重要。从这一角度而言，它也反映出福柯有关监狱的论述存在缺陷。更一般地说，把戈夫曼的权力观与福柯的结合在一起将非常有益，这可以弥补后者权力观的缺陷，因为前者的观点在某种程度上填补了福柯权力观中所缺少的东西。戈夫曼某种程度上把权力看做是工作人员与囚犯之间的交易关系，而不仅仅是一种抽象的权力系统。

当然，这是一种系统化的权力，但通过行动者非正式的例行化行为，它被探索、重组和重建。我不认为权力仅仅是一种抽象的东西，而是能够产生各种结果的东西。我想权力的这种特征影响了我有关现代性的研究，甚至是有关政治主题的研究。当从事政治主题的研究时，我提出，我们必须认识到，现在的公民是积极从事反思的公民，人们已不再只是被动地接受事物。认识到这不只是方法论上的问题，而且是历史的结果，这是人们对以前事物进行积极反思的结果。

从方法论的角度来说，我以一种比较抽象的笔法写作了反思性。反思性是一种社会性的建构，是晚期现代性的重要特征。随着互联网的出现，反思性变得更加明显。在我反思现代性的时候，已经预期过互联网世界的出现。我们每一个人都过着一种更加积极的生活，而不仅仅是被动地接受已经存在的符号和结构。我们不能再像以前那样经营国家，把人们看做是没有自己主见的人。我们的社会变得对自身越来越具有反思性。互联网是一种巨大的技术进步，是一种反思性活动。关于晚期现代性，我认为，它在互联网到来以前就已经出现，互联网只是给现代人类添加了另一个维度。这是一些我们以前所没有预见到的事情，但所有这些方面都存在其方法论上的路径。

（郭忠华：中山大学政治学系副教授）

原载于《中国社会科学报》2009 年 12 月 3 日第 44 期第 3 版

社会改革比政治改革更重要

——访郑永年教授

张飞岸

郑永年，现任新加坡国立大学东亚研究所所长、教授，《国际中国研究杂志》(China：An International Journal) 和《东亚政策》(East Asian Policy) 主编，罗特里奇出版社 (Routledge) "中国政策丛书" (China Policy Series) 主编和世界科技书局 (World Scientific) "当代中国研究丛书" (Series on Contemporary China) 共同主编。历任中国北京大学政治与行政管理系助教、讲师，美国哈佛大学费正清东亚研究中心研究员，新加坡国立大学东亚研究所研究员、资

郑永年

深研究员，英国诺丁汉大学中国政策研究所教授和研究主任。先后获得美国社会科学研究会 / 麦克阿瑟基金会 (Social Science Research Council-MacArthur Foundation) (1995—1997) 和美国麦克阿瑟基金会 (John D and Catherine T MacArthur Foundation) (2003—2005) 研究基金的资助。从事中国内部转型及其外部关系研究，主要兴趣和研

究领域为：民族主义与国际关系；东亚国际和地区安全；中国的外交政策；全球化、国家转型和社会正义；技术变革与政治转型；社会运动与民主化；比较中央地方关系；中国政治。

郑永年教授欣然接受了《中国社会科学报》的采访，就受人们广泛关注的中国社会发展问题发表了独到见解。

认真研究各种主义的本质含义

张飞岸（以下简称"张"）：在培养国家知识分子过程中，意识形态会起到什么作用？

郑永年（以下简称"郑"）：意识形态的作用很重要。很多人说中国太意识形态化了，其实正相反，现在中国最大的问题就是主流意识形态太弱。社会上各种意识形态左的、右的多得不得了。政府应该把最优秀的知识分子集中起来，加强主流意识形态的宣传策略。共产党以前有两个法宝，一个是意识形态，一个就是组织。现在光靠组织的力量，淡化意识形态，这样很难持续。没有意识形态就意味着没有软实力。口号性的东西不叫意识形态，意识形态就是社会成员自身认可和接受，并且内化于心的观念。缺乏意识形态，维持秩序的成本就很高。任何一个国家没有意识形态的约束而光靠制度根本是维持不下去的。人永远比制度聪明，人总可以找出逃避制度的制约的。中国腐败越反越多，制度基本无法约束腐败，就是因为人已经没有道德观念，只认得钱。

张：您能否分析一下当前中国的意识形态状况？

郑：主流的社会主义意识形态是适合中国的，关键是转变宣传方式。中国的自由主义看似强大，其实早就遇到发展瓶颈了。中国到目前为止，社会中有很多自由成分，意识形态非常多元化，这些都是自由的因素，可是中国的自由主义者不去研究这些新现象，不去考虑中国的自由主义，还是拿着西方的理论来衡量中国，这也不对，那也不对。这就好像拿苹果来衡量橘子，说橘子存在的问题就是不像苹果。自由主义如果拒绝本土化，永远不可能成为中国的主流意识形态。

与自由主义拒绝本土化相反，新自由主义在中国被本土化了，这导致了很大的负面效果。中国公共事业的市场化改革之所以那么迅速，就是因为没有抑制新自由主义的力量。在中国，有权的、有钱的人都把孩子送到国外读书，他们哪能感受到教育市场化的危害。有钱的人不需要医疗保障，有权的人本身就有医疗保障，公共物品是为穷人服务的，穷人没有话语权，谁会愿意发展公共服务呢？公平地说，新自由主义对冲破计划经济的束缚、促进经济增长还是起到一定正面作用的，但新自由主义侵入到公共服务领域，把公共服务取消掉，这就非常糟糕。中国目前提供公共服务不是没有钱，而是动力不足。动力不足，就是因为穷人缺乏影响国家政策的渠道。

中国学者常常说资本主义民主，好像资本主义与民主是一体的，其实民主恰恰是资本主义的制约力量。我们的社会科学学者根本很少有人去认真研究各种主义本质的含义到底是什么，只是乱套西方的理论。

张：那是不是意味着，中国社会科学的本土化发展任重道远？

郑：本土化是关键。中国发生这么伟大的转型，社会科学界却不去认真研究中国社会，只是用西方的理论瞎解释。如果中国的社会科学学者永远不能结合中国实践进行理论创新，那中国就永远没有自己的社会科学。现在中国的社会科学具有美国化的倾向，美国的社会科学都没有像中国那样"美国化"，它允许各种理论互相竞争，看哪个理论更能解释美国社会，而中国不是这样，中国社科界就是完全把美国的理论拿过来。这非常危险，不仅中国自己的社会科学建立不起来，还会摧毁中国的传统文化。

中国从清朝末年开始就引进西方的理论，到现在依然如此，什么市民社会理论，什么统合主义，这些都不是中国的，全都是西方的。把西方理论硬套到中国实践上，就是我常说的把苹果皮贴到橘子身上。中国社会科学必须意识到中国实践是研究主体，中国现在的社会科学理论研究远远落后于实践，包括民主理论。中国有很多民主的因素，就是缺乏自己的民主理论，原因就在于只是拿苹果来批判橘子，这本身是没有解释橘子的。

想解释中国，只看西方的理论是不行的，必须有结合中国实践的理论创新。比如医生看病，我的病你医不好，不能说我的病生错了，只能说你所学的东西学错了，需要修改的是你的概念和理论。中国学者就是用西方理论解释不通就说中国错了，这样不仅医不好中国的病，反而越医越坏。有的地方本来是常态的东西，他说你病了；有的确实是生病，但采用错误的医法给医坏了。所以我说，中国的自由主义是自毁前程。他不去研究中国的自由因素，说是不喜欢。但他喜欢的仅仅是西方的理论，但这个理论所说的东西，连美国都找不到。某些中国学者一是没信心，二是没责任，如果这两者不加以改变，中国就不会有自己的社会科学。

中国现在就没有自己独立完整的社会科学，中国只有史学最发达。要建立中国自己的社会科学可以借鉴西方的方法，方法是比较中立的东西。方法可以学，但概念是不可以学的，中国恰恰是学了概念没有学方法。做学问，理性很重要，像马克斯·韦伯说的，你观察问题的时候，绝对不能用价值来评判这个东西。西方和中国很多学者所做的就是对中国进行价值评判，这不是真学问。

中国发展背后是一种文化价值

张：您作为研究中国发展问题的政治学家，能不能谈一谈"中国模式"对世界的意义？

郑："中国模式"对西方发达国家和发展中国家的意义是不同的。对于发展中国家来说，"中国模式"的意义在于，中国的发展经验是否会成为有别于西方的另一种发展模式。二战后，很多发展中国家按照西方的模式发展，但并不成功。在拉美、非洲和亚洲一些国家，采取西方民主模式带来了很多的问题。民主政治往往是和政治失序而不是社会经济发展联系在一起的。中国在过去30年中取得了巨大的社会经济发展，很多发展中国家开始对"中国模式"感兴趣。而西方国家更关注"中国模式"背后隐藏的价值观，它们担心中国的崛起会对西方的价值观产生冲击。西方国家的一些人把"中国模式"称为威权主义的资本主义，他们并不担心"中国模式"会阻碍西方的发展，而是担心"中国模式"的成功对西方民主模式的外在影响会造成巨大冲击。这也就是西方一些人担忧中国的软力量或者文化力量，因为隐含在中国发展背后的是一种文化价值。

民生进步是民主化的前提

张：很多人认为，"中国模式"只具有经济意义，而对中国政治模式持否定态度，并认为中国政治模式如果不向西方民主模式转型，最终会使中国经济的发展面临政治体制上的瓶颈。

郑：很多人谈到"中国模式"都谈经济模式，认为中国经济发展是成功的，而不谈政治模式。但我觉得中国的政治模式很重要。如果不理解中国的政治模式，就很难理解中国的经济模式。因为中国的经济模式就是政治模式促成的。在国际学术界比较流行的观点是中国只有经济改革没有政治改革。这种说法阻碍了人们对"中国模式"的认识。不承认中国的政治改革就很难解释中国的经济发展成果，也很难理解当今中国政治与改革开放前中国政治的巨大差别。

这里的关键在于如何定义政治改革。我觉得不同的国家因为国情不同，政治改革具有不同的内容。同一个国家在不同的历史阶段，政治改革的内容也不一样。如果仅仅用西方民主化的观点来衡量中国的政治改革，就会认为中国政治改革进展缓慢。但只从民主化的观点看，中国很多的宝贵经验就会被屏蔽掉。对中国这样的发展中国家而言，政治改革最重要的任务就是基本国家制度建设。从很多发展中国家的经验看，民主化并不能帮助它们建立现代国家制度。建立了基本国家制度，民主化的发展会是良性的；如果没有建立基本国家制度，民主化是不会成功的。而国家制度建设就是中国 30 年政治改革的核心。中国领导层一直在强调国家机构改革和法制。民主化也在不同层面进行，但其只是中国政治改革的目标之一，不是唯一目标。经济、政治和社会的多重转型曾给很多发展中国家带来许多麻烦，很多国家因为同时进行几项改革，改革者不堪重负，结果改革反而很不成功。

中国的成功之处就在于很好地处理了经济改革与政治改革的关系。第一，就是渐进改革。中国没有采取苏东国家激进改革的方法，渐近改革使国家有时间和空间来调整自身的制度，适应社会经济的变化。第二，中国采取的是分阶段的改革。每一阶段，各方面的改革秩序不同。

　　我认为中国的改革基本上分为三大类改革，经济改革、社会改革和政治改革。从 1978 年到 21 世纪初，主体的改革就是经济改革。主体改革是经济改革并不是说中国没有政治改革，只是说政治改革不是主体性的，政治改革就是为了促进和支持经济改革。从 21 世纪初，尤其是十六大以后，中国改革已经进入了以社会改革为主体的改革阶段。社会改革的焦点包括社会保障、医疗卫生、教育、环保等方面。我认为，中国同样需要二三十年的时间进行社会改革。

　　在这个阶段，我认为以民主化为主体的政治改革的条件还不成熟。因为经济改革的成功，中国基本的经济制度已经建立起来，而社会改革各方面的制度还没有建立起来。如果在这些国家制度还没有建立的条件下过早地民主化，可能会带来很多负面效应。前面的经济改革所产生的负面问题例如收入分配差异、社会分化和环保等，都要由社会改革来消化。社会改革也是下一波经济增长的最主要来源。如果没有社会改革，中国很难建立起一个有效的消费社会，内部需求的动力就会不足。同时，社会改革对未来的民主化也有积极的意义，就是要用民生促民主。从发展中国家的经验来看，民主很难促民生。民生的进步是民主化的前提。

民主是一国一模式

　　张：由于 2009 年东亚很多国家发生的问题都和民主制度与本国的适应性有关，现在国内很多学者开始关注东亚国家的民主问题，韩国一直存在财阀经济制度与民主制度的矛盾，卢武铉之死就体现了这一问题。您如何看待韩国民主政治的前景及其对中国的借鉴意义？

　　郑：我认为民主只有山寨版没有正版，每个国家的民主发生和民主模式都不同。即使在西方，民主也是一国一模式。民主先发生在西方，然后向其他国家传播。民主有内生型和外生型。泰国的民主受外在因素尤其是美国因素影响就太大。韩国存在的问题不仅仅是民主问题也是阶级问题，财阀和老百姓的矛盾很大。菲律宾、泰国和韩国在民主问题上存在着类似的问题。美国的民主在亚洲影响很大，韩国、泰国和中国台湾地区的政治人物在主导其政治发展方面大多以美国为师，过多地受美国的影响。

民主在美国社会运作良好，但到了这些社会，民主就出了很大的问题。问题很简单，因为这些社会和美国社会的经济文化环境很不相同。从政策层面来说，美国的民主实际上表现出一党制的特征。美国的中产阶级庞大，共和党和民主党无论哪个党执政，都必须往中间靠，没有中产阶级的支持，哪个政党都很难执政。美国的民主在美国是一种社会整合的力量。但美国民主移植到发展中国家，由于没有基本的国家制度建设作为前提，中产阶级又不大，民主往往成为社会分化的力量。所以我们看民主，不能看民主的形式，而要看民主的实质。关于民主，我们要下大功夫去研究，我们现在的民主理论都是教科书式的，不是美国式就是欧洲式，这些民主理论很难解释发展中国家民主实践中遇到的问题。西方的民主理论是西方学者对其社会的经验观察而不是公理，在一个社会的经验观察不一定适合其他社会。政治学的很多理论都是经验观察而不是公理。在一个民族、宗教和阶级分化都很大的社会，民主化会造成国家的分裂，民主的分化力量需要引起我们的重视。

各阶层和平相处、共同发展

张：很多学者认为"中国模式"是一种威权模式，并与西方民主模式相对立，您对此怎么看？

郑：首先，我认为把威权和民主对立是不成立的。如果比较中国和美国的制度，实际上美国的制度比中国更威权。美国有一整套完善的制度，政府的政策能够有效执行下去。任何一个体制都有其威权的一面，也有其民主的一面。说中国是威权政治，西方是民主政治，这是过于简单的意识形态式的看法。西方的很多制度建设都是在威权的条件下进行的，比如德国的社会保障制度，就是俾斯麦用"铁血"手段建立的。所以威权和民主都是相对而言的，威权主义本来是对社会现象的描述。威权本身对政府推行改革是一个优势，中国经济体制改革相对平稳，就是威权模式的功劳。任何一个国家，无论是西方还是非西方，大部分制度都是中性的和技术性的。要治理一个社会，就需要这些制度。用民主和威权或者专制不能解释这些制度的产生和演进。

中国因为制度建设不够，尤其是具有权威性的制度建设不足，未来改革的困难会越来越大。社会改革比经济改革要面对更多的阻力。经济改革说穿了，就是把人最邪恶的一面放出来就行了，让每个人去追求利私；社会改革就涉及公共利益，是要有利他性的，要你为公共物品掏钱，所以我们看到现在很多既得利益集团不愿意掏钱。中国的"新左派"非常强调国家能力和社会公平，但这两者不是必然关系，国家能力强不一定就能保证社会公平。中国现在非常有钱，但为什么钱不能花在民生方面，中国对社会保障、公共教育和医疗的投入与 GDP 总量相比是非常低的。所以我认为改革会越来越难，尽管你知道未来应该怎么走，应该建立社会保障，进行环境保护，但就是无法推行。西方国家的社会改革都经过漫长的过程，很多国家完全是靠社会运动和民权运动推动的。各个阶层之间如何妥协合作，这个问题很难。从很多国家的经验看，搞得好，大家和平相处，共同发展；搞不好，就出现一个阶级对另一个阶级的暴力。中国必须注意这方面的发展趋势。

中国社会是危机驱动型社会

张：改革本身就是分权过程，国家向社会分权，中央政府向地方政府分权，这会不会存在悖论，一方面改革需要强大的中央政府领导，另一方面又在分权，这个悖论如何突破？

郑：国家制度建设并不是说要完全依赖中央政府。中国可以说存在两种分权，即向地方分权和向社会分权。1994 年以后中央把财政权集中了起来，但没有把事权集中起来，所以在很多情况下，是中央出政策，地方出钱，这样会导致地方政府动力不足。所以我认为，凡是关系到国计民生和公共服务的重大制度建设，一定要中央出钱来做。如果中央不愿意做，那就应该把财权和事权都下放到地方去做。但光向地方分权也存在着问题，就是地方权力过大会出现"土皇帝"。向社会分权比向地方政府分权更有效果，可以预防地方专制，让社会监督地方政府。从前我们讲中央向地方分权讲多了，讲向社会分权讲得少。

向社会分权事实上对中央是有利的，能够巩固中央权力。过分向地方政府分权反而会弱化中央政府的权力。向社会分权，有利于中央借助社会力量推动社会改革。很多人担心推动社会力量会导致更多社会抗议，但我们应该转变观念，社会抗议是正常现象，任何国家在转型过程中，都会出现社会力量的自我保护运动。如果没有社会力量的崛起，任何一个政权，无论是民主政权还是威权政权都不会有改革动力。尤其是中国这个社会，我把其称为危机驱动型社会。中国强调政策的延续性，那么政策如何调整呢？危机在其中扮演了一个重要角色。现在社会分化比较严重，政府如果能整合好社会力量解决这个问题，会树立很大的威信。

共产党必须成为改革主体

张：您写过一篇《共产党必须成为改革的主体》的文章，能具体解释一下您的观点吗？

郑：发展需要领导者，需要推动者，必须有主体。中国共产党是中国发展的主体。中国从清朝末年就一直在寻找新的国家组织形式，新的国家组织形式最重要的是谁来组织这个国家。孙中山领导革命就是要建立新国家，他首先想学西方。近代以来，西化一直非常热。但孙中山失败了，学习西方政党政治并不能组织、产生一个新国家。所以，在孙中山后期，他就开始转向学苏联模式，发现列宁主义政党对组织国家非常有效。这说明在共产党之前，国民党中的进步力量就试图转向为一个列宁主义政党。共产党执政是历史的产物。共产党所选择的道路并不是一开始就清楚的，是经过很长时间历史积累的结果。这不是像某些人说的是人为的选择、是错误的选择，这是历史的选择，所以我们总是谈历史的必然性。中国经历了很多次失败，最后历史选择了共产党。

西方发展大多是市场主导，但亚洲很多国家发展是国家甚至是政党主导。不仅是亚洲，墨西哥也是如此。可以说对后发国家而言，发展需要主体。政党成为发展的主体，因为政党是很有效的组织力量。政党有多种组织方式，西方是选举型政党，因为它们的政党不需要促进社会经济的发展。西方政党对发展没有什么责任。再说，西方的高速发展已经是过去式，现在它需要的是治理，需要维持社会原有的东西。西方的社会力量比较强，它们的发展不需要政党推动。但后发国家的发展需要国家来推动，国家的组织力量就是政党。在民主革命时期，西方模式的政党不能把中国组织起来，所以就由共产党组织。今天依然如此。中国革命的组织者是共产党，发展的组织者同样是共产党。中国以后的改革如何保证有序进行，仍然需要共产党作为改革的主体和推动者。如果共产党不能成为改革主体的话，其他社会力量就会起来推动改革。如果社会力量没有政党的有效调节的话，光是自下而上的社会改革运动会出现很大麻烦。

平衡好亲商与亲民

张：您强调社会改革要依靠社会力量，社会力量本身的意识形态分歧很多，您认为社会力量的加强，会动摇社会主义意识形态吗？

郑：不会的，五四运动时期，中国盛行的主义很多，无政府主义、自由主义、民主主义和民族主义等等，为什么只有社会主义和民族主义生存下来，而其他主义都被历史淘汰了呢？因为很多主义根本不适合中国。比如无政府主义，它一度很流行，但由于它只处于理论和理想层面，跟实际完全脱离，自然就被淘汰。再比如自由主义，它对解决当时中国的危机有一定相关性，但它拒绝本土化。中国的自由主义到今天为止还是拒绝本土化，还是用基于西方经验的理念批评中国。同样的道理，社会主义、民族主义之所以会成功，第一是因为它适合中国的土壤，第二是因为它进行了本土化。本土化很重要。

另外，主义的承担主体是谁，它代表谁的利益也很重要。在这些方面，共产党做得都很成功。首先中国共产党把马克思主义本土化，民族主义也本土化，再者它代表了最广大工农的利益。所以历史选择共产党是很多因素造成的，不是偶然的。共产党之所以会领导中国人民取得民族民主革命的胜利，就是因为它选择了社会主义。如果共产党选择无政府主义，它就肯定失败了。社会主义是非常适合中国的主义，中国几千年传统文化本身就有很多社会主义的因素，只是共产党把它突现出来。

社会主义和共产党的体制与中国传统社会具有延续性，一个国家的传统对它发展模式的选择是非常重要的。中国未来的改革无论是社会改革还是政治改革都仍然不会偏离社会主义的方向。中国自古就强调人本主义，社会主义就是以人为本的。这次全球金融危机一个很大的原因就是以资为本。资本本来是个工具，但现在资本不服务于人，而人服务于资本就是当今世界的最大问题。社会主义本身就是讲平等、公正，这很符合中国传统文化。社会主义本身是普世价值，任何国家都存在社会主义因素，只是它不叫社会主义这个名称罢了。因为任何社会要想持续发展，在亲民和亲商之间都要有一个平衡。不亲商就得不到发展，但亲商是发展的手段，发展的目的还是要亲民。如果一味的亲商，社会就会失去稳定。政府的准确定位是关键。

张：建设和谐社会的关键是不是就要处理好"亲商"与"亲民"的平衡关系？

郑：是的，政府一定要在亲民和亲商之间保持平衡。作为利益调停人，如果政府过于亲商，社会就很不稳定，即使表面发展，实际也会危机四伏。社会是必须被保护的。如果政府不去保护社会，社会就会自我保护，那就是革命。现在强调社会改革，就是要保护社会。中国目前最大的问题，就是资本占主导地位。新自由主义引进来破坏了社会，导致了社会信任的解体。现在社会道德沦丧，就是资本太盛的缘故。资本就是要破坏一切社会道德，肆无忌惮地追求利益。马克思就说资本的本质就是要把所有的东西都货币化，所以才需要政府去抑制资本的消极影响。

对于这一问题，政府一定要准确定位。改革前30年是亲商，未来的社会改革就是要亲民。亲民并不是消灭资本，而是平衡资本，因为如果按照资本逻辑走下去对资本本身也不利，这次美国金融危机就是典型。资本本身不考虑社会利益，发展到一定程度自身就很难维持下去。所以政府如果选择亲商是短视的，而是应在两者间保持平衡。欧洲之所以能从原始资本主义过渡到福利资本主义就是权力和民结合的结果。现在中央其实已经意识到这个问题，也在做政策调整，但成果不明显，主要就是阻碍太大。克服阻力，政府一定要坚决！国民党就是因为和资本结合太紧密，丢了政权。

现在的中国，民的力量在壮大，共产党要采取办法领导民的力量，不能压制民的力量，一定要有强烈的意志去进行社会改革，利用社会力量进行社会改革是头等大事。社会改革已经是不能不做的事情。中国体制一个最大的优点就是，如果中央想做一件事就一定能做成，这就是举国体制。关键就是决心问题。社会危机可以成为改革的动力，在这方面，媒体也起到很大作用，不能一味和资本站在一起。中国共产党要培养国家知识分子，就是能为百姓代言的知识分子，这是共产党的长远利益所在。现在中国很多知识分子成了利益知识分子，都是为了五斗米而折腰的人。知识分子为谁服务非常重要，如果利益知识分子占多数，这对社会是非常危险的。

（张飞岸：中国社会科学杂志社编辑）

原载于《中国社会科学报》2009 年 12 月 10 日第 46 期第 3 版

加拿大的华人移民、种族政策和社会问题

——访加拿大皇家学院院士李胜生教授

刘　军

李胜生（Peter S. Li）教授是加拿大著名的华裔社会学家、民族和华人移民问题专家，任教于加拿大萨斯卡彻温大学（University of Saskatchewan）社会学系。1989年以来，他长期担任加拿大联邦政府的顾问，在人口、移民、种族关系等方面提供政策咨询。他曾当选为加拿大社会学与人类学协会主席（2004—2005）、国际海外华人研究会副主席（2004—至今），被加拿大外交部聘为加拿大国际人权和民主发展中心理事（2005—2008），2009年10月当选为加拿大皇家学院院士。发表过个人专著七部、专业论文七十余篇。

李胜生（Peter S. Li）

李胜生教授将与读者分享他的治学和研究历程，以及他对加拿大华人移民、种族政策和社会问题的独到见解。

我的研究生涯：从族群、政策到社会理论

刘军（以下简称刘）：李教授您好，首先祝贺您当选为加拿大皇家学院（the Royal Society of Canada）院士，能谈谈您最初得知这一消息的感受吗？

李胜生（以下简称李）：我接到通知时很高兴，因为这是同行院士根据学术成就投票评选的，被学术界视为一项荣誉。这是对我学术工作的一种肯定，也是对我长期参与社会政策研究的一种奖励。

刘：您能否简单介绍一下这个机构的情况？

李：加拿大皇家学院建立于 1883 年，主要责任是引领国内学术发展，为政府提供咨询和促进加拿大文化的国际交流；分为艺术和人文科学、社会科学、自然科学三大部分，每部分内还包括若干分支学科。每年有大约 75 名学者入选，到目前为止，学院有 1961 位院士，自然科学的院士占一半以上。

刘：目前华裔院士多不多？

李：自然科学领域的华裔院士有一些，社会科学领域的华裔院士并不多。

刘：您的学术成果很多，研究领域也很广，请您介绍一下您的治学经历。

李：我很小就离开了香港，到美国求学，在那里获得了学士、硕士和博士学位。1975 年我来到加拿大萨斯卡彻温大学任教，1985 年成为教授。其实我的研究范围不算广，大致有三个领域，我的博士论文是关于美国华人移民的，来加拿大后我对种族、民族问题特别感兴趣，看了很多加拿大华人的原始资料和前人研究成果。我觉得过去研究的重点是华人本身，是从文化角度入手的，如研究华人会所、会党、同乡会等，看华人作为少数民族是如何生活的。这些会所对华人移民生活的确很重要，但仅研究这些也是有局限的，似乎华人移民的历史就是会所的历史。

我觉得华人是为谋生才来到北美，首先是作为劳工而存在的，如开矿山、修铁路，他们的历史首先是劳工的历史，应该从这个角度去了解他

们。另外，不能孤立地研究华人的历史，而应将他们放在与主流民族的关系中进行研究，探讨其中的压迫、剥削、歧视和不平等。我先后发表了《加拿大的种族压迫》（Racial Oppression in Canada，1985）、《阶级社会中的民族不平等》（Ethnic Inequality in a Class Society，1988）、《加拿大华人与华人社会》（The Chinese in Canada，1988）等著作，强调重视少数民族和主流民族的关系，尤其是不平等的关系。这种不平等对华人的家庭和经济生活有什么影响？这是我与以往研究的一个不同之处和研究重点。这是我的第一个研究领域。

大约从 80 年代后期开始，我逐渐对加拿大移民政策感兴趣，并从对华人移民种族关系的经验性研究转向种族和移民的理论研究，这算是我的第二个研究领域。当时包括我在内的一些社会学家认识到，种族不是一个本质性（生理性）的概念，如肤色、毛发等，种族本身不是原因，而是一种社会化的结果。我们用种族化（racialization）来表示这个意思，即只有经过了不同族群的社会交往，才有种族概念。制度性种族主义是与特定历史时期的经济、政治和意识形态因素相关的。这种对种族的认识，产生于对不平等的种族关系的研究，又对后来的种族研究产生很大的影响。

刘：这个说法有意思。我觉得，种族是一种对人类的生物学分类，有其外在的生理性特征，但没有高低优劣之分；而种族主义则是将种族的外在特征社会化或意识形态化的错误观念和理论。不过，我理解您的意思。西方女性主义也有女性不是天生的、而是社会化的产物的观点；还有，阶级也不可能单独存在，而是在与其他群体的社会关系中形成的。

李：20 世纪 60 年代后，由于加拿大移民政策改用分数标准，而不是用地区和种族标准接纳移民，非欧洲裔移民增长很快，加拿大也逐渐由英法为主流民族的国家，变成多元民族国家。现在每年约有 25 万—30 万移民来加拿大，60%—70% 来自亚非地区，亚洲移民又多于非洲移民。过去评价移民主要是看他们对加拿大经济有什么贡献，移民政策也是据此制定的，这是一种很功利的标准。我提出，这是一种短视的利益关系，我们没有用长远眼光看待移民的价值。移民是一种投资，投资国家的未来。如同养一个孩子，不是看几年内有什么回报。衡量移民的贡献，也不能光看经济价值，还要看文化上的价值，如加拿大语言和文化多元化有助于它对世界的理解和联系。我写了一本书，书名是《定居加拿大：关于移民的争论与问题》(Destination Canada:Immigration Debates and Issues，2003)，这本书不仅对政府的移民政策持一种强烈的批判态度，也批评了学术界看待移民的狭隘观点。不是移民在经济以外的领域没有贡献，而是由于我们没有统计这些贡献的方法和手段，这些贡献被忽视了，这是需要学界予以重视的。

我的第三个研究领域是社会学理论。2004—2005 年，我担任加拿大社会学协会会长，有机会考虑加拿大社会学整体的研究状况。社会学内各个研究领域分工很细，对某个研究领域了解很细致，如对医疗保险、对教育，但这些研究很分散，缺乏一种对社会发展总的和深入的理解。我在《二战后加拿大的构成》(The Making of Post-War Canada，1996) 一书中，从经济和科技的变化入手，将个人、家庭和社会的发展联系起来，婚姻家庭生活的变化、妇女参与社会工作、移民的融合、企业由分散走向集中、随着经济变迁而来的职业结构变化等，将人与社会的发展在整体上联系起来。

多元文化政策缺乏实质性

刘：在中国的加拿大研究中，多元文化政策是一个重点，学者们基本是赞成和欣赏这一政策的。您在研究中却经常批评这个政策，这是什么原因呢？

李：二战后加拿大比较强调个人权利，在这个基础上，华人才有争取平等的机会。这是民主社会发展的一部分，但这也是有局限性的。1971年加拿大推出多元文化政策，这一政策在世界上很受重视，因为这是西方国家中最早的有关文化平等的政策。但很多人并不清楚这一政策的背景和内容。最初，多元文化理论主要是针对 60 年代后期闹独立的魁北克省，意在强调加拿大不是英法人的加拿大，在英法民族以外，还存在着很多少数民族和多元文化，它们都需要被平等对待，以此压抑法裔对自己权利的过分要求。一些法裔怀疑政府在多元文化上的诚意，所以 1969 年政府宣布英、法语为官方语言，1971 年正式宣布多元文化政策。

但这一政策只表示每个少数民族都有选择的自由，并没有实质性内容和特别的意义。因为在一个自由民主的社会，大家原本就有选择的自由。政府专设了多元文化机构，但最初也不知道该怎么做，只是以一种很零散的方式支持发展少数民族文化，如唱歌、跳舞、学中文，被我们称作"博物馆文化"，即一种保持过去的、表面的和死的文化。华人不需要政府支持学汉语，他们需要学英文，这样才好找工作；他们也不需要特别扶持，他们需要的是种族平等，消除就业歧视。

加拿大现在实施多元文化政策已几十年了，但不能说有多元文化的权利。法语在法律上作为官方语言是有语言权利的，但多元文化政策并没有落实在具体的权利上，还是比较虚和宏观的概念，政策上的实质很少。虽然我们有多元文化政策，但少数民族的语言并没有给少数民族带来好处。你会少数民族语言对工作和收入没有帮助，会英、法语才可能有高收入。劳动市场是一个大熔炉，你只有学官方语言才能维持生活，社会并没有支持少数民族语言的环境。个人权利很发达，但少数民族作为集体没有权利，而现实社会中，个人往往被视为群体的一员。这表明个人权利与集体权利是有关系的，甚至是矛盾的。所以，我一直沿着这些思路批评多元文化政策。

刘：加拿大对印第安人是有特殊优惠政策的，如他们可以免费上大学，但其他人是要交费的，这是不是一种集体权利呢？

李：印第安人是有一些集体权利，但我们讲的多元文化政策是不包括印第安人的。加拿大有三大种族矛盾，一是土著与英法为主的欧洲人的矛盾，英法裔自称建国民族，土著人不承认，认为自己是原住民、第一民族。加拿大政府为缓解这一矛盾，为改善和提高土著人的生活做了很多工作，但仍无法将这个民族纳入加拿大社会中。世界其他地方的一些土著人与后来移民也有这样的矛盾。二是英法裔之间的矛盾，法裔要求与英裔的平等权利甚至特权，否则就要独立。三是英法为代表的主流民族与其他移民少数民族的矛盾。多元文化主要针对后两种，特别是第三种矛盾。加拿大只有两种集体权利，法语的权利和印第安人的权利，多元文化所代表的移民少数民族争取平等的权利，还没有实质性的集体权利。

用社会分层理论解析华人问题

刘：社会学分析经常要用社会阶层和阶级理论，您觉得它们有什么区别吗？

李：阶级主要是根据生产关系来区分的，是一种很有用的分析方法，但在 20 世纪中期以后，西方进入中产阶级社会，用阶级方法就会面临一些困难。中产阶级怎么分？股份制公司的老板怎么确定？知识分子怎么分？这些问题都有很多争议。在我的研究领域，我主要用社会分层理论来分析问题，即不平等的种族关系就构成不同的社会阶层。我觉得种族、民族问题与阶级是有关系的，但它们还不是一回事。因为并不是阶级问题解决了，种族、民族问题也就解决了。很多事实表明，有些种族或民族问题是独立于阶级问题的。尤其在加拿大这种世界性移民国家，种族和民族问题就更为突出，而阶级问题相对被模糊了。

刘：您的研究单位是种族和民族，因为它们本身就决定了这个群体在经济和社会生活中的地位，构成了特定的社会阶层。华人在加拿大的历史是一个由受歧视压迫到被平等对待乃至顺利发展的过程。如 18 年前我读书时，萨斯卡彻温大学只有 3 位至 4 位华裔教授，多数来自香港地区，现在约有 40 多位了，绝大多数来自中国大陆。这是一种多大的变化啊！您在这方面一定更有体会。

李：现在大陆出身的学者成为加拿大华裔学者中的主流是有历史原因的。自 1858 年华人到加拿大后，遭受的种族歧视是与其经济、社会地位不平等相联系的。例如，当时的欧洲移民可以在加拿大买地定居，但华人不可以。黑奴制度被终结了，但华人苦工实际上是这种制度的一种变相延续。完全可以说，直到二战前，华人移民始终是"二等公民"，遭受当地人的压迫和歧视，过着妻离子散的日子（因为加拿大不准华人的妻子探亲）。虽然二战后华人有了投票权（1947 年），但冷战观念又使华人继续受到压制，加拿大只接受香港和台湾地区的华人。1967 年加拿大政府改变移民政策后，华人移民中才逐渐开始出现知识分子。20 世纪 70 年代是华人中产阶级成长的时期。不过，直到 80 年代，一般华人不愿学文科，一是有语言问题，工作不好找；二是有意识形态的顾虑。

中国改革开放后，才陆续有大陆学生和移民来到加拿大。90 年代中期以后，香港移民人数下降，而大陆移民人数则上升。现在每年约有 4 万华人移民来加拿大，其中基本都来自中国大陆。而且，大陆移民的受教育程度也在迅速提高，1995 年有大学文凭的大陆移民只有 27%，到 2000 年已接近 50%；而香港移民中的大学毕业生在 2001 年前仍不足 20%。应该说明，自 90 年代中期以来，来到加拿大的各地区移民的文化水平都有所提高，因为加拿大更加注重移民的经济技术含量。但是相比之下，大陆移民中有大学文凭人数比例的增长是最快的。所以，现在有很多大陆出身的教授，他们已经在加拿大学习生活十几年了。不过他们只是大陆移民的一部分，而且是比较有成就的一部分，不是大陆移民都能如此。

刘：华人现在加拿大的经济地位和社会地位确实是今非昔比了，当医生、教授、律师的很多，年收入几十万、上百万的也不少，但似乎政治地位还差一些，愿意参政或已经参政的华人似乎与华人群体数量不成比例。您觉得呢？

李：首先，历史上有华人会馆组织华人维护权利的活动，也有华人工会为反抗压迫和歧视而罢工的记录。但是，由于华人移民群体中长期没有知识分子，没有人为他们向社会呼吁。当然，长期受压迫歧视也使得华人有胆小怕事的习惯，也有"个人自扫门前雪，莫管他人瓦上霜"的传统意识。1979 年，多伦多一家电视台宣传中国人抢了加拿大人的工作。有人发现，该节目拍摄的所谓工作地点有的竟是中国同学会，那里当然华人多，还有一些工作场所的所谓华人是亚洲其他国家的移民。这引起华人抗议，多伦多市有几千人游行，其他城市也有响应，最后电视台道歉了。这一事件改变了华人的权利意识，他们成立了加拿大华人平权会（Chinese Canadian National Council），这个组织一直延续至今。后来，这个组织领导华人要求加拿大政府就历史上向华人征收"人头税"赔偿和道歉，我为此担任他们的义务顾问。"人头税"的很多数据是以我的一些研究为基础统计出来的，并作为证据提交到加拿大最高法院。争取了十几年，2006 年联邦议会正式就此道歉。

另外，虽然华人移民的历史不短，但他们在加拿大本土的第二代出现很晚，一直到 1967 年以后才大批出现。此前的很长时期，华人移民中的男女比例大约为 1/10，这怎么可能有第二代？二战后华人移民有第二代的只有 20%，大多数移民的妻子和孩子留在中国国内。第二代移民对华人移民群体的全面发展很重要，尤其就政治参与而言，特别需要受过加拿大教育的华人知识分子。同时，移民少数民族的政治参与还需要有社会认同的环境，需要有自由平等的社会氛围，而这些条件的积累需要一个过程，目前这些条件在逐渐具备。这些年，在多伦多和温哥华地区，华人参选人数越来越多，我们能看到华人政治参与意识在缓慢改变。我自己也有类似的经历，2004 年加拿大社会学协会会长换届时，我没有竞选的想法，后来有人跟我说，还没有华人教授当会长呢，我立刻就决定要试一试。

社会学在中国大有可为

刘：您经常就政府的社会政策发表意见，也担任过一些政府部门的咨询工作，您认为联邦政府是否重视学者们的意见？

李：加拿大联邦政府很重视专家的意见，它知道政策的制定和改变需要科学论证。政府在决策前会听取专家意见，但实际上，专家对每项社会政策的见解都是有分歧的。政府在这方面是很聪明的，它不是专门听取某派专家的意见，而是听取各种观点。然后，政府从中选出其认为最可行的意见。实际上政府在利用专家的意见，也利用专家的分歧。学者很愿意为政府服务，因为政府的咨询是对学者研究成果的肯定，另外政府也会给你报酬。但我不会因此失去学者的立场，我一定会说出我的意见，不管政府的意图是什么或它想听到什么。我曾明确地跟政府官员说，如果我能说出你们不敢说的、没想到的、没看到的，这才是我的价值所在，一个学者的社会价值所在，你们付我钱才是值得的。如果政府想听什么，我就说什么，这样有什么意义和价值呢？

刘：近年来，中加学界交流广泛，您也常就您熟悉的领域在国内开会讲学，您对国内社会学的发展和研究状况有什么看法吗？

李：中国社会学发展曾遭受挫折，费孝通等一批学者被打成"右派"，社会学一度被取消，直到 70 年代末，改革开放后才恢复学科发展。1982

年，中国社会科学院首次请中外学者在武汉华中工学院举办社会学讲座，讲课的国内学者有费孝通等人，外国学者有4名，1位美国的，3位加拿大的，我在其中。当时前来听课的达200多人。中国社会学的恢复与社会的百废待兴联系在一起，政府急切地想知道社会发展问题的答案。因此学者们的任务很重，压力也很大。

所以，中国社会学发展有这样的特点：一是受政府影响很大，政府政策就是社会学的研究课题：比如政府要发展"四个现代化"，社会学就研究"四个现代化"；政府提出"和谐社会"，社会学就论证"和谐社会"。这既有推进社会学研究的益处，也有局限性，因为政府政策的出发点不能被质疑、被批评。中国社会学的发展不能脱离政府政策的现状，若长期延续下去就会产生一些问题，学者必须要用科学的方法和充分的事实论据，发挥评价、衡量、审查乃至批评政策的作用。

二是学科的功利性很强，似乎社会学就是替政府解决青少年犯罪、农民贫困、医疗保障等问题的学问。社会学是能够解释或解决社会问题，但它不仅是为了解决社会问题而存在，它还是一门独立的学科，有其自身发展的需要，如理解人类社会发展的问题，这些可以是很理论的，并不一定有具体的用处。中国社会学这方面的环境似乎还不够宽松。

三是理论、方法、研究课题都受外国影响，这既有好处，也有弊端。好处是别人的理论方法可以很快拿过来用，局限是跟着外国研究跑，他们讲社会分层、人力资本、社会资本，我们也这样讲，没有以中国社会为本的社会学。费老不是这么做的，他从国外学了理论方法，研究的是自己的东西。不过，中国社会学这些年的进步还是很大的。比如80年代我来中国开会，国内学者在发言的最后总要说，中国情况整体上是好的，但是却不提究竟哪里好、好到什么程度。现在这样的空话、官话少了，实证研究比较多了，学者自己的语言也比较多了。

刘：中国学术的发展需要与国外学界的广泛交流，如有机会与中国学者合作，如研究农民工问题，您有兴趣吗？

李：有兴趣！中国的题目新鲜，挑战性强，不论什么课题拿到中国来，因为人口多，复杂性立即提高了很多。我希望看到，中国的社会学不光为政府服务，也能影响政府政策。社会学在这方面可以做很多事情，探讨许多问题，比如，如果取消户籍制度，要付出多大的代价、有什么好处等；再比如，现在国内的医疗保障制度和政策头绪很多，有些杂乱无章，如果建立国家支持的统一的医疗保障，政府的负担会是多少，好处有哪些？在很多方面，中国社会政策的发展与社会学研究看起来密切，但社会学研究与社会实际又有些脱轨。

刘：您似乎是说，国内的社会政策发展和社会学研究在某些方面还没有满足社会发展的需求。您是如何了解中国的？

李：我对中国的情况有兴趣，但了解还比较少，毕竟我的研究重点在加拿大。你也许有些奇怪，我一辈子在国外学习和工作，天天用英语，可是我并不喜欢英语，英语对我只是一种工作语言。我喜欢中国的传统文化，如觉得中国的诗词很美，几十年来，我凭着兴趣自学了中国古典文学，闲时就学着填词，觉得很有意思。过一会，我还要去教一些师生学太极拳，这也是一件很有意思的事。

采访后记：采访结束后，李教授很有兴致地送给我几首他最近写的诗。我选了一首最短的作为这篇采访记的结尾，从中我们可以感受到他那颗宁静淡雅的赤子之心。这首诗是 2009 年 5 月李教授访问西安时所作：梧桐淡白绿满枝，荫径舒怀仲夏时；小鸟怜人来报讯，一园静寂落荷池。

（刘军：中国社会科学院世界历史研究所研究员）

原载于《中国社会科学报》2010 年 1 月 7 日第 54 期第 3 版

探求 "英国学派" 及国际社会

——巴里·布赞与刘德斌对话

刘德斌

　　巴里·布赞，伦敦政治经济学院（LSE）Montague Burton 教授，哥本哈根大学、吉林大学荣誉教授，英国学派领军人物之一。主要研究领域为国际安全、世界历史、国际社会、区域安全等。其代表作有《从国际体系到国际社会》、《从国际社会到世界社会》、《世界历史中的国际体系——国际关系研究的再构建》、《人民、国家和恐惧：国际

刘德斌（左）与巴里·布赞（右）

关系中的国家安全问题》等。

刘德斌，吉林大学当代国际关系研究中心主任，吉林大学历史学与国际关系学双聘教授，博士生导师，曾为英国剑桥大学国际问题研究中心和美国弗吉尼亚大学政府与外交事务系访问学者。研究方向为世界近现代史、国际关系史和当代国际政治。

2009 年 9 月，巴里·布赞（Barry Buzan）教授参加了吉林大学当代国际关系研究中心举办的第四届"历史学与国际关系学"国际学术会议，会议主题为"英国学派理论与国际关系史编纂"。会后，中国社会科学杂志社编辑范勇鹏、《中国社会科学报》特约记者颜震约请刘德斌教授与巴里·布赞教授进行了对话。

巴里·布赞眼中的"英国学派"

刘德斌（以下简称"刘"）：布赞教授，非常高兴您能第三次到吉林大学参加"历史学与国际关系学"国际学术研讨会。您知道，越来越多的中国学者都对"英国学派"产生了兴趣，不仅国际关系学界的学者关注英国学派，而且历史学界的许多学者也对英国学派产生了浓厚的兴趣。学者们普遍关注的一个问题是：作为西方国际关系理论中的一个重要学派，英国学派与其他国际关系理论学派的不同之处何在？

巴里·布赞（以下简称"布赞"）：我也非常高兴能有机会第三次来中国参加英国学派的讨论会，更非常高兴看到贵校这样多的学者和学生包括来自许多国家的留学生对英国学派产生浓厚的兴趣。您和您的同事翻译的《世界历史中的国际体系：国际关系研究的再构建》能在中国发行 5000 册，这实在是个令人惊讶的事实，这在英国甚至美国都是不可想象的。中国是个崛起的大国，中国学者的视野也在不断扩大。中国学者对英国学派感兴趣，无疑是想从中借鉴一些对你们创建"中国学派"有价值的东西，但我更感兴趣的是你们对英国学派的批判。每次来这里，都能听到一些中国学者对英国学派的评论，特别是你们历史学者对《世界历史中的国际体系》一书中某些观点的批判，这让我感到非常高兴。学术批判无论对英国学派，还是对中国学者所追求的中国学派的成长，都是非常重要的。

关于英国学派与其他西方国际关系理论学派的不同，是一个非常复杂的问题，我想从主流国际关系理论的角度来讲一下英国学派的不同之处。拿现实主义来讲，它是非历史性的，没有历史的叙事在里面，只是说出事实，然后根据事实给出相应的政策，因此它是建立在物质主义基础上的。不过它确实告诉我们国际关系是什么样，将会变成什么样。自由主义相对多样化，它更关注于如何避免权力斗争，谋求合作。但是新自由主义在很大程度上也是物质主义的。它从规范性的角度来说明世界应该是什么样的，因此它也是非历史性的理论。应该说，新自由主义是一种政策，是如何处理国际关系的一种理性选择，例如它提出了一些经济模式和政治模式。马克思主义确实有历史叙事，但主要是从阶级的角度来谈，因此始终属于独特的历史叙事，它也是物质主义的。马克思主义和现实主义在某些方面很接近，它们都关注权力、权力政治和斗争。

英国学派与它们都不同，因为英国学派采取了社会学的研究方法，关注社会的概念。而现实主义和自由主义倾向于把国际关系看做体系，因此是机械性的理论，就像把国际社会看成由很多相互联系的部件所组成的中央暖气系统一样。从这种意义上说，英国学派与建构主义相似，但建构主义与其说是理论，不如说是种方法。

英国学派来自历史，来自政治学理论，也来自法学。它的基本观点是主张社会结构这个概念，当然这个概念也包括权力结构，而这种社会结构可以被视为一种社会存在。英国学派主要关注国际社会，或者说国家间社会。这是一种非同寻常的社会，因为人们通常认为社会的主要成员是个人，而在英国学派中，国际社会的成员是国家，从成员数量来说，这是一个非常小的社会，但是每个成员都是集体性的构成。值得人们思考的问题是如何用规则、规范和机制等概念来定义这个社会。这是个开放性的问题，因此英国学派并不去描述什么，这与现实主义、自由主义和马克思主义不同，它是开放性的理论。

基本上说，无论何时都存在社会结构，就像始终存在权力结构一样。社会结构总在发生演进和变化，这在不同的时间和地点表现是不同的。你可以作比较，比较中华核心区域和周边地区的社会，比较欧洲和中世纪中东的社会。国际社会是什么，这个问题是开放的。这与马克思主义的决定论观点是不同的：国际社会可以变得强大也可以变得弱小。因此不管你是否喜欢这种国际社会，英国学派都采取社会学的研究方式，但在有些地方，它和社会学家们的研究又有所不同。社会学家从个人出发看社会，而英国学派主要以国家作为社会的单位，这是它与其他国际关系理论主要的区别。

巴里·布赞在英国学派中的自我定位

刘：在英国学派的发展历史上，曾经出现过很多有代表性的学者。现在许多人都把您作为英国学派的"领军人物"，请问您认为您对英国学派理论的贡献是什么？记得20年前我在英国华威大学做您学生的时候，您只是向我们介绍了一些英国学派代表性学者的著作，如布尔的《无政府社会》和布尔与沃森主编的《国际社会的拓展》，并没有刻意强调英国学派的特性。您给我们的印象是您一直在批判美国主流国际关系理论家如沃尔兹的观点，您是怎么成为英国学派领军人物的呢？

布赞：我对英国学派作的贡献，可以说就是一种建设意义上的贡献。我对英国学派多元主义与连带主义之间的规范性辩论并不感兴趣，而是看到国际社会可以作为建构社会结构的一种路径。亚历山大·温特对我的思想影响很大，虽然他是美国建构主义的领军人物，但他早期的国际社会思想中霍布斯式、洛克式和康德式的三种文化分类是从经典英国学派那里学来的。对我来说，这样看待国际社会的结构过于冷酷。经典英国学派所发展的是国际社会机制的概念，其内在的、共享的实践包括主权、不干涉原则、外交、领土性问题、国际法和民族主义等。这些广泛的、共享的原则是国际社会的基础，它们提供了一种细节化的研究路径来看待国际社会的演进和发展。我的贡献只是增加了一条研究路径，并对其他研究路径上的学者提出了一些比较大的问题。但我并没有提出一条排他的道路，告诉别人应该按我的方法来做。从这个意义上看，我并不是一个学派的领军人物，而只是这条路径上的领军人物。

从另一个意义上看，我在20世纪90年代末号召重新召集英国学派，从这点上大概可以称我为领军人物。如大家所知，英国学派在五六十年代直至 80 年代初的发展中并不只是一部分学者的总称，而是有一定的组织性，有一定的结构性，还有定期的集会，如英国委员会（British Committee）。在我看来，赫德利·布尔（Hedley Bull）去世后，这种组织性的英国学派就消失了。尽管三代英国学派学人都取得了成就，但相对来说，他们是各自为政的。

我认为恢复传统英国学派那种集体性活动的方式也许很有好处。因此我同理查德·利特尔一道，在奥利弗·维弗（Ole Waever）的帮助下，于 1999 年在英国利兹市重新召集了英国学派集会。我们建立了自己的网站，保证英国学派机构的存在，并让人感觉到在一个有名分的项目中进行着合作。这项计划比我想象的还要成功，它提升了英国学派的身份，因为长期以来英国学派一直处于美国思想的边缘地带，但现在英国学派已是受广泛认可的主流国际关系理论流派之一。英国学派的组织化得到了很大的回报，越来越多的人更加重视英国学派，更多的学生也参加进来，产生了多样的影响力。因此我可以算是将英国学派重新组织起来的开拓者，并且还提升了它的身份。

生活、工作环境与学术道路的选择

刘：人们普遍认为，生存环境会使他们对世界的看法产生重大影响。您从大学时代起就一直生活、工作在英国，您认为自己的工作和生活环境对理论和思想的建构有很大影响吗？换言之，如果您现在在美国生活和工作，您还会按照现在的学术研究道路前进吗？

布赞：这涉及"内在的个体对抗外在的环境"，是个很有意思的问题。记得 20 年前您就问过我为什么选择英国而不是美国从事自己的学术事业。我知道在你们中国学人的心目中，美国是更重要的国家。但老实说，我无法忍受居住在美国。美国人的宗教性、对枪支的狂热等问题都让我无法忍受。尽管去美国访问会很开心，但我并不期待定居在美国。

如果我在美国的话，肯定会有更多的内心斗争。尽管也会有很多熟悉的面孔和朋友，但不会得到很多的帮助。英国对我来说是个很好的选择，不管是在伦敦政治经济学院还是其他地方。在离开华威大学来到威斯敏斯特大学后，我也一直在想这样一个问题：对比排名比较高的华威大学和伦敦政治经济学院，威斯敏斯特大学在英国的排名仅仅是 50 位，但这真的很重要吗？我的答案是：不是。如你所见，我年纪不小了，天数已定。我在想做某件事的时候就应该去做，我也需要一个合适的环境。如果缠身于教学或者行政事务，我将没法继续我的研究。更重要的是我自己内心的需要。在伦敦政治经济学院时，我与同事进行合作，但这并没有对我的学术议程产生什么根本影响。我主要的合作伙伴遍布各地，因此物质条件并不十分重要，环境如何才重要。我的读者和对话者遍布世界各地，这也是我来吉林大学讲学的原因。

刘：尽管英国学派的成员有许多不是英国人，人们总认为英国学派来自英国。那么您能在美国找到学术上的知音吗？您在美国有能够共事的研究伙伴吗？如果有，能给我列一个名单吗？

布赞：英国学派的名称和其内容并不相符，因此英国学派也并不是英国的，这样命名只是为了终结无休止的讨论。从另一种层次来看，它是更为欧洲化的理论。它与欧洲重视历史和社会学的传统是一脉相承的。英国学派的创始人也并非来自英国，布尔来自澳大利亚，曼宁来自南非，维弗来自北欧。我开创了英国学派在伦敦政治经济学院的发展。在美国，有一些学者的思想与英国学派比较相似，如布鲁斯·克罗南、奥丹·格林，还有其他一些人。我可以给你列出很长的名单。我们一起举办过一些会议，都很成功。从根本上说，想从历史角度解读国际关系的美国学者缺少自己的精神家园，而英国学派给了他们这个家。

19 世纪的世界历史需要重新解读

刘：您在这次会议上提到，您正在改变自己对 19 世纪国际关系史的一些看法。在重新发现和解读国际关系史的研究中，中国的学者也面临着一些问题。人们能够对"西方的兴起"和"大国的兴衰"道出种种原因和理由，但对发展中国家的分化，对发展中国家中所谓"失败国家"现象，却难以给出令人满意的解读。您是否认为现在世界历史正在发生着历史性转型？我们是否应该重新修改对 1500 年以来世界历史的基本看法呢？

布赞：这是个很困难的问题，我现在没有非常清晰的答案，因为我的思想也在某种转型中。您知道，利特尔和我正在试图重新撰写或者说重新阐述英国学派关注的国际社会扩张的故事。

我们的新作品和亚当·沃森（Adam Watson）1992 年的作品会有很大不同，会更加关注欧亚大陆的历史而不是欧洲中心主义。它会更加关注地区性的问题、国际政治经济的问题以及正在展开的故事的积极一面。它不会局限于非殖民化以来虚弱国家的产生。在这种意义上，我必须重新思考一些观点。我当然不会放弃自己的观点，即 1500 年前后是转折的关键时间，这个时间发生了很多重要的事件。我阅读的一些历史社会学的著作都很重视 19 世纪领袖国家的转型。我们可以用不同的方式讲述这段历史。比如，可以讲述工业主义和资本主义的崛起，民族主义、民主国家和人民主权的产生等很多方面。尽管这些故事的类型不同，但我越来越确信这些故事和 15 世纪的故事一样重要。

我认为现在正处于 19 世纪开始的那种转型潮流的下游，而且至少可以理解世界上存在两种国家：一种是开放资源的国家，一种是政治经济相互分离的国家。我认为功能相异的国家，尽管互相联系，但其结构相互区别。就像拉斐尔（Rafael）教授的论文提到的"经济超级大国"，如果他是把经济当做一个独立的因素来看的话，那意味着经济活动不仅在思想上是分离的，在社会组织上也是分离的，意味着经济活动不仅归精英所有，也向任何有能力进行运作的人开放。政治活动也是如此，如政党的崛起和公司企业的兴起，这里不是指 19 世纪的贸易和商业意义上的公司，而是现代意义上的在政治经济活动中有广泛参与度的公司。当这种公司的转型开始时，领袖国家的内部结构也开始发生变化，被称为资本主义国家。

当这种变化开始的时候发生了四次大国战争。它们发生在核心国家之间，主要是资本主义国家和旧式的政治经济混合在一起的国家之间。比如拿破仑战争，发生在资本主义英国和帝国主义法国之间。第一次世界大战，发生在资本主义英美和旧式的德奥之间。二战也是一样，纳粹德国试图重新把政治经济混合在一起，和民主国家对抗。苏联则是另一种形式的旧式国家，然后是最后一个回合——冷战。或许不是最后一个回合，但是大国之间的最后一个回合。冷战后，这种冲突表现在资本主义国家和非资本主义国家之间，不是表现在大国之间，而是表现在大国和世界其他地区之间，从边缘或第三世界的角度能更好地理解这种冲突。因此，从这种意义上讲，我们并非处于转折阶段。

从这个意义上看，中国的转型就变得非常有趣。中国是一个社会主义国家，它把政治经济混合在一起，但同时却接受了市场化的经济体制。因此有人认为中国处在这两种模式的转型之间。这种方式能否行得通，是我们这个时代最有意思的事情。管理转型是非常困难的，在过去曾引起了很多战争。如果看到历史对这种转型的阻隔，也许它不会顺利发生，但或许只是因为只在特定的地方发生了转型，并在转型过程中产生了权力，也会巩固转型本身。

"金砖四国"难改国际社会的权力结构

刘：让我们转向一个重要的现实"历史"问题。最近几年，关于"后冷战时代"、"后美国世界"的论点有许多，都在讨论世界历史的结构性变化。其中"金砖四国"被许多学者认定为改变世界历史结构的重要力量。许多人认为，当今世界变化的主要推动力量来源于"金砖四国"对世界政治经济秩序的影响力，而其中又特别对中国和印度给予很高的评价。您认为"金砖四国"或冷战后新兴市场国家的兴起能够改变当今世界的政治经济秩序吗？

布赞：权力结构总是在改变之中，因为这是国际关系基本的持续性因素之一。很多国家成功了，也有很多国家失败了。我认为作为一个集体的"金砖四国"，整体上对权力结构的改变并不那么具有意义。

俄罗斯很大程度上处于倒退中，和中国的适应力不同，它在向后走，它的人口在减少，国家也在变小。俄罗斯可以发挥区域性的影响力，但不太可能很快成为一个世界大国。它的权力很大程度上来自石油、天然气，这就和能源问题联系在一起了。我并不会担忧能源短缺问题。能源转型期的确会产生一些困难，但如果你阅读能源历史，就会发现科学技术将使新能源造福于人类。俄罗斯的未来并不是那么让人感兴趣。

巴西有很好的潜力，但一直是潜力。过去十年间巴西的大发展也许能超越过去，但它仍然要走很长的路才能成长为大国。因此我不认为巴西明天就能变成一个大国。

印度的问题更为有趣，因为和过去相比现在做的还不错。印度也有很多问题，尤其遇到很多环境方面的难题，比如印度已经存在很严重的缺水问题。与中国相比，印度的路途更艰难，因而对印度能否成为世界大国要打上大大的问号。当然，它仍然是一个地区性大国。

我有充分的理由认为中国是一个崛起中的大国，但在和中国人的交谈中，他们总是长篇大论地谈中国存在许多问题。的确如此，这是非常大的社会变革。环境问题、中央政府与市场经济的关系、贫困人口等都是很重要的问题。中国有很多问题，有的相对容易解决，有的解决起来有一定困难。在中国以及国外，主流观点总是对中国的崛起持乐观态度，问题在于用多少时间，路上有多少困难。总的来说，中国是改变国际权力结构的重要角色，权力分配是否发生变化则要看美国是否变弱，我们永远也不应低估美国。最近的经济危机使"华盛顿共识"丧失信誉，也使美国失去了部分意识形态的优势。因此有可能产生一个更为区域化的世界结构，国际社会也许在全球规模上不是很强大，但在区域性共存上会表现得很强大。

环境问题也是很重要的一个问题。到 21 世纪中叶我们才能真正充分地理解环境问题有多严重。我认为虽然人们对此问题的重视程度在上升，但上升速度还不够快，并且有人仍在拿它做着愚蠢的政治游戏。一旦发生环境灾难，恶果要由大家共同承担，因而我们必须做些什么，并且要迅速行动起来。如果南北极的冰盖融化了，海平面上升 16 米是很正常的结果。人们以为冰盖不会融化，但实际上它的融化速度超过预期的三倍。这是非常严重的问题，沿海城市会被海水淹没，想想浦东和伦敦会发生什么吧，想想如果百万孟加拉人急迫地想找到迁居之所会发生什么吧。这会改变世界的地缘政治结构。在我看来，我们正处于我们不了解的处境中，而且我们做的显然不够，也没意识到这种灾难的影响力有多大。很有可能意想不到的更糟糕的结果会给我们出其不意的打击。

当我们讨论未来的历史发展时，不要忘了我们是在已有的、影响历史的政治经济因素不变的情况下进行思考。推动历史的动力往往发生在比较平稳的环境下，而环境问题也可能改变游戏的规则。到那时，我所研究的一切都毫无意义了，因为我们会处于与今天截然不同的国际政治中。

（刘德斌：吉林大学当代国际关系研究中心主任）
原载于《中国社会科学报》2010 年 3 月 11 日第 70 期第 4 版

批判　规范　综合　超越

——访林克莱特教授

阎　静

　　安德鲁·林克莱特 (Andrew Linklater) 教授，英国阿伯丁大学学士，牛津大学硕士，伦敦经济学院博士；英国国家学术院院士、英国社会科学研究院院士和威尔士学术院院士。1976 年至 1992 年，任教于澳大利亚的塔斯马尼亚大学和莫纳什大学；1993 年至 2000 年任教于英国的凯尔大学并任该校研究生事务部主任；2000 年起受聘于威尔士大学国际政治系，现任该系伍德罗·威尔逊教授。林克莱特教授共

安德鲁·林克莱特 (Andrew Linklater)

出版编著、专著共十余部，其中专著有《国际关系理论中的人和公民》、《超越现实主义和马克思主义：批判理论和国际关系》、《政治共同体转型：后威斯特伐利亚时代的伦理基础》、《国际关系的英国学派：一种当代再评价》（合著）、《批判理论和世界政治》共五部，论文近百篇。林克莱特教授是国际关系后实证主义理论中的一员巨匠，其理论视域宽阔、方法多元，在国际关系理论界独树一帜。

当今西方国际关系理论领域流派纷呈、方法各异，已经发展到一个相对成熟的阶段。而中国的国际关系学还是一门年轻学科，需要进一步引进相关知识来充盈我们的学科大厦。中国对西方国际关系理论引进始于 20 世纪 90 年代，大致经历了一个从主流到非主流、从单一到多元的循序渐进的过程。如今，后实证主义理论在中国也得到越来越多学者的关注和研究。为此，《中国社会科学报》特意邀请了江苏大学人文学院副教授阎静博士（这几年她对林克莱特的批判思想进行了专门研究并经常与他沟通）对国际关系批判理论杰出代表安德鲁·林克莱特教授进行了采访。

揭开"批判转向"序幕
定位研究于"国际关系的政治理论"范畴

阎静（以下简称"阎"）：20 世纪 80 年代初，考克斯和阿什利的文章《社会力量、国家和世界秩序》、《政治现实主义和人类旨趣》和您的专著《国际关系理论中的人和公民》被誉为揭开了国际关系学科史上具有里程碑意义的"批判转向"的序幕。在这场"批判转向"中，您的理论最突出的贡献表现在哪些方面？

安德鲁·林克莱特（以下简称"林克莱特"）：《国际关系理论中的人和公民》（1973）一书主要探讨的是两种义务之间关系的问题，也就是，作为一个国家的公民所应尽的义务，与根据共同人性他们对其之外的其他人所应尽的义务之间的关系。"人和公民"问题早在 17、18 世纪欧洲主要的自然法理论和有关国家的社会契约理论中被提出。20 世纪 70 年代，由于受到与国家和国际关系有关的斯多葛—基督教思想的影响，我开始关注并研究这个问题。黑格尔—马克思从更宽泛的层面对各个社会内部种种紧张关系与矛盾的研究旨趣，以及社会可替代安排内在可能性的研究旨趣，潜在于人和公民问题之中。而这些旨趣则成为我写作第二部专著《超越现实主义和马克思主义：批判理论和国际关系》（1990）的动机。

　　阎：研究初始，您就将您的批判理论定位在国际关系的政治理论领域（现在称国际关系规范理论）。其间，虽然您的研究主题有过变化，但是您始终都关注着规范这一中心。请问您是出于什么考虑，从一开始就将理论定位在当时曾一度被忽略的国际关系政治理论领域？

　　林克莱特：是的，在 60 年代末 70 年代初，当我还是一名政治学和国际关系学生时，就为当时在政治理论和国际关系研究的中心关注之间的隔阂所困惑。当我在 1973 年开始写作《国际关系理论中的人和公民》一书时，几乎还没有国际关系的政治理论或者国际关系规范理论之说。然而，在那时有一些著作引导着我朝着这个方向努力。其中有两部书中的部分内容对我影响很大：霍夫曼（Stanley Hoffmann）的《战争状态》（The State of War）一书中对康德和卢梭论国际关系的精彩讨论，以及沃尔弗斯（Arnold Wolfers）的《纷争与合作》（Discord and Collaboration）一书中对韦伯有关治国之术和世界事务中的"信仰伦理"与"责任伦理"之间的区分等十分有价值的研究。

　　阎：您的理论汲取了法兰克福学派的批判社会思想，为此您被誉为"法兰克福国际关系批判理论"流派的代表人物。然而，您的思想源流远比这一流派的名称本身所蕴涵的要多得多。据我的梳理，您早期的批判思想主要受康德和马克思的影响，而之后更多受益于以哈贝马斯为代表的法兰克福批判理论和英国学派的思想与方法，近年来则主要汲取了埃利亚斯（1897—1990）的进程社会学。显然，事实上您的理论吸收了不同理论流派的思想，这种以开放的学术胸怀积极吸收不同流派思想的研究方法更胜一筹。那么，您为什么会选择这些理论思想作为您最重要的理论灵感和洞见之源？

　　林克莱特：的确，如你所言，自从 20 世纪 70 年代以来，世界主义主题贯穿了我的研究。对我产生主要影响的最初是康德和马克思。他们二者都相信，为了应对日益加深的全球相互连接的挑战，人类应该发展世界主义的信仰和政治结构。哈贝马斯关于世界主义伦理的论述可以说是重建历史唯物主义的一部分，对其论述我表示赞同，尤其是他所说的在平等主体间开展对话的承诺是世界主义的中心这一观点。英国学派侧重探讨的国家间社会中的权力、秩序和正义的问题，这些问题存在于世界政治组织诸形式之中，而这些形式还未被后马克思主义批判理论家直接讨论。而近些年来聚焦埃利亚斯的进程社会学主要有两个方面的原因。其一，这种方法是一种在更综合的社会科学概念中保持历史唯物主义力量尝试。其二，埃利亚斯比他那一代的其他社会学家更加关注国家间的关系。他对人类文明进程的研究是构建在康德和马克思传统之上的。人类能够很好地控制各种使他们结合在一起的力量，埃利亚斯相信科学能够对此作出解释。

公民身份—共同体—伤害问题研究：
世界主义主题贯穿研究始终

　　阎：您的研究大致经历了以下几个阶段的发展，从最初的"人和公民"问题（公民身份问题），到包容和排斥这一中心问题的确立，以及规范的、社会学和人类行为学综合方法的提出，再到政治共同体和近年来世界政治中伤害问题的研究。虽然"人和公民"之间的制度性区分是贯穿其中的主线，但是您的研究主题在不同的时期还是有不同侧重的。那么，导致您研究主题变化的动因何在？

　　林克莱特：在《批判理论和世界政治》（2007）一书的引言中，我说过，我的研究范围大致包括从公民身份到共同体和伤害等问题。也许，这可以被视为一种进步性的视野拓展。公民身份问题考虑了对国家的义务和对人类的义务这两种义务。新的共同体打破了"内部人"和"外部人"（不论"外部人"是在一个国家内的边缘群体还是其他共同体的成员）之间的不公正的区分。政治共同体问题的研究是尝试提出一种对未来政治共同体所导致的新形式的伦理原则，而伤害问题则关注是否有可能就避免遭受的暴力和非暴力的伤害达成全球协议。在此，这个问题是，这个被设计去保护所有人，不论他们的公民身份、国籍、性别、种族、性认同等是什么，都应免受暴力伤害、羞辱和剥削等影响的世界主义伤害协议，在多大程度上解决了前面提到的公民身份、人类二元区分的问题。

阎：您是一位对苦难民众具有历史责任感和同情心的学者，这在您近年来关于世界政治中的伤害问题的研究中有着日益明显的体现。诚如您曾与我谈到的，目前已经发表的有关伤害问题的成果只是您研究的一小部分，未来的研究成果将要成书出版，您是否能先与我们谈谈您有关伤害问题研究的缘起和主要研究内容。

林克莱特：关注伤害最直接的影响是马克思的观点：一场主要转型在欧洲正在发生并将最终影响全世界。作为资本主义的一个结果，一国范围内人们受到暴力伤害的可能性正在下降，在世界范围内弱势群体受到剥削而导致的非暴力伤害则不断上升。这又提出了一个问题：最发达的工业化社会是否已经处在长期的和平趋势中？如果这一切正如 19 世纪至今许多自由主义者认为的那样，现代国家体系就可能避免最终破坏早期国家体系的那些冲突。马克思也曾提出过在世界政治中存在多种伤害形式的问题。值得注意的是，还没有什么思想传统或者文献来分析人类历史中伤害所占的位置（the place of harm）——层出不穷的伤害他人的方式的发展，以及努力控制这种趋势的力量的发展。我的三卷本著作中的第一卷名为 Theorising Harm（已于 2010 年 2 月交剑桥大学出版社，并将于年内出版），主要涉及理解世界政治中的伤害和使伤害理论化等问题；第二卷（目前在初稿阶段），主要分析从希腊体系到当下西方国际体系中暴力和文明进程之间的关系。这本书也希望为马丁·怀特称之为"国家体系的社会学"的发展作出贡献，研究尝试结合英国学派和埃利亚斯的社会学中的一些主题；第三卷（目前尚在提纲阶段），将分析伤害力（the capacity to harm）的发展，也就是跨越更长距离和更大范围研究更具破坏力的伤害形式力量的发展历史，以及人类与之斗争并控制它的独特能力。近几十年来，这种能力得到发展，人类已经产生了最终可能消除它的可能性。

批判的互补　马克思和历史唯物主义的影响
话语伦理的困境

阎：您和考克斯同为批判理论的杰出代表。然而，您的理论更重视世界政治中的道德和文化维度，而考克斯的批判理论重视国际关系政治经济学，不太关注规范事务。因此，有学者认为，你们二者的批判理论研究正好互补，您如何看待这一评论。

林克莱特：我认为，学者们评价考克斯的研究首要关注权力和生产之间的关系，而我的研究更多地聚焦社会和政治生活的道德和文化维度是公允的。当然，考克斯也并未完全忽略后一领域。他有关文明的系列文章展示了对这一领域关注的拓展。而我近期有关伤害问题的研究工作，由于考虑了道德律令发展中的物质内涵（the material context）也可以被认为是拓宽了先前我有关这方面的研究。不过，只需说这些复杂的问题源自于"物质"和"观念"力量之间的关系就够了。近些年来，我渐渐地意识到，埃利亚斯有关文明进程的分析提供了接近这些问题的最好方式。但是，这一切有待后续的研究。

阎：西方学者普遍认为，您和考克斯的国际关系批判理论都受到马克思主义的重大影响，并以其思想为理论渊源。您在《超越现实主义和马克思主义：批判理论和国际关系》一书中就对马克思主义进行了令人钦佩的批判、吸收和超越，您的三大综合研究方法、政治共同体和伤害问题等许多研究灵感均来自于马克思主义。中国学者也正在探索构建中国式的马克思主义国际关系理论，请问您如何看待马克思和历史唯物主义的影响？

林克莱特：在英国和加拿大在历史唯物主义视角内都有一些重要研究，这些研究无疑也为中国的学者所熟知。例如与考克斯、史蒂夫·吉尔等人相关联的新葛兰西思想。还有一些研究，如在英国的苏塞克斯大学Justin Rosenberg、Benno Teschke 和 Kees van der Pilj 等人正在做的研究。这些研究较多地阐释了权力和生产之间的关系，且更多地聚焦于长期的变化而非当下事务的研究。但是，这些研究很少关注道德—文化领域，几乎不太关注社会和政治生活中的情感角色。埃利亚斯的作品有吸引力的一个方面是，他的研究能够从对国家建构和战争的研究，到对社会中羞耻和厌恶等情感不断变化的观念分析，再到关注经济领域变化的意义等方面自由地转换。因此，对我而言，似乎对社会领域多重特性（the multi-layered nature of the social world）的理解比历史唯物主义的研究更为复杂。换一种方式说就是，马克思尝试理解社会整体和人类相互作用的不同维度之间的关系，这使得我们超越历史唯物主义的分析模式，不仅考虑战争和国家建构而且还考虑种族、性别等概念，还有在社会体系中将人们团结在一起的那些情感。这看上去似乎有些矛盾，但是，当我提到马克思时，我恰恰支持马克思自己对自己的评论——他不是一个马克思主义者。

阎：《政治共同体转型：后威斯特伐利亚时代的伦理基础》（1998）是您最具影响力的批判著作。但是它也遭致一些批判，尤其是有学者认为，该研究的重要理论基础之一——哈贝马斯的话语伦理，是完全建立在纯粹的形式理性之上的，脱离了现实的价值判断和具体的国际政治语境，因而，无法将之贯彻到现实的国际政治中去。依此逻辑，有学者认为，您基于哈贝马斯的话语理论基础上的政治共同体的研究，也难以摆脱哈氏理论这些为人所批评和质疑的方面，对此您如何评价。

林克莱特：我支持哈贝马斯的这一观点：在平等主体之间的对话承诺是世界主义的中心，也是所有人正义观的中心。这不仅仅在理论上令人感兴趣，在社会内部和社会之间关系的实践方面，在我们日常生活中它也是有意义的。但是，我理解这一批评，因为伦理似乎离许多实践关注相距甚远。Jean Bethke Elshtain 就批评该书，因为书中几乎没有谈到暴力。而Norman Geras 指出，所有人都有某种基本的需求和利益，而且还有比通过支持对话伦理更容易的方式达到世界主义。这些批评已经影响了我最近有关伤害问题的研究。但是我想说的是，我希望进一步尝试发现一种更综合的视角，而不放弃对对话伦理的支持。

与主流理论对话　与英国学派同行

阎：有学者认为，包括您的批判理论在内的非主流理论与主流理论的对话意识仍不够强烈，不知您是否同意这一评论。

林克莱特：有趣的是，在国际关系学科的主流领域几乎对批判理论不感兴趣，最明显的是在美国，在那里，对任何批判理论都没有好感的社会科学概念占据了主导地位。……同样值得注意的是，尽管福柯和德里达也评论过这些理论的意义，但是，非主流理论的一些形式（例如后结构主义）几乎不注意马克思主义和法兰克福学派的思想。事实上，目前

批判　规范　综合　超越

417

学科中存在一种专业化（specialization）的趋势，而且是一些职业性的压力（professional pressures）使其专业化，而这一趋势使得你提到的这种知识对话很难实现。因此，我认为，就更高水平的综合趋势而言，国际关系不是一门有前途的学科。我恰恰已经发展了该学科与进程社会学家之间的密切联系，因为他们具有开放性和综合性且反对在社会科学中极端的专业化。我相信，通过与进程社会学的接合，发展一种更深刻地理解国际关系的历史如何与人类社会长期转型相连接的研究是可能的。

阎：您在与 Hidemi Suganami 合作的《国际关系的英国学派：一种当代再评价》（2006）一书中谈到，英国学派，尤其是国际政治理论英国委员会的思想家如怀特和布尔等人的理论对你产生了重要影响。您认为，文森特晚年的作品是欲将怀特划分的理性主义激进化，而您在该书中的研究则尝试将晚年文森特的这一努力在一个更广的方向上推进。那么，请您简要介绍一下您的理论与英国学派的关系。此外，有学者认为您的批判理论与革命主义最接近，请谈一谈您的观点？

林克莱特：我先谈革命主义，如果这个词与希特勒等人联系在一起的话，这是一个令人遗憾的术语。很清楚，怀特确实也在不同的革命主义类型之间作了区分。不过，这个词还有抵抗现存秩序的含义。文森特和晚年时期的布尔都认为，明确的世界主义主题已经是当代世界秩序的一个部分。文森特指出，不受饥饿和营养不良影响的权利应该是国际社会的中心权利，而且他相信，这一权利将有助于在"南"和"北"之间构筑起新形式的尊重和团结。由此来看，我们也关注世界主义原则如何能在现代世界中从事现实政治问题。我想补充的是，世界主义原则已经以某种方式被镶嵌进国家间社会。而且，国家间社会就是一个批判领域，因为它决定了人们能够在多大程度上就比过去更加友爱地生活在一起的原则达成一致。英国学派的理论强调，国际社会不再是指欧洲，而是一个普遍社会（a universal society），这个社会正处在这样一个进程中，也就是，去发现它在多大程度上能够发展出要求所有人，而不仅是欧洲人或西方人，或是国际社会中最强大的国家都同意的原则的进程中。而对我而言，这个问题是，现代社会在多大程度上能就基本的世界主义伤害协议达成一致方面取得进步，以及在如何促进和支持它们方面取得共识。

批判理论将对更具世界主义的未来作出贡献

阎：有学者评论，在您批判理论的三大方法中，您更重视规范维度的研究，社会学维度次之，人类行为学维度最为薄弱，您如何看待这一评价？我注意到，您在回应"后实证主义研究与公众政策和治理这些至关重要的问题相脱离"的批评时强调，"批评者没有提及甚至忽略了考克斯重要的国际关系'问题解决理论'和'批判理论'的区分。各种批判理论对处在前沿的政策事务、政治结构和有关人类治理的可供选择的模式的研究，都是高度警觉的，只不过批判理论始终关注诸如当前的政治结构、社会组织可选择的模式等重大问题，而不是关注于如何解决现代资本主义社会存在的问题"。虽然您已经很清晰地概括了您的主张，但是我还是想请您具体谈谈批判理论在哪些方面最能体现对当今现实事务的关切。

林克莱特：是的，一些建构主义者认为，我社会学维度的研究也不够充分。但是，我最近有关伤害问题的研究可能在这一方面取得了一些进展。而我的人类行为学维度的研究确实还未得到发展。它的目标显示，带有平等主义等主题的现代公民身份概念，也就是，使人们能去处理日益加速的人类相互连接这一目前和未来挑战的世界主义公民身份概念和好的国际公民身份概念，怎样能产生一些更大的可能性。这就更加关注现代人能够利用的、尝试在世界政治中削减暴力和非暴力的某些道德和文化资源。我认为，聚焦公民身份从事当下现实事务仅仅是间接的，而通过建构世界主义公民身份概念，人们怎样能够使他们自己做好准备迎接前面的挑战——这些挑战并不会通过我们首要关注我们同胞的义务而得以解决，而是要求拓展我们的道德视野——因为一些事情未来十几年也可能几个世纪将会发生。

我也以同样的方式看待我当下正在从事的有关伤害的研究工作，也就是尝试考虑那些如果人们要在未来更友善地生活在一起就不得不好好发展的道德和政治问题。我要补充的是，聚焦当下的现实问题是重要的，但它并不是我们关注的全部甚至是中心。我相信，真正的挑战是考虑道德和政治取向的大规模的长期变化，这些变化可能仅仅只在未来的几代中发生，

批判　规范　综合　超越

但是它使社会能够应对未来日益加深的全球相互依赖的挑战。而且，重要的是，不要总是让吸引大多数国际关系学者的当下现实事务阻挡我们去思考人类如何能适应那些长期挑战的需要。

阎：一些学者认为，您的批判理论不仅是对主流理论的尖锐批判，而且还努力构筑一座宏大的批判理论大厦，探寻一种更加包容的、世界主义的全球秩序的内在可能。那么从全球秩序这个视角出发，您如何看待自己批判理论对全球秩序的重构贡献。

林克莱特：是的，我过去提到，世界主义的可能性存在于许多社会。最近的研究尝试通过所有人类都能围绕精神和身体的苦难这些普遍脆弱性来构筑团结关系的观点来发展这个主题。而这个主题对深受叔本华影响的霍克海默等这些第一代法兰克福学派理论家而言也是非常重要的。而且我认为，它是一种更加包容的、世界主义的政治秩序可能被建构的基础之一。

阎：一些学者评论，以您为代表的国际关系法兰克福批判理论学派，虽然不再像80年代那样在对正统观点的挑战中起到中流砥柱的作用，但至今仍是极有影响的后实证主义流派之一。请您谈谈该学派的发展状况，并简要介绍一下欧美或者英国后实证主义理论研究的现状及未来发展趋势。

林克莱特：我并不认为法兰克福批判理论已对正统思想造成真正的威胁。后结构批判理论虽然有越来越多的追随者但它仍然处在边缘，而且现在学术研究又是这样地专业化以至于许多主流理论仍将之视为自说自话的流派。而当我提到正统观点时，我想到的是知识视野十分狭窄的美国的状况。英国和欧洲主流国际关系是更开放和多样化的，在那，批判理论的不同流派都得到更严肃地对待。当然，从长远看，美国最终可能失去它在这一领域的知识主导地位。虽然现在作出这一判断还为时过早，但是，假如新的权力中心将主要的资源投入到国际关系研究中的话，那么，这个学科将如何发展？假如中国、印度、巴西和其他社会将持续繁荣并产生更大影响的话，从现在起一百年之后，这个学科将会怎样呢？当下的主导方法还会有优势吗？在那些社会，法兰克福批判理论会发现它新的支持者吗？或者它仍将是一种边缘化的声音吗？谁能预测呢？

所有我们能预测的是，未来学科的发展不仅为真理的追求所影响，而且也为那时主导的政治环境所影响。现实主义者会认为，未来可能与过去一样。也许，他们是对的。但是，如果人们只关注民族国家并只考虑其公民利益的话，那么未来几代所面临的问题，包括气候变化等问题，都将得不到解决。我的希望是，合并了其他方法的法兰克福批判理论将对更具世界主义的未来作出贡献。当然，前景不容乐观，但是，不成熟和不负责就将放弃希望。

（阎静：江苏大学人文学院副教授）

原载于《中国社会科学报》2010年3月25日第74期第5版

批判　规范　综合　超越

英国媒体报道中国大多失真

——访英国传媒学者科林·斯巴克斯

褚国飞

科林·斯巴克斯（Colin Sparks）教授先后就读于英国苏塞克斯大学、牛津大学和伯明翰大学，在伯明翰大学的当代文化研究中心获得了文化研究方向的博士学位。自 1974 年以来，斯巴克斯教授任教于英国伦敦的威斯敏斯特大学，现任该校媒体、艺术与设计学院教授和传播与媒体研究所（CAMRI）所长。2008 年，CAMRI 被英国政府评为英国最好的媒体和文化研究中心。斯巴克斯教授近期的研究更偏向传统的政治经济而非文化研究领域，主要包括媒体与民主化、媒体的全球化、互联网对大众媒体的影响等。他发表过多部著作，包括《媒体与大众文化》、《21 世纪的记者》和《全球化和大众媒体》。

科林·斯巴克斯（Colin Sparks）
■ 陈思铭 / 摄

客观地讲，西方的很多报道依然带着反共产主义的冷战思维来观察中国。无论中国在过去 30 年间发生了多么翻天覆地的变化，他们讲述的关于中国的几乎所有故事都是扭曲的，以配合把中国塑造成一个外部威胁的需要。

媒体有"框框" 报道有倾向

褚国飞（以下简称"褚"）：很多中国人认为西方媒体关于中国的很多报道是歪曲、带有敌意的，请问您如何看待这种观点？

科林·斯巴克斯（以下简称"斯巴克斯"）：首先，我们必须清楚一点，大至一个国家，小至一所大学，但凡有势力的组织都操纵其在大众媒体中出现的方式，以影响世人对它们的印象。为此，这些组织雇佣专业人员，运用多年来在公共关系领域习得的全套技巧，处理与大众媒体的关系。中国的政府机构及其许多其他机构也不例外，希望对其报道是正面的，并追求更多这样的新闻。然而，中国的情况却又更为复杂，中国近代史的特殊性，以及目前因其经济快速增长给世界带来的巨大影响是主要原因。

境外关于中国的报道失实这一问题似乎特别敏感。中国存在一种广为流传的说法，即"西方媒体"代表了一股系统化地、恶意地和扭曲地报道中国现实的力量。正如中国著名外交事务专家王缉思教授最近在接受赵灵敏采访（刊登在《南风窗》）时指出的：

"如果你只读中国报纸和网站，会觉得整个西方媒体都在议论或诋毁中国。其实，如果认真观察西方媒体就会发现，中国还不是各种争议和是非的中心。"

中国读者的看法是：中国是世界的中心，关于中国的报道内容广泛，态度充满敌意。产生这种感知是可以理解的，毫不奇怪，任何一国公民很自然以他们自己经历的事情为中心，而不易理解为何他人没有相同的关切。对中国而言，理解会更加困难，因为在许多报道中无疑存在着批评，而这些报道不可避免地会使许多中国人不高兴。客观地讲，西方的很多报道依然带着反共产主义的冷战思维来观察中国。无论中国在过去 30 年间发生了多么翻天覆地的变化，他们讲述的关于中国的几乎所有故事都是扭曲的，以配合把中国塑造成一个外部威胁的需要。

褚：就境外媒体如何报道中国这方面，您能举一些具体例子吗？

中国社会科学报

（2009
—
2010）

对话

斯巴克斯：在举例前，我想先说明一点，谈到境外媒体对中国的报道，学者们往往把美国媒体作为一个黄金案例进行研究。在此，我将以英国媒体，特别是在英国影响力大的全国性大报为例来说明，而且我下面举的例子都是 2007 年和 2008 年间的相关报道。这里我首先举一个对中国进行中性报道的例子，它是在伦敦《金融时报》上刊登的一则头版新闻，标题为《中国考虑建造首艘航母》（China Sets Out Case for First Aircraft Carrier），是对中国国防部外事办公室主任钱利华少将的一段采访。补充一点，《金融时报》对中国的报道相对而言是正面的。报道中说，（美国）五角大楼宣称中国在研究建造航母的可行性，并可能在 2010 年前开始建造。钱少将实际上并没讨论中国的造舰计划："（他）拒绝对中国是否已决定建造航母作直接评论，但他强调中国有权利建造航母。"文章继续报道：他声明中国没有侵略别国的企图，即便中国决定建造航母，他还将中国的意图与美国已经存在的 11 艘航母作比较。文章结论是，其防御性意图的保证"不可能使该地区的其他国家感到安心。中国发展航母可能会对任何涉及台湾的冲突产生重大影响"，将中国视为"潜在不稳定的源泉"，尤其是将中国人民解放军视为新兴的"强大力量"，这种观念始终影响着整个采访。在这个案例中，报道有选择地塑造形象的痕迹非常明显。同一期报纸中还刊登了讨论经济危机背景下英国国防开支的文章，并未作任何评论地指出，拥有"两艘新的价值 40 亿英镑的航母对英国皇家海军而言才是安全的"。

其实，人们可以从新闻报道中发现媒体的"框框"，每个报道都有倾向性，这不是什么新的科学发现；人们可以在有关中国的报道中发现很多负面报道，这也不是什么新鲜事。

褚：英国媒体与美国媒体在报道中国的新闻时，有什么不同吗？

斯巴克斯：在英国，人们讨论经济问题的侧重点与美国有很大差异。例如在谈论与中国存在竞争的工业时，英国人的讨论多集中在出口工业领域，而不像美国那样主要是集中在保护国内工业这个话题上。此外，我和大多数其他的英国知识分子一样，不管我们是否是对外政策专家，从小受到的教育中存在根深蒂固的"均势"观念。我们学到的历史，无论地区史还是世界史，总是从一个均势到另一个均势，首先是与德语国家联盟对抗法兰西，随后是与法兰西结盟对抗实力强大的新德国，随后，即使是在整个世界范围内也依然如此，是自由世界与共产主义世界之间的抗衡。这种现象直到 1991 年才结束，它伴随到我的成年。因此，均势观念成了我们思考整个世界的核心思维模式。或许，在 20 世纪最后 10 年，这一旧的工具已经不再适合新的世界形势了，但是在这种知识背景下，我们更容易把中国的崛起理解成是一个重建全球势力均衡的过程，而不是对现存的霸权秩序的威胁。

英国媒体如何报道中国

褚：英国普通民众对中国的印象主要通过哪些渠道获得？

斯巴克斯：绝大多数英国人，包括我自己，对中国的了解主要来自英国媒体。有人会说，CCTV—9 在英国也有一部分观众，但其数量非常小。与此同时，英国人对中文的知识也极其有限：目前整个英国学习中文的大学生不到 1500 名。大部分英国人对中国的了解来源于英国媒体，因此对"中国在发生什么？"这个问题的答案实际上很简单：英国媒体如何报道，中国就是什么样的。媒体包括报纸、广播和新媒体等，关于中国的印象也当然是所有这些媒体综合的结果，而纸面媒体是英国人获得关于中国印象的主要信息源。为此，这里我主要讨论报纸。大部分报纸在报道时必须考虑时间和版面的压力，但不可否认，大多数报纸在大部分时间可以报道更为详细的内容。

在英国，大家公认一份"全国性报纸"是由 10 大主题构成的：5 个"严肃"题目、2 个"中端市场"的受欢迎题目和 3 个"红头"低端市场受欢迎题目。几大主要报纸也因此被分成相应的三类，他们有着不同的发行模式，其新闻价值也有着明显的差别。这 10 大主题新闻垄断着英国整个报业市场，可以说在传递公共信息和普及知识方面扮演着最重要的角色。

通过统计有关报道，我们会发现很多有趣的现象。我们把那些提到中国且次数达到或超过三次的文章定义为是以中国为主要主题进行报道的文章，按照这个标准，我们发现在 2007 年 7 月以来的 12 个月中，这样的文章有近 6000 篇，如果除去其中体育等题材的报道，那么其文章数目也有

5000 篇之多，或者说平均每月超过 400 篇。其中政治或国际关系类新闻为 1300 篇，经济类新闻为 941 篇，文化类的为 326 篇。这与总数比起来并不是一个大数目，但依然说明其覆盖面比较广。

如果我们再近距离看，还会发现两个重要事实：第一，如表所示，报纸对中国发展的关注并非持续性的，如下表中清晰地显示了 8 月体育类报道达到了高峰，理由当然也是十分明显的。与体育无关的文章在中国经历三场灾难期间出现的频率最高——2 月是新年的雪灾，3 月是西藏问题，5 月是灾难性的四川地震。这些结果清楚地表明，英国媒体只有在中国发生了极具戏剧性特点且无法回避的事件时才给予关注，这也十分符合英国普遍存在的报道规则。

褚：这在英国媒体的国际报道中是一种普遍现象吗？还是主要针对中国报道的特殊现象？

斯巴克斯：当然，这种现象绝非仅针对中国，而是国际新闻报道中普遍存在的现象，至少加尔东（John Galtung）和鲁格（Mari Holmboe Ruge）在 1965 年发表的经典论文中已经谈到这个现象了。我们也可以找到大量例证来分析并验证它。著名媒体学者施莱辛格（Philip Schlesinger）曾说：如何能让新闻有价值，那就得看对象的种族和国家，涉及"1000 个中东人才有新闻价值，或者是 50 个法国人，但如果是英国人，1 个就够了……"，"1 个欧洲人顶得上 28 个中国人，或者 2 个威尔士矿工顶得上 1000 个巴基斯坦人"。施莱辛格指出，新闻的价值在于对人们产生的影响，"如果某一天在印度发生一辆大客车翻车的车祸，六七十印度人落入水中，我不会选择这条新闻。但如果是印度航空公司飞机失事，就可以选。因为后者可能会涉及印度以外的人种，这一点更让人兴奋"，这样的新闻报道选取原则被戏称为"Mclurg 法则"，其蕴涵的判断原则至今依然没有改变。

这一原则在报道有关中国新闻的素材选择上也得到了体现。比如说，中国严重的煤矿事故很少能在英国报纸上得到报道，这与报道英国本国新闻的选择标准是大相径庭的：《每日邮报》在 2008 年有 262 篇文章报道有关英国儿童失踪的新闻。形成鲜明对比的是，同样还是这份报纸，对中国四川地震的报道只有 16 篇文章，而且其中 5 篇还是大熊猫如何奇迹般得到拯救的故事。总之，在判断国际新闻价值的标准上，除非是发生了不可避免必须要给予报道的巨大悲剧，媒体一般更倾向于选取一些以发达国家公民平常遇不到的社会复杂性和矛盾性为主题的报道素材。关于中国新闻的报道从内容上说也符合以上说的这种倾向。

第二个事实是对中国的关注并不是均匀地分布于十大类的题目中。为了能在具体数量上有个明确的把握，我们选取文章的标准为篇幅超过1000字、提到中国的次数达到或超过三次。

显而易见，不同类别之间的差异十分大。在《每日星报》中，有一类根本就没有涉及中国，而就是同一类，在《金融时报》中关于中国的报道有269篇文章。英国的报纸通常被分为2—3类，有五份报纸(《金融时报》、《泰晤士报》、《卫报》、《独立报》、《每日电讯报》)一般被认为是"严肃的报纸"，他们有关中国的严肃报道比较多。还有五份报纸被称为"大众报纸"，他们有时被分成两类，《每日邮报》和《每日快报》被认为是"中端市场"报，而另三家（《太阳报》、《每日镜报》、《每日星报》）则被认为是"红头报"。对这些报纸进行的这三类划分似乎也很说明问题，因为在红头报中关于中国的严肃报道不到5篇，在中端市场报中为10—40篇，在严肃报纸中超过60篇。

同时，不同新闻标题为特色的报纸拥有的读者人数有着很大的不同。通常大众报纸比严肃报纸拥有更多读者。实际上，这些报纸关于中国的严肃报道只覆盖了英国全国日报读者总人数的22%左右。有近80%的英国读者平均每月读到的关于中国的文章不到一篇，其中大部分人平均每月读到的关于中国的文章不到1/4篇，甚至更少。报道中国的新闻在分布上存在很大的失衡现象，而且不同读报群体获得的相关信息也存在着很大的差异。

褚：不同类报纸对新闻报道的深度和侧重点不同，您能详细谈谈这些报纸读者群的背景吗？

斯巴克斯：严肃报纸在新闻报道的深度上往往比一般大众化的报纸更深。由于不同报纸的读者群不一样，因此，事实上只有很小一部分读者有机会读到有关中国的文章。据相关统计和研究，这三类报纸的读者群背景差异很大。《泰晤士报》的读者群接近上层一端。《每日邮报》稍微接近比较富有的阶层。《太阳报》接近比较贫穷的一端。具体从读者的受教育程度看，《太阳报》的读者相对而言受到的教育程度不高，而《每日邮报》读者的受教育情况稍微好一些。与这两份报纸的读者或者整体大众相比，《泰晤士报》的读者受教育程度更高。换言之，读到关于中国更多更深报道的读者群是少数人，但不能因为其数量少就简单地认为他们是少数，因为他们代表了英国社会的精英群体。

有倾向地塑造中国形象

褚：中国的社会现状在英国这些不同类的报纸中是如何得到体现的？

斯巴克斯：无论是在对中国事务的覆盖程度还是具体问题关注偏好上，英国媒体对中国的报道都相距甚远。为了能更直观地了解这些报道是如何向读者反映中国社会的方方面面，我们不妨看看不同报纸具体的报道内容。以《每日邮报》和《金融时报》为例，我分别摘取了"中国食物"、"中国历史"、"中国外交"和"中国流行文化"这四个主题的不同报道进行对比。

【中国食物】

《每日邮报》：

"从欧洲商人和传教士最初到达中国的时候起，西方人就惊叹于中国人所吃的食物……马可·波罗曾充满厌恶地说道中国人喜欢吃蛇、狗甚至是人肉。法国历史学家 Jean-Baptisete Du Halde 记录过一个中国的宴会……客人们吃的是鹿鞭、熊掌，更确切地说，他们吃猫、老鼠这样的动物时毫无顾忌……"

（2008 年 8 月 4 日）

《金融时报》：

"锅要小居是一个非常温馨的胡同饭馆……其菜谱以鲁菜为主，这里的有些菜是非常棒的，比如说牛肉和海参炖出来的菜肴，入口就化。另外还有一个非常独特的饭馆名为红色资本家俱乐部……由一个四合院的老房子改建而成，收藏了许多毛泽东时代的纪念品。菜不算是多么出众，但是确实是一个非常惬意的地方，适合度过一个温馨的夜晚。"

（2008 年 8 月 2 日）

【中国历史】

《每日邮报》：

"它是全世界最为壮观的皇家宫殿。如今一项新的研究揭开了这座紫禁城不为人知的秘密——关于在一个暴君的内室发生的私情如何导致红墙内的一场血腥屠杀。生活在这里年轻貌美的嫔妃们就如同是钉在木板上的蝴蝶，完全是黑漆漆的皇宫里的一种点缀……依照中国历史上一位著名的暴君之一，永乐皇帝的圣旨，卫兵们确保没有一个活口留下。"

（2008 年 5 月 3 日）

《金融时报》：

"近代中国最缺少安全感的时候莫过于整个民族沦为受害者的时候。中国人始终很难忘记列强入侵中国的那段屈辱的记忆……依然在中国人的心里引起强烈的情感波澜。中国共产党不断地、有意地在民众中培养这样的民族情绪使得这些情感更加真实。西藏也是被包裹在这些受尽屈辱的故事当中。在北京的官方叙述中，西藏在 19 世纪西方列强入侵和削弱中国之前，是中国领土不可分割的一部分。"

（2008 年 7 月 12 日）

【中国历史】

《每日邮报》：

"令人吃惊的对于非洲的侵略正在进行着……中国的统治者以更坚决、更戏剧化的方式希望将非洲变成一个'卫星'政体……这样的战略是经过北京的领导阶层深思熟虑的，估计中国政府最终将会向非洲大陆输送 3 亿人口来解决人口过剩和污染问题。"

（2008 年 7 月 18 日）

《金融时报》：

"Robert Kagan 向我们描述了世界冲突已经进入新时期。全世界的民主国家必须团结起来重塑世界，抵制来自'独裁政权和伊斯兰激进主义分子的反抗'。他称之为'邪恶轴心'，轴心的一头是中国和俄罗斯……可以理解西方人不喜欢中国和俄罗斯的政治制度，但是对于富有理性的观察者而言，他们与 30 年前相比已经发生了很大的变化。特别是中国，一直在努力融入世界经济体制，以及由此伴随而来的中国社会的不断开放。"

（2008 年 9 月 3 日）

【中国流行文化】

《每日邮报》：

"孩子们一边嬉笑着，一边拍着小羊的头，并在小羊的耳朵背后挠着痒痒。一些更调皮的孩子试图爬到羊背上，但很快就被甩了下来。这样的情景如果是发生在一个家庭动物园里应该是一个挺开心的事，可是看完下面的介绍就不会这么想了。一个男人揪起一只山羊，若无其事地将它扔给墙内的一群饥饿的狮子。可怜的山羊拼命想逃过一劫，却是在劫难逃，狮子很快就包围了山羊，开始撕咬它的肉。呼喊声此起彼伏，孩子们亲眼看着山羊被肢解。一些开始鼓起掌，眼里流露出惊叹。这是发生在北京八达岭长城脚下动物园中的一幕，这样的情景已经成为许多中国家庭休闲娱乐的常规一日游项目。"

（2008 年 1 月 5 日）

《金融时报》：

"为什么要登泰山？因为泰山是中国的圣山，受到佛教徒、道教徒以及共产党人的顶礼膜拜，据说登顶的人可以长寿；还因为泰山是中国最古老、最受欢迎的旅游胜地；还因为作为一个外国人，攀登泰山提供了一个难得的机会接触中国的普通老百姓，这些新富裕起来的人们可以享受在他们自己的国家旅游的乐趣。"

（2008 年 7 月 5 日）

我们通过这些材料不难看出，这两类报纸在对中国的报道上风格迥异。《每日邮报》几乎完全是负面的，无论在措辞还是细节选择上，俨然给人还在冷战时期的感觉，而《金融时报》则比较微妙，更愿意接受一些正面因素，这似乎给人一种准备与中国这个上升的强国采取接触政策的印象。不同读者群从报纸上获得的关于中国的信息存在着很大的差异——无论是在数量、范围、质量，还是对中国的具体分析上。

对精英、大众媒体的研究要并举

褚：根据您上面提到的，不同报纸的读者背景差别巨大，他们获得的关于中国的信息也存在很大的差异，请问这种信息的失衡和失真对中英两国的关系有什么影响？

斯巴克斯：总体上说，英国的通俗性报纸对中国任何一个方面都没有认真的报道，而且大多数报道带有很大敌意。然而，官员、外交家和知识分子很少读《太阳报》或《每日邮报》，因此，有人可能会问：这类红头报所传递的关于中国的信息重要吗？对这个问题的回答要分几种情况来看：对我这样一个很在乎、关心民主的人而言，很重要的一点是，报纸市场的操纵使公众获得信息质量大打折扣，因此也大大减少了公众在信息畅通的前提下进行理智辩论的可能性。从另一个层次说，对英国统治阶层而言，这一点并不十分重要：伊拉克的例子就能非常好地说明一切，当他们决定追随某一政策时，公众舆论对他们而言无关紧要。他们不顾公众意愿，随心所欲，他们对中国的政策也会一样。因此，只要英国政治和经济精英拥有关于中国的比较可靠的信息，就可以看到关于中国政策比较理性的讨论。因此，大众媒体的实际影响不如想象得那么大。

最后，我想强调一点，从政府间关系这个角度看，对精英媒体进行研究就够了，但是从理解另一个国家特别是民主国家的大众角度看，仍需要加深对大众媒体的研究，从而了解他们如何形成对一个国家（如中国）的印象。

（褚国飞：中国社会科学杂志社编辑）

原载于《中国社会科学报》2010 年 2 月 4 日第 62 期第 5 版

英国媒体报道中国大多失真

431

雪莲："我们是一家人！"

褚国飞

　　雪莲（Sharon Crain）女士毕业于美国杜克大学，现任美国威灵顿基金会主席和陕西师范大学客座教授。1977年以来，她几乎每年都来华访问，足迹遍布中国绝大部分省市、特别是西部贫困地区，一直致力于推进中美友好交流，为增进两国友谊作出了突出贡献。2007年陕西省省长向雪莲女士颁发了"三秦友谊"奖，它是陕西省政府为表彰在陕西省经济社会建设中作出突出贡献的外国专家而设立的最高奖项。

雪莲（Sharon Crain）　■ Bill Crain 摄于 1977 年

雪莲女士将中国视为她的"第二故乡",她将自己与中国的不解之缘娓娓道来。

触摸历史

　　褚国飞(以下简称"褚"):在20世纪30年代,海伦·斯诺和埃加德·斯诺曾旅居中国,其主要著作《西行漫记》(Red Star Over China)和《续西行漫记》(Inside Red China)记录了中国革命的发展历程。作为海伦·斯诺夫人的助理和挚友,您能谈谈海伦·斯诺夫人对您走进中国和此后一直投身于推动中美两国友谊事业的影响吗?

　　雪莲(以下简称"雪"):海伦·斯诺是我的良师益友,我们第一次见面是在1979年,当时正值中美两国在经历了30年的误解和相互封闭后,重新建立外交关系的历史时刻。她为我打开了一扇窗,把我的视野引向中国,并成为我探索中国历史道路上的引路人。她帮助我更客观、深刻地理解中国的现状。

　　海伦非常熟悉20世纪30年代中国的具体情况。当时她和她丈夫旅居中国,深入中国腹地,接触到了长征中幸存的年轻英雄,采访了毛泽东等中国革命领导人,并积极投身到中国的革命事业:他们支持"一二·九"学生运动,帮助创建了"中国工合国际委员会"(Gung Ho-ICCIC),向饱受战争创伤的中国人民提供帮助。海伦撰写了大量的书和文章,包括《续西行漫记》,向美国人民展示一个更真实客观的中国,在一定程度上增进了两国之间的了解。海伦毕生都一直致力于搭建促进中美两国人民加深理解、发展友谊的桥梁。她也一直鼓励我要更积极地投身于搭建中美两国人民友谊桥梁的事业。

　　在与她近20年的交往中,我们成为了挚友:我们共同度过了无数快乐时光,一起讨论各种想法、一起工作,将她的书和手稿在中国或美国出版。海伦把我重新带回到20世纪30年代的中国,甚至是近代中国开始的时刻。她成为我学习中国的无价的"私人资料":1937年她在延安采访毛泽东谈中国革命的目标;邓颖超的热情与个人魅力;那些离乡背井追随毛泽东的小红军们;住在窑洞里的老者以及整天在田间劳作为共产党军队提

雪莲:"我们是一家人!"

433

供食物的人……

海伦把她 20 世纪 30 年代以来认识的、深刻影响了中国发展的老朋友们介绍给我，其中包括中国驻联合国前大使黄华和他的夫人何理良，还有陆璀、宋庆龄、安危等。他们进一步加深了我对中国人民的尊敬与热爱。

当年黄华是埃德加·斯诺的燕京大学班上的一名年轻学生，他们经常去斯诺在北京的居所，商量进行学生运动的事宜（即 1935 年反对日本侵略的"一二·九"学生运动）。后来黄华担任了埃德加·斯诺 1936 年冒险之旅的翻译。中华人民共和国成立后，黄华先后担任中国外交部长、副总理及驻联合国大使。他是尼克松—毛泽东 1972 年会晤的关键谈判者和重要联系人，并在最终促成中美 1979 年建立正常外交关系中发挥了重要作用。

海伦还向我讲述了一位名叫陆璀的年轻姑娘的故事。当年是她溜进了北京城门里，打开了城门，把参加"一二·九"学生运动的学生们迎进了城。陆璀后来成为海伦和埃德加一生的挚友，她对新中国的贡献也很大。作为海伦的老朋友，她也成了我的新朋友。和他们在一起，我感觉自己正在触摸历史。

与宋庆龄女士相识使我倍感荣幸，海伦和埃德加在北京期间结交了他们敬仰的宋庆龄女士。宋庆龄是近代中国最受尊敬的女士之一，当时很多国外政要来访时会先去拜访宋庆龄，然后再与政府高层会晤。然而，我们间的关系更多是"母亲与母亲"间的友谊。海伦把我介绍给宋庆龄后，我们俩一直保持着书信联系，讨论她两个养女和我几个对中国感兴趣的孩子们。她的小女儿隋永洁当时正在美国学习，她经常拜访海伦，也常常来我们家。

我最小的儿子柯雷恩（Eric Crain）受海伦的影响也很深，经常听她讲述个人经历和她在中国期间与很多人之间的友谊故事。后来柯雷恩在西安开办了自己的公司，如今在丹东一家中国企业任职，往来于中美之间。我的大儿子巍斯（Wes Crain）受海伦的影响也很大，曾于 1989 年在陕西师范大学任教。海伦对我家的影响延伸到了第二代。

海伦和埃德加夫妇在武装革命期间去延安的冒险旅途中，受到过西安人民的帮助，因此他们对西安人民有着很深的感激之情。安危是海伦的挚友，翻译了她的很多著作。海伦把我介绍给安危，他是帮我与西安建立起联系的人。1982 年，在安危的帮助下，我第一次来到陕西师范大学教书。30 年来，我几乎每年都回师大，讲授中美关系以及我个人的心得体会。从海伦·斯诺播下的种子到现在我有了"第二故乡"——西安，我与中国的关系在不断密切。

因认识海伦而与很多中国领导人、作家、英雄人物，以及很多平凡的人结识，是我的幸运。这些人一直以自己的方式为中国的变化与发展作贡献。很多人也成为了我的挚友，影响着我对中国的理解。这些年来，海伦以及后来这些在不同地区和不同岗位工作的人，织起了一张友谊网，帮助我对自己正经历着的中国之旅有更深的理解。他们每一个人都是我的老师，像海伦一样，通过一种非常个人的方式、通过他们亲身经历过的故事教我中国文化、历史、现在与未来。从 1977 年我第一次到中国至今，我所学到的不是来自教科书，而是通过一个个人和他们经历的生动的故事，这些人和故事在年复一年的生活中，随着中国的变化也发生了戏剧性的变化。

海伦经常谈到她强调的"中美特殊关系"。她在《续西行漫记》中谈了自己 1937 年在延安的感想：她在中国革命和日本侵华这一特殊时期采访毛泽东时，曾得到一位少年的帮助，使她顺利跨过交战区。当她与那位少年分手时，他哭了。海伦说："中国和世界之间在很长时间内隔着长城。然而，这种草根层的中美友谊是非常珍贵和重要的。在现在这个世界，无情的剑经常斩断国家间的相互理解，这一根根特殊的友谊线太脆弱了。但无论什么时候，我都不会做任何可能伤害到这种特殊友谊的事。"她这一番话语也一直影响着我。

加固友谊之桥

褚：华美协进社是美国历史最悠久的以美国社会为对象的学习中文和中华传统文化的民间教育机构，在美国民众中有着很大的权威。1979 年，您作为协进社董事为首批赴美中国留学生制定了"中国学者计划"。您认为协进社和您制定的这个计划在推进中美关系的发展方面扮演了怎样的角色？

雪：华美协进社是纽约一家非营利机构。它成立于 1926 年，由美国著名教育家杜威和中国知名学者胡适等人联合发起创建。80 多年来，协进会一直致力于教育美国民众关于中国的文化、历史和当代问题的工作，其宗旨是加强相互间的理解和交流，从而有力地巩固全球睦邻关系。1979 年我们为来美国学习的中国学生和学者设立了一个项目。由于我们两国在此前 30 年间一直没有正式外交关系，双方缺乏交流和了解，初来美国的学生和学者们在刚到时几乎没有可以求助或咨询相关信息的人，美国方面对这些大陆来访者也知之甚少。华美协进社的这个项目的目的是欢迎他们来美国，向他们介绍美国朋友和美国文化，以及帮助他们与他们领域的相关美国专家建立联系。华美协进社成为了他们在美国的家，协进社与这些学生、学者间也互相学习。很多中国本科学生留下来继续攻读研究生学位，然后在美国的公司和组织工作。最近几年他们中有很多人回到了中国，从事一些重要工作。他们在各个岗位上以自己跨文化的经历致力于创建两国间新的合作与伙伴关系的桥梁。

协进社举办各种活动传播着中国传统文化的精粹，如举办各种艺术展，向美国大众展出中国传统画、青铜器、珍贵文物或现代杰出艺术等；邀请著名古代和近现代专家、作家和画家做讲座；组织协进社的师生来中国学习。协进社还开展了诸如"华美协进社经济高峰论坛"（China Institute Executive Summit）等一系列商业项目。年度高峰论坛每年邀请中国和美国商界领袖就中美商业合作伙伴关系，特别是贸易与投资等经济问题，展开开放性、建设性和启发性的交流与探讨。美国财政部原部长保尔森、劳工部原部长赵小兰，中国全国人大常委会原副委员长成思危，原国务委员唐家璇，外交部长杨洁篪以及中国驻美国大使周文重均曾出席论坛并发表主题演讲。此外，2006 年 4 月华美协进社与中国国家汉办正式签署协议成立了纽约第一家孔子学院。

超越语言的交流

褚：30 多年来您一直致力于推进中美间的友好交流。1990 年，您在任堪萨斯—西安姊妹协会主席时促成了在堪萨斯举办陕西户县农民画展。在非常时期，美国人民从户县认识了中国，从户县农民画认识了中国改革开放的成就。农民画展的意义超越了展览本身。您能谈谈特殊时期它在推进中美关系发展，提升两国人民之间的友谊和相互理解方面的意义吗？

雪：堪萨斯是埃德加·斯诺的故乡。1989 年春，它和西安正式结为姊妹城市。当时正值中美关系的艰难期，两个城市在这一特殊时期成为姊妹城市，很大程度上是个人间友谊关系的结果。当时举办画展是因为我们相信，美国人民可以直接从中国农民生动的画中了解中国人民的日常生活。这次画展展出了几百幅画，邀请了其中一位户县农民画家樊志华。他用自己优美的画笔和动人的微笑，充当了提升两国人民间真挚的友谊和相互间的理解的亲善大使。经历了 20 个春秋后，美中两国之间诸如此类的交流项目已经数不胜数。

褚：您能具体谈谈其中几个项目，向我们的读者介绍一下这些项目在加深两国之间进一步合作与理解上起的作用吗？

雪：很多项目都涉及了学校和青年学生。在堪萨斯姊妹城市协会的帮助下，寒家坪小学盖了图书馆和教学楼。寒家坪小学位于陕西秦岭山脚下的一个贫穷的农村地区，离西安不远。此前这所小学没有图书馆，如今这里的师生们知道，远在美国的人民也在关心他们和他们的教育。几年后，在各方努力下，这所学校又配置了电脑等现代教学设备。

同样，堪萨斯城市以及美国其他地区的人民为陕西安上村新盖的一所学校筹集了基金，添置了课桌椅。每位用上新课桌椅的学生都知道背后有美国人民支持着他们，鼓励他们好好学习。这进一步巩固了双方人民之间的友谊。在中国与堪萨斯以及康涅狄格州的其他地区之间还有很多医疗与商业领域的密切合作。多年以来，埃德加·斯诺纪念基金赞助了很多在堪萨斯或北京召开的国际会议。

2000 年，康涅狄格州的 Parkway 小学和西安的陕西师范大学附小之间建立了姊妹学校关系。两所学校的校长期望他们的学生有更多与国际接触的机会，对彼此的文化与历史能有更多相互学习的机会，在这一共同愿望下，两校建立了姊妹学校关系。此外，两个城市之间每年还有很多学习项目，使美国学生和教育界人士去陕西师范大学学习。他们学习中文、历史、文化等，还有一些也去户县，继续向农民画家学习艺术，了解当地的农业生产情况。

来自 Parkway 小学的 Chris Kontes 在参加了一次交流访问后，回来说："当我们刚到达的时候，2000 多名学生欢迎我们，我感到非常惊喜。他们看到我们这些来自半个地球之遥的人非常高兴。我不知道如何交流，因为我不会说中文。但到访问快结束时，我意识到，只要用同样的尊敬和友善回报他们，我就可以和大家交流。"他的这些话很有代表性。几年后，当一群成人对中国的问题持尖锐的批评态度时，Chris 说："我认为，如果你能实实在在地认识一些人，知道他们的名字，你的感受就会不一样。"理解的种子经常在孩子那播撒、生根、发芽，最后将有丰硕的收获，相互间大门和思想的敞开就是累累硕果。

中国：变化中，平衡着

褚：您同电影纪录片制片人 Vladimir Bibic 合作出品了两部中国题材的教育片：《中国乡村变化》（Changes in the Chinese Countryside）和《历史视阈下的现代中国》（Contemporary China in Historical Perspective），后者还荣获了美国金鹰奖。您能和我们谈谈这两部影片在增进美国人民对中国的了解方面起什么样的作用吗？

雪：我们的纪录片的初衷是给高中和高校学生设计的，期望向美国年轻人介绍一些中国历史背景知识，帮助他们更好地理解当前的中国问题。我们抱着这样一个目标：给学生播撒兴趣的种子，激发他们对中国的兴趣并在今后积极主动地去学习更多相关知识。

《历史视阈下的现代中国》对中国在悠久历史长河中的变化作了全面的总结，希望丰富美国年轻人对中国的背景知识，从而更好地理解中国最近发生的变化。而《中国乡村变化》则聚焦 20 世纪 80 年代在改革开放背景下刚开始的中国市场经济，希望能帮助观众理解中国这一场精心试验以及在它带来的翻天覆地变化中出现的各种困难。通过把更多事实和数据展现给年轻人，我们期望他们在听到、读到关于中国的报道和消息，或者参与中国事务时，能进行更客观的分析并得出更准确的结论。

褚：2009 年 9 月，陕西师范大学出版社出版了您的中英文对照图书，《亲历巨变——一位美国女性眼中的当代中国》，该书于 2009 年 5 月被中国新闻出版总署评为"庆祝中华人民共和国成立 60 周年百种重点选题"。您在设计选题时有什么特殊寓意吗？

雪：这本书是我的一部视觉日记，它记录了我在与成百上千中国人接触过程中，我眼中的中国改革开放 30 年。它包含着双重含义：首先，我希望通过各组新旧照片生动鲜明的对比，把中国在过去 30 年间经历的戏剧性的变化以一种纪录片式的印象呈现给读者。我在这里的教学和其他各种实践都始于改革开放之初。这些都是我自 1977 年首次来华至今亲眼目睹或亲身经历的变化。

其次，我十分希望能创造一种意识，一种在变化中平衡传统和突破的复杂性意识。书中这些照片向大家传递了中国正在发生里程碑式的转变，经济结构、社会结构以及家庭结构都发生了积极变化。另外，照片中既有普通民众，也有高层领导，在领导的方针政策和普通民众的日常实践之间保持平衡，以及促进社会有序的发展是件十分不容易的事。该书最后一个部分是关于中国教育情况的，强调中国目前进行的教育改革的重要性以及它对未来变化具有的先见性。这些教育改革今后会向世人证明，它与邓小平倡议的经济改革同等重要。

来自"第二故乡"的荣誉

褚：2002 年您正式成为户县"荣誉农民"，2007 年又成为安上村的"荣誉农民"。这对您意味着什么？

雪：我父亲在美国中部的一个农场长大，他常常教育我说："和帝王交谈，与百姓同行。"我父母给我培植了这样的信念：尊重普通人和少数人群，直接从他们那里学习，同时尊重领导和重要政策并向他们学习。我对中国农民有着很深的崇敬之情，几个世纪以来，没有现代化的条件，也没有什么回报，然而他们没有停止过田间的劳作，任劳任怨。近些年，随着经济的进步逐渐深入农村和偏远地区，他们中有很多人开始享受到经济发展带来的便利。1982 年，我开始在陕西师范大学教书时经常骑着自行车走访附近乡村的农民家庭。当时农民超过全国总人口的85%。通过了解他们的日常生活，我亲眼目睹过去30年的变化，我对这些代表中国大多数的人群有了更深刻的了解。后来，通过积极参与对姊妹城市和户县、寒家坪、安上村以及姊妹学校等项目，以及多次和农民老乡一起生活，我能够目睹他们和他们的子辈、孙辈的生活中发生的很多积极以及消极的变化。我们经常一起包饺子，一起碰杯，有着共同的信念："我们是一家人。"（作者中文原话）事实上，我们也已经变成一家人了。

在此，我想借用海伦在她《续西行漫记》的话：中国的劳动阶级是独一无二的。他们对生活的要求甚少，而贡献比任何其他阶层的人都多。他们勤劳、充满智慧，他们忍耐力极强，永不停息地奋斗着，他们有能力胜任当今各个领域的工作。对他们的敬意是毋庸置疑的，希望他们的地位得到应有的上升。

国家的命运系于对年轻人的教育

褚：2009年是中美建交30周年，也是中华人民共和国成立60周年。作为中美人民友谊桥梁的建设者，您对《中国社会科学报》的读者有何寄言？

雪：中国从一个落后国家转变成一个重要的生产中心，一个活跃在国际舞台上的行为体，一个21世纪领导性的经济大国，其发展速度史无前例。中国在维护世界和平方面的重要性更是不可言喻，美国和其他国家需要与中国积极合作，共同处理能源、环境、疾病等全球性问题。中国在经济上所取得的进步惊人，多年后，中国以及世界人民都将从中受益匪浅。

《中国社会科学报》是中国人文社会科学领域的一份重要学术报纸，其受众都是各个领域的教育者、学者、研究者和领导者。你们担负着非常重大的使命，影响、教育和引导着年轻一代，而他们将会成为创造者和领导人。正如亚里士多德说的："所有对统治术有过深思熟虑的人都会承认，帝国的命运系于对年轻人的教育。"

2009年是中华人民共和国成立60周年。中国在经济上取得了举世瞩目的成就。中国经济如何保持继续增长，扩大在世界范围的影响力，这需要中国领导人的远见和创新，齐心协力，充分发挥受过教育和才华卓越的年轻人的潜力。

作为学生和学者，你们必须竭尽你们的才能、经验和活力。你们是国家未来发展和继续进步最有价值的资源。诸如《中国社会科学报》这样的刊物为读者提供了很有价值的信息，传递着思想，使他们能够更好地迎接一个变化的世界。

2009 年也是中美关系实现正常化 30 周年。两国友好合作，求得双赢的平衡的世界，这对我们两国乃至整个世界而言都至关重要。正是我们两国受过良好教育的年轻人，将领导着国家前进。

（褚国飞：中国社会科学杂志社编辑）

原载于《中国社会科学报》2009 年 10 月 15 日第 30 期第 3 版

雪莲：「我们是一家人！」